베다의 지혜

* 이 책에 인용된 경전은 바가바드 기따의 경우 슈리 크리슈나다스 아쉬람에서 2021년에 출판된 김병채님의 책에 있는 본문과 주석을 그대로 사용하였음을 밝힙니다. 성경은 제4차 개역 개정 번역본을 인용하였고 그 외 베다 경전의 인용은 원서의 번역을 통해 실었습니다. (역자 올림)

THE SECRET TEACHINGS OF
THE VEDAS

베다의 지혜

스티븐 냅 지음

김미정 옮김

슈리 크리슈나다스 아쉬람

목차

서문 · 9
서론 · 12

제1장. 행복을 찾기 위해 왜 베다를 연구해야 하는가 · 17

  1. 해답 찾기 · 27
  2. 베다의 안내 · 38

제2장. 베다는 무엇인가 · 59

  1. 베다가 서양에 끼친 영향력 · 67
  2. 베다 과학의 재발견 · 72

제3장. 베다의 역사와 전통적인 근원 · 79

  1. 베다의 편찬 · 92
   1) 리그 베다 · 103
   2) 야주르 베다 · 105
   3) 사마 베다 · 106
   4) 아따르바 베다 · 107
   5) 뿌라나 · 108
  2. 비야사데바는 여전히 만족하지 못했다 · 110

제4장. 우리의 진정한 정체성-영혼의 과학 · 115

1. 우리 자신 찾기 · 117
2. 서양 철학에 대한 검토 · 121
3. 의식에 관한 과학 이론의 문제점 · 129
4. 영혼의 존재에 대한 베다의 인식 · 134
5. 영혼은 영원하다 · 137
6. 영혼에 대한 베다의 설명 · 143
7. 영혼의 본성 · 157
8. 참나 – 통합의 요인 · 162
9. 참나에 대한 묘사 · 167
10. 우리와 참나의 관계 · 172
11. 참나에 대해 모른다는 것 · 178
12. 고통의 원인 · 181
13. 개인과 세계의 평화를 회복하는 것 · 186
14. 최고의 행복에 이르는 것 · 191

제5장. 환생과 까르마의 법칙 · 197

1. 기독교에서의 환생 · 199
2. 환생에 대한 다른 참고사항과 믿음들 · 205
3. 죽음에 접근하기 · 207
4. 부활 · 213
5. 까르마의 법칙과 운명 · 219
6. 자유 의지와 선택 · 226
7. 까르마에서 자유로워지기 · 231

제6장. 악한 까르마를 만드는 활동 피하기 · 247

1. 진실하기 · 257
2. 금욕 실천하기 · 259
3. 내적, 외적 청결함 · 263
4. 낙태의 문제 · 267
5. 섹스 또는 노섹스 · 276
6. 자선과 채식 · 282
7. 국가의 까르마 · 294

제7장. 자연의 방식modes-당신의 미래 존재를 결정하는 것 · 303

1. 자연의 세 힘 · 305
2. 자연의 세 힘은 어떻게 작용하는가 · 309
3. 다양한 방식의 행위와 의식 · 316
   1) 행위와 일 · 317
   2) 거주지 · 317
   3) 믿음 · 318
   4) 이해 · 318
   5) 지식 · 318
   6) 희생 의식 · 319
   7) 통제 · 319
   8) 자선 · 320
   9) 음식 · 320
   10) 행복 · 321
4. 자연의 힘은 우리를 어디로 데리고 가는가 · 323
5. 자연의 힘으로부터 자유로워지기 · 329

제8장. 천국과 지옥, 그리고 우주의 기본 구조 · 337

1. 우주의 기본 구조 · 339
2. 지옥에 대한 묘사 · 347
3. 천국에 대한 묘사 · 354
4. 이 지구상의 존재에게 주어진 기회 · 360

제9장. 삶, 죽음, 그리고 그 너머를 통한 영혼의 진화 · 367

1. 삶에 대한 우리의 무지 · 369
2. 인간 진화의 다섯 가지 단계 · 371
3. 자궁에서의 삶과 살아있는 존재의 탄생 · 373
4. 물질세계에서의 삶 · 379
5. 노화와 죽음 · 387
6. 사후세계 – 천국, 지옥, 또는 그 너머 · 393

제10장. 왜 어떤 것이 존재하는가? · 405

    1. 왜 물질세계가 존재하는가? · 407
    2. 왜 생명이 존재하는가? · 417

제11장. 신의 존재 인식하기 · 421

    1. 신의 우주적 형상 · 435

제12장. 영적인 세계에 대한 묘사 · 447

    결론 · 458
    학자들을 위한 메모 · 462

    용어사전 · 467

서문

고대 문헌에 담겨있는 진리에는 삶에 대한 가장 명확한 이해가 담겨 있습니다. 이 삶에 대한 명확한 이해는 베다 가르침의 다양한 부분까지 접할 수 있다면 더욱 분명해질 것입니다. 그리고 점점 더 많은 사람들이 진지하게 고려하기 시작한 많은 이론을 명확하게 이해하는 데도 도움이 될 것입니다. 베다의 가르침에는 영혼의 영원성, 환생, 까르마, 운명, 우리가 누구인지, 삶의 의미, 그리고 지식의 부족으로 인해 종종 답을 얻지 못하는 질문에 대한 답이 있습니다.

우리는 아이들이 부모들도 거의 이해하지 못하는 삶과 죽음에 관한 일들에 관해 질문하는 것을 여러 번 보아왔습니다. 나이가 든 사람들은 지역의 성직자나 사제 같은 영적 지도자에게 질문할 수도 있는데, 그 사람들은 종종 자신의 신자들이 이미 가지고 있는 것보다 더 많은 이해를 주지 못합니다. 이런 식으로 정확한 정보가 존재하지 않는 것처럼 보이기 때문에 삶에 대한 많은 어려운 문제들이 해결되지 않고 무시됩니다.

우리는 때로 "그것은 우리가 알 수 있는 것이 아니다." 혹은 "신은 우리가 그것을 받아들일 수 있을 때 우리에게 말해 줄 것이다."라고 배웁니다. 혹은 죽을 때까지 대답을 알지 못할 것이니 계속 신념을 지키라는 말을 들을 수도 있습니다. 하지만 이 책은 그렇지 않다는 것을 보여주려는 시도입니다. 특히 동양 철학에는 우리를 기다리고 있는 많은 해답이 있습니다. 그것을 찾으려 할 때, 누구라도 이 지식을 받아들일 수 있을 것입니다. 그리고 완전한 이해를 위해서는 도전하는 태도가 아니라 존경과 겸손의 마음에서 그에 알맞은 방법으로 완벽한 지식의 근원에 접근해야 합니다. 결국, 우리는 무지에서 태어나고, 어떤 기술적 능력을 받아들이는지에 관계없이 영적인 지식을 갖추지 않는다면 영적인 무지 안에서 죽을 것입니다. 이 지식과 우주의 법칙들이 알려질 때, 오늘날 세상에 존재하는 문제들의 미스테리한 이유와 원인들은 명확해질 것입니다. 그러면 왜 우리가 이 세상에 있고 왜 우리가 이런 일들을 겪는지에 대한 이유 또한 이해가 될 것 입니다.

특정 종교나 철학에 대한 충성심 때문에 대안적인 시각을 고려하기를 망설이는 이들을 위해, 그들에게 열린 마음으로 이 책을 읽기를 바란다고 말하고 싶습니다. 만약 당신이 기독교인이라면, 이것을 읽는 동안 당신이 예수 그리스도의 발자취를 따르는 태도를 취하기를 바랍니다. 왜냐면 그가 동양을 돌아다녔고 베다를 공부했다고 기록된 참고문헌들이 많이 있기 때문입니다. 자신들만의 종교를 이미 가지고 있는 사람들도 있는데 그들은 왜 동양 철학이나 요가의 과학을 공부해야 할까요? 요점은 종교라는 religion이라는 단어가 다시 돌아가거나 결속시키는 것을 뜻하는 라틴어 'religio'에서 왔고, 산스끄리뜨 'yoga'는 연결, 통합을 의미한다는 것입니다. 그렇다면 종교와 요가는 무엇과 결속시키거나 통합시키는 것입니까? 물론 지고한 존재입니다. 이같이 종교의 목적과 요가의 목표에는 아무런 차이가 없습니다. 목표는 동일합니다. 하지만 베다의 지식은 대부분의 관습적인 종교 철학에서 발견되는 것보다 훨씬 더 광범위하고 깊다는 것이 입증되었습니다. 그것은 축약본 사전과 축약하지 않은 사전의 차이입니다. 그것들은 본질적으로는 같습니다. 하지만 하나는 더 완벽합니다. 따라서 동양의 문헌을 공부함으로써 자신이 따르는 영적 철학이 어떤 것이든 그것에 대해 훨씬 더 잘 이해할 수 있을 것입니다. 그것은 그러한 사람에게 높은 수준의 의식을 가져다줍니다.

사실 수백 년 동안, 동양, 특히 인도는 영적 지식에 관해서는 그 중심이었습니다. 제2장에서 보게 되듯이, 많은 위대한 작가, 시인, 신학자들은 단지 동양의 지혜를 탐구한 것만으로도 자기 자신과 삶의 관점에 대한 이해를 늘렸습니다. 그러니 이제 동양 철학에 관해 이 담론에 제시된 대로 본질적이고 보편적이며 영적인 진리를 살펴보는 대모험을 시작해 봅시다.

스티븐 냅

서론

이 책은 베다의 가르침을 심층적으로 소개하기 위해 많은 베다 문헌 곳곳에 광범위하게 흩어져 있는 정보를 취합해서 요약한 것입니다. 보통의 사람들이 여기에 제시된 것을 얻거나 완전히 이해하기 위해서는 수년의 공부를 해야 할 것입니다. 이렇게 이 책의 목적은, 수년간 공부한 후에야 이를 수 있는 영적 주제들에 대해 명확하고 간결한 지식과 참고사항들을 독자들에게 제공하는 것입니다. 이 시대의 모든 사람들이 자신이 하고 싶어 하는 모든 것을 할 시간을 가지고 있는 것은 아닙니다. 우리가 우선하는 것들은 하루 중 많은 시간을 필요로 합니다. 그렇기 때문에 우리의 필수적인 일을 하기 위한 시간 외에는 아무것도 할 시간이 남아 있지 않다는 것을 나는 압니다. 이런 점에서 나는, 인간이 기록하거나 알려진 것 중 가장 차원이 높은 지식의 일부와 영적 깨달음을 제한된 시간과 비용으로 접할 수 있도록 이 책을 엮으려고 노력했습니다.

그럼에도 불구하고, 이 책이 모험 소설처럼 며칠 안에 읽고 이해하기 위한 것은 아닙니다. 물론 독자가 원한다면 그렇게 하려고 노력할 수도 있을 것이고, 그것을 통해 많은 통찰을 얻을 수도 있을 것입니다. 하지만 나는 독자들이 매일 이 책의 특정 부분을 읽고 특히 깨달음을 줄지도 모르는 그것의 여러 부분을 명상하기를 권합니다.

이 정보를 제공하면서, 나는 너무 광범위하게 쓰지 않기 위해 노력했고 애매함이 없이 독자들에게 분명하게 말할 수 있을 만큼만 쓰려고 애썼습니다. 또한 그것들 스스로가 말할 수 있도록, 독자들이 베다와 그 문헌이 담고 있는 이 같은 지식과 지혜에 대해 더 나은 이해를 하도록 가능할 때마다 베다 문헌으로부터 직접적인 인용을 사용했습니다. 베다의 지식은 우리가 영적인 이해를 발전시킬 때 더욱더 새로운 통찰력을 드러낸다고 잘 알려져 있기에 어떤 것들은 한 번 이상 공부하기를 원하는 독자가 있을지도 모르겠습니다. 물론, 단지 특정 정보만을 찾고 있다면, 이 책의 장들은 하위 제목별로 내용이 나뉘므로 특별히 관심 있는 참고사항을 쉽게 찾을 수도 있을 것입니다.

각 장은 그 자체로 완전하며, 장의 시작 부분에 있는 가장 필수적인 정보로 주제에 대한 분명한 이해가 가능하도록 전달할 것입니다. 그 장을 계속 읽어 나감에 따라 깊은 지식이 드러날 것입니다. 베다를 처음 접하는 사람에게 이 책에서 가장 중요한 장은 제1장과 제4장이라고 할 수 있습니다. 그 장들은 당신의 진정한 정체성이 누구이며 무엇인지, 그리고 베다의 글들이 우리가 인생의 진짜 목표를 이해하게 돕도록 어떻게 안내하는지에 대한 명확한 통찰력을 줍니다. 제2장과 제3장은 베다 문학이 우리 시대의 많은 위대한 자들에게 얼마나 영향을 끼쳤는지 설명해주고, 베다의 배경과 어떻게 그것이 편찬되었는지에 대한 정보를 줍니다. 제5장, 6장은 까르마와 환생의 법칙이 무엇인지 그리고 그것이 우리에게 어떻게 영향을 미치는지에 대한 완전한 견해를 제공합니다. 제7장의 내용은 우리가 어떻게 여러 생애에서 다양한 육체의 형태로 환생하는지에 대해 이해하는데 필수적인 부분입니다. 제8장은 우주의 구조, 천상과 지옥의 행성들에 대해 간략하게 설명하고 이 우주 전체에 얼마나 많은 존재와 의식 수준이 있는지를 보여줍니다. 제9장은 그것을 다 종합해서 진화 이론을 논의하고 베다에 있는 영적 진화의 개념에 대해 설명합니다. 또한 우리가 자신의 의식 수준에 따라 어떻게 더 높고 더 낮은 행성으로 가게 되는지, 그리고 어떻게 더 높고 낮은 생물의 종으로 태어나는지를 설명합니다. 뿐만 아니라 이 반복적인 탄생과 죽음의 순환으로부터 벗어나는 방법을 알려줍니다. 제10장은 왜 우리가 이 모든 것을 겪어야 하고 어쨌든 존재해야 하는지를 설명해줍니다. 제11장과 12장은 신의 존재와 영적인 세계에 관한 것으로, 베다 문헌이 아닌 다른 어느 곳에서도 찾을 수 없는 상세한 정보를 제공합니다.

영적인 지식은 남성에게 의미가 있는 만큼 여성에게도 의미가 있습니다. 그러므로 이 책에서 개인, 구도자, 요가 수행자를 언급할 때 그 'he' 또는 그를 'him'이라는 단어를 많이 사용하는 것처럼 보인다면, 그 것은 사실 그 'he' 또는 그녀 'she'도 의미하는 것입니다. 나는 편향됨 을 보여주기 위해서가 아니라 대부분은 쓰기 쉽게 하려고 'he'라는 단 어를 사용했습니다.

어떤 독자들에게는 이 책의 정보가 너무나 이질적으로^{different} 보여 서 환상에 가깝다고 느껴지거나, 꽤 많은 논란의 여지가 있을 수도 있 습니다. 어떤 독자들에게는 이치에 맞는 것으로 생각되고 오랫동안 찾 아왔던 삶에 대한 이해를 제공할 수도 있을 것입니다. 또 다른 독자들 에게는 가슴 속 깊은 곳에 있으면서, 이미 알고 있지만 잘 기억할 수 없었던 어떤 것에 대해 다시 자각하도록 불을 지필 것입니다.

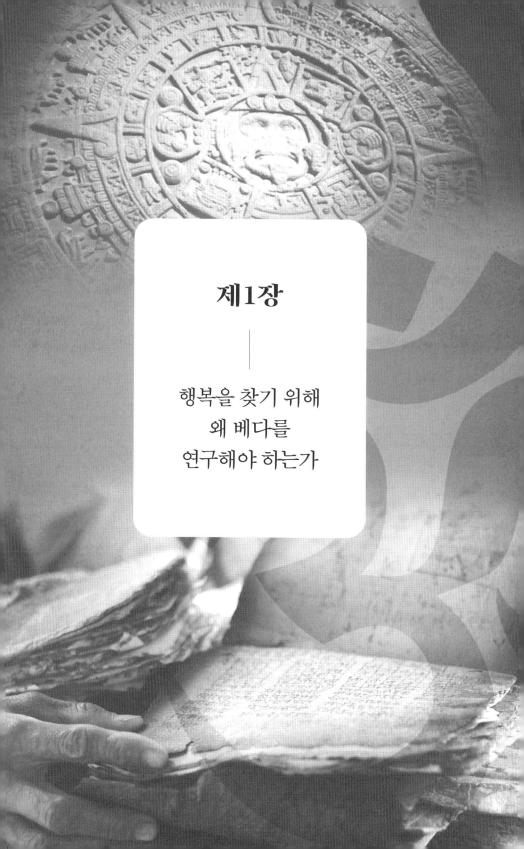

제1장

행복을 찾기 위해
왜 베다를
연구해야 하는가

이 물질적인 세계에 사는 동안에 모든 사람이 노력해야 할 두 가지가 있습니다. 우리의 행복과 즐거움을 증가시키는 것, 그리고 괴로움과 문제를 줄이는 것. 그렇다면 우리가 항상 얻으려고 애쓰며 행복해지려고 하는 것은 우리의 자연스럽고 타고난 자세이고 그 다양한 유형의 불행과 문제들은 지속적으로 항상 직면할 수 밖에 없는 요소라는 것을 의미합니다.

그것과 마주합시다. 행복해지는 것은 어쩌면 모든 사람의 목록에서 가장 중요한 요인일지도 모릅니다. 하지만 어떻게 행복을 유지합니까? 먼저 자신을 행복하게 만드는 것을 찾아야 합니다. 그런 다음에야 그것을 유지하는 방법에 대해 걱정할 수 있습니다. 행복을 찾으려는 시도에서, 사람들은 이것을 위해 둘 중 하나를 선택합니다. 우리가 볼 수 있듯이, 사람들이 행복해지기 위해 시도하는 가장 흔한 방법은 편안함과 즐거움을 증가시키기 위해 자신의 물질적 상황을 조정하는 것입니다. 또 하나의 다른 방법은 영적으로 발전하는 것입니다. 이것들은 행복해지기 위한 유일한^{only} 방법입니다. 그러나 하나의 방법으로 찾은 행복은 진정한 반면, 우리가 보게 될 것처럼, 다른 하나는 일시적이고 환상에 불과합니다.

당연히 모든 사람은 영원히 행복하고 문제로부터 자유롭기를 원합니다. 많은 사람은 또한 부유하고, 아름답고, 유명하고, 학식이 있고, 강해지기 위해 애씁니다. 이런 것들은 모든 사람이 어느 정도까지 얻기 위해 애쓰고 있는 주요 속성들입니다. 물론 이 모든 특성을 다 가진 사람을 보기는 힘든 일입니다. 이런 속성들은 얻기가 어렵습니다. 그래서 대부분의 경우, 우리는 한 번에 한두 가지의 특성만을 위해 일해야 하는데, 그중 부와 아름다움이 가장 많이 추구되는 것 같습니다.

부유하고 유명해지기 위해서 모든 사람은 각기 다른 계획을 가지고 있습니다. 또한 이러한 의도^{plan}는 보통 같은 지위를 원하는 다른 사람들 사이에서 많은 경쟁을 수반합니다. 그러므로 운동선수, 영화배우, 작가, 정치가, 음악가들의 그룹$^{musical\ groups}$, 또는 사업과 기업에 종사하는 사람들 사이에서 승진과 인정을 위한 싸움에는 많은 부러움과 질투가 있을 수 있습니다. 또 소수의 집단과 여성들에 대한 차별 등 성공의 사다리를 오르기 위해 어쩔 수 없이 참아야 하는 다른 문제들도 있을 수 있습니다.

그런 환경에서, 많은 사람은 자신들이 원하는 만큼 만족하지 않거나 실제로 '최선을 다하는 것' 외에는 달리 무엇을 해야 할지 모른다는 것에 좌절할 수도 있습니다. 요점은 우리가 결국 더 많이 일하고 더 적게 즐기게 되는 반면에 유일한 목표인 행복은 종종 우리를 피해간다evades는 것입니다. 불행히도 우리는 보통 이것을 스스로 찾아내야 합니다. 하지만 우리는 이것을 '슈리마드 바가바땀' 같은 고대의 베다 문헌으로 배울 수 있습니다. 그것은 이렇게 말합니다.

> 즐거움을 낳는 행위를 하는 자가 영원히 계속되는 행복을 바란다고 할지라도, 물질주의자들은 대개 불행하고 아주 가끔씩만 만족한다는 것이 분명히 관찰되는데, 이렇게 해서 그들은 독립적이지 않거나 운명의 통제를 받는다는 것이 입증된다. 어떤 사람이 항상 다른 사람의 통제를 받을 때, 어떻게 그가 즐거움을 낳는 자신의 행위로부터 가치 있는 결과를 기대할 수 있는가? (슈리마드 바가바땀 11.10.17)

위의 구절은 우리가 현지의 상관, 감독관 또는 관리자의 통제나 감독을 받으며 일을 하거나 지고한 지배자Supreme Controller의 영향 아래에 있다면, 돈과 지위를 위해 그저 열심히 하는 것만으로는 성공을 보장받을 수 없다는 것을 가리킵니다. 이로써 물질적 행복을 얻으려고 몰두하는 사람 중 삶에서 자기 위치에 진정으로 만족하는 사람은 거의 없다는 것이 명확해집니다.

물론 우리가 볼 수 있듯이 명성과 운을 위해 열심히 일하는 것 외에 사람들이 행복해지기 위해 노력하는 다른 방법들도 있습니다. 사실, 우리가 인생에서 무엇을 이루든지 간에, 그것을 같이 나눌 사람이 없다면 상당히 공허하고 얕아 보일 수도 있습니다. 그러므로 사람이 얻을 수 있는 최고의 행복은 사랑하는 관계 속에서 찾을 수 있다는 것에 대부분의 사람은 동의합니다. 설령 우리가 성공한다 하더라도 그것을 함께 나눌 사람이 없다면 그것이 얼마나 많은 행복을 가져다줄 수 있겠습니까?

사람들 사이에는 많은 수준과 유형의 사랑이 존재할 수 있습니다. 예를 들어, 우리는 인류에 대한 사랑으로, 굶주린 사람들을 위한 식량 배급과 집 없는 사람들을 위해 안식처를 준비함으로써 세계의 문제들을 해결하려고 열심히 노력할 수도 있습니다. 친구들에 대한 사랑으로 우리는 그들과 교제하고 만약 그들이 원한다면 기꺼이 도움을 줄 수도 있습니다. 아내나 남편, 그리고 가족에 대한 사랑으로 우리는 생활에 필요한 모든 것을 그들에게 제공하기 위해 하루 중 많은 시간을 일하는 데 쓸 수도 있습니다. 이같이 사람은 누군가를 위한 사랑 때문에 열심히 일하는 것을 아주 만족스럽게 느낄 수도 있습니다.

가족이 없거나 사랑하는 특별한 사람이 없다고 해도 애정의 대상이 되는 반려동물을 키우는 것도 흔히 볼 수 있습니다. 이들은 자신이 사랑하고 자신을 필요로 하는 누군가가 있다는 것에 만족을 느낍니다.

우리 모두에게는 사랑을 표현하려는 욕구가 분명히 있고 그 사랑을 표현할 수 있는 것이 우리 행복의 요인입니다. 이런 식으로 모든 사람은 사랑하는 연인이나 적어도 의지하고, 함께 이야기하고, 마음을 터놓으며, 경험을 공유할 수 있는 아주 가까운 친구를 찾고 있습니다.

평범한 친구나 지인이 있을 수도 있고, 제일 친한 친구나 가까운 연인이 있을 수도 있습니다. 그러나 할 수 있다면 모든 사람은 우리가 갈망하는 모든 특징을 가진 최고의 연인을 찾고자 합니다. 그리고 일반적으로 우리가 누군가와 나눌 수 있는 이 세상의 모든 즐거움 중 가장 강렬한 즐거움은 성적 애착에 의한 즐거움이라고 받아들여집니다. 따라서, 두 사람 사이의 친밀한 사랑과 성적인 표현은 종종 밀접한 관련이 있는 것처럼 보입니다. 하지만 우리가 실제 이 세상에서 진정한 사랑을 얼마나 자주 찾을 수 있겠습니까? 처음에는 아주 깊은 것처럼 보였던 것이 나중에 너무나 하찮은superficial 것으로 드러난 경우가 얼마나 많은가요?

관계에서 일어나는 문제는 수도 없이 많습니다. 이것은 거의 50%의 결혼이 이혼으로 끝난다는 사실로 알 수 있습니다. 또한 자신이 무엇을 바라고 있는지 많은 사람이 정확히 알지 못한다는 것을 나타내기도

합니다. 두 사람 사이에 좋은 성관계가 있을 때, 사랑으로 잘못 생각될 수도 있는 탐욕과 끌림이 크게 증가합니다. 그러나 사랑의 표현이 성적 애착에 집중될 때, 성적 행위에서 문제가 생기면 관계는 종종 엉망이 됩니다. 파트너는 서로 불만을 가지기 시작하고 성적인 사랑을 나눌 다른 누군가를 찾기 시작할 수도 있을 것입니다.

그러니 사람들에게는 완벽하게 성관계를 하는 법을 알아야 한다는 압박감이 있습니다. 만약 문제가 있다면 정신과 의사, 섹스 테라피 강좌 등이 당신의 돈을 받고 문제해결을 도우려고 기다리고 있습니다. 그것은 완벽한 섹스 파트너를 찾는 것이 진정한 사랑의 관계를 찾는 것보다 더 중요하다고 말하는 것처럼 보일 수도 있습니다.

성관계는 종종 크나큰 육체적, 정신적 즐거움, 안도감, 만족, 행복, 그리고 때로는 모험을 약속하지만 반드시 이런 것들을 가져다주는 것은 아닙니다. 대부분의 사람에게 성적인 만족의 추구는 삶의 필수적인 부분입니다. 물론, 이 좋은 느낌이 얼마나 오래 지속될 수 있는가는 아주 예측하기 힘든 것으로 보입니다. 하지만 그것에 대한 기대는 대게 후유증에 대한 걱정보다 더 큽니다. 문제는 성관계를 하는 동안의 순간적인 즐거움이 사라진 후에는 몇 년 동안 영향을 미칠 수 있는 특정한 리스크와 위험에 취약해진다는 것입니다. 특정한 리스크와 위험에는 당신의 노력에 만족하지 않는 파트너, 헤르페스나 에이즈 같이 치료할 수 없는 질병, 사용된 피임 방법에서의 문제들, 원하거나 원치 않을 수도 있는 임신이 포함될 것입니다. 만약 아이를 원하지 않는다면, 낙태를 할 수도 있는데 이 또한 건강상의 리스크이고 장차 엄마가 될 사람에게 여러 해 동안 지속되는 죄책감이라는 깊은 정신적 상처를 남기는 경우도 있을 것입니다.

그렇다면 이렇게 많은 잠재적 리스크나 위험요소가 있는데 어떻게 성관계가 사랑을 표현하는 중심 활동이 될 수 있는가? 라는 질문을 던질 수 있을 것입니다. 또는 훨씬 더 근본적인 질문이 있을 수도 있습니다.

그것은 우리가 행복을 찾기 위해 그저 노력하고 있는 것이라면 왜 그렇게 많은 잘못될 수 있는 일이나 문제들이 있는 것처럼 보일까? 라는 질문입니다.

우선, 이런 문제들이 어떤 것인가를 살펴봅시다. 이 장의 첫 단락에서, 나는 우리가 항상 추구하는 것 중 하나는 괴로움과 문제를 줄이는 것이라고 언급했습니다. 이런 문제들이 무엇으로 이루어져 있고 무엇 때문에 생기는지는 베다에서 설명됩니다.

베다는 우리 모두에게 영향을 미치는 세 가지 기본적인 유형의 괴로움을 설명합니다. 첫 번째로 지진, 토네이도, 허리케인, 심하게 더운 여름, 혹독하게 추운 겨울 뿐 아니라 홍수, 가뭄 등의 자연적인 사건들에 의해 일어나는 괴로움이 있습니다. 이런 자연재해는 한꺼번에 수천 명, 심지어는 수백만 명의 삶에 영향을 주거나 그들의 삶을 바꾸어 버릴 수도 있습니다. 많은 사람이 죽거나 집을 잃을 수 있고 그런 일에 연루된 후에는 다시는 전과 같지 않을 것입니다. 그런 일들이 일어나면, 자연의 힘 앞에서 우리가 얼마나 무력한지가 명확해집니다.

두 번째 유형의 괴로움은 우리가 끊임없이 처리해야 하는 것으로, 살아있는 다른 존재들로부터 생겨나는 괴로움입니다. 이것은 우리가 함께 일하는 사람들, 원만하게 잘 지내지 못하는 이웃, 아내나 남편과의 트러블, 고속도로 위의 난폭한 운전자, 밤에 짖어서 수면을 방해하는 개, 우리를 물려고 하는 벌레, 또는 우리의 집을 갉아 먹는 흰개미 등으로 인해 생기는 문제 등입니다. 세금을 올리려는 정치가들의 결정, 수술 중에 생기는 의사의 실수, 우리 가족이 살해를 당하고 식량과 물이 끊긴 전쟁으로 피폐해진 마을에서의 삶 등 다른 방해요인도 있을 수 있습니다. 이것들은 분명 우리의 행복을 방해하거나 파괴하는 문제이고 어느 때, 어디에서나 항상 일어나고 있는 외부요인에 의해 생기는 곤경들입니다.

세 번째 유형의 괴로움은 우리 육체에 의해 생깁니다. 이런 것들은 감기, 독감, 두통, 치통, 또는 변비, 근육통, 궤양, 골절, 또는 청력과 시력 저하같이 우리가 가끔 겪는 흔한 질병에서 비롯될 수도 있습니다. 심장 질환, 관절염, 암 등 노년에 우리에게 영향을 미치는 더 심각한 병도 있습니다. 정신지체, 정신착란, 우울증, 불안, 치매, 또는 피해망상과 조현병 같은 정신 질환 또한 있을 수 있습니다.

근본적으로, 우리는 단지 물리적인 육체를 가지는 것만으로 처리해야 하는 아주 많은 문제들을 반드시 가지게 됩니다. 이것은 대부분의 사람들에게 그 인생은 기나긴 투쟁이 될 수도 있다는 것을 의미합니다. 이 모든 문제를 해결하려고 하는, 뿐만 아니라 그들이 살아있거나 행복하기 위해 필요로 하거나 원하는 간단한 것들을 얻으려고 애쓰는 투쟁 말입니다. 그러므로 주로 이 세상의 행복은 고통이 없다고 일시적으로 느끼는 것, 혹은 아주 잠시 동안 우리의 문제를 잊는 것에 지나지 않는다는 것이 쉽게 이해될 것입니다.

그러므로, 분별 있는 사람은 의문을 품기 시작할 수도 있습니다. 진정한 행복은 어디에 있는 것인가? 우리는 이 세상에서 무엇을 하기로 되어있는가? 우리가 여기에 있고 싶은지 아닌지에 대한 선택의 여지 없이 우리는 그저 이 창조에 밀어 넣어지는 것인가? 우리는 왜 그런지도 알지 못한 채 살아남으려고 발버둥 치는, 황야에 버려진 군인에 지나지 않는가? 누가 이 모든 것을 이해하고 내 질문에 답해 줄 수 있는가? 내가 이 모든 것에 어떻게 적응할 수 있을까? 그리고 내가 더 절박하게 여기서 나가는 확실한 탈출구를 원한다면 무엇을 해야 하는가? 혹은 삶이란 우리가 할 수 있는 최선을 다하려 노력 하지만 결국엔 우리를 기다리는 죽음이 있는 단지 일련의 사건들에 지나지 않는 것인가? 그리고 죽음 이후엔 무엇이 일어나는가? 모든 순환 과정을 다시 한번 거치기 위해 또다시 태어나는가? 그리고 만약 그러하다면, 무엇을 위해서인가? 우리는 무엇을 위해 나아가고 있는가? 그리고 죽음 이후에 아무것도 없다면, 이 삶이 무슨 소용인가? 이 모든 것이 무슨 의미인가?

1. 해답 찾기

참 다행스럽게도, 이 모든 질문에 대해 동양의 오랜 지식인 베다에서 상세한 답을 찾을 수 있습니다. 이것이 진정한 지식입니다. 진정한 지식은 진리, 또는 변하지 않는 지식을 의미합니다. 그것은 당신이 누구이며 무엇인지, 어떻게 여기에 왔는지, 어디로 가는지, 이 우주는 어떻게 작용하는지, 신이 누구이며 무엇인지, 이 모든 것과 당신의 관계는 무엇인지, 또 궁극적으로 도움이 되는 것과 행복을 위해 그 관계에 따라 어떻게 노력해야 하는지 아는 것을 의미합니다.

최고의 진리는 참나에 대한 신성한 지식인데, 이는 참나가 우리의 진정한^{real} 정체성이기 때문입니다. 사람이 최고의 진리에 접근할 때, 다른 모든 신비와 의문들은 자연스럽게 풀리고 해결됩니다. 하지만 삶과 그 너머의 것에 대한 의문을 가지지만 자세한 답을 얻을 수 있는 공인된 출처를 찾지 못한 사람들이 많습니다. 현대의 모든 편의에도 불구하고 말입니다. 그리고 이것은 오늘날 사회의 혼란, 높은 수준의 범죄, 그리고 전반적인 도덕적 안정성의 결여로 인해 나타나는 문제입니다. 그러나, 확실한 안내를 위한 진정한 영적 지식에 접근할 수 있을 때, 이 문제는 쉽게 바로잡을 수 있습니다.

베다의 지식에 아주 조예가 깊었던 현자와 신비주의자들은 영적인 안내^{information}에 기반을 두지 않은 행위의 무익함을 알았습니다. 그들은 또한 행복을 찾으려는 시도로 사랑을 찾고 있지만, 우리는 주로 욕정에 가득 찬 세상에서 사랑을 찾고 있다는 것을 알았습니다.

욕정은 자신의 마음과 감각을 만족시키려는 욕망을 말합니다. 사람들은 누군가를 사랑한다고 말할지도 모릅니다. 하지만 그 사랑에 대한 이유는 "그가 나를 돌보아 주기 때문에," 또는 "그는 내가 필요한 것을 주기에," 또는 "그녀는 내가 본 가장 예쁜 여자이고 다른 누구도 할 수 없는 것을 느끼게 해주기 때문에," 입니다. 이것은 단지 자신의 욕망을 사랑하는 것이고 당신을 위해 그런 욕망을 만족시키는 누군가에 대한 일종의 감사를 느끼는 것에 지나지 않습니다. 그리고 물론 당신은 대가로 그들의 욕망을 충족시키기 위해 무언가를 해야 한다고 느낄지도 모릅니다. 하지만 거의 모든 경우에서, 그 사람이 당신을 만족시키지 않거나 실망시키는 일을 한다면, 사랑의 감정은 즉시 분노나 유감으로 변할 것입니다.

이런 유형의 '사랑의' 교환은 진짜 사랑과는 아무런 관계가 없습니다. 특정한 사람에 대한 당신의 감정은 그 사람이 당신을 위해 하는 일에 달려 있기에 그것은 단지 사업 관계일 뿐입니다. 실제로 물질 사회에서, 모든 관계는 이런 종류의 '상호 간의 행위'나 자신의 감각을 만족시켜주는 매개체가 되어 주는지 아닌지에 기반을 두고 있습니다. 무언가를 즐기는 것을 좋아할 때, 사람들은 친구가 되어주는 다른 사람들과 그 활동을 같이할 수도 있습니다. 하지만 그들 중 한 명이 관심사나 행동을 바꾸기 시작하면, 그 관계는 점점 약해지게 됩니다.

현자와 베다 학자들 또한 어디에서 진짜 행복을 찾을 수 있고 어떤 활동이 실망으로 이어지는지를 알았습니다. 예를 들어, 가능하다면 대부분의 사람은 매 순간 스릴을 느끼고 싶어할 것입니다. 새로운 할 일이 있는 평생 동안의 휴가, 참여할 새로운 모험, 아무 걱정할 것이 없는 관심사. 사람들은 듣기 좋은 것으로 귀를, 보기에 아름다운 대상으로 눈을, 맡기에 향긋한 향으로 코를, 맛보기에 맛있는 음식으로 혀를, 그리고 느끼고 만지기에 좋은 것으로 피부를 즐겁게 함으로써 육체의 다양한 감각적 즐거움을 충족시키는 것을 좋아합니다. 이것은 대부분의 사람들이 좋아하는 물질적 즐거움의 기준입니다. 그리고 일반적으로 사람들은 그런 안락함이 더 많이 사람들을 둘러쌀수록 더 행복해질 것이라고 여깁니다. 이런 식으로, 우리가 감각과 마음을 자극하는 무언가를 가지고 있는 한, 우리는 약간의 즐거움과 행복을 느낍니다.

이런 종류의 행복은 '소다수 즐거움'이라고 불립니다. 혀를 얼얼하게 하기 위해 소다수를 마시는 동안은 약간의 즐거움이 있겠지만 때가 되면 소다수는 끝이 나고 그것과 함께 했던 즐거운 감각도 끝납니다. 그러니 당신은 또 다른 소다수를 마셔야 합니다. 혀에 얼얼함을 제공하기 위해 소다수를 사는 이런 습관을 뒷받침해 주려면 돈을 벌기 위해 일을 해야 합니다. 그리고 뒷받침해야 할 그런 향락적 습관들이 많게 되면, 꽤 값이 나가 점점 더 많은 돈을 필요로 할 수도 있습니다. 이런 종류의 즐거움에 대한 문제는, 잘 짜인 우리의 모든 계획에도 불구하고 그것이 언제나 앞에서 언급된 세 가지 불행에 의해 끝나거나 방해를 받는다는 것입니다. 그러면 우리는 우리가 원하는 것을 갈망하고 그것을 얻으려는 희망을 가지고 일해야 하거나 우리가 잃은 것에 대해 한탄하게 됩니다.

이런 갈망과 한탄은 얻어야 할 새로운 것을 언제나 바라고, 만약 어떤 것을 잃거나 포기해야만 한다면 애통해하는 마음의 끊임없는 활동입니다. 게다가 우리는 라디오에서 같은 노래를 계속해서 듣고 또 들을 때처럼, 어떤 종류의 즐거움이라도 너무 과하면 싫증이 난다는 것을 압니다. 우리는 즐겁게 해줄 다양한 일들을 계속 필요로 합니다. 그리고 이것은 마음 상태에 따라 더 새로운 스릴을 찾도록 동기를 부여하거나 아니면 그것에 싫증을 낼 때까지 또는 예상치 못한 또 다른 삶의 문제를 처리하도록 강요당할 때까지만 우리를 만족시킵니다. 이것이 물질적 행복의 일시적인 본성입니다.

이런 이유로 현자와 신비주의자들은 잠깐 스치는 그런 즐거움을 추구하는 일에 매이지 않습니다. 그들은 베다에 대한 공부와 자신의 영적인 시각^{vision}으로부터, 일시적인 것을 위해 열심히 일하는 것은 결국 아무것도 아닌 것을 위해 일하는 것과 같다는 것을 알았습니다. 단기적으로는 무엇인가를 가질지도 모르나 그런 다음 그것은 사라집니다. 바가바드 기따에도 이렇게 언급되어 있습니다.

감각 대상과의 접촉으로 오는 기쁨은 실로 고통의 원인이다. 그것은 시작과 끝이 있다. 그러므로 현자는 그러한 것에 기쁨을 찾지 않는다. (바가바드 기따 5.22)

그리고 물질적 감각 만족을 위해 일할 때 일어나는 일은 다음과 같이 설명됩니다.

분노는 판단을 흐리게 하며, 판단의 흐림으로 기억을 잃는다. 기억을 잃음으로 이성을 잃는다. 이성을 잃으면 그는 완전히 파멸한다. (바가바드 기따 2.63)

이것은 물질적 대상을 즐기기를 갈망하고 그런 다음 그것에 대한 집착을 발전시키는 욕망lust이 유발하는 전형적인 사고thought의 패턴입니다. 욕망은 사람이 어떤 것에 대해 느끼는 집착을 결과가 어떻든 간에 그것을 얻고자 하는 맹목적인 노력으로 바꾸고, 그런 다음 그것을 가지지 못하게 되면 분노와 좌절로 바꿉니다. 이런 후에, 그는 이성을 잃고 당황하게 됩니다. 따라서 특정 대상이나 유형의 쾌락을 얻으려는 욕망이 자기 고통의 진짜 원인이라는 것을 알지 못합니다. 이것을 보지 못하면, 그는 물질적인 상황을 조정함으로써 행복을 얻을 수 있다는 생각에 절망적으로 지배당합니다. 이것은 단지 그가 충족시키려고 애쓰는 욕망을 증가시키는데, 그것은 그가 물질적 삶에서 계속되는 성쇠에 더 깊이 연루되어있음을 보여줍니다.

이 상황을 바로잡기 위해서 바가바드 기따에서는 이렇게 설명합니다.

감각이 감각 대상과 접촉하면 차가움과 뜨거움, 즐거움과 고통 등을 경험한다. 계절이 오고 가듯이, 이 경험은 오고 간다. 그것은 영원하지 않다. 그것을 견디는 것을 배워야 한다. (바가바드 기따 2.14)

근본적으로 마음의 상태인 행복 또는 불행은 우리의 감각을 통해 무엇이 기분 좋게 보이고 그렇지 않게 보이는지에 대한 관점에 따라 나타납니다. 그 감각은 감각의 중심인 마음에 정보를 전달하고, 그러면 그 마음은 그것을 기분 좋은 것이나 그렇지 않은 것 중 하나로 받아들이거나 거부합니다. 그런 행복과 불행은 겨울과 여름처럼 서로의 뒤를 따릅니다.

우리가 누구이며 어디에 있든지 성쇠는 따를 것입니다. 이것은 일상적인 사건의 흐름입니다. 우리의 상황이 어떠하든 특별한 편리함 뿐만 아니라 감수해야 할 불편함도 있을 것입니다. 그러나, 단지 이것을 아는 것만으로도 그 변화가 주변에서 일어날 때 영향을 덜 받게 될 것입니다. 결국 변화는 이 세상에서 유일하게 끊임없이 지속되는 것이고 또한 변화는, 미래가 무엇을 가져올지 모른다는 것을 의미합니다. 이렇게 우리가 끊임없이 지속되는 변화로 불안정만을 제공하는 세상에서 안도감을 찾을 수 없음은 분명해 보입니다. 그리고 만약 불안함을 느낀다면 어떻게 행복하거나 평화로울 수 있겠습니까?

불안정함에서 초래되는 불안은 특정한 결과를 바라고 다른 어떤 일이 생길까 두려워하는 데서 옵니다. 이것은 우리의 욕망에 집착하는 것의 또 다른 측면입니다. 하지만 이 육체를 가지고 있는 한, 우리는 자연스럽게 다양한 욕망을 가지게 될 것이고 그것은 사실 멈출 수 없습니다. 그러나 육체 또한 언젠가는 끝이 나고 그 육체와 관련된 모든 것들 또한 끝날 것입니다. 결국 육체가 죽으면, 그것은 땅에 묻히고 부패되어 흙이 되거나, 화장되어 재가 되거나, 동물이나 벌레 같은 다른 것들에게 먹혀 배설물이 됩니다. 우리는 흙, 배설물, 또는 재에 대해서 아주 많은 신경을 쓰고 있고 또 그것에 대해 아주 불안해 합니다. 무슨 이유에서 이러는 것일까요? 그 이유는 우리가 이 육체와 우리의 욕망에 집착하기 때문입니다. 그러므로 바가바드 기따는 이렇게 말합니다.

> 무수한 강이 흘러들어와도 바다가 변화 없이 가득 차 있듯이, 모든 욕망이 들어와도 그는 완전한 평화에 있다. 물질적인 대상을 욕망하는 사람은 결코 평화로울 수 없다. (바가바드 기따 2.70)

요점은 이 육체는 삶의 많은 종류의 목적을 이루기 위해 사용될 수도 있지만 이 육체는 단지 우리의 도구, 기계 또는 운송수단이라는 것입니다. 이 육체가 실제 우리라고 생각하면 할수록, 우리는 스스로를 더 제한하게 되고 물질적 행복이 제한당하는 것을 더 두려워하게 됩니다. 그러나 우리의 진짜 정체는 사실 이 육체 그 이상임을 깨달을수록, 우리의 잠재력은 더 무한하게 됩니다. 그리고 모든 문제는 단지 일시적인 환영이며 우리의 성장을 위한 도전일 뿐임을 더 잘 알게 될 것입니다. 우리의 진정한 정체성과 잠재력이 육체적인 플랫폼을 넘어서면, 우리가 찾고 있는 진정한 행복도 그와 똑같은 영적 차원에서 존재해야 합니다. 그렇다면, 육체적 즐거움과 기쁨은 항상 나타났다가 사라지는데 진정한 행복을 찾기 위해 우리는 어디로 방향을 바꾸어야 할까요?

이 장의 첫 페이지에서 언급했듯이, 행복을 찾는 데는 두 가지 방법이 있습니다. 하나는 물질적인 계획들을^{arrangements} 위해 일하는 것이고 다른 하나는 영적으로 발전하는 것입니다. 영적으로 발전해야 하는 이유는 슈리마드 바가바땀에서 언급됩니다.

> 사랑하는 아들아, 이 인간 삶의 형태로 있는 동안 감각적 즐거움을 위해 아주 열심히 일하는 데는 다른 이유가 없다. 그런 즐거움은 돼지들에게도 가능하다. 오히려 그대는 이 삶에서 고행을 겪어야 하고, 이로써 그대의 존재가 정화될 것이다. 그리고 그 결과 그대는 한이 없는 초월적인 희열을 누릴 수 있을 것이다. (슈리마드 바가바땀 5.5.1)

물질적 즐거움은 완전한 성취를 약속할 수 없습니다. 그리고 사실상 물질적 삶에 더 얽히게 합니다. 그러므로 지혜로운 사람들은 그들의 의식^{consciousness}에 영성을 부여하는 행위에 몰두합니다. 위의 경구에 따르면, 의식에 영성을 부여하는 행위는 '빠드마 뿌라나^{Padma Purana}'에서 확인되듯 우리가 한없는 희열을 경험할 수 있게 합니다.

신비주의자들은 절대적 진리로부터 한없는 초월적 즐거움을 끌어낸다. 그러므로 지고의 절대적 진리, 신의 인격은 또한 라마라고 알려져 있다.

그 한없는 행복은 바가바드 기따에서 더 상세히 설명됩니다.

20. 이 완성된 단계는 사마디 즉 황홀이라 불린다. 이것은 요가수행으로 마음활동이 완전히 억제될 때 일어난다.

21. 초월적 감각으로 즐기는 한없는 희열을 경험하고 그것에 자리를 잡으면, 그는 진리로부터 더 이상 떠나지 않는다.

22. 이 상태를 얻으면, 그는 이것보다 더 큰 얻음은 없다고 생각한다. 거기에 뿌리를 내리고 나면, 그 무엇도, 가장 큰 슬픔조차도 그에게 영향을 미칠 수 없다.

23. 이것은 실제로 물질적 접촉으로부터 일어나는 모든 고통과의 단절의 상태이다. 이 요가는 확고한 결심과 지속적인 열정으로 해야 한다. (바가바드 기따 6.20~23)

이것은 인내, 열정, 그리고 투지를 가지고 요가 과정을 수행하면 그것을 통해 최종적인 깨달음의 단계를 얻는 것이 보장된다는 것을 의미합니다. 이것은 바가바드 기따의 다음 경구들에서도 찾아볼 수 있습니다.

몸과 마음을 늘 통제하여 모든 물질적 오점이 정화된 요기는 지고한 의식과의 접촉으로 오는 무한한 희열을 쉽게 경험한다. (바가바드 기따 6.28)

이 세상에서 진리만큼 정화시킬 수 있는 것은 없다. 진리는 모든 신비주의의 결실이다. 행위의 요가로 정화된 사람은 때가 되면 자신 안에서 이 진리를 발견한다. (바가바드 기따 4.38)

우리는 둔하고 제한된 물질적 감각과는 완전히 다른 차원으로 존재하는 초월적 또는 영적인 감각을 개발함으로써, 참나와 접촉하여 완전한 즐거움을 얻게 됩니다. 그런 위치에서 확고해지면, 백만장자에게 10달러의 문제는 더 이상 문제가 아니듯이 사소한 어려움은 신경 쓰지 않게 됩니다. 이것이 바가바드 기따의 6장 28절에서 설명한 바와 같이 실제적인 해방입니다.

몸과 마음을 늘 통제하여 모든 물질적 오점이 정화된 요기는 지고한 의식과의 접촉으로 오는 무한한 희열을 쉽게 경험한다. (바가바드 기따 6.28)

이것을 읽으면서, 자신에게 가능하다고 생각하기에는 너무 무리라고 느낄지도 모르겠습니다. 우리는 어떻게 그런 상태에 이를 수 있을까요?

말할 필요도 없이, 깨달음의 상태에 이르는 것은 하룻밤에 이루어지는 일이 아닙니다. 그리고 즉각적 결과를 얻지 못할 수도 있는 영적인 길을 시도하는 것은 귀찮은 일로 보일 수도 있습니다. 하지만 다행히도 베다는 우리의 위치가 무엇인지에 상관없이 여러 수준의 도움을 제공합니다.

2. 베다의 안내

지금까지의 내용은 우리가 삶과 그 너머에 대해서 가질 수 있는 많은 질문에 관해 베다가 우리에게 제공할 수 있는 안내의 시작일 뿐입니다. 베다에는 우리가 영적인 지식을 이해하도록 도와주는 무수한 이야기와 함께 지혜와 정보가 담겨 있습니다.

그중에, 우리가 논의해 오고 있는 주제들에 대해 상세한 설명을 도와주는 이야기가 있습니다. 바로 슈리마드 바가바땀의 열한 번째 이야기(칸토Canto)로, 대부분의 우리처럼 성적 즐거움과 돈의 축적을 통해 행복을 찾기를 원했던 '삥갈라'라는 여인에 대한 이야기입니다.

비데하라는 도시에 삥갈라라는 이름의 매춘부가 살고 있었습니다. 그녀는 돈을 벌고 싶어 안달이 났고, 그녀와 섹스를 하는 즐거움으로 그녀에게 돈을 낼 남자들을 유혹할 만한 옷을 입었습니다. 집으로 애인을 끌어들이기를 바라며, 그녀는 밤에 현관문 앞에 아름다운 자태를 드러내며 서 있었습니다.

그녀는 밤에 거리에 서서 지나가는 모든 남자를 살펴보면서 "오, 이 사람은 분명 돈이 있을 거야. 그는 나와 함께 하기 위해 돈을 지불하고 나와 즐거운 시간을 보낼 수 있을 거란 걸 알아."라고 생각했습니다. 그녀는 거리의 모든 남자에 대해 이런 식으로 생각했습니다. 그러나 많은 남자가 그녀의 집을 지나쳐서 걸어갔고, 그녀는 불안해하며 이렇게 생각했습니다. "어쩌면 지금 오고 있는 이 사람은 아주 부자일 거야... 하지만 그는 멈추지는 않겠지. 그래도 나는 누군가 올 거라고 믿어. 분명 나의 사랑을 위해 돈을 내려고 오는 사람이 있을 거야. 그는 아주 많은 돈을 줄 거야." 이렇게 헛된 희망을 가지고 그녀는 잠자리에 들지 못한 채 문간에 기대어 서 있었습니다.

불안감 때문에 그녀는 때때로 집 안으로 들어갔다가 다시 거리로 나가곤 했습니다. 점차 자정이 다가왔습니다. 밤이 지나면서, 간절히 돈을 바라는 그 매춘부는 시무룩해졌습니다. 불안감으로 가득하고 아주 실망한 그녀는 자신의 상황에 대한 엄청난 초연함을 느끼기 시작했습니다. 그리고 그렇게 함으로써 그녀의 마음속에서 행복이 생겨났습니다. 그녀는 자신의 물질적 상황에 넌더리가 나서 그것에 무관심해졌습니다. 실제로 초연함은 사람이 물질적 희망과 욕망을 위해 계속해서 노력하는 연결 네트워크를 여러 조각으로 자르는 칼처럼 작용합니다. 영적인 지식이 전혀 없는 사람은 물질적인 것들에 대한 자신의 잘못된 소유권의 느낌을 절대 포기하고 싶어하지 않습니다. 마찬가지로 초연함을 발전시키지 못한 사람은 물질적인 육체의 굴레를 포기하고 싶어 하지 않습니다.

삥갈라는 말했습니다.

"내가 얼마나 착각을 했는지 보라. 내 마음을 통제하지 못하기 때문에, 나는 바보처럼 가장 하찮은 남자에게서 활기찬 즐거움을 바라는 것이다. 나는 너무나 어리석어서 영원히 나의 가슴속에 자리 잡아서 실제로 나에게 가장 소중한 존재의 도움을 포기했다. 그 가장 소중한 존재는 우주의 신으로, 진정한 사랑과 행복의 수여자이며 모든 번영의 원천이다. 그는 내 가슴속에 있지만, 나는 그를 완전히 무시했다. 대신 어리석게도 나의 진정한 욕구를 절대 만족시켜줄 수 없고 나에게 불행, 두려움, 불안, 애통함, 착각만을 가져다준 하찮은 남자들을 섬겼다."

"나는 쓸데없이 내 영혼을 고문했다! 나는 그 자체로 불쌍한 정욕적이고 탐욕스러운 남자들에게 나의 육체를 팔았다. 매춘부라는 끔찍한 일을 하면서 나는 돈과 성적 즐거움을 얻기를 바랐다."

"이 육체는 영혼인 내가 살고있는 집과도 같다. 척추, 갈비, 팔, 다리를 이루는 뼈는 집의 기둥, 대들보, 장식 기둥과 같고, 분뇨로 가득한 모든 구조는 피부, 머리카락, 손톱으로 덮여있다. 이 육체로 이어지는 아홉 개의 문들(두 개의 눈, 두 개의 콧구멍, 두 개의 귀, 입, 항문, 생식기)은 끊임없이 더러운 물질들을 분비하고 있다. 나 말고 어떤 여자가, 이 장치에서 즐거움과 사랑을 찾을 수 있을 거라 생각하면서 이 육체에 자신을 바칠 만큼 그렇게 어리석을 수 있겠는가?"

"분명히 이 도시 비데하에서는 오직 나만 완전히 어리석다. 나는 우리에게 있어 모든 것. 심지어 우리 근원^{original}의 영성을 만드는 지고한 분^{Supreme Person}을 무시했고, 대신 많은 남자와 감각적인 만족을 즐기기를 바랐다. 신인 지고한 그분은 틀림없이 모든 살아있는 것들에게 가장 소중한 존재인데, 이는 그가 모든 이들의 지지자이며 신이기 때문이다. 그는 모든 이들의 가슴에 자리하고 있는 지고한 참나이다. 그러므로 나는 이제 완전한 굴복의 값을 지불할 것이다. 그리고 이렇게 신을 얻음으로 나는 행운의 여신 락슈미 데비처럼 그와 함께 즐길 것이다."

"남자는 여자를 위해 감각 만족을 제공하지만 이 모든 남자와 심지어 하늘에 있는 반신반인들도 처음과 끝이 있다. 그들은 모두 시간에 의해 끌려나갈 일시적인 피조물이다. 그러니 실제적인 즐거움이나 행복을 그들 중의 누가 아내에게 얼마나 많이 줄 수 있겠는가? 나는 비록 물질적인 세상을 즐기기를 끈질기게 바랐지만, 웬일인지 초연함이 내 가슴에서 일어났고, 그것이 나를 아주 행복하게 만들고 있다. 그러므로 지고의 신 비슈누는 분명 나를 기쁘게 할 것이다. 나도 모르는 사이에, 나는 그분을 만족시키는 행동을 했을 것이다."

"초연함을 발전시킨 사람은 물질 사회의 속박, 우정, 그리고 사랑을 포기할 수 있다. 그리고 커다란 고통을 겪는 사람은 절망으로 인해 서서히 물질세계에 무관심하고 초연하게 된다. 이같이 실제로는 불행 중 다행이었던 나의 커다란 고통으로 인해, 그런 초연함이 내 가슴에서 깨어났다. 그러므로 나는 사실 신의 자비를 받아 운이 좋은 것이다. 나는 이제 완전히 만족하고, 신의 자비를 전적으로 믿는다. 이렇게 나는 무슨 일이 있어도 스스로의 힘으로 나를 지킬 것이다. 나는 오직 신과 함께 삶을 즐길 것이다. 왜냐면 그가 진정한 사랑과 행복의 원천이기 때문이다."

"살아있는 실체의 지성은 감각의 즐거움에 바친 행위에 의해 빼앗기고 이렇게 그는 물질적인 존재의 캄캄한 우물 속에 빠진다. 그러면 그는 그 우물 안에서 (노화, 질병, 죽음의 형태를 한) 무시무시한 시간의 뱀에게 붙잡힌다. 그 지고한 분이 아닌 다른 어떤 누가 그 불쌍한 살아있는 존재entity를 그런 절망적인 상황으로부터 구해줄 수 있겠는가? 온 우주가 시간의 뱀에게 붙잡힌 것을 그 불쌍한 사람이 볼 때, 그는 냉철해지고 제정신이 들게 되며, 모든 물질적인 감각 만족으로부터 자신을 떼어놓는다. 그런 상태에서 그는 스스로의 보호자가 될 자격을 얻는다."

물질적인 욕구는 의심의 여지 없이 가장 큰 불행의 원인이고, 그런 욕구로부터의 해방이 가장 큰 행복에 이르게 하는 요인입니다. 이렇게 그녀의 마음이 완전히 만들어져^{made up}, 삥갈라는 많은 애인과 성적 즐거움을 누리고자 하는 자신의 모든 나쁜 욕구들을 잘라내고 완벽한 평화에 자리하게 되었습니다. 그러고 나서 그녀는 침대에 앉아서 기쁘게 잠자리에 들었습니다.

이 이야기에서 삥갈라가 얻은 깨달음은 모든 사람이 이해하기에 유익합니다. 이 이야기에는 주목할 만한 몇 가지가 있습니다. 우선, 삥갈라는 성적 쾌락에 대한 욕망에 사로잡혀 있었습니다. 이런 것들은 분명 모두에게 영향을 미치는 욕망입니다. 하지만 그런 욕망은 어디에서 오는 것입니까?

실제로, 온 세상은 성생활에 대한 끌림에 근거합니다. 그러나 베다는 이 물질세계는 영적인 세계의 비정상적 반영이라고 지적합니다. 그러므로 성^{sex}은 환상적인 것이 아니라 성의 실재는 원래 영적인 세계에서 경험되는 것입니다. 물질적인 삶은 단지 실재의 비정상적인 반영입니다. 그러니 절대적 진리에서 비롯된 영적인 성에 대한 정보가 없는 사람들은 사랑하는 사람들 간의 물리적인 성이 최고의 즐거움이라고 생각합니다.

우리들이 순수 의식 상태에 있을 때 우리는 순수한 영적인 사랑과 애정에 대한 욕구를 보입니다. 영성의 참나를 물질적 요소로 육체화할 때, 그런 영적인 사랑과 애정이 육체와 마음을 만족시키기 위한 이기적인 욕망으로 삐뚤어져 반영^{perversely reflected}되는 것입니다. 이것은 욕망이지 사랑이 아닙니다. 손전등은 순수한 불빛을 내뿜지만 빨간 색종이로 덮으면 붉은색 빛을 내뿜는 것처럼. 그것은 더 이상 순수한 빛이 아니기에 붉은색 빛으로 왜곡되었다고 말할 수 있을 것입니다. 마찬가지로 순수한 참나가 육체로 덮이면, 우리의 필요와 충동은 순수한 사랑보다는 욕망의 형태로 드러나게 됩니다. 이것은 바가바드 기따에서 더 자세히 설명됩니다.

38. 불이 연기로, 거울이 먼지로, 태아가 자궁으로 덮여있듯이, 참나 지식은 욕망으로 덮여있다.

39. 아르주나, 그래서 사람의 순수한 의식은 욕망의 모습으로 있는 이 영원한 적으로 덮여있다.

40. 감각, 마음 그리고 지성에 이 욕망이 자리하고 있다. 이것들에 욕망이 있으면서 진정한 지식을 가려 사람을 미혹시킨다.

41. 그러므로 아르주나, 그대의 모든 힘을 다하여, 그대의 감각에 있는 욕망을 통제하여라. 참나 지식과 깨달음을 앗아가는 이 나쁜 적을 베어버려라. (바가바드 기따 3. 38~41)

위의 구절처럼 감각에 있는 욕망을 통제함으로 육체와 마음에 존재하는 욕망의 영향을 없앨 수 있습니다. 그리고 물질적인 결함의 영역을 넘어서는 참나에 이를 수 있습니다. 이 참나에 이르거나 그것을 흘긋 보기만 해도, 그 사람은 어떤 물질적 즐거움보다도 훨씬 큰 행복을 느낍니다. 이것은 바가바드 기따에 이렇게 언급됩니다.

> 그는 물질적 감각이나 외적 대상에 더 이상 집착하지 않으며, 항상 희열에, 안에 있는 기쁨에 있다. 무한자에 대한 지속적인 집중 때문에 그는 끝없는 희열을 즐긴다. (바가바드 기따 5.21)

이것으로부터 우리는 오직 육체를 만족시키기에만 여념이 없는 사람은 영혼의 영적인 요구를 만족시키는 지식이 부족하다는 것을 알 수 있습니다. 영혼의 요구가 무시되면 육체와 마음은 가차 없는 욕망, 탐욕, 분노, 그리고 한탄에 채찍질 당하게 됩니다. 그리고 항상 새로운 스릴과 흥분에 굶주리게 됩니다. 이것은 삶에 대한 육체적인 개념과 영구적이지 않은 물질적 행복을 얻고 유지하려는 투쟁에 얽매이게 합니다.

뻥갈라 또한 육체에 대한 역겨움을 언급했습니다. 처음에 그녀는 육체의 욕구를 충족시키는 것에 탐닉하고 싶어했지만, 나중에 실제로 육체는 분뇨로 가득하고 피부, 머리카락, 손톱으로 덮여있으며 계속해서 더러운 물질을 분비하는 구조라는 것을 깨달았습니다. 물론 육체가 물질적인 많은 것들과 영적인 것을 성취하는데 가장 유용한 도구라는 것을 부정하는 것은 아닙니다. 요점은 육체를 우리의 진정한 정체성으로 생각해서는 안 된다는 것입니다. 또한, 육체에 너무 집착해서 몸과 마음의 모든 감각적 욕망을 섬기고 만족시키려고 노력하는 것이 삶의 목표가 되어서도 안 됩니다.

육체를 향한 삥갈라의 태도에 대해 읽으면서, 나는 시카고에 있는 과학 산업 박물관을 방문했던 때를 생각했습니다. 현지 교수가 남녀 몸의 얇은 횡단면과 종단면을 전시한 전시회가 있었는데, 각각의 단면은 두 개의 유리판 사이에 설치되어 있어서 모든 것이 확실하게 보였습니다. 거기에는 입, 목구멍, 눈, 비강, 뇌의 물질을 보여주는 두개골 조각이 있었습니다. 그리고 근육, 힘줄, 뼈, 혈관을 보여주는 팔과 무릎 관절 조각이 있었고, 겉 피부, 등뼈나 갈비, 그리고 심장, 폐, 간, 신장, 창자 같은 모든 내부 기관을 보여주는 어깨나 목 부분부터 샅굴 부위까지 잘려진 몸통 조각이 있었습니다. 그것은 보기 좋은 광경은 아니었습니다.

처음에 그것을 봤을 때, 나는 그것이 무엇인지 확신할 수 없었습니다. 그러다 갑자기 무엇인지 알게 되었고 나는 약간 충격을 받았습니다. 그 이후에 그것을 쳐다보며 생각하기 시작했습니다. "이 육체의 실재를 보라. 그런 것에 즐거움이 어디에 있는가?"

이 전시를 보며 거기에 서 있을 때, 다른 사람들이 그것을 보며 지나가며 하는 말이 들렸습니다. 어떤 사람들은 그것에 가까이 걸어가서 낮은 한숨 소리를 내거나 아무런 말도 못 하고 계속 바라보기만 했습니다. 몇몇 부인들은 지나가면서 "이게 뭐예요? 오, 저런. 가요 프레드, 이런 건 보고 싶지 않아요."라고 말하고는 남편의 팔을 잡고 끌고 가곤 했습니다. 어떤 사람들은 "오, 맙소사, 이거 진짜인가요? 이게 진짜 사람 몸이에요? 여기에서 돌아다니지 않을래요."라고 말했습니다. 아이들도 가끔 걸어와서 "왝, 역겨워. 다른 걸 보러 가요."라고 말하곤 했습니다.

그 모습은 꽤 재미있었습니다. 그것은 분명 육체의 실체를 깨닫게 만들었습니다. 그리고 우리가 이 물질적인 육체 그 이상이라는 것을 깨닫게 만들었습니다. 하지만 이 육체가 당신의 진정한 정체성이라고 생각한다면, 그렇게 전시되어 있는 것을 보는 것은 다소 불쾌할 수 있습니다. 그것은 마치 당신이 수영복을 입은 채 누군가 당신의 굽은 발가락, 우둘투둘한 무릎, 등의 사마귀, 또는 몸에 있는 다른 어떤 흠을 볼까 두려운 것과도 같습니다. 하지만 화려한 옷, 매력적인 헤어 스타일, 좋은 향수와 화장으로 이 육체를 계속 덮기만 하면, 그것은 그렇게 나빠 보이지 않습니다. 사실, 우리는 이 육체가 꽤 좋아 보인다고 생각할 수도 있습니다. 그것은 착각입니다.

하지만, 이러한 착각을 바탕으로 한 강력한 사업체들이 있습니다. 그러므로, 이런 착각의 베일을 찢을 수 있는 이 영적인 지식이 확산되는 것은 이것으로 자신이 무언가를 잃을 수도 있겠다는 생각을 하는 사람들에게 종종 위협으로 느껴질 것입니다. 그렇게 할 수 있는 힘을 가진 자들이 사회의 전반적 무지에 기초한 것에서 얻을 수 있는 이익을 유지하기 위해 이 지식을 퍼뜨리는 통로를 막으려 하는 것을 보는 것은 놀라운 일이 아닙니다.

영적인 지식의 통로를 막으려는 시도는 역사를 통해서도 다양한 시기에 일어났던 일입니다. 그러한 의도를 가진 사람들이나 정부의 집단은 지식의 원천봉쇄, 정보의 조작 승인, 책의 대량 소각을 진행했습니다. 지식은 힘이고 무지는 약함이라는 것을 알기 때문에, 여러분의 무지는 자신들의 힘이라는 생각을 하는 것입니다. 물론 그때의 과학은 일반 대중의 의견을 통제하기 위해 과학의 주장을 선전, 선동propaganda 하고 뉴스 미디어로 조작합니다. 이 책은 실제로 그런 문제들을 논의하기 위한 것은 아닙니다. 하지만 나에게는 자신, 자기의 친구 또는 넓게는 인류를 위해 정말 이익이 되는 일을 하고 싶어 하는 철학자, 인도주의자, 정치가, 선지자 등이 이 착각을 초월해서 볼 수 있어야 한다고 언급하는 것이 중요하게 느껴집니다. 그렇지 않다면 그들은 단지 다른 사람들과 같은 틀에 빠져 물질주의적인 게임을 하는 바퀴의 또 다른 톱니바퀴일 뿐입니다.

뼁갈라가 언급하는 또 다른 중요한 점은 이 우주의 모든 것이 시간 요인에 의해 영향을 받는다는 것입니다. 물질 원소를 이루는 모든 것은 탄생, 성장, 유지, 부산물에 의한 생산, 줄어듦, 죽음이라는 여섯 가지 변화를 거칩니다. 그러므로 우리가 맹렬히 삶을 즐긴다고 해도, 신체 기계는 고장 나기 시작하고 마침내 죽게 됩니다. 그때 우리는 우리의 육체뿐만 아니라 아내 또는 남편, 친척, 친구들, 집, 은행 계좌 등 그것과 연관 있는 모든 것을 떠나야만 합니다. 베다는 이런 것들을 죽음의 시간에 우리를 도울 수 없는 낙오병fallible soldiers으로 묘사하고 있습니다. 그리고 일단 죽으면 어디로 가는지 우리는 알지 못합니다.

죽음이란, 그곳으로부터 돌아온 자가 아무도 없는 여행이라고 묘사되고, 많은 사람은 죽음을 두려워합니다. 이러한 두려움은 빈번하게 볼 수 있습니다. 사람은 높은 곳에 대한 두려움, 어두움에 대한 두려움, 깊은 물에서 수영하는 것에 대한 두려움, 미래나 미지의 것에 대한 두려움 등을 가지고 있습니다. 이 모든 것은 단지 미지의 것과 죽음에 대한 궁극적인 두려움의 반영입니다. 그래서 우리는 불가피한 죽음에 대한 우리의 불안감을 완화 시키거나, 최소한 그것을 잊으려고 열심히 노력합니다.

베다의 고전 마하바라따에는 죽음의 신 야마라자가 유디스띠라 왕에게 세상에서 가장 놀라운 것이 무엇인지 묻는 이야기가 있습니다. 왕은 가장 놀라운 것은 우리 주변에서 수많은 사람이 매일매일 죽지만 살아있는 사람들은 자기들에게는 아직 죽음이 일어나지 않을 것이라 생각하고 마치 아무 상관이 없다는 듯이 계속해서 살아가는 것이라고 대답했습니다. 이보다 더 놀라운 일이 무엇이 있겠습니까?

슈리마드 바가바땀은 비록 우리가 가족, 일, 또는 오락적인 일에 바쁘게 매달리고 죽음의 문제에 대해 잊어버릴 수 있다 해도, 죽음은 우리를 잊지 않는다고 말합니다.

무적이자 영원한 시간은 가정사에 너무 많이 집착하고 언제나 자기 생각에 몰두한 사람들이 알아차릴 수 없게 그들에게 엄습한다. (슈리마드 바가바땀 1.13.17)

이 끔찍한 상황은 이 물질세계에서는 어떤 사람에 의해서도 해결될 수 없다. 그것은 우리 모두에게 다가온 영원한 시간처럼 신의 지고한 인격이다. 영원한 시간의 영향 아래 있는 누구든 아이들, 부, 명예, 땅, 집 같은 다른 것들은 말할 것도 없고 그가 가장 소중히 여기는 목숨을 바쳐야 한다. (슈리마드 바가바땀 1.13.19~20)

당신이 죽기를 싫어하는 것과 명예와 위신을 희생하고서라도 살고자 하는 욕망에도 불구하고, 당신의 인색한 육체는 오래된 옷처럼 분명 줄어들고 악화될 것이다. (슈리마드 바가바땀 1.13.25)

행복을 성취하는 법과 불행을 피하는 법을 안다고 해도, 사람들은 죽음에 자신의 힘을 행사할 수 없는 그 과정을 여전히 알지 못한다. 죽음은 전혀 기분 좋은 것이 아니고, 모든 사람은 처형의 장소로 끌려가는 사형수와 똑같은데, 물질적인 대상이나 그것들이 제공하는 만족감에서 무슨 행복이 가능하겠는가? (슈리마드 바가바땀 11.10.19~20)

죽음의 손아귀에 있는 사람에게, 부의 사용이나 그것을 제공하는 사람들은 만족감을 느낀다. 그런 점에서 그저 물질세계에서 다시 태어나게 하는 어떤 유형의 결실 활동이 있을 수 있겠는가? (슈리마드 바가바땀 11.23.27)

위 구절들에서 재물, 명성, 명예, 우리의 소유물 또는 심지어 과학적 지식같이 우리가 삶에서 축적할 수 있는 물질적인 어떤 것도 죽음이 다가올 때 우리를 도울 수 없다는 것이 분명해졌습니다. 하지만 죽음이 다가오지 않을 때는 어떨까요? 누군가는 그가 스물다섯 혹은 서른다섯, 또는 예순다섯 살밖에 안 됐다고 말하겠지만, 어떤 경우이든 그는 실제로 그 세월만큼 이미 죽은 것입니다. 그리고 그는 정확히 어느 순간에 죽음이 덮칠지 확신할 수 없습니다. 지금으로부터 몇 년 후일 수도 있고 아니면 잠시 후일 수도 있습니다. 그러므로 지혜로운 사람은 언제나 매일이 마치 마지막인 것처럼 산다고 합니다. 이것은 항상 삶의 진정한 목적을 기억해야 한다는 것을 의미합니다. 또한 영적인 참나 깨달음을 향한 우리의 위대한 길에서 삶은 단지 순간일 뿐임을 말해줍니다. 삶에는 배워야 할 많은 교훈이 담겨 있습니다. 그리고 우리가 더 높은 존재의 단계를 시작하기에 얼마나 오래 걸리는지가 얼마나 많은 생애를 거쳐야 하는지를 결정할 것입니다. 모든 존재의 단계 중 가장 최고인 것은 우리의 타고난^{constitutional} 영적인 지위를 되찾는 것입니다. 그것이 우리 삶의 목표가 되어야 합니다.

이 물질세계에서 성공하기 위해서는 모든 활동이 이 생애 안에서 완성되어야 한다는 것을 기억해야 합니다. "당신은 갈 때 그것을 가져갈 수 없다."라는 말이 있듯이 말입니다. 하지만 우리의 타고난 영적인 지위를 되찾기 위한 영적 활동과 그것의 이득은 완전히 완성되지 않더라도 매번의 생애마다 영혼과 함께 머무릅니다. 다른 말로 하면, 만약 우리가 이 생애에서 필요한 영적 성장의 25%만을 만든다면, 나중의 생애에서 남은 75%를 얻으면 됩니다. 혹은 마침내 그 목표에 이를 때까지 많은 생애를 통해 완성을 향하여 지속적인 노력을 할 수도 있습니다. 그러므로 슈리 크리슈나는 바가바드 기따에서 말합니다.

이 길에서 노력한다면 그 노력은 결코 헛되지 않는다. 좋지 않은 결과도 오지

않는다. 조금만 향상이 있어도 그대는 큰 두려움에서 놓여난다. (바가바드 기따 2.40)

가장 무시무시한 유형의 두려움은 죽음이 당신을 어디로 데려갈지 알지 못하는 것에 대한 두려움입니다. 우리의 다음 생애가 더 나을지 나쁠지 확실히 말하기는 어렵습니다. 그것은 천국이거나 지옥이거나 아니면 둘 다로 나타날 수도 있습니다. 왜 위험을 감수합니까? 우리는 그것에 대해 준비해야 합니다. 죽음은 반드시 고려해야 할 문제입니다. 하지만 일단 이 죽음의 문제를 풀고 그것이 무엇인지 이해한다면, 더 이상 두려워할 것이 아무것도 없을 것입니다. 이것이 진정한 대담함입니다. 대담함은 단지 미지의 먼 곳이나 죽음의 얼굴 그 자체를 무감각하고 흔들림 없는 시선으로 들여다보는 것을 의미하는 것은 아닙니다. 진정한 대담함이란 깨달음과 미지의 것에 대해 알 수 있는 지식을 얻게 되는 것입니다. 결국, 우리가 이해하고 있는 것에서 어떻게 많은 두려움이 생길 수 있겠습니까?

물론 우리는 이렇게 합리화할 수도 있습니다. 그것은 바로 우리가 "약속된 땅" 또는 죽음 이후의 더 나은 미래를 향해 가고 있다는 믿음입니다. 하지만 무엇이 우리를 그렇게 생각하도록 만드는 것입니까? 우리는 실제로 그런 운명을 받아 마땅한 어떤 일을 했을까요? 그러므로, 고결한 영적인 자산의 발전을 보장해 주는 길을 따라가도록 우리를 안내해 주는 베다의 가르침이 권장됩니다. 이런 자산은 이 생애나 다음 생애에 참나로 돌아갈 수 있을 때까지 우리의 더 나은 발전을 보장해 줄 것입니다. 이것이 바로 사람이 실제로 죽음을 극복하는 방법입니다. 이것의 중요성은 다음 경구에서 언급됩니다.

아르주나. 이 세상에서나 영적 세상에서나 그러한 사람은 몰락하지 않는다. 좋은 일을 하는 사람에게는 나쁜 결말은 오지 않는다. (바가바드 기따 6.40)

아르주나, 이것이 지고한 경지이다. 이것을 얻은 사람은 미혹되지 않는다. 죽을 때조차도 그렇게 있는 사람은 신의 희열로 들어갈 수 있다. (바가바드 기따 2.72)

그의 영적 자산으로 인해, 이원성에 대한 의심은 완전히 잘려나갔다. 이렇게 그는 세 가지 유형의 물질적 자연으로부터 자유로워졌으며 초월에 자리 잡았다. 그는 물질적 형태로부터 자유로워졌기 때문에 탄생과 죽음에 얽히게 될 가능성은 더 이상 없었다. (슈리마드 바가바땀 1.15.31)

이것이 우리 미래의 존재를 위해 필요한 영적인 자질을 획득하는 것의 중요성입니다. 이 영적 자질은 적합한 영적인 수행을 통해 얻어집니다. 영적 수행은 위의 경전에 언급된 그런 특성에 이르고자 한다면 우리의 삶에 더해져야 하는 것입니다.

뺑갈라가 언급한 또 하나의 중요한 요점은, 많은 애인과 즐기려는 욕망을 버린 후에 그녀가 신과 함께 즐겼다는 점입니다. 그녀는 완벽한 평화를 얻었고 이제 자신의 애정을 신에게 돌리려고 했습니다. 어떻게 이것이 가능할까요? 우리가 이해할 수 있는 능력을 넘어선 완전한 힘, 능력, 의식, 지식, 아름다움, 사랑으로 가득하다고 베다가 묘사하고, 모든 것이 그것으로부터 뿜어져 나오는 원천인 절대적인 진리와 사람이 어떻게 애정의 관계를 맺을 수 있을까요?

해답은 베다에 설명되어 있습니다. 참나는 이 우주의 안과 밖에 있는 모든 것에 스며드는 강력한 힘 또는 에너지입니다. 뿐만 아니라 우리 가슴 속에 있으며 또한 우리의 진정성에 따라 우리가 이해할 수 있는 방식으로 자신을 드러내는 지고한 존재라고 말해집니다. 우리의 노력으로 참나를 아는 것은 불가능하지만, 참나가 우리에게 자신을 드러내는 것은 전혀 어렵지 않은 문제입니다. 사회에 있는 대부분의 사람은 신을 아는 것에 그다지 관심이 없을지도 모릅니다. 사실, 소수의 사람만이 절대적 진리를 알기 위한 진지한 시도를 할 것입니다. 그러나 참나는 우리가 참나를 알도록 안내하는 데 아주 큰 관심을 가지고 있습니다. 그러므로 참나는 베다로 자신을 알 수 있게 하는 방법에 대해 아주 많은 정보를 제공합니다.

사실을 말하자면 모든 창조에 있어서 궁극적으로 영원한 것은 오직 세 가지라고 할 수 있습니다. (1)지고한 존재, (2)모든 살아있는 존재, (3)그들 사이의 관계. 즉 사랑입니다. 그것만이 영원히 지속되는 전부입니다. 더 이상은 없습니다. 다른 모든 것들은 시작과 끝이 있습니다. 이 사랑은 순수하고 이기적이지 않고 영적이며, 육체적인 또는 성적인 표현에 대한 필요성을 초월하는 것입니다. 이것은 육체적인 사랑보다 훨씬 더 높은 것입니다. 이러한 영적인 사랑으로 신은 우리와 희열과 지식으로 가득한 영원한 사랑을 나눌 수 있는 영적인 세계를 유지합니다. 그러나 우리가 지고한 존재와 맺는 사랑의 관계를 잊고 떨어질 때, 신의 작고 일시적인 에너지를 찾는 물질세계에 들어갑니다. 우리가 끌리는 물질세계란 많은 친구, 연인, 스포츠카, 아름다운 그림들, 그랜드캐니언에서의 일몰 등이 포함됩니다. 하지만 이것들은 모두 지고한 존재의 작은 에너지이며 우리가 갈망하는 모든 즐거움을 줄 수는 없는 것들입니다. 이것이 물질적 즐거움으로 행복해지려는 것에 대한 문제입니다.

우리는 지고한 존재와의 관계를 잊어버리고, 있기를 원하는 만큼 여러 생애 동안 이 물질세계에 머무를 수 있습니다. 하지만 일단 우리의 일시적인 물질적 관계에 대해 불만스러워지기 시작하고 우리의 사랑과 애정의 궁극적 대상을 찾기를 갈망하면, 이것을 완수하고 다시 우리의 의식을 영적으로 만들 수 있는 방법이 제공됩니다. 제자가 준비가 되면 스승은 완벽에 이르는 과정을 알려주기 위해 나타납니다.

물질 창조의 환상적인 배열을 확립한 신이, 너무 태만해서 나갈 절차도 마련하지 않고 우리를 여기에 남겨 놓았을 것이라고 생각하지 마십시오. 신이 만들어 놓은 나가는 절차에 의해, 우리는 항상 바라고 있는 진정한 행복을 얻을 수 있습니다. 이것으로 우리는 우리가 진정 누구인지, 그리고 신이란 무엇이며 신과 우리의 관계는 무엇인지를 다시한번 기억할 수 있습니다. 이것이 삶의 궁극적 목표이며, 그것은 베다가 충분히 설명해주고 있습니다. 이 지식은 모든 사람들의 더 나은 삶을 위해 역사를 통해 끊임없이 지속적으로 전해지고 있습니다. 이러한 베다의 지식은 다음 장들에서 계속 제공될 것입니다.

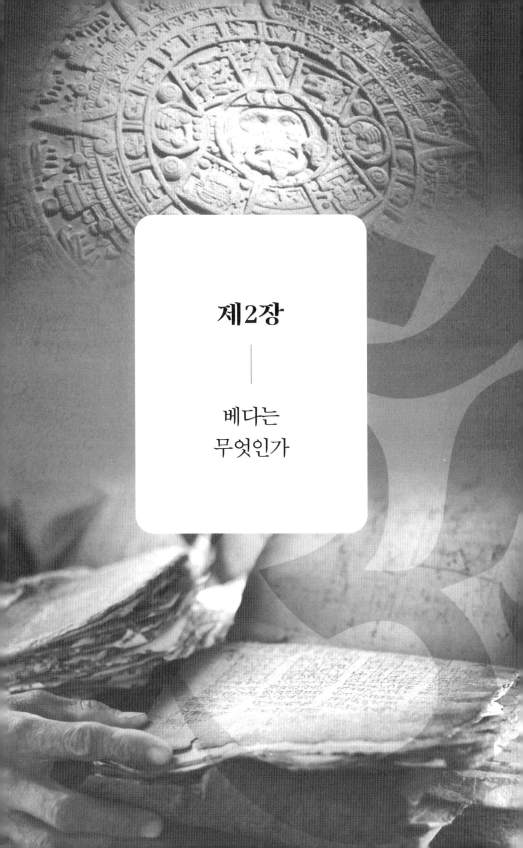

제2장

베다는
무엇인가

'베다'라는 말은 지식을 의미합니다. 어떤 지식도 베다가 될 수 있지만, 베다 문헌은 최초의 지식 또는 모든 지식의 끝 혹은 결론인 베단따를 담고 있다고 이해됩니다. 이것은 우리의 안의 지식과 감각 인지 영역 너머의 지식까지 모두 포함합니다. 우리는 대부분의 지식을 주변에 있는 것들을 보고, 만지고, 맛보고, 냄새 맡거나 듣는 방식에 의해 습득합니다. 감각의 중심인 마음을 사용함으로써, 우리는 경험을 통해 습득하는 지식의 유형에 따라 삶과 세계에 대한 우리의 관점을 조정합니다. 우리는 모든 것을 경험할 수 없지만 특정 주제에 대해 알고 싶다면, 우리가 알고 싶어하는 것을 경험했거나 알고 있는 다른 사람에게서 들어야 합니다. 우리 모두는 누구도 모든 지식을 가지고 태어나지 않는다는 것을 압니다. 사람들은 자신의 현재 경험을 넘어서는 것에 대한 지식을 얻기 위해 학교나 대학에 갑니다. 우리는 아는 사람에게 배우고 가르침을 받아야 합니다. 이것은 우리가 더 높은 권위에 접근하는 방법을 받아들여야 한다는 뜻입니다. 그리고 영적인 주제 문제와 관련해서 궁극적인 더 높은 권위는 고대 동양의 지식인 베다라고 할 수 있습니다.

베다는 당신이 기기나 차를 살 때 그것을 어떻게 사용하고 다루는지 설명하도록 도와주는 사용 설명서도 가지듯이, 사람의 현재 상태를 어떻게 가장 잘 활용하는지를 설명해 주는 더 높은 이해의 체계라고 여겨집니다. 베다는 우리가 누구인지, 어떻게 여기에 왔는지, 이 세상은 어떻게 작용하는지, 그리고 이 삶이 주는 가장 큰 혜택을 얻고 보이지 않는 위험을 피하기 위해 어떻게 활용하는지를 알도록 세상 사람들에게 주어졌습니다. 이것은 신이 베다를 만들었고(야주르^{Yajur} 베다 40.8) 또한 그것들을 통해 모든 것을 드러낸다고 기술하는 내용(야주르 베다 31.7)에서 확인됩니다. 이것은 또한 아따르바 베다(11.7.24 와 19.6.13)에서도 언급됩니다.

결국 베다의 주된 목적은 영적인 깨달음에 대한 지식을 확립하고 괴로움으로부터 자유를 얻는 방법을 제공하는 것입니다. 이것은 영적인 존재의 플랫폼에 도달하기(또는 돌아가기) 위해 인간의 삶의 형태를 이용하여, 물질적 얽매임으로부터 해방이 되는 것을 의미합니다. 게다가 당신이 어떤 단계의 열망을 가지고 있든지 간에, 베다에는 당신의 진보를 지속하는데 필요한 특정한 정보를 가지고 있습니다.

베다는 첫 번째로, 일상적인 노력을 조절하고 그 활동을 수행자에게 미래의 혜택을 주는 행동으로 전환하는 방법을 가르쳐줍니다. 사람의 삶이 그 가르침에 맞춰 바뀌거나 구조화될 때, 더 높은 단계의 철학적 이해가 가능하도록 자연스럽게 성장합니다. 현실적인 경험에 의해 더 깊은 깨달음을 얻게 될 때, 마찬가지로 역시 베다를 통해 진정한 삶의 목적을 인지하게 됩니다. 이것은 슈리마드 바가바땀에서 설명됩니다.

오 신이시여, 베다의 형상을 한 당신의 말씀은 이 삶에서 얻어야 하는 목표와 그것을 얻는 수단 뿐 아니라 최종적인 해방, 천상의 희열같이 보이지 않는 삶의 목적에 대한 통찰력을 그들이 가질 수 있게 해 주는 선조들, 신들, 그리고 인류가 가졌던 하나의 뛰어난 눈입니다. (슈리마드 바가바땀 11.20.4)

바가바드 기따는 또한 말합니다.

이 지식은 최상의 지식이며, 비밀 중의 비밀이다. 이것은 가장 순수한 지식이다. 이것은 순식간에 경험되며, 이것을 수행하는 것은 즐겁다. (바가바드 기따 9.2)

그러나, 사람은 또한 신중해야 합니다.

태고 이래로 무지로 덮여있던 사람은 자신의 참나 깨달음을 스스로 가져올 수 없기에 절대 진리에 대해 사실에 기반을 둔 지식이 있고 그들에게 이 지식을

나눠줄 수 있는 다른 사람이 있어야 한다. (슈리마드 바가바땀 11.22.10)

그러므로 우리는 베다의 가르침을 이해하기 위해 누구에게 다가가야 하는지 신중해야 합니다. 이것은 당신이 가르침을 듣는 스승뿐만 아니라 당신이 읽는 베다의 해석에 대해서도 마찬가지로 신중해야 한다는 뜻입니다.

예를 들어 어떤 학자들은 베다가 너무 모호하고 불분명하다고 불평했습니다. 그렇게 그들은 자신의 이해 부족으로 베다의 가르침을 별로 중요하지 않은 것으로 일축합니다. 시기하는 사람의 손에 있는 지식은 아주 위험할 수 있다는 말이 있듯이 이것에는 이유가 있습니다. 베다는 소수만이 이해하는 용어들을 다루기에, 베다에 비우호적인 사람들은 이해하지 못할 것입니다. 크리슈나가 슈리마드 바가바땀에서 말하는 것처럼 말입니다.

세 부분으로 나누어지는 베다는 근본적으로 살아있는 실체가 순수한 영적 영혼임을 보여준다. 그러나 베다 선지자와 만뜨라들은 소수만이 아는 용어들을 다루고, 나 또한 그런 비밀스러운 묘사를 좋아한다. 베다의 초월적인 소리는 이해하기가 어렵고 쁘라나(생명력), 감각, 그리고 마음 안에서 여러 수준으로 나타난다. 베다의 소리는 바다처럼 무한하고, 아주 깊으며 불가해하다. (슈리마드 바가바땀 11.21.35~36)

더 자세히 설명하자면, 베다 철학의 가장 높은 수준을 제대로 이해하기 위해서는 그것을 수행하고 그것에 참여해야 합니다. 단지 자신의 진정한 정체성을 더 잘 이해하기 위해 베다를 공부할 수도 있지만, 이런 종류의 학식은 관점이 제한적이고 철학 연구에 대한 서양식 접근법의 전형이라고 할 수 있습니다. 베다 철학에 대한 전체적인 시각은 공부할 때뿐만 아니라 베다 글에서 찾을 수 있는 가르침을 수행하면서 확대되어 갈 것입니다. 이런 수행들은 베다 안에 있는 영적인 정보를 더 완전히 이해하고 직접적으로 인지하기 위한 내적 자각을 발전시키는 데 도움을 줍니다. 이것이 중요한 부분이고 이것이 차이점을 만듭니다. 우리는 다음으로 출간할 예정인 『힌두교의 심장*The Heart of Hinduism*』에서 이 수행 중 일부를 보여주고 여러 유형의 요가를 설명할 것입니다. 그러나 현재로는 당신이 가르침을 받을 사람이 누구이든지 철학 공부와 베다에서 설명한 수행이라는 두 가지 측면 모두 완전히 발전되어 있고 경험이 있어야 한다는 것을 자각해야 합니다. 당연히 그 이유는 학생이 스승을 넘어서서 더 발전하는 일은 드물기 때문입니다. 그러므로 스승이나, 당신이 읽고 있는 책의 저자는 자격을 갖추어야 합니다.

예를 들어, 동양 철학에 대한 책을 쓰는 소위 학자라고 하는 사람들과 다른 사람들을 가르치기에 충분한 전문가라고 여겨지는 사람들이 하는 말들은 때로는 너무나도 잘못 이끌어서, 성실한 진리의 구도

자들의 발전을 명백히 방해하기도 합니다. 자신의 무신론적 성향에 의해 제한되는 모든 징후를 종종 보여주는 그들의 해석은 광범위함을 이해하지 못하고 있음을 보여주거나 그들이 베다에 대한 공손한 경청 submissive hearing 과정을 통해 드러나는 진리의 깊이를 결코 파악할 수 없다는 것을 드러냅니다. 이것은 그들이 배움을 얻어야 할 영적 권위자나 경험이 있는 마스터에게 접근하기를 거부하기 때문입니다. 그들은 단지 베다 문헌을 읽음으로써 자신이 스스로 베다 철학을 이해할 수 있을 것이라고 생각합니다. 그러나 베다의 체계는 그렇게 작동하는 것이 아닙니다. 바가바드 기따는 이렇게 언급합니다.

> 빛으로부터 돌아선 그는 잔인하고, 이기적이고, 탐욕스러운 성품으로 떨어진다. 그의 희망과 행위는 헛되며, 그의 지식은 그저 착각이다. (바가바드 기따 9.12)

이런 일부 교수들이 얼마나 잘못된 정보를 전달할 수 있는가에 대한 재미있는 예 중의 하나가 유명한 책에 실려 있습니다. 거기에서는 '고스와미gosvami'라는 단어가 '소의 군주(cow-lord)'를 의미한다고 해석됩니다. 요가의 주제에 대해 조금이라도 아는 사람이라면 산스끄리뜨 'go'가 감각을 뜻하고, 'svami'가 주인 또는 통제자를 뜻한다는 것을 압니다. 그러므로 '고스와미'는 자기 감각의 주인인 자를 지칭합니다. 감각을 제어하고 마음을 통제함으로써 그는 안에 있는 참나와 연결됩니다. 이것이 모든 요가의 핵심입니다. 단지 소의 군주(cow-lord) 또는 소의 주인이 되는 것으로는 이것을 달성하기는 어렵습니다. 만약 그렇다면, 이 세상의 모든 카우보이와 목장 주인은 어느 날 잠에서 깨어 갑자기 자신이 완전히 깨달음을 얻은 신비주의자인 것을 알게 될지도 모릅니다.

따라서 자신이 진정한 영적인 지식을 얻는 것에 대해 진지하다면 매우 주의해야 합니다. 실제 무엇이 부정확한 정보인지도 모른 채 이해하려고 노력하는 희생자가 되지 않기 위해서라도 말입니다. 수년 전에는 누구나 다 베다를 공부하도록 허락된 것이 아니었기 때문에 이런 문제가 존재하지 않았습니다. 베다의 지식은 일반적으로 사제 같은 브람마나 계급의 소유였습니다. 오직 영적인 권위자의 지도 아래에서 공부하기 위해 적절한 시간을 사용하고, 자격이 있는 학생들만 베다의 신비를 연구하는 것이 허용되었습니다. 이런 식으로, 베다는 언제나 그 순수성을 유지했고, 자격이 없거나 시기하는 사람이 그것을 남용하거나 오용할 수 없었습니다.

또한 베다는 소리 진동 형태의 영적 에너지이기 때문에, 진정한 의미를 이해할 수 있는 순수한 마음을 가진 사람이 아니고는 이해하기에 어렵다고 말해집니다. 그러므로, 일반적인 사람들은 무능한 스승들에 의해 잘못 인도되지 않도록 주의해야 합니다. 하지만 그 사람이 끈기 있고 베다를 제대로 설명할 수 있는 순수한 가슴을 가진 영혼을 찾는다면, 그는 충분히 성공할 가능성이 있습니다. 베단따 수뜨라에 언급되어 있듯이 말입니다.

베다 지식을 제대로 듣는 사람은 탄생과 죽음의 순환으로 돌아갈 필요가 없다.

(베단따 수뜨라 4.4.23)

다른 말로 하자면, 우리가 이 책에서 나타내고자 하는 베다의 진정한 가르침을 이해함으로써 육체적, 정신적 한계로부터 벗어나 완벽한 영적 존재의 플랫폼과 행복에 이를 것은 분명해 보입니다.

1. 베다가 서양에 끼친 영향력

베다는 서양 세계에서 새로운 것이 아닙니다. 구도자, 작가, 시인, 철학자, 그리고 수년 동안 베다 사상의 깊이, 영감, 통찰력을 인식해 온 모든 계층의 사람들이 있었습니다. 베다가 처음 시작된 인도에 대한 관심은 수 세기 동안 보통 무역에 대한 것이었습니다. 향신료, 보석, 질 좋은 옷감 같은 상품들은 항상 수요가 많았습니다. 마르코 폴로도 인도의 엄청난 부를 본 것에 대해 썼고 인도를 세계에서 제일 부유한 나라 중의 하나라고 묘사했습니다. 크리스토퍼 콜럼버스는 마르코 폴로의 묘사를 읽고 인도로 가는 새로운 경로를 찾으려는 계획을 창안했습니다. (그는 대신 아메리카를 발견했습니다.)

인도에 대한 이 관심은 계속되었습니다. 하지만 1800년대 초 인도 무역상들은 산스끄리뜨로 된 책도 함께 들여오기 시작했습니다. 산스끄리뜨 문헌은 유명해지기 시작했습니다. 미국의 남북전쟁이 끝난 후로, 베다 사상의 영향력은 계속해서 퍼져나갔습니다. 헨리 데이비드 소로우Henry David Thoreau, 랠프 왈도 에머슨Ralph Waldo Emerson, 아모스 브론슨 울컷Amos Bronson Alcott, 미니스터 제임스 프리맨 클락Minister James Freeman Clark 같은 유명인들과 사람들이 베다에 의해 직접적으로 영감을 얻은 철학적 통찰력을 자신들의 글에서 표현하기 시작한 콩코드, 메사추세츠 같은 곳에서 특히 두드러지게 퍼져나갔습니다. 에머슨은 특히 바가바드 기따, 비슈누 뿌라나, 마누의 법전, 바가바따 뿌라나, 심지어 까또빠니샤드 같은 책을 읽은 것으로도 알려져 있습니다. 에머슨의 말을 하나 인용해 보겠습니다. "나는 바가바드 기따 덕분에 멋진 날을 보냈다. 그것이 책 중에서 첫 번째였다. 그것은 마치 또 다른 시대와 환경에서 우리를 불안하게 만드는 똑같은 문제들을 깊이 생각해서 처리했던, 작거나 가치 없는 것이 아니라 크고 고요하며 한결같은 오래된 지성의 목소리를 제국이 우리에게 뿜어내는 것 같았다."

헨리 데이비드 소로우 또한 철학적 학식이 있는 글로 잘 알려져 있습니다. 그는 베다를 아주 열심히 읽었고 베다 사상에 대한 존경심을 공공연히 드러냈습니다. 월든 호수에 머무르는 동안 그는 자주 바가바드 기따를 읽곤 했습니다. 소로우는 이렇게 말한 적이 있습니다. "내가 읽은 베다에서 뽑아낸 것은 순수한 기층을 통해 고귀한 과정을 설명해주는 높고 순수한 조명등의 빛처럼 나에게 떨어진다." 또 이렇게도 말했습니다. "신들이 그것을 만든 시대는 흘러갔고 현대 세계와 그 문학은 그것에 비해 보잘것없고 하찮아 보인다. 그렇기 때문에, 아침에 나는 바가바드 기따의 거대하고 우주적인 철학에 지성을 담근다." (월든^{Walden}, 16장)

소로우는 바가바드 기따에 아주 감명을 받아 계속해서 말을 이어갔습니다. "독자들은 바가바드 기따가 아닌 어떤 것에서도 더 크고, 더 순수하거나 더 진기한 사고의 영역으로 들어 올려져 유지될 수 없다. 기따의 분별력과 장엄함은 군인과 상인들의 마음까지도 감명시켰다." 그는 또한 "헤브루의 종교와 철학은 베다 문화의 정중함, 지적 고상함 그리고 미묘함이 결여된, 야만적이고 무례한 부족의 종교와 철학이다."라고 말했습니다. 인도와 베다 문헌에 대한 소로우의 독서는 광범위했습니다. 그는 그것을 진지하게 받아들였습니다. 심지어 마하뜨마 간디도 그를 존경하고 자신의 스승으로 받아들였습니다.

베다 철학에 영향을 받은 다른 인정받은 작가로는 T.S. 엘리엇 ^{T.S.Eliot}, 폴 엘머 모어^{Paul Elmer More}, 어빙 배빗^{Irving Babbitt}이 있는데 이들은

모두 하버드 대학에서 한 훌륭한 산스끄리뜨 스승인 찰스 로치웰 란만 Charles Rochwell Lanman의 지도하에 공부했습니다. 그 스승은 40년 이상이나 가르쳤고 또한 산스끄리뜨와 힌두 철학에 관한 책을 출판하기도 한 사람이었습니다. 하버드 대학에 뛰어난 산스끄리뜨 스승들이 많이 있었듯이, 예일 대학에도 있었는데 심지어 하버드 대학보다 더 빠른 시기였습니다. 실제 엘리후 예일Elihu Yale대학은 베다 철학에 대한 깊은 존경심을 가지고 있었습니다.

대학에서 산스끄리뜨와 동양 철학에 대한 공부를 도입한 이유 중의 하나는 1842년에 창립된 '미국 동양 학회' 같은 기구들의 영향력 때문이었습니다. 세월이 흐르면서, 베다 철학이 얼마나 특별한지를 알려주는 데 도움을 준 많은 훌륭한 산스끄리프 학자와 미국인 인도학자들이 있었습니다. 그런 사람들 중에는 인도에 가서 공부를 계속한 에드워드 엘브리지 솔즈베리Edward Elbridge Salisbury(1814–1901), 피츠워드 홀Fitzedward Hall(1825–1901), 윌리엄 드와이트 휘트니William Dwight Whitney(1827–1901), 에드워드 워시번 홉킨스Edward Washburn Hopkins(1857–1932), 제임스 브래드스트리트 그리노James Bradstreet Greenough(1833–1900) 외의 많은 사람들이 있습니다. 미국 뿐 아니라 다른 서양의 나라들에서 인도의 사상은 관심이 있는 지식인들 사이에서 받아들여졌는데 그들 중에는 영국의 맥스 뮐러Max Mueller와 올더스 헉슬리Aldous Huxley, 프랑스의 로맹 롤랜드Romain Rolland, 러시아의 톨스토이Tolstoy, 독일의 슐레겔Schlegel, 듀센Deussen과 쇼

펜하우어가 있습니다. 사실 쇼펜하우어는 베다가 언젠가는 세계의 종교로 받아들여질 것이라고 예언하기까지 했습니다.

수년 전에 미국과 다른 나라들에서 인도의 베다 철학에 대한 이해를 향상시키려고 했던 훌륭한 사상가들이 있었던 것처럼, 인도에도 서양에 그 문헌을 전하기를 간절히 바랐던 사람들이 있었습니다. 1896년에 바크티비노다 타쿠르Bhaktivinoda Thakur(1838-1914)는 서양에 그의 책『마하프라부 차이탄야의 삶과 교훈The Life and Precepts of Chaitanya Mahaprabhu』의 복사본을 몇 권 보냈습니다. 그중 몇 권은 캐나다의 맥길McGill 대학의 도서관과 런던 왕립 아시아 협회Royal Asiatic Society 도서관에서 발견되었습니다. 비록 몇 권 되지 않은 작품small work이었지만 그 책은 서양 학자들의 감탄을 받았습니다.

사상과 문화의 교환이라는 이 컨셉concept은 인도의 많은 현자와 스와미들이 학생들을 가르치기 위해 미국에 왔고, 서양 학생들이 스승을 찾아서 인도에 갔기 때문에 최근에 더 쉽게 볼 수 있습니다. 분명히 이것은 우연이 아닙니다. 왜냐하면 미국은 현대 과학기술의 노하우가 풍부하긴 하지만 영적인 시각vision이 결핍되어 보이는 반면, 인도는 물질적으로는 가난했지만 영적인 유산은 풍부하기 때문입니다.

이것은 서로를 도와주려고 노력하는 맹인과 절름발이의 예와 비슷합니다. 맹인은 걷거나 심지어 뛸 수도 있지만 보이지 않기 때문에 잘 못된 방향으로 몇 마일을 뛰어갈 수도 있습니다. 그리고 절름발이는 어디로 가야 하는지 볼 수는 있지만 움직이기가 아주 어렵습니다. 함께 함으로써 절름발이는 맹인에게 가야 할 길을 조언해 줄 수 있고, 맹인은 절름발이가 걸어 다닐 수 있도록 도움을 줄 수 있습니다. 이런 식으로, 그들은 서로가 자신의 목표를 달성하도록 돕습니다. 따라서 이예에서 볼 수 있는 것처럼, 동양(절름발이)과 서양(맹인)은 적절한 조합을 발견할 때까지 서로 돕는 것이 당연합니다. 위대한 사상가들은 동서양의 이 조합은 베다 철학에 관한 공부와 활용을 통해 이루어질 수 있다고 이해했고, 그 경우에 그것들은 인간 문명의 완벽한 본보기를 만들어낼 것입니다.

이렇게 우리가 오랜 시간 동안 존경해 온 서양의 수많은 작가와 시인들은 동양의 철학으로부터 많은 영감을 얻었습니다. 이와 같이 베다는 이미 서양 사회의 영적, 지적 발전에 확실한 공헌을 한 것입니다.

2. 베다 과학의 재발견

베다는 높은 수준의 철학적, 영적 지식을 담고 있을 뿐 아니라 물질과학에 대한 정보 또한 담고 있습니다. 이러한 베다 문헌은 신 단반타리^{Dhanvantari}가 가르친 독창적인 전인 의학인 '아유르 베다', 브리구가 가르친 군사학 '다누르 베다', 바라따 무니가 가르친 음악, 춤, 연극 등의 예술에 관한 '간다르바 베다', 통치학 '아르따 사스뜨람', 건축학 '스따빠띠야베다^{Sthapatyaveda}', 최초의 법률서인 '마누 삼히따$^{Manu-samhita}$' 와 같은 작품들이 포함됩니다.

또한 베다의 수학 체계를 담고 있는 '슐바 수뜨라$^{Shulba Sutras}$'도 있습니다. 이 수뜨라는 초기 대수학의 형태를 보여주는 '깔빠 수뜨라$^{Kalpa sutra}$'의 부록이며, 베다의 수학 형태는 초기 그리스, 바빌로니아, 이집트 또는 중국 문명에서 발견되는 것보다 훨씬 더 앞서 있었습니다. 사실 피타고라스의 정리라고 알려진 기하학 공식은 기원전 8세기보다 앞서 '슐바 수뜨라'의 초기 형태인 '바우다야나^{Baudhayana}'에서 발견됩니다. 십, 백 등의 십진법과 한 열의 나머지를 다음 열로 넘기는 방법도 인도 수학 체계에서 비롯되었습니다. 인도의 수학 체계는 또한 분수의 방법, 방정식과 미지수를 나타내는 문자의 사용을 제공했습니다. 이 인도 숫자들은 서기 700년 이후 아라비아에서 사용되었고 유럽으로 퍼져서 아라비아 숫자로 불리게 되었습니다. 유럽에서 과학과 수학 분야에서 많은 발전이 일어날 수 있었던 것은 유럽이 로마 숫자를 사용하다가 인도에서 기원한 이 아라비아 숫자로 바꾸었기 때문입니다.

'뿌라나'는 우주의 창조, 그것의 유지와 파멸에 관한 다양한 정보를 담고 있습니다. 그 다양한 주제로는 점성술, 지리학, 군사 무기, 사회 조직, 다양한 계층 사람들의 의무, 사회 지도자의 특징과 행동, 미래에 대한 예측, 물질 원소의 분석, 의식의 증상, 환영의 에너지가 어떻게 작용하는가, 요가 수행, 명상, 영적 경험, 절대적인 것에 대한 깨달음, 그리고 기타 다수의 것들이 있습니다.

베다는 또한 지구가 우주의 중심이고 별들과 태양이 그 주위를 돈다고 여겼던 현대 학자들의 이론이 틀렸음을 완벽하게 입증합니다. 우주론적 배열에 관한 베다의 서술에서는 태양을 비롯한 모든 행성이 우주를 통과하는 특별한 운행 궤도를 가지고 있다고 설명됩니다. 더 나아가 '야주르 베다' 같은 초기의 베다 작품에서, 다른 과학에 내용도 발견할 수 있습니다.

오 제자여, 통치학을 배우는 학생이여, 증기 기관선으로 바다를 항해하고, 비행기로 하늘을 날며, 베다를 통해 창조주 신을 알고, 요가를 통해 자신의 호흡을 제어하며, 천문학을 통해 낮과 밤의 기능을 알고, 베다의 구성 요소들을 통해 리그, 야주르, 사마, 아따르바의 모든 베다를 알라.

천문학, 지리학, 지질학을 통해 그대는 태양 아래에 있는 세계의 모든 다양한 나라들로 가라. 훌륭한 설교를 통해 정치적 수완과 장인의 솜씨를 얻고, 의학을 통해 모든 약용식물에 대한 지식을 얻으며, 유체정역학[1]을 통해 물의 다양한

---

1 액체와 기체의 정지상태를 다루는 학문(역자 주/ 이하 생략).

사용을 배우고, 전기를 통해 언제나 빛이 나는 번개를 이해하라. 나의 가르침을 흔쾌히 이행하라... (야주르 베다 6.21)

위의 구절에 언급된 모든 다양한 과학들 중에서 비행기에 대한 언급을 발견하게 되는 것은 매우 놀랍습니다. 하지만, 사실 비행기에 대한 언급은 기계들의 움직임을 묘사하는 '야주르 베다'에 나오는 다음 경구를 포함하여 베다 문헌에 여러 번 발견됩니다.

오 아주 솜씨 좋은 기술자여, 우리의 전문가들에 의해 물에서 나아가는 배와, 위로 올라가 중간 지역에 있는 구름을 지나 더 높은 곳에서 움직이면서 배처럼 날아가고 엷은 구름 위아래를 비행하는 비행기를 만들라. 그렇게 함으로써 그대는 어디에나 계시는 신이 만든 이 세계에서 번창하며, 공중에서 그리고 번개가 치는 가운데에서도 날아다니는 자가 되라. (야주르 베다 10.19)

현대 과학기술의 다른 발견은 원자력 에너지와 그것의 부산물에 대한 발견입니다. 대부분의 사람은 우리 이전의 어떤 문명도 그런 것들에 대한 지식이 없었다고 생각합니다. 그러나 우리는 베다 문헌에서 오늘날 우리가 사용하는 원자 폭탄과 비슷한 양의 에너지를 가지고 있는 무기에 대한 설명을 몇 번이고 찾아볼 수 있습니다. 그것들이 원자력 에너지의 기본 원리에 대한 설명이 아니라면 다음의 '아따르바 베다'에 있는 경구는 과연 무엇을 언급하는 것이겠습니까?

원자력은 99개의 원소를 분열시켜, 중성자의 충격으로 그 길을 가린다. 원소의 분자 조정 질량 속에 숨겨져 있는 빠른 힘의 주요 부분인 헤드head에 몰래 접근할 목적으로, 위에서 언급한 충격을 통해 원자를 구동하는 바로 그 부분에 접근한다. 여기서 과학자들은 달의 궤도에서 작용하는 태양 광선의 비슷한 숨겨진 타격력을 안다. (아따르바 베다 20.41.1~3)

베다 아리안 문명의 진보된 특성을 보여주는 또 다른 점은 그들이 가진 우주의 시간 척도에 대한 개념conception입니다. 시간의 인자time factor는 우주의 다양한 수준에 다르게 영향을 미치는 것으로 계산됩니다. 예를 들어, 반신반인[2]의 하루는 지구에 있는 인간의 6개월과 같습니다. 그리고 신gods의 1년은 인간의 시간으로 360년이고, 신의 12000년은 마하비슈누가 눈 깜빡할 사이라고 말해집니다. 브람마의 경우, 그의 하루는 사띠야 유가Satya Yuga[3], 뜨레따 유가Treta Yuga, 드바빠라 유가Dvapara Yuga, 깔리 유가Kali Yuga의 네 개의 시대를 합한 1유가의 천 번(1000 유가)과 같습니다. 이것은 43억 년에 달하는데, 그 끝은 지구를 포함하여 우주가 부분적으로 파괴되는 브람마의 밤이 됩니다. 같은 기간의 세월이 흐른 뒤 브람마의 낮이 다시 시작되고 파괴된 그것은 다시 창조되거나 부활합니다. 흥미롭게도 현대 과학은 지구의 나이가 약 40억 살이라고 추정해왔습니다. 학자들은 베다의 아리안족이 3500년 전

---

2 데미고드demigod 반신, 신인, 사람과 신 사이에 태어난 아들, 하급의 신.
3 끄리따 유가Krita Yuga라고도 함.

보다 더 오래전의 시기에 오늘날 과학에 의해 추정되는 똑같은 수치와 비슷한 광대한 시간 범위를 생각할 수 있었다는 것을 불가사의하다고 느낍니다.

이것이 가능한 이유는 이전에도 말했듯이, 삶을 영위하는 우리가 이 세상에서 자신의 상태position를 이해할 수 있도록 지고한 존재에 의해 베다 지식이 확립되었기 때문입니다. 이와 같이 이 지식은 자격이 있는 사람에게 사용될 준비가 된 상태로 때를 따라 전해져 내려오고 있습니다. 위의 예를 통해 우리는 그저 최근에 이룬 성취라고 생각하며 자랑스럽게 느끼는 오늘날의 많은 과학과 발명들이 이미 오래전에 알려졌다는 것을 알 수 있습니다. 그러므로 우리 이전의 어떤 문명도 그렇게 진보되지 않았다는 생각을 하지 않도록 주의해야 합니다. 우리가 알지 못했지만, 다년간 알려져 있었던 것을 우리는 지금 막대한 비용과 많은 연구를 통해 단지 재발견하고 있는 것입니다. 이것은 베다 문헌을 볼 때 아주 명백합니다.

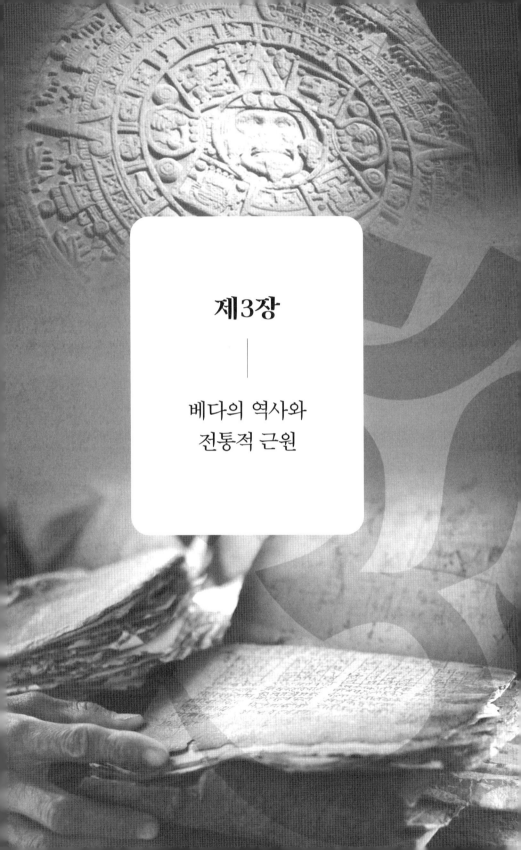

제3장

베다의 역사와
전통적 근원

베다는 어떻게 확립되었는가? 그것의 기원은 무엇이었는가? 그 역사는 무엇인가? 그것은 어떻게 구분되어 졌고, 왜 베다 안에는 선택해야 할 다른 길들이 있는 것처럼 보이는가?

우선, 이 질문들에 대답하는 두 가지 방법이 있습니다. 하나는 베다가 언제 출현했는지에 대해 몇몇 동시대 학자와 역사가들이 제시한 이론들을 고려하는 것이고, 두 번째 방법은 베다 문헌에 나타나 있는 전통적 설명을 고려하는 것입니다.

많은 역사학자들은 기원전 2000년에 인도를 침략하고 인도 문화와 베다 전통을 세운 것은 아리안족이라는 생각을 했습니다. 그들은 아리안족이 러시아 남부 근처 어딘가에서 왔으며 베다 의식과 풍습을 가지고 왔다고 말했습니다.

그러나, 아리안족 침략설(AIT)이라고 알려져 있는 이 이론은 여러 이유로 현대 역사가들 사이에서 예전에 그랬던 것과 같은 무게를 가지고 있지는 않습니다. 예를 들어, 아리안족이 침략했다고 말해지는 인더스 밸리의 문화는 기원전 3500년에서 2500년 사이에 번성했습니다. 두 개의 주요 도시는 하라파와 모헨조다로였습니다. 많은 발견물이 하라파의 고고학 발굴지에서 나왔는데, 그것은 후기 힌두교의 많은 측면이 초기 인더스 밸리 문화에 녹여져 있음을 암시하는 증거들을 보여주었습니다. 발견된 것들 중에는 명상을 하며 앉아 있는 요기의 형상 뿐아니라 쉬바와 비슷한 많은 신의 모습들이 포함되어 있습니다. 사원 숭배가 일상에서 중요한 역할을 했음을 시사하는 증거도 발견되었는데, 이것은 베다가 그 당시의 사람들에게 가장 많은 영적 진보를 이루기 위한 과정으로 규정하는 것이었습니다. 이 증거는 또한 불 숭배가 중요한 역할을 했다는 것도 보여주는데, 불은 비슈누의 상징이었습니다. 그리고 인더스 밸리 문화에서 전통적으로 만들어진 불의 제단이 고대 브람마나 문헌의 묘사에 따라 이미 만들어졌다는 것이 발견되었습니다.

또 다른 관점은 인더스 밸리가 넓은 지역을 감싸고 있어서 그 사회의 문화적 특성은 오랜 시간 동안 계속해서 살아남았는데, 왜 아리안이전 언어는 그렇게 흔적도 없이 사라질 수 있었는가입니다. 어쩌면 사실 아리안 이전의 언어는 없었을지도 모릅니다. 만약 그렇다면 베다의 아리안족이 침략한 것이 아니라 그들이 이미 그곳에 있었을 확률이 더 높습니다.

뿐만 아니라, 대부분의 학자는 최초의 베다 찬가들이 기원전 1500년 이전의 시기에 속하는 것으로 보인다는 것에 동의합니다. 그리고 어떤 연구자들은 리그베다의 일부가 기원전 1500년보다 수천 년 전의 시기로 거슬러 올라가 존재했다고 생각합니다. 이것은 베다 문화를 가져온 것이 침략자들이 아니라는 것을 의미합니다. 왜냐하면, 침략자들이 그곳에 도착했을 때 적어도 초기의 베다 문헌들은 이미 존재하고 있었기 때문입니다.

이번에는 우리의 상식을 가지고 또 다른 관점을 고려해 봅시다. 붓다가 약 2500년 전에 나타났다는 것이 널리 받아들여지고 있고, 우리는 붓다가 베다에 반대하는 설교를 했다는 것을 알고 있습니다. 그러면 베다는 그 당시에 존재하고 있었어야 합니다. 그렇지 않다면 어떻게 그가 그것에 반대하는 설교를 할 수 있었겠습니까? 사실 붓다가 더 이상 베다를 받아들이지 않았던 이유는 주된leading 베다 추종자들이 진정으로 그것을 따르지 않고 그것을 잘못 사용하고 있었기 때문입니다. 그리고 역사를 공부하는 학생이라면 누구나, 번창한 이후에는 남용이 발생한다는 것을 압니다. 그래서 베다의 쇠락이 2500년 전에 극에 달해 사람들이 붓다의 가르침을 받아들였다면, 분명 점진적인 퇴보는 수백 년 동안 그 이전에 계속되어왔을 것입니다. 그 당시의 베다는 고도로 발달된 철학의 한 형태였기 때문에, 그것은 분명 붓다의 시대보다 수천 년 전에 널리 퍼져 있었다는 것을 나타냅니다. 그러므로 우리는 베다가 얼마나 오래되었을지 쉽게 이해할 수 있습니다.

　게다가 1700년과 1800년대에 처음 베다 문헌과 문화를 미개하고 열등하며 최근의 것이라고 묘사한 것은 인도에 있는 영국 산스끄리뜨 학자들과 교육자들이었다는 것을 잊지 말아야 합니다. 그들은 책의 내용과 쓰인 방식 같은 것들에 따라 베다의 서적들이 언제 쓰였는지 날짜를 추정했습니다. 그러나 베다 전통에도, 베다 지식이 나누어지고 이것을 거쳐 여러 권이 저술된 후 베다 지식의 내용의 전문가가 된 현자에게 전해진다고 기술되어 있습니다. 그런 다음 현자에 따라 베다 지식의 하위 분파가 형성되고 다른 분파들에게 계속 전해졌습니다. 이처럼 베다는 오랜 기간 동안 많은 저자의 영향을 받고 점차 변화된 것처럼 보일 수 있지만 실제로는 그렇지 않습니다.

　우리는 또한 오랜 시간 동안 베다 문학이 야자나무 잎에 쓰였고 그것이 닳거나 다른 사본이 필요하면 베껴 써야만 했다는 것을 기억해야 합니다. 시간이 지나면서 다른 사본들이 반복해서 만들어짐에 따라, 일부 학자들로 하여금 그 기원이 좀 더 최근일 것이라고 생각하게 만드는 원고에 대한 관습적 수정이 발생했을 것입니다. 그러나 '바가바따 뿌라나'의 경우에, 산스끄리뜨 원고는 그것이 유물임을 입증해 주는 여전히 예스러운 작문 형식을 포함하고 있습니다. 그럼에도 불구하고 영국 학자들은 사람들이 그것을 실제보다 더 오래된 것으로 생각하도록 '뿌라나'의 작가가 분명 의도적으로 고풍스러운 서풍을 사용했을 것이라고 말했습니다. 영국인들이 베다의 오래된 기원의 자격을 박탈하기 위한 시도로 이런 이론을 제시했다는 사실은 그들이 베다 문헌에 대해 얼마나 편견을 가지고 있는가를 보여줄 뿐입니다.

이 문화적 편견은 기독교에 기반을 둔 자신들의 가치관과 관점의 우월성을 주장하고 식민 지배의 영속화라는 숨은 의도를 가진 과소평가의 결과물입니다. 이 의도는 실제적으로 그들이 산스끄리뜨 책을 영어로 번역하고, 기독교의 책을 산스끄리뜨로 번역하려고 했던 이유가 됩니다. 그리고 당시의 많은 유명한 교수들은 자신을 베다의 번역에 관해 인도 학자들보다 더 나은 권위자라고 여기는 뻔뻔함을 가지고 있었습니다.

어떤 경우라도, 베다 문헌을 하찮게 만들려는 시도는 그다지 큰 영향을 주지 못했습니다. 사실, 앞 장에서 언급된 것처럼 서양의 많은 유명한 작가와 시인들은 정말로 베다 문헌들로부터 깊은 인상과 영향을 받았고 베다 책들을 번역함으로 베다 문헌이 담았던 고귀한 가치관이 무엇인지 알도록 해주었습니다.

그러면 베다는 어디에서 왔을까요? 베다가 어떻게 엮이게 되었고 어디에서 기원했는지에 관해 현대의 역사학자들이 많은 이론을 제시할 수는 있을 것입니다. 하지만 우리는 이것이 베다 사상을 이해하기 위해 지나치게 단순한 열쇠를 찾으려는 시도이거나 심지어 베다의 가치를 떨어뜨리기 위한 시도라는 것을 알 수 있습니다. 그들은 여전히 그들의 이론에 확신이 없고 세밀함이 부족하다는 것을 인정해야 합니다. 사실, 오늘날 대부분의 역사가들은 정확하게 기록된 역사가 기원전 600년 전까지만 거슬러 올라간다고 생각하며, 이 시기 이전에는 경전에 관련된 모든 사건들과 이야기들은 단지 상상 속의 신화이자 전설일 뿐이라고 생각합니다. 역사가들의 이런 생각은 사물을 바라보는 지극히 편협한 시각을 반영합니다. 과거의 많은 베다의 권위자들과 참나 깨달음을 얻은 현자들은 '마하바라따'와 '뿌라나'에서 발견된 이야기들을 사실로 받아들였고, 또한 영적인 완벽을 위해 베다의 가르침을 따름으로써 고결한 의식 상태에 도달했습니다. 그러므로, 베다들이 어떻게 형성되었는지에 대한 역사를 이해하는 가장 좋은 방법은 베다 문헌이 스스로 자신을 드러내도록 하는 것입니다.

베다 전통에 따르면, 지고한 신이 이 물질세계를 창조했을 때, 그의 초월적인 에너지가 모든 곳에 스며들었습니다. 이 영적인 에너지는 지고한 존재로부터 나온 순수한 진동인 '샵다브람마shabdabrahma'였습니다. 처음에 영적 소리의 미묘한 진동, '샵다브람마'라 불리는 영원하고 영적인 진동이 있었습니다. 이것은 가장 고양된 신 브람마의 가슴의 하늘sky of the heart로부터 나타났습니다. 그의 마음은 완벽하게 고요했고 영적인 이해에 고정되어 있었습니다. 모든 외적인 소리가 멈출 때 이 미묘한 진동을 감지하는 것이 가능합니다. 이 미묘한 베다의 형태에 대한 경배를 통해, 신비주의자들은 다양한 물리적 실체와 행위들의 연계로 인해 생겨나는 모든 결점과 불순함이 있는 가슴을 정화할 수 있습니다. 이렇게 그들은 더 계속되는 탄생과 죽음의 순환으로부터 해방을 얻을 수 있습니다. (슈리마드 바가바땀 12.6.37~38)

그 영적인 소리 진동으로부터 세 개의 소리로 이루어진 '옴까라 omkara [옴]'가 생겨났습니다. 이 세 개의 소리는 A, U, M 입니다. 이것은 물리적 실체, 물질적 본성의 세 가지 방식, 세 개의 베다, 즉 리그, 야주르, 사마, 그리고 부르Bhur, 부바르Bhuvar, 스바르Svar의 세 개의 행성 체계와 깨어있음, 잠, 그리고 깊은 잠이라 불리는 의식의 세 가지 기반을 제시합니다. 이 '옴까라'는 보이지 않는 힘을 가지고 있으며 완전하게 정화된 사람의 가슴속에서 생겨날 것입니다. 그것은 지고한 인격 또는 '바가반', 가슴 속에 있는 '빠람아뜨마' 또는 초영혼, 그리고 비인격적 '브람만'이라 이름 붙은 모든 세 가지 특징 안에 있는 절대 진리의 상징입니다. '옴까라'는 물질적이지 않고 감지할 수 없으며 육체적인 귀나 감각을 사용하지 않는 초영혼에 의해서만 들립니다. 진정한 베다의 소리는 '옴까라'의 전체적 확장입니다. '옴까라'는 스스로 존재하는 절대 진리에 대한 직접적인 명칭이며 모든 베다 찬가의 내적 정수이며 영원한 씨앗입니다. (슈리마드 바가바땀 12.6.39~42)

영적으로 고결한 브린다바나의 고스와미는 옴^{AUM}에서 문자 'A'는 지고의 인간, 물질적, 그리고 영적 행성에 있는 모든 살아있는 실체의 주인이며 모든 것이 뿜어져 나오는 근원인 '바가반 크리슈나'를 가리킨다고 설명했습니다. 문자 'U'는 지고한 존재의 에너지를 가리키고 'M'은 무수히 많은 살아있는 존재들을 가리킵니다. 따라서 '옴까라 (옴 또는 AUM)'는 모든 것의 휴식처이고, 또는 다른 말로 하자면, 모든 잠재력은 이 신성한 진동 안에 있습니다. 짜이딴야 짜리땀리따^{Chaitanya caritamrita}에서는 더 자세히 설명됩니다.

> 베다 문헌의 기본적인 단어인 베다의 소리 진동 옴까라는 모든 베다 진동의 기본이다. 그러므로 사람은 옴까라를 지고한 신성의 인격의 소리 상징과 우주적 현현의 보고라고 받아들여야 한다. (짜이딴야 짜리땀리따 아디 릴라 7.128)

크리슈나는 또한 설명합니다.

> 나는 이 우주의 아버지요, 어머니요, 행위의 결과의 분배자요, 할아버지다. 나는 지식의 목표이자 정화자요, '옴'음절이요, 또한 세 베다이다. (바가바드 기따 9.17)

야주르 베다(31장 7절)에서도 아래의 내용이 확인됩니다.

사람들이 모든 희생 의식을 바치는 그 절대자 신으로부터 리그 베다, 사마 베다가 만들어졌다. 아따르바 베다와 야주르 베다 또한 그에게서 생겨났다.

이 경구들은 순수한 절대 진리와 순수한 영적 소리 진동은 같으며 베다는 그 절대 진리의 확장이라는 것을 나타냅니다. 베다 지식을 이해함으로써 우리는 절대적인 것을 이해할 수 있습니다. 그러므로 베다의 권위에 기반을 둔 모든 영적 깨달음의 최종 결과는 그 지고한 인격을 이해하는 것입니다.

애초에 '쁘라나바' 또는 '옴 만뜨라'는 신성한 '가야뜨리 만뜨라'(om bhur bhuvah svah tat savitur varenyam bhargo devasya dimahi dhiyo yo nah pracodayat)로 확장되었다고들 말합니다. 그런 후에 '가야뜨리'는 다음과 같이 '짜뚜 슬로끼'Catuh sloki'라고 불리는 네 개의 '슈리마드 바가바땀'의 중심 경구로 확장되었습니다.

이 우주 창조 이전에는 오직 나만이 존재하고, 거칠거나 미묘하거나 원시적인 다른 아무것도 없었다. 창조 후에는 모든 것 안에 오직 나만 존재하고, 소멸 후에는 나만 영원히 남는다.
나 없이 진리라고 보이는 것은 분명 나의 환영의 에너지이다. 왜냐면 내가 없으면 아무것도 존재할 수 없기 때문이다. 밝은 곳에서는 그림자도, 상도 없기 때문에 그것은 어둠 속에 있는 실제 빛의 상과도 같다.

물질적 원소들은 모든 살아있는 존재들의 몸속으로 들어가지만 그들 모두의 바깥에도 남아 있듯이, 나는 모든 물질적 창조 안에 존재하지만 그들 안에 있지 않다.

그러므로 초월적 지식에 관심이 있는 사람은 어디에나 만연한 진리를 알기 위해 항상 직접적으로 그리고 간접적으로 그것에 대해 물어야 한다. (슈리마드 바가바땀 2.9.33~36)

이 짜뚜 슬로끼 경구들은 창조의 때에 지고의 신 '비슈누'가 '브람마'에게 가르쳤고 다른 모든 베다 문헌은 이것으로부터 확장되었습니다. '바가바땀(바가바따 뿌라나)'은 이 네 경구들의 완벽한 확장으로 여겨집니다.

우리는 이제, 이런 내용들로 베다가 종교적인 사고의 점진적인 진화를 보여주며 오랜 시간 평범한 사람들이 작성했다고 생각하는 일부 학자들의 가정이 얼마나 틀렸는지 알 수 있습니다. 요점은 베다 지식이 이 세상과 우리는 누구인지, 그리고 절대적 실체와 우리의 관계, 그 관계에 따라 어떻게 행위work 해야 하는지를 우리가 이해할 수 있도록 지고한 존재에 의해 주어졌다는 것입니다. 슈리 크리슈나는 바가바땀에서 이렇게 말합니다.

모든 살아있는 존재들 안에 거하는 무한하고 변함이 없으며 전능한 신성의 인격으로서, 나는 직접 모든 살아있는 존재들 안에 옴까라의 형태로 베다의 소리 진동을 확립한다. 이렇게 그것은 마치 연꽃 줄기에 있는 섬유질의 한 가닥처럼 미묘하게 인지된다. (슈리마드 바가바땀 11.21.37)

이것이 의미하는 것은 우리는 모두 본성이 영적이기 때문에 우리의 타고난 자리는 영원한 지식과 희열로 가득하다는 것입니다. 베다의 목적은 우리 안에 있는 그 지식을 다시 일깨우는 것입니다. 우리의 영적 지위는 아주 미묘한 본성이어서 단지 지성 또는 논리의 의도적인 조작으로 우리가 이 지식을 이해하도록 강요할 수 없습니다. 앞에서도 지적했듯이 우리는 완전한 결과를 얻기 위해 베다의 방식에 따라 수행해야 합니다. 이 과정을 통해, 우리는 영적인 세계를 인식할 수 있는 힘을 개발하게 됩니다. 그렇지 않다면 어떻게 영적인 참나 깨달음의 더 높은 원리를 이해할 자격을 갖출 수 있겠습니까?

다음 몇 개의 경구들은 물질세계의 창조 이전, 창조 중, 그리고 소멸 이후의 절대 진리 안에 '샵다 브람마shabda brahma'가 존재한다는 것을 분명히 나타냅니다. 그러므로 모든 종류의 지식에 대한 근원은 베다로 거슬러 올라갑니다.

거미가 가슴에서 거미줄을 뽑아 입을 통해 뿜어내듯이, 지고한 신성의 인격은 모든 신성한 베다 운율을 이루고 있고 초월적 기쁨으로 가득한, 반향을 일으키는 태고의 생명의 공기로서 스스로를 드러낸다. 이와 같이 신은 다양한 종류로 이루어진 소리들을 스빠르사^{sparsa}(산스끄리뜨 자음)로 이해하는 마음의 매개체를 통해 그의 가슴의 천상의 하늘로부터 크고 무한한 베다 소리를 만들어낸다. 베다 소리는 옴 음절로부터 확장된 다양한 문자의 꾸밈을 받아 수천 방향으로 가지를 뻗는다. 자음, 모음, 치찰음, 반모음. 베다는 각각이 그 이전의 것보다 네 개의 음절을 더 가지는 다양한 운율로 표현이 되어, 많은 언어적 다양성에 의해 정교하게 만들어진다. 결국 신은 자신의 현현인 베다 소리를 다시 자기 안으로 불러들인다. (슈리마드 바가바땀 11.21.38~40)

베다는 절대 진리의 표현이고 영원히 존재하기 때문에 '마누 삼히따 Manu samhita'(인간 문명의 최초의 법률서)는 베다 지식에 기초하지 않은 다른 모든 교리 또는 철학은 영원하지 않다고 설명합니다. 베다 지식에 기초하지 않은 모든 교리 또는 철학은 호불호가 계속해서 변하는 인간의 태도 때문에 끊임없는 변형을 겪는 역사에서 존재하는 시간이 짧을 수밖에 없습니다. 우리는 특히 오늘날 여러 종교에서 이런 일이 일어나는 것을 보는데, 사람들은 근원적인 교리^{basic precepts}에 변화가 일어나기를 원하며 결국 세월이 흐를수록 남는 것은 그저 잡동사니일 뿐입니다. 따라서 '마누 삼히따'는 말합니다.

베다에 기초를 두지 않은 그런 모든 전통(스므리띠)과 모든 비열한 철학 체계는 죽음 이후에 아무런 보상도 만들어내지 않는다. 왜냐면 그것들은 어둠을 기

반으로 한다고 공언되었기 때문이다. 베다와는 다르게 나타났다가 (곧) 사라지

는 그 모든 교리들은 (한정적인) 현대의 것^{of modern date}이기 때문에 쓸모없고

거짓된 것이다. (마누 삼히따 12.95~96)

위의 구절에 나오는 '현대의 것(of modern date)' 이라는 것은 지난 2
천 년 이내에 출현하거나, 완전히 새로운 것을 주거나 여러 가지 다른
전통을 결합한 교리를 구성하는 것은 누군가의 상상력에서 비롯된다
는 것을 의미합니다. 그러므로, 그것은 일반적으로 사람들에게 의심스
러운 혜택을 주는 철학입니다. 그것은 종교의 이름으로 있을지라도 투
기 또는 심지어 속임수를 쓰는 과정일 수도 있는 것입니다. 그것은 경
건할 수도 있고, 경전에 약간의 미사여구와 기본적인 도덕 원리나 지
혜를 가지고 있을 수는 있지만, 사람들의 영적인 수준에 대해 가시적
인 결과를 줄 수 있는 것은 아닙니다. 기껏해야 작은 공동체든 여러 나
라든 간에, 맹목적인 신앙으로 일시적으로 단결하고 그들이 고귀하다
고 생각할 수 있는 명분을 위해 함께 뭉치는 사람들, 그러나 진정으로
유익하거나 초월적인 결과를 낳지는 않는 사람들뿐입니다.

1. 베다의 편찬

만약 베다가 영원하고, 지고한 존재의 현현이라면, 어떻게 처음에

베다는 글로 쓰이게 되었을까요?

    그것이 설명되는 방법은 이러합니다. 우주 원소의 창조 이후에, '브람마'는 물질적 구성 요소를 직접 나타내는 신의 화신인 '비슈누'로부터 태어났습니다. '브람마'는 우주에서 최초의 살아있는 존재이며 다양한 형태의 인간, 초목, 곤충, 수생, 행성계 등을 포함하는 창조의 부분을 설계하여 만들도록 돕습니다.

    '브람마'가 처음에 생겨났을 때, 그는 이 물질세계가 무엇이고 그가 누구인지 알지 못했습니다. 그를 깨우쳐 줄 다른 누구도 없었습니다. 그래서 그는 오랫동안 그것에 대해 생각했고 자신의 존재 이유에 대해 알아내려고 했지만 결론에 이르지 못했습니다. 이것은 사람들이 오로지 자신의 감각을 통해 사물을 관찰함으로 이 우주와 자신이 누구인지를 이해하려고 할 때 이르게 되는 결과와 같은 것입니다. 사람들은 마음과 감각으로 세상을 분석함으로써 사물을 인지하는 과정에서 틀림없이 더 많은 실수를 할 것입니다. 망원경이나 현미경 같은 도구들이 있어도 그런 기계들은 단순히 똑같은 잘못된 감각의 확장이기 때문에 실수가 있을 것입니다. 그러므로 브람마는 탐색과 마음의 추측으로부터 물러나 마음을 통제하고 지고한 원인Supreme Cause에 집중함으로써 깊은 명상에 전념했습니다.

수년 동안 명상과 고행의 수행을 한 '브람마'에게 지고의 신 '비슈누'는 만족했고 '브람마'의 가슴 속에서 모든 초월적 지식과 창의적인 힘이 깨어났습니다. '브람마'의 영적 깨달음으로 '가야뜨리 만뜨라'가 '브람마'의 의식에 나타났습니다. 그리고 또 네 개의 기본 베다가 드러났습니다. 이것은 '바유Vayu', '링가Linga', '꾸르마Kurma', '빠드마Padma', '마르깐다야Markandaya', '바가바따 뿌라나Bhagavata Purana' 뿐 아니라 '비슈누 뿌라나Vishnu Purana'에서도 확인됩니다.

비슈누는 브람마에게 이 베다 지식을 가르쳤고, 브람마는 다시 나라다 무니를 포함하여 현현으로 나타난 다른 위대한 현자들에게 이 지식을 가르쳤으며, 그들 또한 다른 이들에게 그것을 가르쳤습니다. 이것이 베다 지식의 구전이 어디에서 시작되었으며, 원래의 삼히따[4]로 쓰이고 엮이기 전에 어떻게 수천 년 동안 한 사람에게서 다른 사람에게서 전해졌는지를 말해줍니다. 베다는 한 번만 들으면 어떤 것도 기억할 수 있는 그런 정신적 능력을 가진 위대한 성자와 신비주의자들에게 가르쳐졌습니다. 오늘날에도 많은 양의 경전을 암기할 수 있는 사람들이 있기 때문에 이것이 아주 특이한 일은 아닙니다. 수천 년 동안 베다는 이런 방식으로 조심스럽게 전해졌습니다. 이것은 바가바땀에서 더 상세히 설명됩니다.

---

4 베다 문헌 전체의 근간이 되는 베다서 각각을 지칭하는 의미로 쓰이는 경우도 있음.

전능한 브람마(비슈누에게서 태어난 창조자)는 앞서 언급한 것 옴(AUM 또는 옴 만뜨라)으로부터 안따스따^{Antahstha}(반모음), 우스마^{Usma}(대기음), 스와라 ^{Swara}(모음), 스빠라^{Spara}(치찰음)와 짧고, 긴, 그리고 위아래로 넓은 소리 표시로 이루어진 문자를 발전시켰다. 브람마는 (희생의식을 수행하는, 이름하여 아드와리유^{Adhwaryu}, 우드가따^{Udgata}, 호따^{Hota}, 브람마나^{brahmana}) 네 사제의 의무를 언급하려는 목적으로 이 문자로 자신의 입을 통해 옴과 비야리띠^{Vyahriti}(브후, 브후바, 스바하라는 세 개의 행성 체계의 신비스러운 이름)와 함께 네 개의 베다로 표현했다. 그런 다음 그는 그것들을 브람마나 현자이며 베다 암송의 전문가인 (마음으로 낳은) 아들들(마리찌와 다른 이들)에게 가르쳤다. 그들은 의를 전파하는 자임이 입증되었고 그것들을 그들의 아들들(까시야빠^{Kasyapa}와 다른 이들)에게 가르쳤다. 여러 현자들의 제자들 즉, 자신들의 기억 속에 베다를 간직하기 위해 (일생 동안) 금욕의 맹세를 지킨 제자들에 의해 네 가지의 유가 시대 동안 대대로 전해진 베다는 나중에 드바빠라 유가의 시대 말에, 스릴라 비야사데바$^{Srila Vyasadeva}$를 필두로 하는 위대한 선지자들에 의해 나누어졌다. 깔리 유가 시대에 사람들은 시간의 작용(그 안에 퍼져 있는 불의의 형태) 때문에 수명이 짧고, 에너지가 부족하며, 우둔하다는 것을 알고, 브람마나 선지자들은 그들 가슴 속에 거하는 불멸의 신이 지시한 대로 베다를 다시 정리했다. (이와 같이, 구전이 글의 형태로 쓰여 엮이게 되었다.)

그러다가 현재 바이바스바따 마누 시대의 스물여덟 번째 드바빠라 유가의 시대에, 신 브람마와 신 쉬바를 선두로 하는 우주의 지도자들은 신앙의 본질

principles of religion을 지키게 해달라고 지고한 신에게 요청했다. 그러자 지고한

신은 자신의 완전한 부분(비슈누)에서 일부의 신성한 불꽃을 내보이며 현자 빠

라샤라 무니Parashara Muni의 아내 사띠야바띠Satyavati의 자궁에 나타났다. 크리

슈나 드바이빠야나 비야사는 빠라샤라의 아들로서 이전 시대에 베다가 그에

의해 정리된 것과 같은 방식으로 하나의 베다를 리그, 아따르바, 야주르, 사마

베다로 알려진 네 개의 베다를 별개의 책으로 나누었다. 이 비야사가 신 나라

야나의 신성이었으니, 달리 누가 마하바라따를 지을 수 있었겠는가? (슈리마드

바가바땀 12.6.48~51)

신의 주요 아바따(영적 세계에서 내려온 신의 화신) 목록에서, 열일곱 번째 화

신은 비야사데바라고 언급되는데, 그는 빠라샤라 무니와 그의 아내 사띠야바

띠의 아들로서 나타났다. 그의 임무는 하나의 베다를 다양한 가지와 그 아래

잔가지로 나누어 덜 지성적인 사람들이 그것을 더 쉽게 이해할 수 있도록 하는

것이었다. (슈리마드 바가바땀 1.3.21 & 2.7.36)

그런 다음 비야사데바는 더 중요한 베다 문헌을 작성했고, '슈리마드

바가바땀'이라는 베다 문헌에 대한 자신의 주석을 작성하며 정점에 이

르렀습니다. 이렇게 하나의 베다는 네 개의 주요 삼히따, 즉 '리그, 야

주르, 사마, 아따르바 베다'가 되었습니다. 그 다음엔 브람마나 문헌,

'베단따 수뜨라', '마하바라따'가 왔고 그 뒤엔 '뿌라나'가 왔는데, '비야

사데바'는 '바가바따 뿌라나'를 가장 중요하고도 완벽한 것이라고 여겼

습니다.

또한 바가바따 뿌라나는 신의 문헌의literary 화신으로, 그것은 모든 사람들의 궁극적 선을 위한 것이고 최고로 행복하며 가장 완벽하다고도 설명된다. 비야사데바는 모든 베다 문헌의 정수를 뽑아낸 후에 그것을 자신의 아들에게 주었다. 이 바가바따 뿌라나는 태양만큼이나 빛나고, 크리슈나 신이 자신의 거처로 떠난 직후에 생겨났다. 이 깔리 시대의 짙은 어둠 때문에 시각을 잃은 사람들은 이 뿌라나로부터 빛을 얻을 수 있다. (바가바땀 1.3.40~43)

비야사데바에 대해 더 자세히 설명하기 위해, 지바 고스와미Jiva Gosvami는 자신의 땃뜨바 산다르바Tattva sandarbha(16.2)에 있는 비슈누 뿌라나(3.4.2~5)를 인용합니다. 그것은 권한을 부여받은 다른 지바[5]가 각각의 생애에서 비야사데바의 지위를 샥띠야베샤 아바따라shaktyavesha avatara로 생각한다고 말합니다. 그러나 이 특별한 디비야divya 유가 또는 네 가지 시대의 순환에서 신 나라야나 자신은 베다 문헌을 다양한 가지로 나누기 위해 스릴라 크리슈나 드바이빠야나 비야사로 나타납니다.

이것은 베다가 어떻게 나타났고 그런 다음에 어떻게 나뉘었는가에 대한 기본적인 이야기입니다. 그리고 슈리마드 바가바땀은 아래와 같

---

5 개별 영혼 또는 살아있는 존재(jiva).

이 설명합니다.

> 첫 번째 천년 사띠야 유가에 모든 베다 만뜨라는 하나의 만뜨라, 즉 모든 베다
> 만뜨라의 뿌리인 쁘라나바(옴)에 포함되어 있었다. 다른 말로 하면, 아따르바
> 베다(어떤 사람들은 야주르 베다라고 말하는데, 원래 모든 것이 포함된 오직 하
> 나의 베다만이 있었다는 것이 요점이다)만이 모든 베다 지식의 근원이었다. 지
> 고한 신성의 인격 나라야나(크리슈나의 확장)는 숭배할 수 있는 유일한 신이었
> 다. 반신반인들 중에서는 추천할 만한 숭배 대상이 없었다. 불은 단지 하나였
> 고, 인간 사회의 유일한 질서는 함사[hamsa](영적으로 완전히 참나 깨달음을 얻
> 은 백조와 같은 현자)로 알려졌다. (슈리마드 바가바땀 9.14.48)

이것은 모든 사람은 참나 깨달음을 얻었기 때문에 원래 베다 문헌을
확장할 필요가 없었다는 것을 가리킵니다. 순수와 평온의 시대인 사띠
야 유가에, 모든 사람들은 삶의 궁극적 목표를 알았고 오늘날의 사람들
처럼 이것에 대해 혼란스러워하지 않았습니다. (드바빠라 유가 시대의 말
기에 비야사데바가 베다 문헌을 엮을 때까지 글로 쓰이지 않았던) 오직 하나의 베
다, 하나의 만뜨라, 하나의 영적 깨달음의 과정, 그리고 한 형태의 숭배
만이 있었습니다. 하지만 시간이 흐르고 불의가 퍼지기 시작하면서 상
황은 변했고 베다 지식에 대한 더 상세한 설명이 필요해졌습니다. 다른
영적 깨달음의 과정들 또한 사람들의 다양한 의식 수준에 맞추어 주기
위해 제시되었습니다. 이같이 물질적인 세계에서의 해방을 위한 지고

한 신의 숭배라는 베다의 주요 목적은 변화했고, 특히 리그 베다와 사마 베다의 경구들에서 볼 수 있듯이 상세한 의식rituals을 행함으로 다양한 물질적 보상을 얻기 위한 반신반인의 숭배에 초점을 맞추기 시작했습니다.

더 자세히 설명하자면 1,728,000년 동안 계속되는 사띠야 유가의 시대에, 사람들은 아주 오래 살았고, 참나 깨달음의 방법은 나라야나에 대해 명상하는 것이었습니다. 1,296,000년 동안 지속되는 다음 시대 뜨레따 유가의 시대에 사람들의 숭고한 성향spiritual tendency은 25% 감소하게 되고, 참나 깨달음의 방법은 초기 베다가 충분히 설명한 희생 의식을 행하는 것이었습니다. 864,000년 동안 계속되는 다음 시대 드바빠라 유가의 시대에, 사람들의 숭고한 성향은 25% 더 감소하게 되고 사람들은 영적 참나 깨달음을 위한 방법으로 설명된 호화로운 사원 숭배에 전념했습니다. 432,000년 동안 지속되고 5000년 전에 시작된 지금의 시대인 깔리 유가의 시대에, 사람들은 모두 수명이 짧고 참나 깨달음이나 영적 주제에 대해 거의 아무런 관심도 보이지 않습니다. 이런 이유로, 베다는 보다 덜 지성적인 사람들도 쉽게 이해할 수 있도록 더 확장되고 글의 형태로 쓰이게 되었습니다. 이것은 슈리마드 바가바땀에 있는 이 세상에 나타나는 여러 신의 화신에 대한 이야기로 알 수 있습니다.

그 후에, 슈리 비야사데바는 신성의 열일곱 번째 화신으로 빠라사라 무니를 통해 사띠야바띠의 자궁에서 나타났고, 그는 사람들이 대체로 덜 지성적인 것을 알고 하나의 베다를 여러 가지와 하위 잔가지들로 나누었다. (슈리마드 바가바땀 1.3.21)

여기에서 우리는 또한 비야사데바가 사실은 베다를 글로 확립할 목적으로 나타난 지고한 신의 화신이었다는 것을 발견할 수 있습니다. 베다는 이전에는 구전을 통해 전해져 내려왔지만 이제 그것이 글로 쓰여져야 했습니다. 비야사데바가 얼마나 정확하게 베다를 나누었는지는 슈리마드 바가바땀의 다음 이야기에서 아주 잘 나타납니다.

옛날에 해가 떠올랐을 때 그(비야사데바)는 사라스와띠 강에서 아침 목욕을 하고 집중을 하기 위해 홀로 앉았다. 위대한 현자는 천 년의 임무에서 이상 현상을 보았다. 이것은 시간이 지나면서 보이지 않는 힘으로 인해 지구에서 여러 시대에 발생한다. 지식으로 완전히 무장한 위대한 현자는 초월적 시각을 통해 깔리 시대의 영향으로 인한 물질적인 모든 것의 퇴보를 볼 수 있었다. 그는 또한 믿음이 없는 사람들이 대개 수명이 줄어들고 선함의 부족 때문에 참을성이 없는 것을 볼 수 있었다. 이같이 그는 삶의 모든 지위의 사람들의 행복에 대해 깊이 생각했다. (슈리마드 바가바땀 1.4.15~18)

비야사데바는 미래에 사람들의 수명이 아주 짧고, 다툼을 좋아하고, 참을성이 없으며 쉽게 화를 낼 것과 그들의 기억력이 좋지 않을 것을 알았습니다. 그래서 베다의 소리 진동을 글로 옮겨야 할 필요가 있게 된 것입니다. 글로 옮기지 않았더라면 사람들은 그것을 공부하고 이해하는 것은 말할 것도 없고, 과거에 그랬던 것처럼 그것을 기억하지도 못했을 것입니다.

그(비야사데바)는 베다에 언급된 희생 의식이 사람들이 종사하고 있는 활동 occupations을 정화할 수 있는 수단이라는 것을 알았다. 그리고 그것이 사람들 사이에서 확대될 수 있도록 그 과정을 단순화하기 위해 하나의 베다를 넷으로 나누었다. 이렇게 지식의 근원의 원천이 네 개의 베다로 분리되어 만들어졌다. 그러나 뿌라나에 언급된 역사적 사실과 확실한 이야기들은 다섯 번째 베다라고 불린다. (슈리마드 바가바땀 1.4.19~20)

어떻게 하나의 베다가 네 개로 나누어졌는지는 비슈누 뿌라나의 다음 내용에서 더 자세히 설명됩니다.

(구전으로는) 오직 하나의 베다, 야주르 베다만이 있었다. 네 부분 중 첫 번째 베다는 100,000개의 스딴자[6]로 이루어졌는데, 거기에는 열 가지 종류의 희생 의식이 있었다. 비야사데바는 그것을 네 부분으로 나누어 네 종류의 사제에 의해 관리되는 희생 의식을 도입했는데, 기도를 암송하는 것(야주쉬Yajush, 또

---

6 시時의 절節, 연連.

는 의식을 총괄하는 것)은 아드바리유^{Adhvaryu} 사제의 의무이고, 찬가(리짜스 ^{Richas})를 읊는 것은 호뜨리^{Hotri} 사제의 의무이며, 다른 찬가(사마^{Sama})를 챈트 하는 것은 우드가뜨리^{Udgatri}의 의무이고, 아따르바^{Atharva}라고 불리는 문구를 말하는 것은 브람마나 사제의 의무이다. 그런 다음 위대한 무니는 리짜스라 불 리는 찬가들을 한데 모아서 리그 베다를 엮었다. 야주샤^{Yajusha}로 칭해지는 기 도와 명령으로는 야주르 베다를 만들었다. 사마라고 불리는 것들로는 사마 베 다를 만들었다. 그리고 아따르바를 가지고 왕에게 맞는 모든 의식의 규칙과, 아 따르바 베다에 있는 수행에 따라 브람마나의 역할을 만들었다. 이것이 네 개의 주요 줄기로 나누어진 베다 나무의 원형이다. 이 나무는 이내 광범위한 지식의 숲으로 가지를 뻗어 나갔다. (비슈누 뿌라나 3권 4장)

일단 이것은 네 개의 기본 삼히따로 나누어졌고 비야사데바는 자신의 네 명의 제자를 불러서 처음에 빠일라 리쉬^{Paila Rishi}에게 그것을 바브리짜^{Bahvricha}라 부 르며 리그 베다를 가르쳤다. 그는 바이샴빠야나 리쉬^{Vashampayana Rishi}에게 니 가다^{Nigada}라 불리는 야주르 만뜨라를 가르쳤다. 자이미니^{Jaimini}에게는 짠도가 삼히따^{Chandoga samhita}라 불리는 사마 베다 만뜨라를 가르쳤고, 수만뚜^{Sumantu} 에게는 아따르바 베다를 가르쳤다. (슈리마드 바가바땀 12.6.53, 비슈누 뿌라 나 3권 4장)

슈리마드 바가바땀에서는 다음 내용이 계속 이어집니다.

베다가 네 개의 부분으로 나누어진 후, 빠일라 리쉬는 리그 베다의 교수가 되었고, 자이미니는 사마 베다의 교수가 되었으며, 바이삼빠야나만이 야주르 베다의 영광을 찬송했다. 아주 헌신적으로 전념한 수만뚜 무니 앙끼라에게는 아따르바 베다가 맡겨졌다. 그리고 나의(수따 고스와미^{Suta Gosvami}의) 아버지, 로마하르사나^{Romaharsana}는 역사의 기록(뿌라나)을 맡았다. 학식이 있는 이 모든 학자들이 차례대로 자신들이 맡은 베다를 많은 제자, 그 아래 세대의 제자, 그리고 또 그 아래 세대의 제자들에게 전해주었다. 이렇게 해서 베다 추종자들의 각각의 가지들이 나타났다. 이같이 무지한 대중들에게 아주 친절한 위대한 현자 비야사데바는 베다를 덜 지성적인 사람들도 이해할 수 있도록 그것을 수정했다. (슈리마드 바가바땀 1.4.21~24)

이것이 어떻게 나누어져서 전해졌는가는 비슈누 뿌라나와 슈리마드 바가바땀에서 더 자세히 설명됩니다. 슈리마드 바가바땀에서 이것은 수따 고스와미에 의해 설명되고, 비슈누 뿌라나에서는 빠라샤라가 베다 문헌이 처음에 어떻게 그의 아들 비야사데바에 의해 나누어졌는지를 다음과 같이 설명하고 있습니다.

1) 리그 베다

최초의 베다 삼히따(베다 문헌 전체의 근간이 되는 베다서 각각을 지칭하는 말)를 네 개로 나눌 때, 빠일라는 그의 삼히따를 두 부분으로 나누고 그것들을 인드라쁘라미띠^{Indrapramiti}와 바슈깔라^{Bashkala}에게 가르쳤다. 바슈깔라는 그의 모음집을 네 부분으로 더 나눴고 그것들을 그의 제자 보디야^{Bodhya}, 야즈나 발끼야^{Yajnavalkya}, 빠라샤라^{Parashara}, 아그니미뜨라^{Agnimitra}에게 말했다. 인드 라쁘라미띠는 그의 모음집을 아들인 학식 있는 신비주의자 만두께야^{Mandukeya} 에게 가르쳤는데 그의 제자 데바므리뜨라^{Devamritra}가 그것을 가져다가 리그 베 다의 나눠진 부분을 사우브하리^{Saubhari}와 다음 세대의 다른 이들에게 전했다. 그 다음엔 만두께야의 아들 샤깔야^{Shakalya}(베다미뜨라^{Vedamitra}라고도 불린다) 가 그가 가진 모음집을 다섯 개로 나누어 밧시야^{Vatsya}, 무드갈라^{Mudgala}, 샤리 야^{Shaliya}, 고끄할야^{Gokhalya}, 쉬쉬라^{Shishira}에게 각각 세분화된 한 부분씩을 주 었다. 현자 자뚜까르니야^{Jatukarnya}(스까뿌르니^{Skapurni}) 또한 샤깔야의 제자였 다. 그는 자신이 받은 삼히따를 세 부분으로 나눈 후에 베다 용어사전(니루끄 따^{Nirukta})을 추가했는데, 이것이 네 번째 부분이 되었다. 그는 이 부분 중의 하 나를 그의 제자들 각각에게 가르쳤는데, 그들은 바라까^{Balaka}, 또 다른 빠이라 ^{Paila}, 자바라^{Jabala}, 비라자^{Viraja}(네 번째는 용어사전이며 끄라운짜^{Krauncha}와 바 이따라끼^{Vaitalaki}, 그리고 니루끄따끄리뜨^{Niruktakrit}라고도 불린다)였다. (슈리마 드 바가바땀 12.6.54~58, 비슈누 뿌라나 3권 4장)

바슈까라의 아들 바슈까리는 바라낄야 삼히따^{Balakhilya samhita}라고 불리는 리 그 베다의 모든 가지들로부터 세 개의 만뜨라 모음집을 묶었고 그것을 자신의 제자들 바라야니^{Valayani}, 바지야^{Bhajya}와 까샤라^{Kashara}(까라야니^{Kalayani}, 가르기 야^{Gargya}와 까따자바^{Kathajava}라고도 불린다)에게 주었다. 이런 식으로 리그 베 다의 다양한 삼히따들은 이 성스런 브람마나의 제자들을 통해 계승, 유지되었다. 이렇게 배포된 베다 찬가들을 듣는 것만으로도 사람은 모든 죄악으로부터 자유로워질 것이라고들 말한다. (슈리마드 바가바땀 12.6.59~60)

2) 야주르 베다

야주르 베다의 나무에는 27개의 가지가 있는데, 비야사Vyasa의 문하생 바이샴빠야나Vaishampayana가 그것을 엮어 그 수만큼의 제자들에게 가르쳤다. 바이샴빠야나의 제자들은 야주르 베다의 권위자가 되었다. 그들은 브람마나를 죽인 죄악으로부터 그들의 구루를 자유롭게 하기 위해 엄격한 맹세를 따르는 짜르바까Charvaka라고 알려져 있었다. 그런데 그의 제자 중 독실한 것으로 유명했던 야즈나발끼야Yajnavalkya가 자신은 아주 강한 고행을 할 수 있다고 우쭐대며 다른 제자들에 대한 비하 발언을 했다. 바이샴빠야나는 화가 나서 그에게 그가 배운 모든 것을 돌려주고 그곳을 떠나라고 말했다. 그러자 야즈나발끼야는 야주르 베다의 만뜨라를 뱉어내고는 가버렸다. 이 야주르 찬가를 탐욕스럽게 보던 다른 제자들은 자고새[7] 같은 모습을 하고 그것을 집어 들었다고 한다. 그것이 이 나눠진 부분들이 자고새(띠띠라tittirah, 그것은 또한 말해지거나 되뇌어진 것을 읽은 사람들인 띠띠리Tittiri로도 알려져 있다)에 의해 수집된 찬가들, 따이띠리야 삼히따Taittiriya samhita로 알려지게 된 이유이다. (슈리마드 바가바땀 12.6.61~65)

그 이후에 야즈나발끼야는 그의 구루조차도 알지 못하는 새로운 야주르 찬가

---

[7] 몸이 통통하고 꿩보다는 작으나, 매우 빠른 속도로 달리거나 날쌔게 움직일 수 있다.

들을 찾고 싶었다. 그래서 그는 태양신을 강렬히 숭배했다. 태양신은 그 숭배에 기뻐하여 말의 모습으로 나타나 야즈나발끼야에게 이전에 인간 사회에 알려진 적이 없는 아야따야마^{Ayatayama}(저절로 터득한) 만뜨라를 주었다. 이 무수히 많은 야주르 베다의 만뜨라로부터 강력한 현자는 열다섯 개의 새로운 베다 문헌의 가지를 엮었고, 그것은 말의 털로부터(또는 그것을 사용해서) 만들어졌기 때문에 바자사네이 삼히따$^{Vajasaneyi\ samhitha}$로 알려지게 되었다. 그것은 나중에 깐바^{Kanva}와 마디얀디나^{Madhyandina} 추종자들과 다른 리쉬들에 의해 받아들여졌다. 열다섯 개의 추가적인 가지들이 깐바와 야즈나발끼야의 다른 문하생들로부터 비롯되었다. (슈리마드 바가바땀 12.6.66~74) (바유 뿌라나는 이 학파의 열다섯 명의 스승들을 깐바^{Kanva}, 바이데야^{Vaidheya}, 샤린^{Shalin}, 마드얀디나^{Madhyandina}, 사뻬인^{Sapeyin}, 비다그다^{Vidagdha}, 우따린^{Uddalin}, 따므라야니^{Tamrayani}, 밧시야^{Vatsya}, 가라바^{Galava}, 샤이시리^{Shaisiri}, 아따비야^{Atavya}, 빠르나^{Parna}, 비라나^{Virana}, 그리고 삼빠라야나^{Samparayana}라고 말한다. 이들이 바자사네이 또는 화이트 야주르 베다의 101개 이상의 가지들로 발전한 것의 창시자들이었다.)

3) 사마 베다

자이미니 리쉬는 그의 아들 수만뚜와 수만뚜의 아들 수뜨반에게 사마 베다의 다른 부분들을 말했다. 자이미니의 또 다른 제자 수까르마^{Sukrma}(비슈누 뿌라나에 의하면 수만뚜의 아들)는 사마 베다의 나무를 천 개의 삼히따(사하스라 삼히따)로 나누었다. 그런 다음 수까르만의 제자 히란야나바^{Hiranyanabha}, 빠우쉬얀지^{Paushyanji} 그리고 아반띠야^{Avantya}가 사마 만뜨라를 담당했다. 빠우쉬얀지와 아반띠야의 오백 명의 제자들은 사마 베다를 노래하는 북쪽 사람(나중에 몇몇은 동쪽 사람으로 알려지게 되었다)으로 알려지게 되었고 그와 같은 수만큼의 학파가 시작되었다. 그런 다음 빠우슈안지의 다른 다섯 명의 제자 라우가끄쉬^{Laugakshi}, 망갈리^{Mangali}, 꿀리야^{Kulya}, 꾸쉬다^{Kushida}, 꾸끄쉬^{Kukshi}는 각각 백 개의 삼히따를 받았다. 히란야나바의 제자 끄리따^{Krita}는 스물네 개의 삼히따를 그만큼의 제자들에게 말했고, 수많은 다른 가지들이 시작되었다. 남은 삼히따는 현자 아반띠야에게 주어졌다. (슈리마드 바가바땀 12.6.75~79)

4) 아따르바 베다

아따르바 베다의 지식에 권위가 있는 수만뚜 리쉬는 자신의 삼히따를 그의 제자 까반다^{Kabandha}에게 가르쳤고, 그는 그것을 빠띠야^{Pathya}와 베다다르샤^{Vedadarsha}(어떤 이들은 데바다르샤^{Devadarsha}라고 한다)에게 가르쳤다. 베다다르사는 샤우끄라야니^{Shauklayani}, 브람마발리^{Brahmabali}, 모도샤^{Modosha}와 삐빨라야니^{Pippalayani}(또는 삐빨라다^{Pippalada})를 제자로 두었고, 꾸무다^{Kumuda}, 슈나까^{Shunaka}(또는 샤우나까^{Shaunaka})와 자자리^{Jajali}는 빠띠야의 제자였다. 그들은 모두 아따르바 베다를 배웠다. 슈나까의 제자 바브루^{Babhru}와 사인다바야나^{saindhavayana}는 슈나까의 아따르바 베다의 두 부분을 공부했는데, 그것으로부터 사인다바^{Saidhava}와 문자께샤스^{Munjakeshas} 학파가 생겨났다. 사인다바야나의 제자 사바르나^{Savarna}는 다른 위대한 현자들의 제자들과 함께 또한 아따르바 베다의 이 버전을 공부했다. 아따르바 베다의 또 다른 권위자에는 나끄샤뜨라깔빠^{Nakshatrakalpa}, 샨띠깔빠^{Shantikalpa}, 까쉬야빠^{Kashyapa}, 앙기라사^{Angirasa}와

다른 이들이 있다. (슈리마드 바가바땀 12.7.1~4)

비슈누 뿌라나에서 자세히 설명하듯이 아따르바 베다의 주요 차이

점은 다섯 가지 깔빠^{Kalpa} 또는 의식 절차입니다.

  ① 나끄샤뜨라^{Nakshatra} 깔빠, 즉 행성 숭배에 대한 규칙

  ② 바이따나^{Vaitana} 깔빠, 즉 봉헌을 위한 규칙

  ③ 삼히따^{Samtita} 깔빠, 즉 희생 의식을 위한 규칙

  ④ 앙기라사^{Angirasa} 깔빠, 즉 적의 파멸을 위한 주문이나 기도

  ⑤ 산띠^{Santi} 깔빠, 즉 악을 피하기 위한 기도

5) 뿌라나

비야사데바가 베다를 나누고 있을 때, 로마하르샤나 수따^{Romaharshana Suta}라는

이름으로도 불린 수따를 역사와 신화의 전통 분야에서 그의 문하생으로 받아

들였다. (비슈누 뿌라나 3권 6장) 이것은 뿌라나 문학의 기본이 되었다. 또한 로

마하르샤나는 너무 무례했기 때문에 나이미사라나야^{Naimisaranaya}에서 신 바라

라마^{Balarama}에게 죽임을 당했다. 수천 명의 성자와 현자들이 강력한 의식을 위

해 그리고 뿌라나 문헌과 다가오는 깔리 유가 시대에 사람들에게 영적 행복을

주는 방법에 대해 의논하기 위해 큰 집회를 가졌던 때가 바로 그때였다. 그때

로마하르샤나의 아들 우그라스라바 수따^{Ugrashrava Suta}는 큰 집회의 감독을 맡

게 되었고, 유명한 모임에서 슈리마드 바가바땀을 암송한 수따 고스와미로 알려지게 되었다.

후에 뜨라이야루니^{Trayyaruni}, 까쉬야빠^{Kashyapa}, 사바르니^{Savarni}, 아끄리따브라나^{Akritavrana}, 바이샴빠야나^{Vaishampayana}와 하리따^{Harita} (비슈누 뿌라나에서는 수마띠^{Sumati}, 까쉬야빠^{Kashyapa}, 사바르니^{Savarni}, 아끄리따브라나^{Akritavrana}, 삼샤빠야나^{Samshapayana}, 아그니바르짜스^{Agnivarchas}와 미뜨라야^{Mitraya}라고도 열거된다)는 뿌라나의 여섯 명의 마스터가 되었다. 그들 각각은 로마하르샤나 밑에서 뿌라나의 여섯 개의 문헌 중 하나씩을 공부했다. 수따 고스와미는 이 여섯 권위자들의 제자가 되었고, 뿌라나 지혜에 대해 설명된 모든 것을 철저하게 공부했다. 로마하르샤나는 뿌라나를 네 개의 기본 모음집으로 나누었다. (까쉬야빠와 사바르니, 그리고 아끄리따브라나는 세 개의 기본 삼히따를 지었고, 로마하르샤나는 로마하르샤니까^{Romaharshanika}라 불리는 네 번째 것을 지었다. 이 네 문집의 핵심은 비슈누 뿌라나로 모아진다고 한다.) 현자 까쉬야빠와 수따 고스와미는 라마의 제자 사바르니, 아끄리따브라나와 함께 이 네 부분을 배웠다. (슈리마드 바가바땀 12.7.5~7) 이것이 바로 수따 고스와미가 5000년 전에 나이므사란야^{Naimsaranya}에서 우리 모두가 지금 공부하는 것과 같은 버전으로 현자들에게 슈리마드 바가바땀(바가바따 뿌라나)을 암송할 자격을 갖춘 이유이다.

이런 뿌라나들은 열여덟 개의 주요 뿌라나와 열여덟 개의 부가적인 뿌라나로 나누어졌다. 주요 뿌라나는 브라마Brahma, 빠드마Padma, 비슈누Vishnu, 쉬바Shiva, 링가Linga, 가루다Garuda, 나라다Narada, 바가바따Bhagavata, 아그니Agni, 스깐다Skanda, 바비쉬야Bhavishya, 브라마 바이바르따Brahma-vaivarta, 마르깐데야Markandeya, 바마나Vamana, 바라하Varaha, 맛시야Matsya, 꾸르마Kurma, 브라마난다Brahmananda 뿌라나이다. (슈리마드 바가바땀 12.7.23~24)

불타는 나무 막대기의 불꽃을 만들기 위해 열을 내려고 나무 막대기들을 서로 열심히 문지른 후 기ghee가 추가되면 불이 활활 타듯이, 자신은 베다의 소리 진동으로 나타나게 된다고 크리슈나 신은 설명한다. (슈리마드 바가바땀 11.12.18)

베다 역사서들 가운데서 라마야나는 현자 발미끼가 쓴 또 다른 서사책으로 라마짠드라 신과 그의 아내 시따의 이야기와 관련되었다는 것도 덧붙입니다. 이것은 베다 도서에서 매우 중요한 문헌으로 남아있습니다.

2. 비야사데바는 여전히 만족하지 못했다

위대한 현자는 연민으로, 사람들이 삶의 궁극적 목표를 이룰 수 있게 해 주는 것이 현명하다고 생각했다. 이렇게 해서 그는 여성, 노동자, 두 번 태어난 재(완전무결한 브람마나)의 친구를 위해 '마하바라따'라 불리는 역사 이야기를 편찬했다. 오, 두 번 태어난 브람마나, 그는 모든 사람들의 완전한 행복을 위한 일에 전념했지만 그의 마음은 여전히 만족하지 못했다. 이렇게 가슴으로 만족하지 못한 현자는 종교의 본질을 알았기 때문에 즉시 깊이 생각하기 시작했고, 속으로 말했다. '나는 엄격한 규율의 맹세 아래, 가식 없이 베다, 영적 마스터, 그리고 희생 의식의 제단을 숭배했다. 나는 또한 통치^{rulings}를 따랐으며 여성, 노동자, 그리고 다른 사람들도 영적인 길을 볼 수 있는 마하바라따를 설명함으로 규율 계승의 중요성을 보여주었다. 나는 베다가 요구하는 모든 것을 완전히 갖추었음에도 불구하고 불완전함을 느낀다. 이것은 아마도 내가 신에 대한 헌신적 봉사를 명확하게 언급하지 않았기 때문일 것이다. 그 봉사는 완벽한 존재들과 절대 실수하지 않는 신, 모두에게 중요한 것이다. (슈리마드 바가바땀 1.4.25~31)

비야사데바는 베다 문헌을 작성하고 확장시킴으로써 모두의 행복을 위해 노력했음에도 여전히 만족하지 못했습니다. 이것은 큰 교훈입니다. 당연히 우리 모두는 물질적 삶이 우리에게 야기하는 문제들로부터의 자유를 바랍니다. 게다가 직접적인 영적 활동에 종사하는 것만으로도 이 일시적인 육체 안에 있는 영적인 살아있는 존재, 영혼은 진정한 안도감이나 행복을 느끼기 시작합니다. 지고한 존재에 대한 봉사나 박띠 요가에 몰두함으로써 영혼이 진정한 안도감이나 행복을 느끼게 하는 방법이 베다가 확립하고자 하는 것입니다. 하지만 네 개의 베다, 우빠니샤드, 베단따 수뜨라 같이 비야사데바가 썼던 문헌에서 이것이 아직 뚜렷하게 표현되지 않았기 때문에 그는 여전히 만족스럽지가 않았습니다. 이제 그는 자신의 불만족의 원인을 이해하려 하고 있었습니다.

비야사데바가 엮은 모든 문헌에는 일시적인 우주, 반신반인에게 바치는 기도, 물질적 필수품을 얻기 위한 과정, 영혼에 대한 정보, 브람만, 초영혼, 그리고 영적 깨달음을 얻기 위한 요가 과정에 대한 많은 설명이 있었습니다. 또한 지고의 신 바가반, 크리슈나에 대한 정보도 있었습니다. 그러나 신, 그의 형상, 그의 화신, 그의 이름, 활동, 능력, 에너지, 그리고 우리가 항상 추구하고 있는 영적 지복의 향상을 포함하여 어떻게 그분He이 모든 것의 근원인지에 대한 상세한 설명은 충분히 기술되지 않았습니다.

비야사데바가 예상치 못한 자신의 불만족에 의문을 느끼고 있던 바로 그때, 그는 자신의 오두막에 막 도착한 현자 나라다 무니를 맞이하게 되었습니다. 슈리마드 바가바땀 1편 5장~6장에 나와 있듯이 비야사데바의 영적 마스터 역할을 맡은 나라다 무니는 그의 문제에 대한 원인을 그에게 알려주었습니다. 그는 비야사데바가 정작 지고한 인격의 숭고함과 흠 없는 영광에 대해서는 널리 알리지 못했다고 말했습니다. 그래서 나라다 무니는 비야사데바에게 더 직접적인 방법으로 영원한 영적 진리를 쓰고 설명하라고 권했습니다.

오 비야사데바, 그대의 시각은 아주 완벽하다. 그대의 명성은 흠이 없다. 그대는 맹세를 굳게 지키고 진실함에 만족한다. 그래서 이렇게 그대는 모든 물질적 속박 상태에 있는 일반 사람들의 해방을 위한 황홀한 신의 유희 pastimes of the Lord in trance 에 관해 생각할 수 있다. 지고한 신은 한계가 없다. 물질적 행복의 활동을 그만둔 아주 숙련된 인격만이 이 영적 가치의 지식을 이해할 자격이 있다. 그러므로 물질적 집착으로 인해 제대로 자리를 잡지 못한 자들에게는 그대의 선함으로 지고한 신의 초월적 활동에 대한 설명을 통해 초월적 깨달음의 길을 보여주어야 한다. 실제로 지성적이고 철학적 성향이 있는 사람들은 (영적이고) 가장 높은 행성에서 가장 낮은 곳까지 헤매며 다니는 것으로는 얻을 수 없는 목적이 있는 결과를 위해서만 노력해야 한다.

지고한 신은 그 자신이 이 우주이며, 여전히 그는 그것으로부터 초연하다. 이 우주의 현현은 오직 그로부터 나와서, 그 안에서 쉬며, 소멸 이후 그의 안으로 들어간다. 그대의 선한 참나는 이 모든 것에 대해서 안다. 그대는 신의 완전한 부분으로 있기 때문에 그대 자신은 지고한 실재인 초영혼의 그분 Supersoul Personality 을 알 수 있다. 그대는 태어나지 않았지만, 모든 사람들의 행복을 위해 이 지구에 나타났다. 그러니 지고한 신성의 인격, 슈리 크리슈나의 초월적 유희를 좀 더 생생하게 묘사하라.

나라다 무니가 비야사데바를 떠난 후, 아스라마^{ashrama}에 있는 비야
사데바는 사라스와띠 강둑에 명상을 하기 위해 앉았습니다. 그는 아무
런 물욕이 없이 헌신적 봉사(박띠 요가)에 마음을 연결시켜 완전히 그것
에 몰두하면서 마음을 고정시켰고 이렇게 해서 그는 신성의 절대 인격
과 더불어 완전히 통제된 그의 외적 에너지를 보았습니다. 그런 다음
학식이 있는 비야사데바는 베다 지식의 나무의 최고의 열매, 슈리마드
바가바땀(바가바따 뿌라나)을 엮었는데, 그것은 다른 모든 베다 글들에
대한 비야사데바 자신의 해설일 뿐만 아니라 지고한 진리에 대한 것입
니다.

이런 방식으로, 다양한 수준의 베다가 등장했습니다. 이것은 네 개
의 기본적인 베다인 리그, 야주르, 사마, 아따르바 베다와 우빠니샤
드, 베단따 수뜨라, 마하바라따, 뿌라나, 그리고 마지막으로 위의 이
야기에서 언급했듯이 슈리마드 바가바땀(바가바따 뿌라나)을 포함합니
다. 이 문헌들과 건강, 건축, 음악 등에 대한 많은 보충 문헌들 안에는
중요한 영적 가르침, 물질과학, 그리고 초월적 깨달음을 얻는 과정이
포함되어 있습니다.

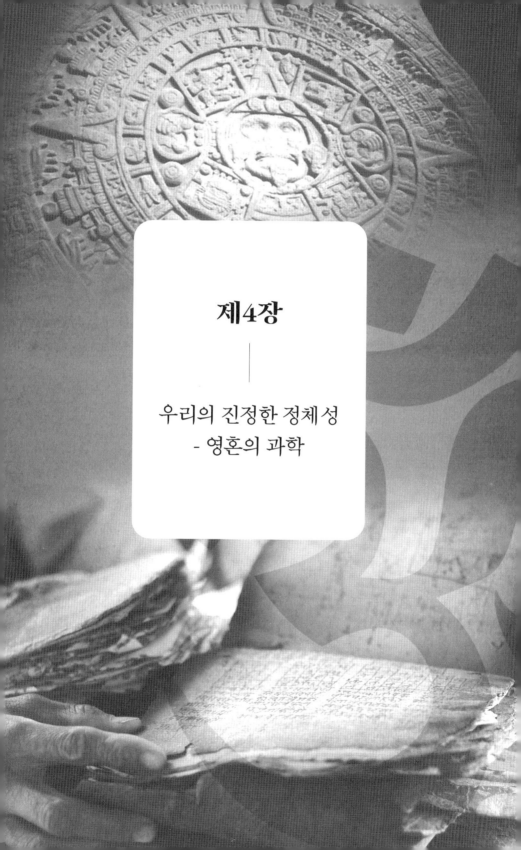

제4장

우리의 진정한 정체성
- 영혼의 과학

이 장은 영적인 지식과 관련해서 우리가 읽을 수 있는 것 중 가장 귀한 정보의 일부를 담고 있습니다. 우리는 다음 몇 페이지 안에 베다를 근거로, 우리의 진정한 정체성과 본성을 확고히 이해하게 될 것입니다. 우리가 누구인지를 이해하는 것만으로도 우리는 스스로 무엇을 해야 하는지, 우리가 이 세상의 어디에 부합되어야 하는지 등을 알 수 있습니다. 또한 우리는 우리 사이의 육체적인 차이를 넘어서 서로를 볼수 있을 것이고, 만약 모든 사람들이 이 지식을 이해할 수 있다면 이세상에서 평화를 확립할 수 있을 것입니다. 하지만 이 정보에 대한 이해가 없다면, 참된 평화가 발견될 희망은 거의 없습니다. 더 나아가, 당신이 어떤 철학이나 종교의 성향을 가지는지에 관계없이, 영혼에 대한 자세한 정보를 이해하지 않으면, 당신이 이루었다고 생각하는 영적발전이 무엇이든지 간에 그것은 실제로는 단지 피상적이고 영적 실체의 수박 겉핥기일 뿐입니다. 그러므로 모든 사람들이 또 다른 수준의영적 깨달음으로 들어가기 위해서는 이 장에 나오는 과정을 따를 것을권장합니다.

1. 우리 자신 찾기

우리들은 세상 어디에서나 모두 자신을 찾으려고 노력하고 있다는 점에서 매우 유사합니다. 유일한 차이는 어떻게 그것을 찾고 있는가입니다. 이 점에서, 모든 사람들은 마음의 행복, 평화 등을 찾기 위해 삶을 정리하는 법을 알아내려고 애쓰기 때문에 모두 어느 정도는 철학자라고 할 수 있습니다. 하지만 자신을 찾는다는 생각에 대해 언급할 때, 대부분의 사람들은 자신이 삶에서 제일 하고 싶은 것 한 가지를 선택하는 것에 대해 이야기합니다. 사실 이것은 단지 마음을 분석하는 것이고, 자신의 호불호를 가려내려고 하는 것에 지나지 않습니다.

누군가는 사업가가 되어 매일 아홉 시부터 다섯 시까지 고층 건물에 있는 사무실에서 일하고 싶을 수도 있습니다. 다른 누군가는 유명한 영화배우가 되기를 원할 수도 있습니다. 또 다른 사람은 정치나 사제가 되거나, 또는 그냥 상업을 배우고 시골 어딘가에서 가정을 꾸리고 싶을 수도 있을 것입니다. 그 또는 그녀의 이상에 따라서 사람들이 할 수 있는 일은 아주 많습니다.

이러한 이상, 성향 또는 경향과 동일시하는 것에는, 우리가 가입할 수 있는 어떤 동호회, 또는 같이 어울릴 수 있는 특정 사람들이나 다른 사람들과 함께 할 수 있는 활동들이 있을 것입니다. 예를 들어, 축구나

야구 같은 특정 스포츠 클럽의 팬들이 그들이 좋아하는 팀의 경기를 보러 갈 때, 그들은 팀 유니폼과 같은 색상의 옷을 입을 수도 있습니다. 아니면 팀에 대한 충성심을 내보이는 상징을 새긴 모자나 셔츠 같은 것을 착용할 수도 있습니다. 그들은 팀을 응원하고, 어쩌면 팀을 위해 싸울 수도 있고, 팀이 이기면 기뻐하고 자랑스러워하며 다른 팬들과 함께 축하할 것입니다.

젊은 사람들은 특히 특정 이상과 동일시하거나 개인적인 방법으로 그것을 표현하는 데 많은 에너지를 쏟을 수도 있습니다. 그들은 특정한 옷을 입고 헤어스타일을 하며, 특별한 종류의 음악을 듣고, 그들의 기호에 맞는 클럽에서 비슷한 취미를 가진 친구들과 만날 것입니다. 그들은 심지어 다른 사람들에게 자신의 이상을 전파하는 일에 참여할 수도 있습니다. 이것은 모두 우리의 물질적인 정체성을 찾기 위한 노력의 일환입니다.

만약 자신의 정체성을 찾을 수 없다면, 우리는 자신이 흠모하는 특정 유명인이 하는 방식으로 스스로를 꾸미게 됩니다. 우리는 그들이 하는 것처럼 옷을 입고, 말을 하고, 그들이 하는 것처럼 걸을 수도 있습니다. 하지만 나이가 들어가면서 우리는 방식을 바꾸게 될지도 모릅니다. 예전에 하던 것처럼 이상하게 옷을 입거나 머리를 길게 한다거나 늦게까지 밖에 있지 않을 것입니다. 살아가면서 성숙해짐에 따라 우리의 정체성과 이상은 변하는 것처럼 보입니다. 그러면 우리는 누구인가요? 이런 정체성 중에 어떤 것이 진짜 우리입니까? 이상이 변할 수 있는 것처럼 우리의 이름도 변할 수 있습니다. 우리는 성으로 부르는 것처럼 필요에 의해서나, 아니면 연예인이 사용하는 것과 같이 개성을 위해서 자신을 특정 이름으로 부를 수 있습니다. 우리는 자신을 로버트나 로베르타, 스티븐이나 스테파니, 헨리나 헨리에타로 부를 수도 있습니다. 아니면 스파키, 록키, 폴 펑크, 해피 히피, 샐리 스윗하트, 랄프 렌넥, 워킹맘 윌리암스, 피터 폴리티칸 등으로 부를 수도 있습니다. 우리는 원하는 어떤 이름으로도 자신을 부를 수 있고 상황에 따라 그것을 바꿀 수도 있습니다. 그러므로 이름은 우리의 실제 정체성과 관련해서 그리 중요한 것은 아닙니다. 그렇다면 우리는 누구인가요?

우리는 이름을 바꿀 수 있을 뿐만 아니라 종교나 철학적 관점도 바꿀 수 있습니다. 우리는 카톨릭교도, 신교도, 침례교도, 몰몬교도, 아미쉬교도, 유대교도, 무슬림교도, 힌두교도, 불교도나 다른 어떤 것일 수도 있습니다. 우리는 특정 신념을 아주 강하게 믿지만, 사람들이 어떤 이유로 어떻게 자신의 신념을 포기하거나 바꾸는지를 여러 번 보아 왔습니다. 우리는 어느 때는 불교도이다가 다음에는 힌두교도일 수도 있습니다. 아니면 무신론자가 되어 종교를 모두 버릴 수도 있습니다. 모든 개인은 상황에 따라 변할 수 있는 것입니다.

그러면 하나의 종교와 다른 종교 사이의 차이는 무엇입니까? 그 차이는 그저 우리가 사물을 보는 방식과 신을 어떻게 숭배하고 이야기하기를 원하는가에 따라 생겨나는 것입니다. 그러면 영혼은 어떤 종교에 속하는 것입니까? 신은 어떤 종교에 속합니까? 우리는 자신이 카톨릭교도나 개신교도라고 말할 수 있지만, 그것이 영혼의 본성을 바꾸는 것일까요? 그것이 정말 지고한 존재와 우리의 영원하고 영적인 관계를 바꿀까요? 그러므로, 개인적으로 종교, 이상, 옷, 이름, 그리고 심지어 경력까지도 사람이 마음을 바꾸는 것만큼이나 모두 쉽게 바뀔 수 있습니다. 이 모든 것이 우리의 진정한 또는 영적 정체성에 어떻게 영향을 미칠 수 있을까요? 우리는 어떻게 진정으로 우리 자신을 찾으며 우리가 누구인지를 알 수 있을까요? 변하지 않는 것은 무엇일까요? 우리의 육체조차도 젊은 몸에서 중년의 몸으로 그리고 결국엔 늙은 몸으로 서서히 변합니다. 그렇다면 우리는 누구일까요?

우선, 우리 자신을 살펴봅시다. 우리가 누구인지 또는 무엇인지를 우리는 진짜 알고 있을까요? 아마 아닐 것입니다. 그러나 당신이 자신이라고 생각하는 사람을 한 번 보십시오. 손이 보입니까? 그것을 가리켜 보십시오. 이제 다리를 가리켜 보십시오. 이번엔 머리를 가리켜 보십시오. 그리고 위장을 가리키고 가슴을 가리켜 보십시오. 이제 당신의 참나를 가리켜 보십시오. 당신은 무엇입니까? 당신은 몸인가요, 마음인가요, 아니면 다른 어떤 것인가요?

2. 서양철학에 대한 검토

이것은 사람들이 여러 세기 동안 토론해 온 큰 문제입니다. 즉 우리는 육체와 별개인가, 아니면 육체의 일부인가?

이것에 대해 생각한 최초의 서양 철학자들 중의 한 명이 소크라테스(469-399 BCE)였는데 그는 영혼이 육체와는 다르다고 믿었습니다. 그는 죽는 순간에 영혼은 육체로부터 벗어나고, 죽은 이후에도 불멸이며 무형인 영혼은 또 다른 영역에서 다시 살게 될 것이라는 결론을 얻었습니다. 플라톤(427-347 BCE) 역시 영혼은 불멸이고 변하지 않으며, 비영구적인 육체의 탄생 이전과 죽음 이후에도 존재한다고 믿었습니다. 뿐만 아니라 그는 영혼에는 세 부분이 있다고 생각했습니다. 하나의 부분은 진리와 지혜를 담고 있고, 또 다른 부분은 감정적인 야망 또는 표현을 담고 있으며, 세 번째 부분은 육체적 욕구와 욕망으로 이루어진다고 생각했습니다. 세 부분이 모두 조화롭게 작용할 때, 개인은 균형감을 느끼고 행복해합니다. 만약 한 부분이, 가령 육체적인 욕구가 균형이 맞지 않거나 통제가 안 된다면, 삶은 좌절감을 주고 만족감을 주지 못할 것입니다. 그렇기 때문에, 영혼이 육체로부터의 자유를 얻게 되는 죽음은 두려워할 어떤 것이라기보다는 반가운 해방이 됩니다.

아리스토텔레스(384-322 BCE)는 처음에는 영혼에 관한 플라톤의 사상을 받아들였지만 나중에는 자신의 관점을 바꾸었습니다. 그는 육체를 배에, 그리고 영혼을 그 배의 선장에 비유했습니다. 영혼은 살아있는 육체에 생기를 불어넣는 것입니다. 영혼을 가진 것은 살아있고, 영혼이 없는 것은 죽은 것입니다. 이같이 인간만큼 발전이 되지는 않았어도 동물이나 식물도 영혼을 가지고 있습니다. 그러나, 아리스토텔레스는 영혼이 영원하거나 사후에도 존재한다고 믿지는 않았습니다. 죽음은 육체와 영혼 모두의 끝이라고 믿었습니다. 아리스토텔레스의 사상은 육체와 영혼이 함께 작용하는 두 개의 별개의 실체(이원론)라기보다 오직 하나의 구조(일원론)라는 생각의 기초가 되었습니다.

이후에 프랑스의 철학자, 수학자이며 과학자인 데카르트(1596-1650)는 이원론의 사상을 제기했는데, 그는 거기에서 우리와 육체는 완전히 별개라고 명시했습니다. 그는 또한 영적인 혹은 정신적인 것과 육체적인 것의 두 가지 종류의 실체가 있다고 주장했습니다. 무형이고 측정할 수 없으며 눈에 보이지 않는 마음은 생각이라는 속성에 의해 자신의 존재를 입증합니다. "나는 생각한다, 그러므로 나는 존재한다." 그는 육체적 실체는 생각, 의식이나 영적인 속성이 없다고 보았습니다.

데카르트는 육체와 영혼이 아주 밀접하게 작용해서 함께 전체를 구성하고, 육체에 대한 손상이 마음에 고통이나 공포를 일으키는 것처럼 그 하나가 다른 것에 영향을 줄 수 있다고 제시했습니다. 말년에 그는 영혼이 뇌의 송과선^{pineal gland}에 위치한 것이 분명하다고 주장했는데, 이것이 영혼과 육체 사이의 상호작용이 일어나는 연결고리라고 보았기 때문입니다. 그러나 그는 만약 우리가 육체와 별개라면 어떻게 그것이 육체와 상호작용을 하는지 또는 어떤 구조에 의해 상호작용하는지에 관한 동시대인들의 질문에는 답할 수 없었습니다. 또한 육체 상태가 어떻게 마음에 영향을 미치는지도 완전히 설명할 수 없었습니다.

다양한 종류의 육체적 상태가 마음에 영향을 미친다는 것은 명백하고, 그 때문에 마음은 육체에 의존하는 것처럼 보입니다. 뇌의 상태를 바꾸면 마음은 영향을 받고, 그것이 뇌로 인한 마음의 변화로 보이며 마음은 육체에서 독립적이지 않은 것처럼 보입니다. 데카르트는 이러한 의문에 대해서는 설명하지 못했기 때문에 그의 사상은 다른 철학자들에게 인정받지 못했고 이후의 이원론은 그리 대중적이지 않은 이론이었습니다.

그러나 데카르트의 추론은 17세기와 18세기에 유럽과 북아메리카 전역에 계몽의 시대를 도입하는데 도움을 주게 됩니다. 철학과 과학은 모두 데카르트의 생각에 이의를 제기했고 교단마저도 그를 권위에 대한 위협으로 여겼습니다. 1663년에 교단은 그의 책을 규탄했지만, 그러나 그때는 이미 늦어버린 이후였습니다. 이 시기의 지적인 문예 부흥은 사회 질서에 대한 교단의 해석에 도전했고 새로운 철학으로 가는 문이 활짝 열리게 되었습니다.

또 다른 프랑스 철학자 말브랑슈(1638-1715)는 신은 마음과 육체 사이에서 생기고 둘이 상호작용할 수 있게 한다는 기회원인론의 철학을 제시했습니다. 육체와는 구분되는 인격 혹은 영혼이 어떤 것을 결정한다면, 그 이후 신은 필요한 힘이나 기동성을 주실 것입니다. 이것은 뒤에 논의할 베다의 개념과 아주 비슷합니다. 기회원인론을 통해 보자면, 행위하려는 의지와 행위를 실행하는 것 사이에서 통합하는 힘은 신입니다. 하지만 어떻게 신이 육체에 자리했는지, 그리고 신의 이런 국한된 형태와 우리의 관계가 무엇인지는 완전히 설명되지 않았습니다. 그래서 이 철학 역시 결정적인 철학이 되지 못했습니다.

소개할 또 다른 철학은 상호작용론이라고 불렸습니다. 상호작용론자들은 마음이 육체에 어느 정도는 의존적인 것이지만 독립적인 것으로 보려는 시도를 했습니다. 그들은 마음이 어떻게 독립성을 갖추었는지 설명하기 위해 마음과 뇌 사이의 상호작용이 일어나는 원인을 알아내려고 노력했습니다. 이것은 사실 서양 철학의 가장 큰 과제입니다. 어떻게 마음과 육체가 함께 작용하지만 동시에 별개의 것으로 보이는가. 실제로 피타고라스, 플라톤, 아리스토텔레스를 포함한 모든 서양 철학자들과 데이비드 흄, 임마누엘 칸트, 게오르그 헤겔과 같은 다른 이들은 모두 이 마음/몸의 문제에 대해 고민했습니다. 그러나 상호작용론의 경우와 같이 그들은 마음이 어떻게 뇌로부터 독립적일 수 있는지 정확히 설명할 수 없었습니다.

또 아인슈타인에 큰 영향을 주었고, 모든 존재에는 오직 하나의 실체만이 있었다고 말한 스피노자 같은 다른 철학자들도 있었습니다. 그것을 신이라 부르든 물질이라 부르든 아무런 차이가 없지만, 모든 것은 하나이고 그 안에 의식의 특성의 본질이 있다고 생각했습니다. 이 생각에 따르면, 원자, 분자, 화학물질 등은 모두 의식이 있고, 그것들이 어떻게 조직되었는지에 따라 의식이 덜하거나 더 큰 차이를 만들 것입니다. 또한 그런 물질들이 뇌의 뉴런으로 조직된다면 더 큰 의식을 갖게 될 것입니다. 물론, 이것은 터무니없는 말입니다. 왜냐하면 각 세포가 자신을 의식한다면, 그 의식은 신체 내의 다른 세포들에게 한정되어 확장되기 때문입니다. 이것은 모든 뇌세포가 신체 밖에 존재하는 것에 대한 하나의 집단적이고 통합된 의식을 발달시킬 수 있는 현상을 설명하지 못합니다. 다른 말로 하자면, 왜 나는 내 안의 웅웅거리는 뉴런보다 다른 사람이나 경험과 기억을 의식하는 것일까요? 그래서 이 철학은 의식이 어떻게 통합되는가에 대한 질문에 답하지 못하는 또 다른 철학에 불과합니다.

요점은 현대 과학이 이 모든 철학을 버리면서 단일한 pure 메커니즘만 남겼다는 것입니다. 이는 의식과 관련된 모든 생각, 즉 우리의 지각, 감정, 경험 등 모든 생각을 기계적인 방법으로 설명해야 한다는 것을 의미합니다. 다시 말해, 그들은 뇌의 뉴런을 이해하는 것만으로도 모든 것이 설명될 수 있다고 생각합니다. 그들은 화학은 생명의 본질이고, 생명은 화학에서 나오며, 화학 조작에 의해 의식과 관련된 모든 것을 통제할 수 있다고 봅니다. 이것은 궁극적으로 모든 것이 화학으로 축소된다는 것을 의미합니다.

물리학, 진화, 그리고 모든 신경학 연구와 미생물학의 기초에서도 같은 생각을 가지고 있습니다. 바로 적절한 화학적 배열에 의해 과학자들이 그것이 무엇인지 알아내는 즉시, 그들은 생명을 창조할 것이라는 생각입니다. 분명히 이런 관점을 염두에 두고, 화학적인 배열이 의식의 전부라면, 우리의 기술을 통해 의식을 재현하고 컴퓨터를 인간보다 뛰어난 단계로 끌어올릴 수 있어야 합니다.

과학자들은 종종 그들이 주장할 철학을 먼저 결정하고, 그것을 증명하고 싶어합니다. 이것은 사실에만 근거를 두지 않고 자신의 관점을 바탕으로 하거나 실험을 원하는 결과에 따라 해석하는 경향이 있을 수 있다는 말입니다. 이런 식으로, 그들은 생명이 화학물질로부터 나온다는 생각을 사용하고 있는지도 모릅니다. 왜냐하면 생명이 화학물질로부터 나온다면, 과학이 할 수 있는 많은 것들이 존재하기 때문입니다. 과학을 통해 우리는 더 나은 인간 기계, 더 나은 뇌를 만들거나 불멸을 창조할 수도 있습니다. 그러나 그것이 사실이 아니라면 과학은 생명을 재현하거나 인간만큼 좋은 기계를 만들거나 죽음을 극복할 수 없을 것입니다. 그러므로 과학은 생명이 화학물질에서 나오는 것이 아니라는 사실을 직면하고 싶어하지 않습니다. 대신 그들은 많은 납세자들이 힘들게 번 돈을 사용하여 쓸모없고 불필요한 것들을 조사하면서 생명이 화학물질에서 나온다는 생각을 받아들이고 그것을 따르기로 선택할지도 모릅니다.

아주 유명한 어느 물리학자는 화학물질에서 나올 수 없는 의식을 소유하고 있는 비물질적인 입자나 의식이 있는 찰나 같은 것이 있다면, 과학자들은 물러나서 트럭 운전수가 되는 것이 당연하다고 말했습니다. 이것은 과학이 가진 편견과 어떤 비기계적 사고도 거부하는 것 뒤에 숨은 동기, 그리고 생명에 대한 기계적이고 물리적인 설명을 완고하게 고수하는 것에 대한 한 예입니다. 오직 이런 방법으로만 그들은 삶을 창조하고 많은 멋진 일들을 하며, 지고한 존재를 인정할 필요가 없다고 생각하는 사람들의 희망으로 신처럼 될 수 있는 것입니다.

오늘날 과학자들은 마음에 대해 거의 이야기하지 않습니다. 그들은 단지 뇌에 대해서 이야기합니다. 뇌에는 십억 개 이상의 뉴런이 있고 이 작은 뇌세포 각각은 특정 종류의 신호를 보내는 전기 충격을 방출합니다. 그래서 과학자들은 뇌의 어떤 부분들이 사고, 기억, 운동 반응, 감각 인상 등의 인지 기능을 조절하는지 도표화 합니다. 그런 다음 그들은 불안감이나 우울이라는 사람의 감정, 또는 그와 비슷한 원치 않는 감정에 영향을 미치는 뉴런들을 무효화시키기 위해 화학 물질이나 전기 충격으로 특정 뉴런 세포들의 활동을 인위적으로 자극하기를 바랍니다. 이런 방식으로 사람들은 간단한 화학물질의 복용만으로 특정한 감정을 느낄 수도 있습니다. 이것은 마음이 자신이고, 그 마음은 뇌와 분리되어 있지 않은 뇌의 일부라는 서양의 관점에 기반을 둡니다.

마음에 대한 이런 현대적 연구의 기초는 100여 년 전에 영국의 생물학자 T.H 헉슬리T.H.Huxley에 의해 마련되었습니다. 그는 모든 의식 상태가 뇌의 분자 변화에 의해 일어난다고 했습니다. 다시 말하면, 뇌의 분자 변화가 우리의 기분 변화 혹은 삶에서 좋거나 나쁜 일을 경험할 때 우리가 어떻게 느끼는지를 결정하는 모든 것이라는 말입니다. 이 이론에 근거해서 보자면, 마음은 단지 제대로 작동하는 뇌의 부산물일 뿐입니다. 그리고 마음은 다양한 방법으로 뇌를 조절함으로써 간단히 조절될 수 있는 것입니다.

그러나 이것에 동의하지 않는 사람들이 있습니다. 호주의 신경생리학자이며 노벨상 수상자인 존 에클스 경sir John Eccles은 마음 또는 의식이 뇌와 독립적인 것이라고 생각합니다. 여러 근육에 적합한 신호를

줌으로써 우리 몸에서 움직임을 제어하는 대뇌 피질에 대한 실험을 하는 동안, 그는 임의적 행위가 행해지기 전에 피질 안에 있는 보조운동 영역(SMA)의 오천만 정도의 뉴런이 이미 작용하기 시작한다는 것에 주목했습니다. 이와 같이 대뇌 피질이 원하는 활동을 수행하는 데 필요한 신호를 근육에 보내기 전에 보조운동영역(SMA)은 이미 활동합니다. 에클스는 뇌와 별개인 의식의 의지가 신경학적 사건들의 고리가 시작되기 전에 먼저 일어난다고 결론을 내렸습니다. 그러므로 물질(뇌)이 마음을 제어한다기보다는 마음이 물질이 제어하는 것입니다. 과학계의 철학자 칼 포퍼 경Sir Karl Popper이 설명하는 것처럼, 마음과 뇌는 두 개의 분리된 실체로 존재하는 것입니다. 뇌는 기능을 하는 육체의 물질적 기관이고, 마음이나 의식은 육체를 주도motivates하는 살아있는 존재나 영혼의 비물질적인 징후입니다. 따라서 베다에서 설명되는 것처럼 둘은 차와 차에 앉아 운전하는 운전자처럼 함께 작용합니다.

3. 의식에 관한 과학 이론의 문제점

마음이 뇌의 일부라는 현재의 생각은 많은 생물학자, 신경학자 뿐만 아니라 물리학, 컴퓨터 과학, 심리학을 포함한 과학의 모든 분과들의 다른 이들도 지지하고 있습니다. 하지만 우리는 현재의 이 생각에 대해 많은 문제점을 말할 수 있습니다. 더 합리적인 대안이 되는 시각을 고려배 봅시다. 베다의 개념은 실제로 더 일관성 있으며, 그들의 관념이 가진 것만큼 많은 문제점을 가지고 있지 않습니다.

일몰이 일어나는 것을 인식하면 "나는 붉은 빛을 본다."라고 말하도록 프로그램된 기계처럼 사람들은 일몰을 볼 때 똑같은 경험을 하는 것일까요? 다른 말로 하자면, 단지 빛의 파동을 인식하는 것이 의식에 대한 전부일까요? 과학이 제기하듯이 마음이 그저 기계적 방식으로 작동한다면, 단순히 우리가 일몰을 본다고 인식하는 것이 의식에 대한 전부가 될 것입니다. 그것은 특정 자극에 대한 기계적 반사작용과 똑같은 것입니다. 요점은 녹음기가 음악을 듣는다고 말하는 것과 같은 것인데, 녹음기가 실제로 음악을 듣거나 즐기는 것일까요? 녹음기도 음악을 듣고 소름이 돋거나 영감을 얻을 수 있을까요?

무언가를 즐기는 경험은 단순한 수학 방정식으로 측정하거나 분해할 수 없습니다. 그러나 과학이 사용하는 제거하거나 환원하는 철학에서, 어떤 것이 측정 가능하고 단순한 방정식으로 분해 될 수 없다면, 그것은 현실이 아니며 토론의 여지가 없다고 믿어집니다. 이런 관점에서 환원과학자들은 '의식'이라는 단어를 버릴 수도 있습니다. 왜냐하면 '의식'은 의미나 현실이 없기 때문입니다. 그것은 방정식에 맞지 않습니다. 뇌세포의 움직임을 수학 공식으로 분해할 수는 있지만 의식은 불가능합니다. 그리고 '마음'이라는 단어도 방정식에 맞지 않기 때문에, 그들은 그 단어도 버릴 수 있습니다. 물론 영혼의 개념은 오래전에 포기되었습니다. 결국, 모든 것은 뇌의 기계적인 작용의 연장선으로 보여지며 그래서 그들은 우리가 물리적, 식별 가능, 정량화 가능한 공식과 관련된 어휘만을 사용해야 한다고 생각합니다.

붉은 일몰에 반응하는 기계나 음악을 듣는 녹음기에 대한 위의 예들을 이해함으로써, 의식 안에는 외부 자극에 간단한 반응을 하는 기계 능력 이상의 무언가가 있다는 것을 알 수 있습니다. 기계 반응은 뇌에 전기 메시지를 보내는 우리의 감각과 유사합니다. 하지만, 분명히, 우리는 단순한 감각적인 또는 물리적인 자극 이상의 것을 경험합니다. 기계는 베토벤 교향곡을 듣는 경험을 묘사할 수 없고 한 곡의 음악을 다른 곡과 분간할 수 없습니다. 기계는 감정이 없는데 어떻게 그 경험을 설명할 수 있을까요? 따라서, 우리의 반응이 감각 자극에 대한 기계적 반응이라는 것을 보여주려고 하는 과학자들은 그저 의식이나 영혼의 존재에 대한 생각을 부정하려고 애쓰고 있는 것입니다. 과학자들이 만약 의식이나 영혼의 존재를 인정한다면, 의식의 입자나 영혼을 먼저 창조하지 않고서는 다른 것을 의식하게 만들 수도, 생명을 창조할 수도, 프랑켄슈타인 박사가 될 수도 없기 때문입니다.

우리는 베다로부터 기계나 육체와는 별개인 의식인 참나가 있다는 것을 배울 수 있습니다. 분명히 우리는 몸/기계의 감각이 다루는 하나 하나의 모든 자극을 의식하며 거기에는 완벽한 상호작용이 존재합니다. 그렇다면 과학은 이런 의문을 제시할 것입니다. '만약 우리가 기계(몸)의 일부가 아니라면 어떻게 그렇게 기계와 상호작용을 잘 할 수 있는가? 우리가 독립적이라면 뇌에 변화가 있을 때 의식은 영향을 받지 말아야 하는 것이 아닌가?' 이런 것들은 과학의 논쟁거리인데, 베다는 아주 흥미로운 답변을 제시합니다. 이런 논쟁들에 답이 될 수 있다면, 베다에 묘사된 것과 같은 대안적 관점을 고려해 보는 것은 어떨까요?

의식이 육체나 기계의 변화에 의해 영향을 받는다는 생각은 자동차를 운전하고 있는 사람의 예를 생각해 보면 더 분명히 이해할 수 있습니다. 분명히, 운전자는 자동차와는 다르지만, 운전자가 자동차 안에 들어가서 다른 자동차에 부딪힌다면, 그는 곧바로 "당신이 나를 들이받았어요."라고 말할 것입니다. 운전자가 부딪혔다는 것이 아니라 부딪힌 것은 자동차이지만, 운전자는 자신이 자동차의 일부인 것처럼 자동차와 동일시합니다. 따라서 운전자는 기계의 변화에 영향을 받습니다. 마찬가지로 우리가 육체에 의존하고 있고 육체와 강하게 동일시할 때, 자신이 육체라고 생각하고, 그것에 문제가 생긴다면 동요하게 될 것입니다. 자신이 비록 실제로 육체와 다른 독립적인 존재라 할지라도 말입니다.

또 다른 예로는 간질 환자를 대상으로 신중하게 통제되고 문서화된 실험에 대한 내용이 있습니다. 이 실험에서, 환자들은 특정한 방식으로 반응하기 위해 뇌의 특정 부위에 전기 충격을 받았습니다. 그러나 이 실험의 결과는 거의 모든 경우에 환자는 어떤 자극에 반응했다 하더라도 자신이 그것을 하고 있지 않다고 말했다는 것입니다. 의사는 전기 자극을 조절함으로써 환자의 몸이 특정한 방식으로 반응하도록 만들 수는 있었지만 마음의 성향은 신체의 반응과 다르거나 분리되어 있었습니다. 따라서 단지 뇌의 일부에 전기 충격을 가하여 몸의 특정 반응을 유도하는 것만으로는 마음이 무엇인지에 대해 정확한 설명을 해 주지 못합니다.

마음을 고려할 때 의지도 역시 고려해야 합니다. 위의 실험에서 환자들이 자극에 반응한 것이 전부라면, 기계론에 따라 그것이 의식이 있을 것으로 기대되는 전부일 것입니다. 그러나 환자들은 자발적으로 반응하는 것은 자신들이 아니라고 항의하고 있었습니다. 그것은 그들의 의지에 어긋났습니다. 만약 개인의 의지를 가진 별개의 자아 같은 것이 없었다면, 어떤 방식으로 행동하도록 프로그램된 로봇처럼 항의가 없었을 것입니다. 따라서 이 실험은, 마음이 정체성을 가지고 있고 뇌와는 별개라는 것을 보여주는 실험이기 때문에 신경학계를 깜짝 놀라게 했습니다. 또한 이 실험으로 마음과 뇌 사이에는 뭔가 별개의 것이 있다는 오래된 주장을 생각나게 했습니다. 그것은 바로 다음과 같습니다. '그것이 전부가 아니다'it is not all one.

이것에 대한 또 다른 예로 임사체험에 대한 분야가 있습니다. 버지니아 대학에는 특정한 현상에 증거를 제공하고 연구하기 위해 가장 엄격한 기준을 적용하는 최고의 과학자들이 있었습니다. 그들은 무의식 상태에 있거나, 심장 마비나 사고로 인한 코마 상태에 있던 환자들과 수백 번 이상의 임사체험에 대한 테스트를 진행했습니다. 그리고 사례를 통해 모든 물리적인 법칙에 따라 엄밀히 따져 결정적 발견을 입증했습니다. 임사체험 후 의식이 돌아온 환자들은 자신들을 되살리기 위해 어떤 절차가 행해졌는지를 자세히 설명했습니다. 그들은 자신이 육체로부터 둥둥 떠서, 방 위로 올라가, 의사가 그들에게 실시하는 의료 절차를 내려다보면서 지켜보고 있었다고 설명했습니다. 그 후의 테스트에서 알 수 있듯이, 꿈을 꾸었을 가능성은 없었습니다. 이것은 뇌와 마음은 다르며, 혼수상태에 있을 때처럼 뇌가 손상되고 거의 기능을 하지 않는다 해도 마음이나 의식은 계속 작용할 수 있다는 것을 보여줍니다.

4. 영혼의 존재에 대한 베다의 인식

임사체험에서, 우리는 사람이 되살아났을 때 그들에게 어떤 일이 일어났는가에 대한 설명을 얻을 수는 있습니다. 하지만, 그들이 다시 육체로 돌아오지 않았다면 어떻게 됐을까요? 환자가 다시 살아날 수 없었다면? 만일 그들이 죽었다면, 그들은 어디로 갔을까요? 아니면 죽음은 그저 모든 것의 끝일까요? 어떤 사람이 죽으면 친척들은 울부짖으며 소리칠 것입니다, "오, 그가 갔어. 그가 우리를 떠났어." 그런데 무엇이 간 것인가요? 그는 거기에 누워 있거나, 아니면 적어도 육체는 있습니다. 그래서 만약 그가 간다면, 당신이 보지 못한 그 부분이 간 것입니다. 그렇다면, 당신이 보지 못한 그것은 무엇입니까?

앞서 몇 페이지에 걸쳐 보여주었던 것처럼, 철학자와 과학자들은 모두 이것에 대해 의문을 가졌고 결론에 이르지 못했습니다. 그러나 베다는 참나에 대한 상세한 설명을 해 줍니다. 짠도기야chandogya 우빠니샤드(6.10.3)는 존재하는 모든 것의 미묘한 본질은 참나라고 설명합니다. 그것은 진실이며 그대가 그것입니다.

짠도기야 우빠니샤드의 12, 13 깐다Khandas에서는 더 자세한 예를 제시합니다. 그것은 키 큰 나무는 원래 그것이 자라난 작은 씨앗 안에 그것의 본질인 참나를 가지고 있다고 말합니다. 씨앗을 부수어 여는 힘은 그것이 그렇게 큰 식물로 자라는 힘을 보여주지는 못할 것입니다. 그런데 힘은 거기에 있습니다. 또한 소금을 물에 섞는 것은 소금을 보이지 않게 만듭니다. 그러나 물의 맛을 보면 우리는 소금이 있다는 것을 알 수 있습니다. 마찬가지로, 우리가 직접적으로 그것을 인지하지 못한다고 해도 물질적 육체에는 참나가 존재합니다. 바가바드 기따는 설명합니다.

하나의 태양이 온 세상을 빛나게 하듯이, 들의 주인이 몸에 있는 모든 것을 의식으로 빛나게 한다. (바가바드 기따 13.33)

따라서 미각에 의해서가 아니면 물에 섞인 소금을 인식할 수 없듯이, 우리는 또한 의식이라는 신호symptom로 인식하지 않으면 육체 안의 참나를 볼 수 없습니다.

의식은 작은 실험을 함으로써 쉽게 인지될 수 있습니다. 몸의 일부를 꼬집으면 당신은 고통을 느낄 것입니다. 이것은 인간뿐만 아니라 고양이, 개, 또는 다른 동물들에게도 있는 의식의 표시입니다. 모든 생명을 가진 종에는 두 가지 유형의 육체가 있습니다. 그것은 바로 살아있는 육체와 약해지고 죽어가는 육체입니다. 살아있는 육체는 참나의 의식이 스며들어 있고 그것에 의해 빛납니다. 문다까Mundaka 우빠니샤드(3.1.9)는 말합니다.

영혼은 크기가 원자만하고 완벽한 지성에 의해 인지된다. 이 원자의 영혼은 다섯 종류의 공기(쁘라나, 아빠나, 비야나, 사마나, 우다나)에 떠 있고, 가슴 안에 자리 잡고 있으며, 형체를 가진 살아있는 존재의 온몸에 그것의 영향력을 퍼뜨린다. 영혼이 다섯 가지 종류의 물질적 공기의 오염으로부터 정화될 때 그것의 영적 영향력이 드러난다.

이와 같이, 참나는 육체를 살아있게 하는 동력motivating이고, 그것이 떠나면 육체는 망가져서 천천히 분해됩니다. 그러므로 브리하다란야까Brihadaranyaka 우빠니샤드(2.4.3~5)는 우리에게 소중한 누구나, 그것이 우리의 아내, 남편, 아들, 딸, 선생님, 후견인 등 그 누구이든지, 그들은 오직 육체 안의 참나의 존재 때문에 우리에게 소중하며, 그 참나가 실제로 우리에게 소중한 것이라고 지적합니다. 일단 참나가 육체를 떠나면, 육체는 즉시 차가워지고 뻣뻣해지며 부패되기 시작하기 때문에 우리에게 매력적이지 않게 됩니다. 그러므로 육체는 우리의 진정한 정체성이 아닙니다. 우리는 그 안에 있는 참나입니다.

5. 영혼은 영원하다

짠도기야 우빠니샤드(6.11.3)는 또한 참나가 육체를 떠날 때 육체는 시들고 죽더라도, 살아있는 참나는 죽지 않는다고 말합니다. 성경도 이렇게 설명하고 있습니다.

우리가 주목하는 것은 보이는 것이 아니요 보이지 않는 것이니 보이는 것은 잠깐이요 보지이 않는 것은 영원함이라 (고린도후서 4:18)

더 큰 깨달음이 슈리마드 바가바땀(7.2.22)에 담겨있습니다.

참나는 영원하고 고갈을 모르기 때문에 죽지 않는다. 물질적 오염으로부터 자유로운 참나는 물질세계나 영적인 세계 어디든 갈 수 있다. 살아있는 존재는 물질적인 육체와는 완전히 다르지만, 약간의 독립성을 오용하여 잘못 인도되었기 때문에 물질적인 에너지로 인해 만들어진 미묘하고 거친 몸을 받아들일 의무가 있고 이른바 물질적인 행복과 괴로움의 영향을 받게 된다. 그러므로 그 누구도 참나가 육체에서 사라진 것을 한탄해서는 안 된다.

12. 내가 존재하지 않았던 때는 결코 없었으며, 그대와 저 모든 왕도 마찬가지이다. 우리들 중 어느 누구도 존재하기를 그치는 때는 오지 않을 것이다.

13. 이 몸 안에 있는 참나는 소년기, 청년기, 노년기 라는 몸의 상태를 거치며, 죽은 후에는 다른 몸을 얻는다. 참나를 깨달은 사람은 이러한 변화에 혼란되지 않는다. (바가바드 기따 2.12~13)

17. 이 온몸에 퍼져있는 불변하는 것이 있음을 알라. 어느 누구도 이 불변하는 것을 파괴할 수 없다.

18. 물질로 된 몸은 필멸한다. 몸 안에 거주하고 있는 그것은 파멸할 수 없다. 그것의 깊이는 아무도 모른다. 아르주나, 그러니 이 전쟁에서 싸워라. (바가바드 기따 2.17~18)

그것은 결코 태어나지 않았다. 그것은 결코 변화하지 않는다. 태어나지 않고,

영원하며, 변화하지 않으며, 불멸로 있는 그것은 몸이 죽을 때, 죽지 않는다. (바

가바드 기따 2.20)

사람이 낡은 옷을 버리고 새 옷을 입듯이, 몸을 지닌 영혼은 몸이 닳으면 새 몸

을 입는다[8]. (바가바드 기따 2.22)

분명 이 지식은 우리가 죽으면 끝난다는 생각에서 오는 불안감을 위로해 줄 수 있습니다. 영적으로 우리는 죽지 않습니다. 하지만 육체는 더 이상 지속하기에 적합하지 않을 때 사라집니다. 그 당시에는, 우리가 죽는 것처럼 보일지 모르지만, 그렇지 않습니다. 우리는 그 운명에 따라 또 다른 육체로의 여행을 계속합니다. 그리고 우리가 진심으로 수행하고 진정한 영적인 길을 완성했다면, 우리의 다음 육체는 물질적이지 않고 완전히 영적일 수도 있습니다.

영혼의 불멸에 대한 더 자세한 설명은 그것이 어떻게 모든 물질적 요소의 영향을 넘어서는가를 밝히는 방식으로 설명됩니다.

23. 그것은 무기로 조각나거나, 불로 탈 수 없다. 그것은 물로 적셔질 수 없으

---

8 영원, 순수한 의식, 영은 이동하지 않는다. 몸을 지닌 영혼은 몸, 쁘라나와 마음을 지니고 있으며 이동한다(바가바드 기따 2021. 김병채/이하 생략).

며 바람으로 말려질 수도 없다.

24. 그것은 부술 수 없으며, 태워질 수 없으며, 용해될 수 없으며, 말릴 수 없다.
그것은 영원하며, 모든 곳에 있으며, 변화하지 않으며, 움직이지 않는다. 그것
은 늘 같은 채로 있다.

25. 그것은 나타나지 않고 있으며, 생각 너머에 있으며, 변화 너머에 있다. 그러
므로 그것이 그러하다는 것을 알고, 그대는 몸에 대하여 슬퍼하지 않아야 한다.
(바가바드 기따 2.23~25)

29. (황홀의 바다 안으로 깊이 들어간) 어떤 사람은 놀라워하며 그것을 직접 본
다.[9] 어떤 사람은 놀라워하며 그것에 대하여 묘사한다.[10] 어떤 사람은 놀라워하
며 그것에 대해 듣는다.[11] 다른 사람은 그것에 대한 말을 듣지만, 결코 그것을
이해하지 못한다.

30. 몸 안에 있는 그것은 영원하며 해를 가할 수 없다. 아르주나, 그러므로 그
대는 어느 존재에 대해서도 슬퍼하지 않아야 한다. (바가바드 기따 2.29~30)

어떤 생명체에 대해서도 슬퍼할 필요가 없다는 말은 고통받고 있
는 생명체나 사람에게 무관심하거나 냉담하게 있어야 한다는 뜻이 아
닙니다. 고통받고 있는 사람을 볼 때 우리는 연민을 느껴야 합니다.

---

9   세 가지 모습으로 그것이 나타날 수 있는 것을 말하고 있다는 사람도 있음. 그 첫 번째는 빛
     의 모습으로
10   그 두 번째는 지혜의 모습으로.
11   그 세 번째는 소리로.

연민은 마음을 여리게 만들고 다른 사람들의 행복에 관심을 가지도록 하는 특성입니다. 그런 특성은 참나에 대한 지식을 받아들이기에 적합한 사람이 되고자 하는 이들에게 필요한 특성입니다. 그러므로 우리는 연민을 느껴야 하고 할 수 있다면 다른 사람들이 문제를 해결하도록 도움을 주어야 합니다. 그러나 연민을 느끼는 것이 단순히 배고픈 사람들에게 먹을 것을 주는 것만을 의미하는 것은 아닙니다. 물론 우리가 그렇게 할 능력이 있다면 그렇게 해야 하지만, 진정한 연민은 그들이 자신의 실제 상황과 영적인 정체성을 이해하도록 도와주는 것입니다.

예를 들어, 우리가 설명했듯이 육체는 점점 쇠하며 죽지만 영혼은 죽지 않습니다. 죽음은 그저 육체가 바뀌는 것입니다. 그러므로 육체는 우리가 얼마 동안 입는 셔츠나 코트 같은 것이고, 그것이 닳으면 그것을 새것으로 바꾸는 것과 같습니다. 그런데 물에 빠진 사람처럼 물질적 본성으로 고통받고 허우적거리는 사람을 보는데, 그에게 가서 셔츠나 코트만을 구해줘 봤자 무슨 소용이 있을까요? 우리는 "내가 그를 구했어."라고 생각하며 헤엄쳐서 해안으로 돌아가서 가져온 것이 그의 셔츠뿐임을 발견하게 될 것이고, 진짜 사람은 여전히 물질적 에너지의 바다에서 고통받고 있을 것입니다. 우리는 셔츠 뿐만 아니라, 육체 안에 있는 사람이나 영혼도 신경 써야 합니다. 그가 이번 생애에서든 그 이후의 몇 번의 생애에서든 육체를 가지고 있는 한 탄생과 질병, 노화와 죽음 같은 피할 수 없는 많은 문제들이 있게 될 것입니다. 그러므로 짠도기야 우빠니샤드(8.1.1) 같은 베다 문헌은 모든 사람들이 안에 있는 참나에 대한 지식을 찾고 이해해야 한다고 언급하고 있습니다. 이 장에서 앞으로 더 명확하게 설명하겠지만, 자신의 영적 정체성을 깨닫는 것은 삶의 모든 문제들을 해결해줍니다.

자신의 영적 정체성을 더 많이 깨달을수록, 우리는 이런 일시적인 육체를 넘어서고, 우리의 정체성이 단순히 백색, 검은색, 또는 황색 육체나 뚱뚱하고, 마르고, 똑똑하고, 아둔하고, 늙고, 젊고, 튼튼하고, 약하고, 눈먼 육체가 아니라는 것을 알게 될 것입니다. 진짜 눈이 먼 것은 일시적이고 피상적인 육체의 상태를 간파하지 못하며, 안에 있는 참나를 들여다볼 수 없는 것입니다. 실재를 본다는 것은 모든 사람들의 참나(영적인 본성)를 알아보는 것을 의미합니다.

6. 영혼에 대한 베다의 설명

슈리마드 바가바땀(11.28.35)은 참나가 스스로 빛이 나고, 탄생과 죽음을 초월하며, 시간이나 공간에 제한받지 않아서 모든 변화를 넘어선다고 설명합니다. 슈리마드 바가바땀(11.22.50)은 또한 사람이 나무의 탄생과 죽음을 지켜보는데 그것과는 별개이듯이, 육체의 탄생, 죽음과 그 다양한 활동을 목격하는 참나는 별개라고 언급합니다. 바가바드 기따는 또한 말합니다.

30. 수많은 존재가 하나 안에 있으며, 오로지 그 하나로부터 모든 것이 나온다는 것을 알 때, 그는 브람만에 이른다.

31. 영원을 본 사람은 참나가 선험적이며, 영원하며, 아무런 속성이 없다는 것을 안다. 비록 그것이 몸과 접촉하더라도, 그것은 어떤 것도 하지 않으며, 영향을 받지도 않는다.

32. 모든 곳에 퍼져있는 공간이 너무나 희박하여 어떤 것과도 섞이지 않듯이, 브람만의 비전에 자리 잡고 있는 참나는 몸 안에 있어도 몸과 섞이지 않는다.

33. 하나의 태양이 온 세상을 빛나게 하듯이, 들의 주인이 몸에 있는 모든 것을 의식으로 빛나게 한다. (바가바드 기따 13.30〜33)

짠도기야 우빠니샤드(6.3.3)에 의하면 비록 영혼은 육체에 자리하고 있지만 그것은 매우 작고 가슴 안에 자리해 있습니다. 육체 안의 모든 에너지는 심장으로부터 퍼지고 만약 심장이 기능을 멈춘다면 신체 전부는 무너집니다. 하지만 심장은 하나의 자리^{seat}일 뿐이고, 심장 이식 수술이나 심지어 인공 심장의 사용에서 볼 수 있듯이 그것은 교체 될 수 있다는 것을 의미합니다. 이런 과학의 발달에도 불구하고, 영혼이 육체를 떠난다면, 인공 심장조차도 육체를 유지하도록 할 수 없을 것입니다.

영혼의 크기는 스베따스바따라 우빠니샤드(5.9)에서 설명됩니다.

머리카락의 윗부분이 백 개의 부분으로 나눠지고 또 그런 부분들이 각각 다시 백 개의 부분으로 나눠지면, 그런 각각의 부분이 영혼의 규모의 크기이다.

바가바땀은 또한 말합니다.

영적 원자의 입자들은 수없이 많은데, 그것은 머리카락 윗부분의 10,000분의 1로 측정된다.

따라서 분명, 머리카락의 끝을 정확히 분명히 짚는다면, 그것은 보통 1인치의 3/1,000의 크기이고, 이것을 10,000개의 조각으로 자르면, 그 한 조각은 실제로 보이지 않는 원자 크기가 될 것입니다. 이와 같이 물질의 원자를 탐지하려 해도 특별한 장비가 필요한데, 과학 장비가 영적인 원자 입자를 탐지할 수 없는 것은 당연합니다. 과학자들은 영혼 같은 것이 있다는 문서화된 증거를 원하지만, 우리는 베다 문헌을 공부함으로써 평범한 과학 장비로는 영혼을 관찰할 수 없다는 것을 배웁니다. 물론 우리가 인식했듯이, 특히 요가의 과학을 통해, 그리고 베다 과학의 공부를 통해 영혼을 인식하는 다른 방법들이 있습니다. 우리는 이 과학자들이 자신들의 제한된 감각 인식 너머에 무엇이 있는지를 배우기 위해 베다를 공부하기를 바랍니다.

대부분의 사람들은 과학자들이 얘기하는 양성자나 중성자 같은 원자들을 본 적이 없는 것이 사실입니다. 하지만 그들은 그런 것들이 존재한다는 과학자들의 말은 받아들일 수 있습니다. 마찬가지로, 많은 사람들은 영혼을 직접 보지 못했습니다. 그들은 오직 추정하여^{supposed} 아는 사람들의 말을 받아들입니다. 앞에서도 설명했듯이, 누구든 몸에 퍼져 있는 의식, 영혼의 징후를 알아차릴 수 있습니다. 이것은 어렵지 않습니다. 사람, 고양이, 개 등의 어떤 생명체를 꼬집거나 약간의 고통을 주거나, 또는 다람쥐나 새와 쥐 같은 야생동물에게 다가가면, 그들은 도망치려고 할 것입니다. 이것은 본능적인 반사작용이 아니라 의식 때문입니다. 그리고 베다 과학에 따르면 이것은 영혼의 존재에 대한 직접적인 증거이고, 그 영혼으로부터 육체를 통해 의식이 확장됩니다.

베다에 의하면, 육체는 참나가 몰고 있는 마차에 비유됩니다.

앞선 지식을 가진 초월주의자들은 지고한 신성의 인격의 명령으로 만들어진 육체를 마차에 비유한다. 감각은 말과도 같다. 감각의 주인인 마음은 고삐와 같다. 말의 목적지는 감각의 대상이다. 지성은 마차를 모는 마부이다. 그리고 의식은 몸 전체에 퍼져나가는 것으로, 이 육체는 이 물질세계에서의 속박의 원인이다. (슈리마드 바가바땀 7.15.41)

이 예에서 감각은 언제나 그것이 끌리는 대상 쪽으로 마음을 끌어당기는 말과도 같습니다. 마음은 언제나 불안정하고 요동치고 고집이 세고 아주 강합니다. 요가의 수련을 통해서만 마음은 제어될 수 있습니다. 그렇지 않으면 마음은 언제나 지성이 감각을 만족시킬 계획을 세우도록 설득하려고 애씁니다. 이런 식으로, 마차를 모는 마부라고 언급된 지성은 보고, 맛보고, 느끼고, 듣고, 냄새 맡기에 좋은 감각 대상이라는 목적지에 도착할 것이라는 희망으로 육체를 이리 저리로 데려갈 것입니다. 그동안 육체 안의 참나는 말에 탄 채로 육체의 이런 모든 활동을 지켜보고 있습니다.

같은 예를 제시하는 까따^{katha} 우빠니샤드(1.3.3~12)에서는 더 자세한 설명이 있는데, 이해력이 없는 사람과 마음(고삐)이 단단히 매여 있지 않은 사람의 경우, 그의 감각(말)은 마차의 사나운 말처럼 다루기가 힘들다고 말합니다. 그러나 이해력이 있는 자와 그 마음이 단단히 매여 있는 자는 마부의 좋은 말처럼 감각을 통제 아래로 가져옵니다. 이해력이 없는 자는 환생의 순환 속으로 들어가지만, 이해력이 있는 자, 마음이 깊고 순수한 자는 다시 태어나지 않는 곳에 이릅니다. 그는 여정의 끝에 이르게 되고, 그곳은 영적인 대기spiritual atmoshere에서 슈리 비슈누의 가장 높은 거처입니다.

까따 우빠니샤드는 또한 육체 안에서, 감각과 감각 대상보다도 높은 곳에 마음이 존재한다고 설명합니다. 마음보다 더 미묘한 것이 지성이고, 지성보다 더 높고 미묘한 것이 참나입니다. 그 참나는 모든 존재 안에 숨겨져 빛이 보이지 않지만 섬세한suttle 선지자들은 날카로운 지성으로 그것을 봅니다.

우리는 이것으로 흙, 공기, 물 등의 다양한 물질 원소로 이루어진 거친 육체 안에 마음, 지성, 자아라는 더 섬세하고 미묘한 원소들로 이루어진 미묘한 육체가 있다는 것을 이해할 수 있습니다. 정신적 활동들은 미묘한 육체 안에서 일어나는데, 억제되지 않은 감각과 마음이 사람의 목적과 욕망을 조종할 때, 마음의 요구에 맞춘다거나, 또는 마음을 안정시키고 그 안에 존재하는 문제들을 알아낸다는 희망으로 정신 분석에 많은 시간을 쏟을 수도 있습니다. 많은 사람들은 마음의 만족을 얻는 것이 삶의 목표라고 느낍니다. 그래서 이것을 이루도록 약속해 주는, 다양하고 때로는 비용이 많이 드는 프로그램에 참가합니다.

　마음을 진정시키는 것은 그런 정신적 문제들을 가지고 있는 사람, 그리고 더 잘 쉬거나 자는 방법 또는 더 행복하고 건강한 삶을 이끄는 방법을 찾는 사람에게 위안이 될 수 있습니다. 이것은 현대의 사람들, 특히 정신의학적 치료를 사용하거나 마인드 컨트롤이나 최면에서 특별한 수업을 듣거나, 또는 자신의 마음을 더 통제하고 자신의 태도와 삶을 변화시키기 위해 특별한 '잠재의식 메시지 테이프'를 사용하는 서양 문명의 사람들에게 더 중요한 것이 되어가고 있습니다. 하지만 이것은 수천 년 동안 매우 효과적으로 행해져 온 요가의 목적 중의 하나이며 바가바드 기따는 상위의 참나로 '하위의 나'를 통제해야 한다고 강조합니다. 마음은 언제나 감각 만족의 활동에 참여하고 싶을 것입니다. 그러므로, 삶의 목적에 대한 교양 있는 지식을 얻고 난 후에는 지성에 의해 인도되어야 합니다. 감각 대상에 빠져있는 마음은 물질적 활동에 대한 속박의 원인이고, 감각 대상으로부터 무심한 마음은 해방의 요인입니다.

　5. 자신의 마음으로 자신을 향상시켜야지 끌어내려서는 안 된다. 왜냐하면 마음은 자신의 친구이자 적이기 때문이다.

　6. 마음을 정복한 사람에게, 마음은 최고의 친구이지만, 그렇게 하는데 실패하

는 사람에게 바로 그 마음이 가장 큰 적이 될 수 있다. (바가바드 기따 6.5~6)

바가바드 기따에서 슈리 크리슈나는 또한 충고합니다.

바람이 없는 곳에 둔 등불이 흔들리지 않듯이, 마음이 통제된 요기는 초월로 있는 참나에 대한 명상에 항상 있다. (바가바드 기따 6.19)

마음은 느슨해져 방황할 수 있다. 그럴 때마다 그것을 당겨 참나의 통제 아래로 늘 데려와야 한다. (바가바드 기따 6.26)

마음을 통제하지 못하는 사람에게는 참나를 깨닫기는 어렵다. 그러나 만약 옳은 방법을 사용하여 끊임없이 노력한다면, 성공할 수 있다. (바가바드 기따 6.36)

그러나 현대에 이르러, 일반적으로 우리는 무엇을 하고 싶든지 다른 사람을 다치게 하지만 않는다면 괜찮다고 권장되는 것을 볼 수 있습니다. "그것이 좋다고 느껴지면 그것을 하라." 하지만 가능한 마음의 자유를 따르도록 하는 이 현대의 사상이 오늘날 사회의 혼란의 불을 부채질한다는 것을 베다 문헌을 보면 알 수 있습니다. 바가바드 기따의 충고를 받아들임으로써 우리는 정신적인 문제를 해결하는 법을 확실히 배울 수 있습니다. 이런 마음의 장애는 매우 얕은 수준에 있습니다. 진정한 참나는 마음보다도 높고, 마음을 통제할 수 있는 지성보다도 높기 때문에, 우리는 참나를 인식하기 위해 마음과 지성의 미묘한 요소 위로 넘어서야 합니다.

형체에 대한 이 거친 관념(육체)을 넘어서, 일정한 형태가 없고 보이지 않고 들리지 않고 나타나지 않는 형체에 대한 또 다른 미묘한 관념(미묘한 육체 또는 마음, 지성, 그리고 거짓의 자아false ego)이 있다. 살아있는 존재는 이 미묘함을 넘어서 자신의 형체를 가지고 있는데, 그렇지 않다면 그는 탄생을 반복할 수 없었을 것이다. 참나 깨달음에 의해 거친 몸과 미묘한 몸이 둘 다 참나와는 상관이 없다는 것을 경험할 때마다 그는 자신뿐만 아니라 신도 본다. (슈리마드 바가바땀 1.3.32~33)

우리는 거친 몸, 미묘한 몸과 별개인데 왜 그렇게 강력하게 육체와 동일시하는가? 이것은 다음과 같이 설명됩니다.

육체와 참나는 다름에도 불구하고, 물질적 연관에 대한 무지 때문에 사람은 스스로를 더 나은 그리고 더 못한 육체적 상태와 잘못 동일시한다. 가끔 운이 좋은 사람은 그런 정신적 조작을 없앨 수 있다. (슈리마드 바가바땀 11.22.48)

거짓의 자아는 가상의 물질적 존재에게 형체를 주고 그로 인해 물질적 행복과 고통을 경험한다. 그러나 참나는 물질적 본성을 초월한다. 그는 실제로 어디에서든, 어떤 상황에서든, 또는 어떤 사람의 작용에 의해서든 물질적인 행복에 영향받을 리가 없다. 이것을 이해하는 사람은 물질적인 창조물을 두려워할 필요가 전혀 없다. (슈리마드 바가바땀 11.23.56)

자신의 정신적 혼란 외의 다른 어떤 힘도 행복과 고통을 경험하게 만들 수 없다. 친구, 중립적 단체와 적에 대한 인식, 그리고 이 인식을 중심으로 그가 만드는 모든 물질적 삶은 무지로부터 만들어진다. (슈리마드 바가바땀 11.23.59)

이 문장들은 우리가 거짓의 자아 때문에 자신이 육체라고 생각하고 그런 생각으로부터 행복 또는 고통을 야기하는 다양한 물질적 욕망을 경험한다고 분명히 설명하고 있습니다. 그러나 "나는 ~이다" 또는 "나는 존재하고 있다" 또는 "나는 영spirit이다."와 같이 참나에 대한 감각도 존재합니다. 우리가 육체와 동일시하고 "나는 이 육체이다", "나는 검다", "나는 희다"라고 생각하거나, "그들은 뚱뚱하다, 날씬하다, 키가 작다, 키가 크다, 미국인이다, 유럽인이다, 힌두교도이다, 무슬림이다, 카톨릭교도이다, 개신교도이다"등으로 생각할 때, 이것은 모두 거짓의 자아입니다. 우리의 가짜 정체성은 비록 허울뿐이지만, 이 무지는 사람, 공동체, 이웃 또는 전 세계의 나라들 사이의 장벽, 싸움, 그리고 오해의 원인입니다. 마야 또는 환영의 산물이며 참나의 참된 본성을 가리는 거짓의 자아가 참나의 지혜에 대한 연구로 생긴 단검에 의해 잘려나갈 때, 완벽한 참나가 드러납니다. 이 상태는 '영속적인 해체'

라고 불립니다. 이런 상태에서만 우리는 개인적으로나 전 세계적으로 진정으로 평화를 경험할 것입니다.

어떻게 참나가 육체와 별개인가에 대한 자세한 설명을 도와주는 하나의 이야기를 슈리마드 바가바땀(제5칸토, 10장)에서 찾아볼 수 있습니다. 거기에서 자다 바라따^{Jada Bharata}라는 참나 깨달음을 얻은 한 헌신자는 근처를 여행하는 라후가나^{Rahugana}왕의 가마를 옮기는 것을 도우라는 명을 받습니다. 왕은 가마꾼이 더 필요하게 되었고 왕의 부하들이 바라따를 발견하고는 그에게 돕게 했던 것입니다.

가마는 부드럽게 잘 굴러가지 않았고, 그 원인이 자다 바라따인 것을 발견한 왕은 그를 심하게 꾸짖었습니다. 왕은 아주 화가 나서 말했습니다. "이런 고얀 놈, 뭐하는 것이냐? 너는 살아있는데도 불구하고 죽은 것이냐? 내가 너의 주인이라는 것을 아느냐? 너는 나를 무시하고 내 명을 수행하고 있지 않구나. 이 불복종에 대해 나는 이제 너를 벌하고 적절한 대우를 해서 정신을 차리고 똑바로 일을 하도록 할 것이다."

스스로를 왕이라 생각하는 라후가나 왕은 육체의 관념 안에 있고, 욕망과 무지라는 물질적 본성의 방식에 영향을 받았습니다. 그는 광기로 인해 부적절하고 모순되는 말들로 자다 바라따를 꾸짖었습니다. 자다 바라따는 최고의 헌신자였습니다. 왕은 자신이 아주 똑똑하다고 생각하지만, 박띠 요가에 자리 잡은 상급 헌신자의 지위에 대해 알지 못하고, 그의 특성도 몰랐습니다. 자다 바라따는 지고의 신이 거하는 헌신자였습니다. 그는 항상 그의 가슴 속에 신의 형체를 담고 있었습니다. 그는 모든 살아있는 존재들의 가장 소중한 친구이며 어떤 육체적 관념도 품지 않았습니다. 그러므로 그는 웃으며 다음과 같은 말을 했습니다.

나의 사랑하는 왕 영웅이시여, 당신이 비꼬면서 한 모든 말은 분명 사실입니다. 실제 이 말들은 징벌의 말이 아닙니다. 왜냐하면 몸은 운반자이기 때문입니다. 저는 영성의 영혼spirit soul이기 때문에 육체에 의해 운반되는 짐은 저에게 속한 것이 아닙니다. 저는 육체와는 다르기에 당신의 말에는 모순이 없습니다. 저는 가마를 운반하는 자가 아닙니다. 육체가 운반하는 것입니다. 분명 당신이 넌지시 말했듯이 저는 가마를 운반하려고 애쓰지 않았는데, 왜냐하면 저는 육체에는 무심하기 때문입니다. 당신은 제가 튼튼하고 힘이 세지 않다고 말했는데. 이 말들은 육체와 영혼 사이의 차이를 알지 못하는 사람에게나 어울리는 것입니다. 육체는 뚱뚱하거나 날씬할 수 있지만, 학식이 있는 사람이라면 영성의 영혼에 대해 그런 것들을 말하지 않을 것입니다. 영성의 영혼에 관해서는, 저는 뚱뚱하지도 날씬하지도 않습니다. 그러므로 제가 튼튼하지 않다고 말할 때 당신은 옳습니다. 또한 이 여행의 대상과 그곳으로 이끄는 길이 저의 것이라면 저에게 많은 곤란함이 있겠지만, 그것들은 제가 아니라 제 육체에 관련되기 때문에 아무런 문제가 없습니다.

뚱뚱함, 날씬함, 육체와 정신의 고통, 갈증, 배고픔, 두려움, 의견 충돌, 물질적 행복에 대한 욕망, 노화, 잠, 물질적 소유에 대한 집착, 분노, 비탄, 환영, 그리고 참나와 육체의 동일시는 영혼이 물질로 은폐될 때 나타나는 모든 변형들입니다. 물질적인 육체의 관념에 빠진 사람은 이런 것들에 영향을 받지만, 저는 모든 육체의 관념으로부터 자유롭습니다. 따라서 저는 뚱뚱하지도 날씬하지도 않고, 당신이 언급한 그 어느 것도 아닙니다.

왕이시여, 당신은 살아있으면서도 죽었다고 불필요하게 저를 비난했습니다. 이 점에 대해서, 물질적인 것은 모두 그 시작과 끝이 있기에 이것은 어디에서나 일어나는 일이라고만 말할 수 있을 뿐입니다. 당신은 왕이고 주인이며, 그 때문에 저에게 명령하려고 한다는 당신의 생각은, 이 지위들이 일시적인 것이기 때문에 이 또한 잘못된 것입니다. 오늘은 당신이 왕이고 저는 당신의 종이지만, 내일은 지위가 바뀌어 당신이 저의 종이 되고 저는 당신의 주인이 될 수도 있습니다. 이것은 섭리에 의해 만들어지는 일시적 정황입니다. 모든 사람들은 물질적 본성의 법칙에 의해 이런 지위를 강요당하고 있습니다. 그러므로 누구도 주인이 아니며 누구도 종이 아닙니다.

자다 바라따는 이런 식으로 계속해서 왕을 가르쳤습니다. 그는 왕의 가혹한 말들을 참았고 평온을 유지했으며 적절하게 대답했습니다. 자다 바라따는 왕의 분노와 무시에 영향을 받지 않았고, 단지 자신이 과거에 잘못한 것에 대한 결과를 치르고 있다는 생각으로 겸허하게 가마를 운반하는 것을 승낙했습니다. 이것은 우리가 삶의 육체적 플랫폼 bodily platform에서 행동하는 우리 주변의 사람들을 어떻게 참아내야 하는 가에 대한 교훈입니다. 만약 우리가 우리에 대한 그들의 비판을 너무 성급히 되돌려준다면, 이것은 마음의 평온을 방해하고 거짓의 자아를 불러일으키는 것 외에는 아무것도 해내지 못할 것입니다. 또한 이러한 행위는 우리가 물질적인 육체와 참나를 동일시하게 만듭니다.

물질적인 육체 속에서 우리는 명예와 명성을 방어하는 일에 전념합니다. 하지만 이것들은 무엇입니까? 우리가 가지는 어떠한 명예, 탁월함, 명성, 능력, 부, 또는 힘이든 우리는 오직 육체에만 매달리게 됩니다. 그리고 영혼은 그런 것들 너머에 있기 때문에 죽을 때 그것들을 모두 잃게 됩니다. 모든 물질적 상황은 일시적이며 영적 참나와 아무런 관련이 없습니다. 그러므로 우리는 모두 버스나 비행기로 여행하는 사람들처럼 짧은 시간 동안만 여기에 있다는 것을 이해해야 합니다. 우리는 아주 잠시 동안 우리가 차지하는 자리나 위치를 받았고, 여행의 끝에는 그것을 포기해야만 할 것입니다. 그렇다면 왜 일시적인 자리에 그렇게 집착하거나 그것을 위해 싸우기를 불사해야 합니까?

라후가나 왕의 경우에서처럼, 오늘날에도 자신들의 명예, 그리고 땅이나 나라 같은 소유물을 자랑스러워하고, 그것들을 위해 싸울 준비가 되어있는 많은 지도자들과 그들의 추종자들이 있습니다. 그러나 비슈누 뿌라나(4권, 24장)에서 대지the Earth는 자기를 소유할 수 있다고 생각하는 모든 자들을 비웃습니다. 소멸하는 육체를 가지고 있는 많은 왕들이 이 행성에 있었는데, 그들은 기만적인 생각에 눈이 멀어, "이 땅은 나의 것이고, 나의 아들의 것이 될 것이며, 나의 왕국에 속하게 될 것이다."라고 암시하는 감정에 빠져있었습니다. 하지만 그들은 모두 죽었습니다. 따라서 그들 이전에 통치했던 많은 이들과 그들을 계승했던 많은 이들, 그리고 앞으로 올 많은 이들이 사라졌거나 혹은 곧 사라질 것입니다.

그러므로 (베다가 살아있는 개별 존재로 받아들이는) 대지는 생각합니다.

이성의 능력을 부여받은 지도자들이, 자신은 한낱 파도의 물거품일 뿐인데, 야심에 찬 자신감을 갖다니 그 얼마나 어리석은가. 그들은 자신의 권력으로 신하, 하인과 국민을 복종시키려 하고, 그런 다음 적을 물리치려고 한다. 그들은 "이렇게 우리는 바다로 둘러싸인 땅을 정복할 것이다"라고 말하고, 그들의 계획에 열중해서 죽음이 가까이 서 있는 것을 보지 못한다. 그들의 선조들이 떠나야만 했고, 그들의 아버지들이 유지하지 못했던 나를 왕들이 소유하기를 바란 것은 그들의 열병 때문이다. 그런 이기심에 이끌려, 아버지는 아들과, 그리고 형제들끼리 나를 갖기 위해 싸운다.

"이 땅은 모두 나의 것이다, 모든 것은 나의 것이며 그것은 영원히 내 집에 있을 것이다"라고 으스대는 모든 왕의 특성은 어리석음인데, 왜냐하면 그는 죽기 때문이다. 그들의 조상이 모든 것을 지배하고 싶은 갈망에 빠져 있었지만 나를 포기하고 소멸의 길을 밟아야만 했던 것을 보아왔는데 그런 헛된 욕망들이 그의 후손들의 가슴속에 살아있는 것이 어떻게 가능한가? 왕이 "이 땅은 나의 것이니 즉시 그것에 대한 그대의 주장을 포기하라"라는 말을 다른 사람에게 전하는 것을 들을 때, 나는 처음에는 격렬하게 웃지만, 도취되어 있는 바보에 대한 연민으로 그것은 곧 잠잠해진다.

7. 영혼의 본성

이 장의 마지막 부분에서, 영혼은 영원하고, 거칠고 미묘한 육체와는 별개이며, 가슴 속에 자리하고 있고, 원자와도 같은 크기라는 것을 밝혔습니다. 하지만 영혼의 본성은 무엇일까요?

짠도기야 우빠니샤드(8.1.5~6)는 참나에 대해 죄악과 노화, 죽음과 비탄, 배고픔과 갈증, 애통함과 슬픔으로부터 자유롭고, 그것이 바라야만 하는 것만을 바라고, 그것이 상상해야만 하는 것만을 상상한다고 설명합니다. 참나와 진정으로 원하는 것$^{\text{true desires}}$을 발견하지 못하고 이 생애를 떠나는 자들은 어느 세상에서도 자유를 찾지 못합니다. 그러나 참나와 진정으로 원하는 것을 발견하고 이곳을 떠나는 자들은 모든 세상에서 자유를 찾습니다.

영혼의 본성은 본질적으로 사랑하고 사랑받는 것이며 그것이 사랑하는 대상을 섬기는 것입니다. 이것은 일상의 경험에서도 아주 명확합니다. 사랑을 하는 본능은 모든 사람들 안에 있고, 그 사랑으로 인해 우리는 우리가 사랑하는 자들을 만족시키기 위해 봉사하고 일하는 것에 전념합니다. 우리는 사랑하는 자들을 행복하게 만듦으로써 행복해집니다. 그래서 "받는 것보다 주는 것이 더 낫다."라는 말이 있는 것입니다. 그러므로 우리의 타고난 체질적 위치는 우리가 사랑하는 대상에게 봉사하는 것입니다.

이 사랑 때문에, 우리는 육체의 플랫폼에서, 아내나 남편, 그리고 아이들을 만족시키기 위해 열심히 일을 할 수도 있습니다. 우리는 친구들을 기쁘게 하거나 부모님을 돌보기 위해 어떤 것을 할 수도 있습니다. 국민들의 충실한 종이 되기를 약속함으로써 높은 정치 관직에 이르기를 바랄 수도 있습니다. 동물의 왕국에서도 부모는 먹이를 확보하고, 새끼들을 보호하며, 그들이 스스로를 돌볼 수 있게 훈련시킴으로, 새끼들을 뒷바라지하고 돌보고 있습니다.

우리가 그저 마음과 감각을 만족시키기 위해 일하고 있다고 해도, 마음과 감각을 만족시키기 위해서는 일이 필요하다는 것은 인정되어야 합니다. 우리의 감각이 어떤 것을 원할 때, 우리는 그것을 얻기 위해 일을 해야 합니다. 그러면 우리는 감각의 노예가 됩니다. 또는 주인에게 월세를 내어 쫓겨나지 않기 위해 일을 해야 합니다. 또는 정부에 우리가 소유하고 있는 재산에 대한 세금을 내어야 합니다. 그렇다면 우리는 정부의 노예입니다. 만약 정부의 노예가 되고 싶지 않고 세금 납부를 거부한다면 붙잡혀서 감옥에 갇힐 것이고 그곳에서 번호판을 만드는 일 같은 정부를 위한 일을 하도록 강요당할 것입니다. 그러면 우리는 강제로 정부의 노예가 됩니다.

우리는 여러 면에서 노예로 일하고 있습니다. 그것을 피할 수는 없습니다. 모든 생명체는 다른 누군가를 섬기는 일을 합니다. 영혼의 타고난 지위는 섬기는 것이지만 우리는 환영이라는 마야의 물질세계에서 환영에 불과하고 일시적인 것을 섬기는데 전념하고, 아주 적은 혜택이나 감사를 보답으로 받습니다. 물론 이 물질적 세계에서는 누구도 노예가 되기를 원하지 않습니다. 모든 사람들이 그들 주위의 것들에 대한 주인이나 관리자가 되고 싶어합니다. 하지만 우리는 여전히 물질적인 에너지의 노예이기 때문에 자신이 아주 강한 힘을 가졌다고 생각한다 할지라도, 이것은 환영적인 사고방식입니다.

예를 들어, 죽음이 당신을 데려가기 위해 올 때, 당신은 도망칠 수 없습니다. 당신은 아주 자랑스러워하며 자신은 매우 아름답고, 부유하고, 능력 있고, 독립적이라고 생각할 수도 있지만 그것은 중요하지 않습니다. 죽음이 당신에게 다가오면, 당신의 지위는 끝이 납니다. 당신은 참을 수 없어 반항적으로 말합니다, "아니, 나는 가지 않을 거야." 당신은 죽음이 당신에 대해 가지는 힘에 허리를 굽히고 굴복하도록 강요당할 것입니다. 그렇다면 당신은 죽음의 노예입니다. 그리고 죽은 후에 어디로 갈 것인가는 당신에게 달려 있는 것이 아니라 더 높은 권위를 가진 이들에게 달려 있습니다. 따라서 당신은 그런 권위를 가진 이들의 노예인 것입니다.

그러므로 베다는 강제적으로 노예가 되느니 모든 살아있는 존재들에게 자신들의 사랑을 지고한 존재로 향하게 하라고 권장합니다. 지고한 절대적 진리는 궁극의 사랑의 관계를 포함한 모든 것의 근원입니다. 살아있는 존재는 지고한 존재의 가장 중요한 영적 본질이기 때문에 사랑의 관계는 당연한 것입니다. 다른 말로 하면, 신이 우리를 사랑하는지 아닌지는 결코 의문의 여지가 없습니다. 영적인 존재가 된다는 것은 또한 우리가 자연적으로, 완벽한 지식과 지복이 영원히 존재하는 영적 공간의 일부가 된다는 것을 의미합니다. 그러나 이 물질세계에 있는 동안, 사람은 그의 영적이고 체질적인 지위를 쉽게 잊어버리고 독립적으로 행복해지려고 노력합니다. 이런 노력으로 그는 개인적인 이익을 위한 물질적인 상황과 감각 만족을 조정하기 위해 일합니다. 이것은 모두 거짓 자아의 마법으로 인한 환영 때문입니다. 물질적인 에너지 안의 그런 불안정한 상황에서, 살아있는 존재는 분노, 증오, 질투, 애통함, 불안 같은 것들을 경험하고, 육체, 살아있는 다른 존재들, 자연적인 사건들에 의해 야기되는 삼중의 고통을 겪습니다. 하지만 실제로 순수한 영성의 참나^{pure spirit soul}에는 그런 감정들이 전혀 존재하지 않습니다.

살아있는 존재가 삶의 물질적 조건 안에 남으려면, 그는 자신의 진짜 정체성을 잊어야 한다고 명시되어 있습니다. 그렇지 않다면 사람이 물질적 활동에 만족하고 반복되는 삶의 부침을 겪으며 자신의 타고난 영적인 행복의 상태를 무시하는 것은 불가능합니다. 달리 어떻게 살아있는 존재들이 그들의 봉사와 사랑의 성향을 환영의 에너지 안에 있는 일시적 대상들에게로 향하게 할 수 있겠습니까? 어떻게 그런 불안정한 물질적 즐거움을 얻는 것을 추구하는 것에 만족할 수 있겠습니까? 만약 사람들이 자신의 진짜 정체성을 실제로 볼 수 있다면, 그들은 물질적인 육체를 자신이라고 받아들이는 실수를 바로 깨달을 것입니다. 그들은 또한 그들과 지고한 존재와의 관계가 무엇인지도 깨달을 것입니다. 이런 이유에서 베다는 물질적으로 길들여진 영혼이 그들의 위치를 바로잡고, 우리가 가진 사랑의 성향을 영적으로 변화시키고 완성할 수 있는 박띠 요가에 전념할 것을 촉구합니다. 그런 완성은 지고한 존재가 가장 사랑스러운 대상임을 살아있는 존재들이 이해하고 신과 사랑의 관계를 회복할 때 이루어집니다. 이 사랑의 관계는 슈리마드 바가바땀에서 말했듯이 궁극적으로 참나를 완전히 만족시킬 수 있는 모든 것입니다.

모든 인류를 위한 그 일(다르마)은, 그것을 따르는 자들이 초월적 신에 대한 대가를 바라지 않고 끝없는unmotivated and uninterrupted 사랑의 헌신적 봉사에 열광적이게 만드는 최고의 것이다. 왜냐하면 그것만이 완벽한 참나를 만족시킬 수 있기 때문이다. (슈리마드 바가바땀 1.2.6)

8. 참나 – 통합의 요인

참나 깨달음의 모든 과정은 우리가 누구인지를 아는 것뿐만 아니라 참나와 우리의 관계가 무엇인지를 아는 것도 포함합니다. 요가는 우리가 잊어버린, 지고한 존재[12]가 우리의 가슴속에 있는 스며들어 자리한 localized expansion 참나와의 관계를 회복시키는 시스템입니다.

이 장의 앞에서 지적했듯이, 철학자와 과학자들 사이에서 가장 큰 질문 중의 하나는 "의식과 육체 사이에 어떻게 그런 상호작용이 있을 수 있는가"입니다. "어떤 구조에 의해 의식이 몸/기계와 그렇게 놀랍도록 상호작용하면서도 그 기계의 일부가 되지 않는가?"

---

12 모든 것의 근원, 지고한 신, 브람만

이것에 대답하기 전에 우리는 현대 과학자들이 가지고 있는 '독립적인 의식은 존재하지 않고 육체는 단지 기계에 지나지 않는다'라는 그들의 이론에 대한 답에 근본적인 문제가 있다는 것을 언급해야 합니다. 예를 들어, 태아는 단세포 유기체로 시작해서 분화되기 시작합니다. 아홉 달에 걸쳐서, 수십억 개의 세포들이 생겨납니다. 우리가 자궁 안에 있는 동안 거의 모든 뇌세포가 생겨납니다. 그렇다면 이 뇌세포의 생성은 매우 빠르게 일어나는데 이런 뇌세포들이 어떤 메커니즘에 의해 무엇과 연결할지를 어떻게 알까요? 어떻게 아주 작은 뇌세포인 십억 개 이상의 뉴런들이 정확하게 올바른 순서로 함께 결합하고 완벽한 패턴으로 연결될 수 있을까요? 만약 이것이 불가능하다면 두뇌는 쓸모없게 만들어지거나 정신적으로 위협을 받을 수도 있을 것입니다.

더 중요한 질문은, "이 모든 개별적인 뇌세포가 통합된 자각을 하도록 만드는 것은 무엇인가?"입니다. 무엇이 "나는 존재한다" 또는 "나는 생각하고 있다" 또는 "나는 바라고 있다"에 대한 의식을 만들어냅니까? 무엇이 이 모든 것을 하나의 의식으로 통합시키는 것입니까? 만약 이 육체가 단지 기계라면 어떻게 그것이 자아를 가질 수 있을까요? 이런 질문들이 바로 과학자가 답하려고 노력해야 하는 문제들입니다. 그렇지 않으면 그들은 입증되지 않은 그들의 이론을 제쳐 놓고 베다 버전을 연구해야 합니다. 그러면 적어도 그들은 계속해서 변하는 자신들의 추측에 의존하는 대신 실험의 근거를 둘 기반을 가지게 될 것입니다.

과학은 항상 모든 것을 통합하는 어떤 것(대통합 이론)을 찾고 있습니다. 그들은 그것이 전자기, 중력 등을 포함한 다른 모든 것들이 갈라져 나오는 기원일 것이라고 생각합니다. 하지만 실제로 몇몇 과학자들, 특히 양자 수학자들은 의식이 기계적인 원소가 아님을 깨닫기 시작하고 있습니다. 그리고 만약 그것이 기계적이지 않다면, 그것은 물질적이지 않고, 그렇다면 다른 물질적인 원소들처럼 창조되거나 파괴되는 것에 영향을 받지 않음을 의미할 것입니다. 이렇게 의식은 다윈 같은 철학자들이 이론을 세웠듯이 진화적 변화와 발전에 영향을 받지 않습니다. 만약 그런 경우라면, 그것은 또한 물질적인 육체의 탄생과 죽음 이전, 이후는 말할 것도 없이, 물질적 우주의 창조와 소멸 이전과 이후에도 의식이 존재한다는 것을 나타냅니다.

다음 질문은 "의식의 궁극적인 근원과 원인은 어디에 있는가?"가 될 것입니다. 사실 베다는 이 지고한 존재Supreme Being에 대해 알려주고 있습니다.

베다는 모든 것들이 통합된 근원이 빠람아뜨마Paramatma, 초의식 또는 우주의식[13] Universal Consciousness이라 불린다고 밝힙니다. 우리의 개별

---

13 브람만, 참나, 초의식, 궁극의 의식.

의식이 모든 미각, 청각, 시각, 감정, 그리고 의지를 하나의 집합적 경험으로 통합하는 것처럼, 참나는 우주 안의 모든 것을 통합하고 의식합니다. 이 지고한 존재가 각 존재 내에 경험자로 있는 참나는 개별 영혼을 육체와 통합시키며 우리 각자의 가슴 안에 존재합니다.

통합 매커니즘이 무엇인지 규명하기 위해, 육체 안에 존재하는 미묘한 몸에 해당되는 마음, 지성, 거짓의 자아와 더불어 의식의 더 높은 원리인 참나가 있다고 베다 문헌은 설명합니다. 우리는 마음, 지성을 가진 미묘한 육체와 함께 뇌와 감각을 포함하는 거친 물질적 육체를 갖습니다. 또 다른 한편으로는 자아, '나'의식을 갖습니다. 그런 다음 참나는 자아, '나'의식을 거칠고 미묘한 육체에 통합시킵니다.

따라서 이 참나는 육체의 조직과 의식의 자아를 통합합니다. 참나가 존재하지 않는다면 이것은 불가능합니다. 의식의 자아는 육체, 뇌, 그리고 지성을 이용하기 위한 힘을 가지기 위해 참나에 의존합니다. 그렇지 않으면, 우리는 육체 속에 스스로 소통하거나 표현하는 아무런 능력도 없이 그저 육체 안에 있는 것에 지나지 않을 것입니다. 이렇게 참나는 우리에게 우리 육체를 움직이고, 뇌로 생각을 하며, 온몸으로 확장되는 통합된 의식을 가지는 능력을 줍니다.

음악, 미술, 과학 분야에서 세상에 아주 큰 선물을 주었던 많은 위대한 사람들은 자신들의 많은 성취들이 외부의 어떤 원천이 '영감'으로부터 왔다고 말합니다. 베다 문헌은 이것이 의식적 자아를 지성, 뇌, 감각에 통합시키고 연결시키는 높은 우주 의식의 원칙, 참나가 존재하는 예라고 설명합니다. 참나가 없다면, 아무런 통합도 없을 것입니다. 이것이 베다의 철학입니다. 그리고 그것을 받아들이든 거부하든, 다른 누구도, 심지어 현대 과학조차도 이런 것들에 대해 베다보다 더 잘 설명할 수는 없을 것입니다.

베다 철학은 또한 참나란 비기계적이고 더 이상 축소할 수 없는 것이라고 규정하는데 이는 그것이 화학물질에서 나온 것도 아니고, 하위 부분으로 쪼개질 수도 없다고 말합니다. 참나는 우리의 육체 안에 있는 더 이상 축소할 수 없는 영의 입자입니다. 베다는 참나와 뇌 사이의 상호작용의 체계에 대해 설명하고 있습니다. 뇌세포와 육체 기관이 무작위로 연결되는 것이 아니라 계획에 따라 태아의 성장 시기 동안 상위 의식의 지도 아래 어떻게 구조화되는가에 대한 설명도 있습니다. 그리고 과학이 설명하려고 하는 모든 것들에 대한 설명도 있습니다.

우리가 이런 베다의 설명들을 이해하고, 베다의 과학과 요가를 통해 스스로의 경험으로 참나를 자각하게 되면, 결국 우리가 참나 혹은 지고한 존재와 아주 특별한 관계에 있다는 것을 알게 될 것입니다. 이 자각 수준은 수천 년 동안 많은 신비주의자들과 요기들이 성취한 것입니다. 이것은 정말이지 없었던 것이 아닙니다. 따라서, 이 베다의 과정을 통해 우리는 우리가 누구이며 이 세상과 지고한 존재와의 관계가 무엇인지에 대해 실제로 이해할 수 있게 될 것입니다. 그런 다음 완벽한 깨달음의 단계에 이를 수 있습니다.

9. 참나에 대한 묘사

베다 문헌에 의하면, 참나는 육체 안에 자리 잡은 신의 무한한 확장입니다. 우리가 어떻게 참나를 이해하고 인지하기 시작하는지는 바가바드 기따에 설명 됩니다.

13. 그것의 손과 발은 모든 곳에 있으며, 그것의 눈, 머리 및 입은 모든 곳에 있으며, 그것의 귀는 모든 곳에 있다. 그것은 모든 것을 듣는다. 이러한 방식으로 그것은 온 세상에 존재한다.

14. 비록 물질적 감각이 없지만, 그것은 모든 감각의 근원으로 빛난다. 무집착으로 있지만 그것은 모든 것을 지탱하고 있다. 자연의 세 종류의 힘을 즐기지만 그것은 그것 너머에 있다.

15. 지고한 진리는 모든 존재의 안에 있지만 그것은 그것의 바깥에도 있다. 움직이지 않지만 그것은 항상 움직인다. 그것은 멀리에도 있지만 가까이[14]에도

---

14 모든 존재들의 가슴에.

있다. 그것은 보거나 아는 물질적 감각의 힘 너머에 있다.

16. 그것은 결코 나누어지지 않지만, 분리된 존재에서 나누어지는 것처럼 보인다. 그것은 모든 존재를 만들고, 유지하고, 파괴한다.

17. 그것은 어두움[15] 너머에 있는 모든 빛나는 대상들 내에 있는 빛의 빛이다. 그것은 지식이며, 지식의 대상이며 지식의 목표이다. 그것은 모든 존재의 가슴에 자리하고 있다.

18. 이와 같이 나는 들, 지식, 지식의 대상을 간략히 설명하였다. 이것을 이해하는 나의 헌신자는 나의 존재의 상태를 얻기에 적합해진다. (바가바드 기따 13.13~18)

참나, 자연과 그것의 힘을 정말로 이해하는 사람은 그의 삶의 방식에 관계없이 다시 태어나지 않는다. (바가바드 기따 13.23)

25. 이 영적 지식의 길을 모르는 사람이 있다. 그러나 그것에 대한 권위있는 다른 사람의 가르침을 듣고 따름으로 그 역시 삶과 죽음 너머로 간다.

26. 아르주나, 생명이 있는 것이든 생명이 없는 것이든 존재하는 무엇이나 들과 아는 자의 결합에서 나온다는 것을 알라. (바가바드 기따 13.25~26)

28. 위대한 신이 모든 곳에 동등하게 있음을 보기 때문에, 그는 자신을 포함하여, 모든 창조물에 해를 주는 것을 피한다. 그래서 그는 지고의 목표에 이른다.

---

15 마야 즉 환영.

29. 모든 행위는 오로지 자연에 의해 만들어진 몸에 의해 행해지며 참나는 행위자가 아님을 아는 사람이 정말로 보고 있다. (바가바드 기따 13. 28~29)

여기에서 참나는 모든 이의 가슴 속에 거하면서, 영원하고, 완전히 영적이며, 모든 것의 근원이고, 사방으로 확장된다고 설명됩니다. 그것은 모든 빛과 지식의 근원이며 모든 지식의 목표입니다. 참나가 우리 모두의 가슴 속에 자리 잡고 있다 할지라도, 그것은 여전히 하나의 절대 진리로 존재하고 있습니다. 이것은 다음 경구에서도 확인됩니다.

신체[16]는 끊임없이 변화한다고 한다. 우주는 신의 광대무변한 모습이다. 나[17]는 모든 존재의 가슴에 거주하고 있는 신이다. (바가바드 기따 8.4)

하나의 지고의 신은 모든 물질적 육체 안에, 그리고 모든 사람의 영혼 안에 자리한다. 수없이 많은 저수지에서 달이 반사되듯이, 지고의 신은 하나이지만 모든 사람 안에 있다. 이같이 모든 물질적 육체는 결국 지고의 신의 에너지로 이루어진다. (슈리마드 바가바땀 11.18.32)

신성의 지고한 인격은 인간의 몸, 동물, 새, 성자, 반신반인과 같은 많은 신의 거처를 창조해 냈다. 신은 이런 모든 수많은 육체의 형태 안에 참나로서 살아

---

16 다섯 원소의 영역, 바깥의 우주, 이름과 형상들로 된 세상, 만들어지고 소멸하는 것.
17 희생, 숭배, 헌신, 안에 있는 통제자, 그것들의 결실을 주는 자, 지고한 의식. 희생의 주재하는 신.

있는 존재들과 함께 거한다. 그는 뿌루샤바따라purushavatara라고 알려져 있다.

(슈리마드 바가바땀 7.14.37)

하나의 태양이 수많은 보석에서 반사되어 보이듯이, 고빈다는 모든 살아있는

존재들의 가슴 속에서 (빠람아뜨마)로서 스스로를 나타낸다. (까이딴야 까리땀

리따 아디 2.19)

우리의 물질적 육체들은 보기에는 크기와 모양이 다양하게 보이더라도, 모두 똑같은 기본적인 구성요소, 즉 흙, 물, 불, 공기, 공간으로 이루어져 있습니다. 우리의 몸 안에 참나가 존재한다는 것을 이해하면 누구도 무시할 이유가 없습니다. 우리는 모두 영적으로 지고한 참나의 일부입니다. 이 지고한 참나는 우리의 가슴속에 자리하고 있습니다. 우리는 오직 하나의 육체 안에만 자리하고 다른 사람들의 육체와 마음에서는 어떤 일이 일어나고 있는지 이해할 수 없습니다. 그러나 참나는 모든 사람의 육체 안에 존재하고, 모든 사람의 마음과 육체에서 어떤 일이 일어나고 있는지를 아주 잘 압니다.

참나를 자각하는 것은 다음 세 가지 방법 중의 하나를 통해서입니다. 첫 번째는 완벽한 명상을 통해, 두 번째는 지식의 함양을 통해, 세 번째는 요가 수행을 통해. 또 다른 경우는 영적인 권위자의 말을 들음으로써 참나를 이해할 수도 있습니다. 어떤 경우든 그런 영적인 시각

vision을 얻는다면 우리는 실제로 있는 그대로의 사물과 초월의 목적지를 보고 성취할 수 있게 될 것입니다.

참나가 어떻게 육체와 자아를 통합하는지 인식하는 더 자세한 방법들은 따잇띠리야 우빠니샤드Taittiriya Upanishad(3.10.2)에서 묘사됩니다. 사람은 말의 작용, 손의 작용, 그리고 발걸음과 다른 육체적 활동에 의해 참나를 인식할 수 있다고 언급됩니다. 이것은 슈리마드 바가바땀(2.2.35)에서 이렇게 자세히 입증합니다.

신성 슈리 크리슈나 신의 인격은 개별 영혼과 함께 모든 살아있는 존재 안에 있다. 그리고 이 사실은 우리의 지성으로부터 받는 도움을 바라보는seeing 행위를 통해 자각되고 짐작될 수 있다.

그러므로, 우리는 베다를 통해 자아의 욕망과 그 욕망에 대한 뇌와 육체의 반응을 인식하게 하고 통합하는 것은 우리 안에 있는 참나의 힘이라는 것을 알 수 있습니다.

요가를 통해 지식의 목표에 이른 현자들이 깨닫고 보게 되는 참나에 대해서 슈리마드 바가바땀에는 이렇게 설명됩니다.

다른 사람들은 신성의 인격이 몸 안의 가슴 부근에 살고 있고 겨우 8인치 정도 크기이며, 각각 연꽃, 짜끄라, 소라고둥, 곤봉을 들고 있는 4개의 손이 있다고 상상한다. 그의 입은 행복을 표현한다. 그의 눈은 연꽃잎처럼 펼쳐져 있고, 까담바 꽃의 샤프란같이 노란 그의 옷은 귀한 보석들로 장식된다. 그의 장신구들은 모두 금으로 만들어지고, 보석으로 장식되며, 그는 빛나는 머리 장식과 귀걸이를 착용한다. 그의 연꽃 발은 위대한 신비주의자들의 연꽃 같은 가슴의 소용돌이무늬 위에 놓여진다. 그의 가슴에는 아름다운 송아지가 새겨진 까우스뚜바Kaustubha 보석이 있고 어깨에는 다른 보석들이 있다. 그의 전신은 싱싱한 꽃들로 장식된다. 허리 주변은 장식 화환으로 꾸며지고 손가락에는 귀한 보석들이 박힌 반지가 끼워진다. 그의 발목 장식, 팔찌, 푸르스름한 색으로 곱슬곱슬한 기름진 머리카락, 그리고 아름답게 미소 짓는 얼굴은 모두 너무나 기분이 좋다. 신의 아량 있는 유희와 미소 짓는 얼굴의 빛나는 시선은 모두 그의 광범위한 축복의 징후이다. 그러므로 사람은 명상에 의해 마음이 그에게 고정될 수 있는 한, 신의 이런 초월적 형상에 집중해야 한다. (슈리마드 바가바땀 2.2.8~12)

10. 우리와 참나의 관계

우리와 참나의 관계는, 비록 우주적 현현 안에 물질적으로 조건화된 우리가 그것을 의식하지는 못하더라도 아주 특별한 관계입니다. 베다에서 그 관계가 무엇인지에 관해 자세한 정보를 주는 설명을 찾아볼 수 있습니다. 예를 들어, 슈리마드 바가바땀(11.11.6~7)은 말합니다.

우연히, 두 마리 새가 (물질적 육체라는) 같은 나무에 둥지를 틀었다. 두 마리 새는 친구이고 비슷한 본성을 가지고 있다. 그러나 그중 한 마리는 나무 열매를 먹고 있고, 반면에 열매를 먹지 않는 다른 한 마리는 그의 능력 때문에 더 높은 위치에 있다. 나무 열매를 먹지 않는 새는 지고한 신성의 인격으로, 그는 자신의 전능함으로 자신의 위치와, 길들여진 나무 열매를 먹는 새의 위치를 완벽하게 이해한다. 반면 나무 열매를 먹는 새는 자신이나 신을 이해하지 못한다. 그는 무지에 사로잡혀 있어서 영원히 길들여진 존재라고 불리는 반면, 완벽한 지식으로 가득 찬 신성의 인격은 영원히 해방된다.

참나는 그의 지위가 무엇인지 뿐만 아니라 살아있는 존재의 지위도 정확히 압니다. 하지만 살아있는 존재는 그의 영적인 본성의 영광을 인식하지 못하고, 육체적인 즐거움의 달고 쓴 열매를 맛봄으로써 행복을 얻으려고 합니다. 이런 달고 쓴 열매들은 살아있는 존재에게 행복뿐만 아니라 슬픔도 느끼게 합니다. 그러나 스베따스바따라 svetasvatara 우빠니샤드(4.6~7)에서 설명되듯이 영혼이 참나쪽으로 향하면 이런 불안함을 끝낼 수 있습니다.

두 마리 새가 같은 나무에 있더라도, 나무 열매를 먹는 새는 완전히 불안감에 젖어 있고 시무룩하다. 하지만 어떻게든 친구인 신에게로 얼굴을 돌려 그의 영광을 알게 되면 그 괴로운 새는 즉시 모든 불안함으로부터 자유로워진다.

　문다까 우빠니샤드(3.1.1~3)와 까따 우빠니샤드(1.2.20)에서도 비슷한 설명을 찾아볼 수 있습니다. 우리는 우리의 옆에 있는 친구, 참나쪽으로 향함으로써, 모든 일시적인 즐거움과 문제들로부터 위안을 얻을 수 있다고 말합니다. 우리는 다양한 종류의 경험을 바라고, 다양한 욕망의 성취에 대한 희망을 가지고, 육체로 행위를 하는 능력을 우리에게 부여하는 참나에게 완전히 의존하고 있습니다. 그러므로 바가바드 기따는 말합니다.

　아르주나, 신은 모든 존재의 가슴에 있으면서 모든 존재를 그분의 놀라운 힘으로 회전하게 한다[18].(바가바드 기따 18.61)

　참나는 비록 우리가 욕망을 충족시키기 위해 하는 일에 관여하지 않지만 우리의 영혼을 인도합니다. 우리는 무엇이든 자유롭게 원할 수 있다는 점에서 독립적입니다. 참나 만이 우리의 욕망을 충족시키도록 허용하지만, 참나는 우리가 바라는 그 상황의 작용과 반작용에 대해서는 아무런 책임이 없습니다. 다시 말해, 참나에게 부여받은 능력에 의해 우리들이 다양한 욕망을 추구하며 살아간다 할지라도, 이 우주는 참나가 세운 어떤 법칙에 의해 지배되고 있다는 것을 알아야 합니다.

18　원인과 결과의 바퀴.

우리가 그 법칙을 깨뜨리는 행위를 한다면, 자동적으로 특정한 반응이 뒤따를 것입니다. 신은 모든 사람에게 중립적이며 우리들의 욕망에 간섭하지 않습니다. 그러므로 우리는 우리의 그릇된 욕망 때문에 생겨나 참아내야만 하는 그런 반응들에 대해 신을 탓할 수 없습니다. 그리고 앞서 말했듯이 법칙을 몰랐다는 것은 변명이 되지 않습니다.

선하거나 악한 다양한 활동 때문에, 우리들은 마땅히 받아야 할 것을 받고, 물질적인 에너지에 의해 행복이나 불행으로 옮겨집니다. 우리는 자신의 모든 선행이나 불행을 기억하지 못할 수도 있지만, 지고한 존재는 이번 생애에서나 이전의 다른 생애에서 우리가 했던 모든 것을 기억할 수 있습니다. 이렇게 지고한 존재는 이전에 확립된 우주의 법칙을 통해 우리에게 자연스럽게 상을 주거나 벌을 주게 만듭니다. 그러므로 한 베다 찬가는 말합니다.

신은 살아있는 존재가 고양될 수 있는 경건한 일에 참여하게 한다. 신은 그가 지옥으로 갈 수도 있는 불경한 일에도 참여하게 한다. 살아있는 존재의 행복과 불행은 전적으로 종속되어 있다. 구름이 공기에 의해 움직이듯 지고한 존재의 뜻에 의해 사람은 하늘로나 지옥으로 갈 수 있다.

까우쉬따끼kaushitaki 우빠니샤드(3.8)에서도 비슷한 내용을 발견할 수 있습니다.

물론 이것은 살아있는 존재의 욕망에 기반을 둔다. 살아있는 존재의 욕망을 충족시키기 위해, 신은 그 또는 그녀를 어떤 길로 안내한다. 이같이 참나는 살아있는 존재들을 그들의 욕망에 따라 안내하고 힘을 부여하며 그들이 하는 모든 활동을 지켜본다.

이 모든 즐거움이나 고통을 통해, 참나는 우리와 언제나 함께 하는 동료가 됩니다. 이전에 말했듯이, 우리가 행복과 불행의 지속적인 반복으로 지쳐버린 후에 우리의 친구인 참나로 향한다면, 자신의 잘못된 행동으로부터 생겨난 모든 고통으로부터 구원받을 수 있습니다. 그때 참나는 우리가 항상 더없이 행복하고 영적인 자신의 위치를 이해할 수 있도록 진정한 지성을 제공함으로써 우리를 돕습니다. 그러나 우리가 참나를 자각하는 능력은 영적으로 발전하려는 성실함에 따라 좌우됩니다.

오, 유디스띠라 왕이여, 모든 육체에 있는 참나는 살아있는 존재의 이해 능력에 따라 지성을 부여한다. 그러므로, 참나는 육체 안에 있는 우두머리이다. 참나는 지식, 금욕, 고행 등에 대한 개인의 상대적인 발전에 따라 나타난다. (슈리마드 바가바땀 7.14.38)

우리가 참나에게로 내딛는 한 걸음마다 참나는 열 걸음 또는 그 이상을 우리에게로 내딛는다는 말이 있습니다. 만약 성실함을 행동으로 옮김으로써, 베다를 공부하고 요가 수행으로 의식을 정화하며 우리의 영적인 위치에 대한 지식을 발전시킨다면, 우리에 대한 참나의 사랑을 경험할 수 있습니다. 수행으로 우리가 현재 상황에 대해 불만을 느낄 때, 우리는 참나가 우리에게 주고 있는 메시지를 이해할 수 있습니다. 우리는 너무나 자주 참나가 우리에게 "이것을 하고 있어야 한다고 생각하는가? 당신이 찾고 있는 것을 정말 발견했는가? 이제 만족하는가? 정말로 당신의 행동에 대해 아무런 결과가 없다고 생각하는가?" 라고 묻고 있는 것을 느낍니다. 우리가 더 자주 자각한다면 우리 안의 참나는 다음과 같은 더 직접적인 메시지를 줄 수도 있을 것입니다.

당신은 때로는 자신이 남자라고 생각하고, 때로는 순결한 여자라고, 때로는 중성적인 환관이라고 생각한다. 이것은 모두 환영의 에너지에 의해 만들어지는 육체 때문이다. 이 환영의 에너지는 나의 능력이고, 실제로 우리 둘 그대와 나는 순수한 영적 신분이다. 이제 이것을 이해하려고 해 보자. 나는 사실에 입각한 우리의 위치를 설명하려고 하고 있다. 나의 사랑하는 친구여, 참나인 나, 그리고 살아있는 존재인 그대, 우리는 모두 영적이기 때문에 질적으로 다르지 않다. 나의 친구여, 실제로 그대는 타고난 위치에서 나와 질적으로 다르지 않다. 그저 이 주제에 대해 생각해 보라. 실제로 박식한 학자들과 지식이 있는 자들은 그대와 나 사이에서 아무런 질적인 차이를 찾지 못한다. (슈리마드 바가바땀 4.28.61~62)

여기서 우리는 참나가 언제나 우리를 참나에게 향하도록 안내하고 있다는 것을 알게 됩니다. 또한 일시적인 육체와 그것의 시험과 고난을 넘어서는 영적인 존재인 우리의 진짜 정체를 이해하도록 촉구하고 있다는 것을 알게 됩니다. 우리는 참나와 질적으로 동일하지만 양적으로 참나는 무한하며 우리는 아주 작고 미미합니다. 그러므로 유한한 존재인 우리는 물질적인 에너지에 의해 압도당하고 혼란스러우며, 모든 상황에서 전능한 참나의 도움을 필요로 합니다.

이렇게 두 백조는 가슴속에서 함께 산다. 한 백조가 다른 백조에게 가르침을 받을 때, 그는 자신의 타고난 위치에 자리 잡게 된다. 이것은 그가 자신의 물질적 끌림 때문에 잃어버린 원래의 크리슈나 의식을 되찾는다는 것을 의미한다.
(슈리마드 바가바땀 4.28.64)

11. 참나에 대해 모른다는 것

참나에 대해 모른다는 것은 자신이 누구인지 모른다는 것을 의미합니다. 예를 들어 어떤 어른이 자신은 실제로 토끼이고, 뜰을 뛰어다니며 잡초, 꽃, 풀을 야금야금 먹는 것 말고는 아무것도 원하지 않는다고 생각하기 시작한다면, 그것은 곧 다른 식구들을 아주 당혹스럽게 만들 것입니다. 만약 자신이 토끼라고 확신한다면, 그는 정신병원으로 보내져야 할 것입니다. 그런 상태에 있는 사람은 제정신이 아니라거나 미친 사람이라고 불립니다.

정신병원에서 인간 토끼는 자신의 공상을 행동으로 옮기고 자신이 진짜 누군지 모르는 다른 사람들과 섞여 생활하게 됩니다. 이렇게 해서 그들은 그들의 마음속에 존재하는 자신들만의 작은 세계에 빠져있는 동안 돌봄을 받을 수 있는 곳으로 옮겨졌기 때문에 사회의 골칫거리는 아닙니다. 물론 가끔씩 사람의 공상이나 욕망은 싸움이나 다툼을 일으키면서 다른 사람의 공상과 충돌할 수도 있습니다. 마찬가지로 어떤 사람이 범죄자이고 그 주의 법을 따르지 않거나 다른 사람들에게 해가 된다면, 그는 자유를 박탈당하고 나머지 사회에 위험이 되지 않도록 제한된 공간에 그의 행동을 규제하는 감옥에 갇히게 됩니다.

비슷한 방식으로, 이 물질적인 우주는 자신이 누구인지 정말 알지 못하거나 자신의 물질적이고 엉뚱한 생각과 추측에 따라 행동하기를 원하는 사람들에게 편의를 제공하기 위해 창조되고 나타납니다. 사회에서, 이것은 모두 다른 방향으로 가고 있는 수백만 명의 사람들로 이루어진 문명을 만듭니다. 그들은 무엇을 해야 하는지, 세상이 어떻게 돌아가야 하는지, 그리고 삶의 목적이 무엇이어야 하는지에 대해 모두 다른 생각을 가지고 있습니다. 그리고 그들 중 누구도 세상이 어디로 가고 있는지 또는 그들이 어디에서 끝날지 확신하지 못합니다.

그 또는 그녀의 진짜 정체가 무엇인지 누구도 알지 못할 때, 정확히 무엇을 해야 할지 아무도 모르게 됩니다. 하지만 도처에 있는 사람들은 자신의 생각에 따라 삶을 더욱 즐겁게 만들기 위해 너무나 많은 계획들을 꾸미고 있고, 따라서 그들은 기쁨과 행복을 찾으려는 바람으로 물질적인 활동에 미친 듯이 몰두합니다.

이렇게 육체 안에 살고있는 길들여진 영혼은 자신을 육체와 동일시하기 때문에 참나에 대해 잊는다. 육체는 물질적이기 때문에 그의 자연스러운 성향은 물질세계의 다양함에 끌리는 것이다. 이와 같이 살아있는 존재는 물질적인 존재의 불행을 겪는다. 사슴이 무지 때문에 풀로 뒤덮인 우물 안의 물을 볼 수 없고 다른 곳에서 물을 찾아 돌아다니듯이, 물질적 육체로 덮인 살아있는 존재는 자신 안의 행복을 보지 못하고 물질세계에서 행복을 찾아다닌다. (슈리마드 바가바땀 7.13.28~29)

슈리마드 바가바땀(4.20.31)에서 자세히 설명되듯이, 이 물질세계에서 우리는 자신의 진정한 지위를 잊어버렸고, 무지로 인해 언제나 사회, 우정, 사랑 속에서 물질적인 행복을 바랍니다. 이렇게 보통의 사람은 환영의 에너지로 행복해지려고 합니다. 참나에 대한 지식이 없는 사람은 탄생, 질병, 노화, 죽음 같은 삶의 문제를 탐구하지 않습니다. 그런 사람은 육체, 그리고 아내, 남편, 아이, 친척, 집, 가정, 나라, 부 등과 같은 육체적인 관계에 더 집착합니다. 그런 모든 대상은 결국엔 파괴된다는 것을 충분히 알고 있다 하더라도, 우리는 이 점을 간과하고 여기 이 세상에서 영원히 정착할 수 있을 것이라고 생각합니다. 하지만 누구도 이렇게 한 사람은 없습니다. 60년, 70년, 또는 기껏해야 백 년 후에 우리의 육체는 노쇠하며 죽습니다. 그러면 우리는 모든 것을 잃게 됩니다. 이 사실을 무시하는 것은 물질적인 사회의 어리석음입니다. 그런 무지는 우리가 이 일시적인 육체이고 육체의 즐거움이 삶의 목표라는 착각에 사람을 얽매이게 합니다. 그런 사고방식이 실제 우리 고통의 원인인 것입니다.

12. 고통의 원인

육체 중심의 삶의 관점에서, 우리는 언제나 물질적인 즐거움을 갈망하고 있고, 그 결과 그 즐거움을 유지하려는 바람으로 아주 많은 것들을 붙잡으려고 합니다. 소위 귀중품이라고 불리는 것과 우리가 아끼는 것을 잃는다는 생각은 우리에게 큰 불안감을 줍니다. 그러나 이 물질적 행복과 불안감은 같은 동전의 양면이고, 그것들은 마음속에만 존재하기 때문에 영혼에 영향을 주지는 못합니다. 어떤 상황이 좋고, 나쁘고, 행복하고 또는 슬픈지를 결정하는 것은 마음의 해석입니다. 참나는 실제로 그런 고통과 일시적인 즐거움을 초월합니다.

오 나의 신이시여, 물질적인 고통은 참나에게 아무런 영향을 주지 못합니다. 그러나 조건화된 영혼이 육체를 감각적인 즐거움을 위한 것이라고 보는 한, 그 영혼은 외부의 에너지에 영향을 받아 물질적인 고통의 뒤엉킴으로부터 빠져나올 수 없습니다. (슈리마드 바가바땀 3.9.9)

여기에서 말하듯이, 삶의 고통은 우리가 우리의 진정한 정체성을 이해하지 못하는 동안 지배받는 환영의 에너지에 의해 생깁니다. 이것은 슈리마드 바가바땀에서 이렇게 확인됩니다.

오 나의 신이시여, 세상 사람들은 모든 물질적인 불안 때문에 어쩔 줄 모릅니다. 그들은 항상 두려워합니다. 그들은 언제나 부, 육체, 친구들을 지키려 하고, 애통함, 그릇된 욕망과 절차로 가득 차 있으며, 욕심을 부려 '나'와 '나의 것'이라는 소멸할 개념에 일의 기반을 둡니다. 당신에게로 피하지 않는 한, 그들은 그런 불안감으로 가득합니다. (슈리마드 바가바땀 3.9.6)

슈리 까비가 말했다. 자신과 일시적인 물질세계와의 잘못된 동일시로 지성이 계속해서 교란되는 사람은, 절대적으로 옳은 지고한 자의 연꽃 발을 숭배함으로써만 두려움으로부터 진정한 자유를 얻을 수 있다고 나는 생각한다. 그런 헌신적인 봉사(박띠 요가)로 모든 두려움은 완전히 사라진다. (슈리마드 바가바땀 11.2.33)

이러한 구절로 궁극적인 두려움으로부터 자유를 얻는 유일한 방법에 대해 명백하게 알 수 있습니다. 우리가 어떤 물질적 준비를 하든 또는 어떤 기계적인 요가의 과정으로 마음의 평화를 수련하든, 유일한 방법은 바로 우리의 참된 영적 정체, 우리가 참나와 맺고 있는 관계를 깨닫는 것입니다. 우리는 이 물질세계의 뒤죽박죽인 본연의 성질을 통제할 수 없습니다. 물질세계는 지고한 존재에 의해서 통제됩니다. 참나에게 피난처를 구하면 우리는 물질적인 에너지와 영적인 에너지 사이의 차이를 이해할 수 있고, 이전과 같은 일시적인 기복을 더 이상 겪지 않게 됩니다. 하지만 만약 일시적인 육체와 그것과 관계된 물질적인 에너지에 매달린다면 이것은 이루어질 수 없습니다. 이것은 또한 성경(요한일서 2.15~17)에서도 언급됩니다.

15. 이 세상에나 세상에 있는 것들을 사랑하지 말라. 누구든지 세상을 사랑하면 아버지의 사랑이 그 안에 있지 아니하니

16. 이는 세상에 있는 모든 것이 육신의 정욕과 안목의 정욕과 이생의 자랑이니 다 아버지께로부터 온 것이 아니요 세상으로부터 온 것이라.

17. 이 세상도, 그 정욕도 지나가되 오직 하나님의 뜻을 행하는 자는 영원히 거하느니라.

감각적인 즐거움과 일시적인 물질적 성취에 집착해 있는 사람들은 절대 영적 비전을 보거나 두려움과 불안으로부터 자유를 얻을 수 없을

것입니다. 사실 모든 영적 깨달음은 그런 사람들에게는 말도 안 되는 이야기인 것처럼 보이는데, 이것은 그들이 그것을 이해하지 못하기 때문입니다. 성경은 이렇게 설명하고 있습니다.

> 육에 속한 사람은 하나님의 성령의 일을 받지 아니하나니 이는 그것들이 그에게는 어리석게 보임이요, 또 그는 그것들을 알 수도 없나니 그러한 일은 영적으로 분별되기 때문이라. (고린도전서. 2.14)

더 나아가, 까따 우빠니샤드(2.6.4)는 죽기 전에 그런 지식을 이해할 수 없는 자들은 물질적인 욕망을 이루려고 계속 버둥거리는 창조의 세상에서 또 다른 육체로 태어나야만 할 것이라고 말합니다. 이것은 슈리마드 바가바땀(11.28.12부터)에서 더 자세히 설명되는데, 슈리 크리슈나 신은 꿈이 깨지 않으면 꿈의 재앙이 사람에게 생기는 것과 똑같이, 비록 실재하지 않는다 하더라도 우리가 육체의 즐거움과 고통을 동일시하는 한, 그 존재는 계속해서 탄생과 죽음의 순환과 그 안의 괴로움을 겪을 것이라고 설명합니다. 하지만 꿈에서 깨어난 사람은 꿈을 꾸는 사람이 계속해서 영향을 받는 그것에 영향을 받지 않을 것입니다. 그러므로, 무지한 사람에게 슬픔을 가져다주는 것이 현명한 사람에게는 영향을 미치지 않습니다. 탄생과 죽음뿐 아니라 슬픔, 기쁨, 두려움, 분노, 탐욕, 심취, 갈망, 그리고 다른 기분들은 참나가 아니라 자아(몸)에 관련되어 보입니다. 그러나 참나에 대한 헌신에 의해 연마된 지혜의 검으로, 자아의 나무를 자를 수 있습니다.

브리하다란야까 우빠니샤드(4.4.12.14~15) 또한 참나로서 그들의 진정한 정체성을 알고 참나가 신이라는 것을 아는 자들은 이 물질적인 창조의 세계에서 더 이상 아무것도 두려워하지 않고 불멸하게 된다고 말합니다. 이러한 이해가 있다면 그들이 육체를 위해 더 바랄 것이 무엇이 있겠습니까? 이것은 사람이 물질적인 즐거움과 고통을 초월하고, 영적인 행복은 외부 환경에 의해 절대 영향을 받거나 감소되지 않는다는 것을 깨닫는 것으로부터 생깁니다. 실제로, 슈리마드 바가바땀(11.23.49~56)에 이야기된 것처럼 우리의 시험과 고난에 대해 누구도 그리고 다른 어떤 것도 탓할 수는 없습니다. 어떤 사람들이 우리의 행복이나 불행의 원인이라고 말할 수는 있지만, 이것은 단지 물질적인 육체의 상호작용일 뿐 참나와 관련되는 것은 아닙니다. 그러므로 우리의 문제에 대해 어떻게 다른 사람들에게 화를 낼 수 있겠습니까? 우리 삶에 자연재해가 있거나, 별들이 점성술로 배열된 방식에 따라 지시한 것처럼 운명이 우리에게 불행을 가져다 주는 것으로 보인다고 해도, 이것이 참나와 어떻게 관련이 있겠습니까? 행성들의 영향은 태어난 것들에만 적용됩니다.

우리 주변의 상황이 우리의 기분에 영향을 준다고 말할 수 있지만, 그런 기분의 변화가 참나에 적용이 될까요? 기분의 변화는 마음에만 적용됩니다. 그러므로, 물질적 본성에 완전히 초월적인 영혼은 실제로 어디서나, 어떤 상황에서나, 또는 어떤 사람의 힘으로도, 물질적인 행복과 불행에 절대 영향받지 않습니다. 이것을 깨닫고 이 플랫폼에 이른 사람은 더 이상 어떤 두려움이나 불안감에도 영향받지 않고 모든 고통으로부터 해방됩니다. 그러므로 우리의 고통이 계속되는 정도는 우리가 여전히 우리의 육체적 정체성과 이 일시적인 세상의 환영의 속성nature에 빠져있는 정도입니다. 다른 말로 하자면, 고통은 환영 속에서만 존재합니다. 행복과 축복은 우리의 영적 정체성을 더 많이 깨닫게 될수록 얻어지고 커집니다.

13. 개인과 세계의 평화를 회복하는 것

실재를 보려면, 영적인 지식을 배우고 마음을 정화시키는 요가 수행을 함으로 의식을 바로잡는 것을 시작해야 합니다. 마음이 정화되고 거짓의 자아가 더 이상 우리의 시각에 영향을 미치지 않으면, 우리는 분별 있는 사람이 됩니다. 바가바드 기따(13.31~32)에서는 이렇게 말합니다.

31. 영원을 본 사람은 참나가 비선험적이며, 영원하며, 아무런 속성이 없다는 것을 안다. 비록 그것이 몸과 접촉하더라도, 그것은 어떤 것도 하지 않으며, 영

향을 받지도 않는다.

32. 모든 것에 퍼져있는 공간이 너무나 희박하여 어떤 것과도 섞이지 않듯이, 브람만의 비전에 자리잡고 있는 참나는 몸 안에 있어도 몸과 섞이지 않는다.

당연히 의식이 정화될 때까지 우리는 그들의 몸에 따라 다양한 존재를 인식하게 됩니다. 남자로 보이는 사람, 여자, 아이, 아기, 흑인, 백인 등등이 보일 수도 있습니다. 아니면 우리는 고양이, 개, 소, 말, 곤충, 새, 수생동물 또는 식물로 보이는 사람들을 알아볼 수도 있습니다. 그러나 일단 이 물질적인 몸 너머를 볼 수 있게 되면, 우리는 이 모든 실체들이 모두 참나라는 점에서 동일하다는 것을 알게 될 것입니다.

스베따스바따라 우빠니샤드(5.10~11)에서 참나는 남자, 여자가 아니고 중성도 아니며 오직 우리 과거의 행위와 욕망 때문에 다양한 유형의 육체로 나타난다고 말합니다. 이것이 바로 우리가 현재 어떤 지위로 보이든지 그것을 선택했던 방식입니다. 하지만 신성한 의식을 가진 사람은 그 또는 그녀가 모든 명칭과 활동을 넘어서는 존재라는 것을 지각할 수 있습니다.

진정한 지식으로 현자는 모든 존재를 같은 것으로 본다. 그는 학식이 있는 성직자, 소, 코끼리, 개 혹은 개고기를 먹는 사람에게서 같은 참나를 본다. (바가

바드 기따 5.18)

8. 진리를 본 사람은 "나는 행위자가 아니다."라고 생각한다. 비록 그가 보고, 듣고, 만지고, 냄새 맡고, 먹고, 걷고, 자고, 숨 쉬고,

9. 말하고, 배설하고, 쥐고, 눈을 뜨고 감는 행위를 할지라도 물질적 감각이 그 것들의 감각 대상에 작용하고 있다는 것을 알고 그는 떨어져 있다. (바가바드 기따 5.8~9)

이것으로부터 우리는 육체란 우리가 일시적으로 입는 옷과 같다는 것을 이해할 수 있습니다. 어떤 사람은 흰색 셔츠를 입고 다른 어떤 사람은 검은색이나 빨간색 셔츠를 입을 수 있습니다. 만약 옷만 본다면, 우리는 우리가 다르다고 생각하게 됩니다. 우리가 다르고 서로 반대라고 생각을 하면, 한 편은 흰색 셔츠를 입고 다른 편은 빨간색 셔츠를 입는다는 것 때문에 싸움이나 심지어 전쟁이 날 수도 있을 것입니다. 각기 다른 편으로 나누어져 서로에 맞서 싸우는 군인이나 주민들이 있을 수도 있지만, 밤에 죽임을 당한 사람이 제복을 입고 있지 않다면 아침 햇빛에 모두 같아 보일 것입니다.

만약 이 물질적 육체의 일시적인 옷에 지나지 않는 제복 너머를 볼 수 있다면, 우리는 모두 똑같다는 것을 보게 될 것입니다. 우리는 모두 이 세상에서 사랑과 행복을 찾으려고 하고 있습니다. 결국 우리는 모

두 같은 행성의 거주자입니다.

지구 표면에 있는 우리 모두는 다른 형태를 한 살아있는 생명체이다. 어떤 생명
체는 움직이고 어떤 생명체는 움직이지 않는다. 우리 모두는 태어나서 얼마 동
안 유지되고, 육체가 다시 흙과 섞일 때 사라진다. 우리는 솔직히 말해서 모두
그저 흙의 다른 변형이다. 모든 것은 흙에서 자라고, 모든 것이 소멸될 때 그것
은 다시 흙과 섞이기 때문에, 다양한 육체와 능력은 단지 이름을 가지고 존재할
뿐인 흙의 변형이다. 다시 말해 우리는 단지 먼지일 뿐이고, 단지 먼지가 될 뿐
이다. 모든 사람들은 이 점을 생각해 볼 수 있다. (슈리마드 바가바땀 5.12.8)

이렇게 해서 우리는 영적으로 또는 물질적으로 우리가 모두 같은
원소로 이루어져 있다는 것을 이해할 수 있습니다. 이런 이해로 우리
는 아래의 내용을 깨달을 수 있습니다.

자신의 정신적 혼란 외의 다른 어떤 힘도 영혼이 행복과 고통을 경험하게 만들
지 않는다. 친구, 중립적 단체와 적에 대한 그의 인식, 그리고 이 인식을 중심으
로 그가 만드는 모든 물질적 삶은 무지로부터 만들어진다. (슈리마드 바가바땀
11.23.59)

사람이 이 무지로부터 자유를 얻고 영적으로 깨닫게 되면, 우리
사이에 존재하는 모든 물질적 차이는 모두 현상과 환상에 불과하다

는 것을 알게됩니다. "그것들은 진짜가 아니다."는 것은 분명해집니다. 슈리 이소빠니샤드^{isopanishad}(Mantras 6~7)에는 이렇게 명시되어 있습니다.

지고한 신과 관련하여 모든 것들을 보고, 모든 존재들을 그의 중요한 부분으로 보며, 모든 것들 안에 있는 참나를 보는 자는 어떤 것도, 어떤 존재도 절대 미워하지 않는다. 언제나 모든 살아있는 존재들을 실질적으로 신과 하나인 영적인 불꽃으로 보는 자는 사물을 진정으로 아는 자가 된다. 그러면 그에게 있어 무엇이 환영 또는 불안일 수 있겠는가?

이같이 영적인 시각$^{spiritual\ vision}$을 얻으면 우리는 환영, 불안, 분노, 증오로부터 완전히 자유로워집니다. 만약 자신이 이 자유를 얻을 수 있는 방법을 제공하지 않은 종교를 따르고 있다면 그것은 그가 불완전한 과정을 따르고 있거나, 그러한 종교나 길에서 완전한 결과를 얻지 못했다는 것을 의미합니다. 이 자유는 우리의 영원한 영적 정체성을 깨닫는 것에서 시작되는 근원적인 즐거움에서 오는 것입니다. 게다가 우리가 모든 물질적 한계로부터 풀려나고 무한한 지고한 존재와의 한없는 사랑의 세계에서 우리의 사랑과 행복을 표현하는 데 독립적일 때 이 자유는 최대치에 이릅니다. 궁극적인 결합에 필요한 것은 바로 이러한 사랑의 경험과 그것에 대한 지식입니다. 이렇게 우리는 지고한 신의 같은 아들과 딸이기에 분명 모두 같은 형제 자매입니다. 이 시각

vision이 없다면 우리는 그저 미개한, 다투는 동물로 남을 뿐입니다. 그러므로 몸과 영혼의 차이를 보고, 우리 모두의 질적인 영적 합일을 인식하는 것은 우리가 세상에서 진정한 평화를 확립하기 위해 절대적으로 필요한 것입니다.

14. 최고의 행복에 이르는 것

우리는 우리의 영적인 정체성을 이해함으로써 매일매일 많은 사람이 아주 심각하게 받아들이는 혼란 또는 번거로운 상황으로부터 자유로워집니다. 어떤 사람들의 삶은 그런 문제들에 지배당하고 있습니다. 그러기에 인생은 너무나 짧습니다. 환경적인 어려움이 우리의 스트레스와 불안을 증가시키게 놓아둔다면 그것은 우리의 수명을 줄일 뿐입니다.

인생은 행복을 위한 것입니다. 그러나 진정한 행복은, 영적인 플랫폼에 존재하며 언제나 변함없고, 우리의 영적 진보에 따라 계속해서 커지는 것입니다. 영적인 정체성을 이해하고 자족과 자기 안의 만족을 이해하는 사람들은 모든 곳에서 행복을 찾습니다.

짠도기야 우빠니샤드(7.25.2)는 이것을 인지하고 이해하는 사람은 자신을 사랑하고 자신에 열중하고 기뻐하며 즐긴다고 설명합니다. 그런 사람은 자신이 필요로 하는 모든 것을 이미 얻었기 때문에 세상의 주인이자 마스터입니다. 그는 자신이 이 물질적인 세상에 있을 수도 있지만 자신이 물질이 아닌 것을 압니다. 그는 사실 영적인 세계에 속해 있고 그것과의 관계를 회복했습니다. 그러므로, 그는 마치 관광객인 것처럼 이 세상을 봅니다. 그는 사람들과 사회의 모든 바쁜 활동, 혼란을 보지만 아무런 영향을 받지 않고 걸어 다닙니다. 그러나 다르게 생각하는 사람들은 사라질 세상에서 살고, 다른 필멸의 존재들을 자신의 지도자로 삼습니다. 그들은 자신의 물질적인 명칭에 의해 제한되고 통제됩니다. 하지만 모든 사람들의 영혼, 육체를 초월한 영적인 정체성을 보는 사람은 죽음, 질병, 고통 그 어느 것도 보지 않습니다. 이것을 보는 자는 모든 것을 보고 어디에서나 모든 것을 얻습니다. 이것은 분명 내적이고 자립적인 행복에 이른 사람들의 특징입니다.

비슷한 구절이 까따 우빠니샤드(2.5.12~13)에서 발견되는데, 그것은 자신의 참나를 깨닫고 그들의 가슴과 모든 존재들 안에 참나로 살고 있는 지고한 존재를 보는 자들에게는 영원한 행복과 영원한 평화가 있지만, 다른 사람들에게는 그렇지 않다고 말합니다.

우리의 본래 영적인 상태^{spiritual form}는 영원하고, 지식으로 가득하며, 희열로 가득한 샛찟아난다^{sat chidananda}입니다. 우리의 영적인 상태는 육체나 상황에 의해 제한받지 않습니다. 유일한 제한 요인은 우리 의식의 결핍 또는 영적인 자각의 결핍입니다. 우리가 여러 탄생 후에 자신이 육체가 아님을 깨닫고 마침내 원래의 영적인 의식을 되찾을 때, 환영의 물질적 에너지에 의해 통제되는 동안 가졌던 제한적이고 일시적인 관점으로부터 해방되어 당연히 매우 행복하다고 느낍니다. 이 물질세계는 우리의 진짜 집이 아닙니다. 또한 행복이란 사실 내면의 분별^{level}에서 나오기 때문에 물질세계가 진정한 즐거움과 행복을 줄 수 없다는 것을 이해합니다. 신 슈리 크리슈나는 바가바드 기따에서 이렇게 말하고 있습니다.

> 브람만이 된 그는 고요하며, 어떤 것에 대해서도 슬퍼하거나 욕망하지 않는다. 모든 존재가 같음을 느끼는 그는 나를 향한 최고의 사랑을 얻는다. (바가바드 기따 18.54)

이러한 영적인 의식의 상태에서 우리가 얻을 수 있는 기쁨과 황홀함에는 한계가 없습니다. 우리는 이 존재의 상태에 너무 몰입하여 무아지경에 빠진 사람처럼 될지도 모릅니다. 그러나 무아지경이 반드시 눈을 감고 연꽃의 자세로 앉아 있고 다른 일을 할 수 없다는 것을 의미하지는 않는다는 것을 지적하고 싶습니다. 무아지경은 사랑하는 사람을 생각하는 연인의 상태와 같을지도 모릅니다. 그가 하루 종일

어떤 활동을 할지라도. 그의 생각은 언제나 사랑하는 사람에 대한 생각입니다. 마찬가지로 신비주의자나 요기, 특히 박띠나 헌신적인 봉사의 길을 따르는 사람은 여러 가지 다른 종류의 활동에 종사할 수도 있습니다. 하지만 그 사람은 항상 지고한 존재에 전념하고 그의 진정한 영적 정체성을 기반으로 세상과 연결되어 있습니다. 그의 몸은 단순히 필요한 것을 성취하기 위해 필요한 움직임을 하는 반면, 그의 생각과 의식은 훨씬 더 높은 수준의 존재에 있습니다. 그런 사람은 스베따스바따라 우빠니샤드(1.12)가 말하는 것처럼 자신 안에 영원히 놓여 있는 것을 알고 그것 이상의 다른 어떤 것도 알 필요가 없을 것입니다.

27. 마음이 평화롭고, 열정[19]이 휴식하고, 오점이 없고, 신과 하나가 된 요기에게 지고한 희열이 온다.

28. 몸과 마음을 늘 통제하여 모든 물질적 오점이 정화된 요기는 지고한 의식과의 접촉으로 오는 무한한 희열을 쉽게 경험한다. (바가바드 기따 6.27~28)

그는 물질적 감각 쾌락이나 외적 대상에 더 이상 집착하지 않으면, 항상 희열에, 안에 있는 기쁨에 있다. 무한자에 대한 지속적인 집중 때문에 그는 끝없는 희열을 즐긴다. (바가바드 기따 5.21)

---

19 라자스.

그러므로 이것은 우리의 참된 영적 정체성을 이해하고 영적으로 참나 깨달음을 얻게 될 때 얻어지는 가장 높은 수준의 행복입니다.

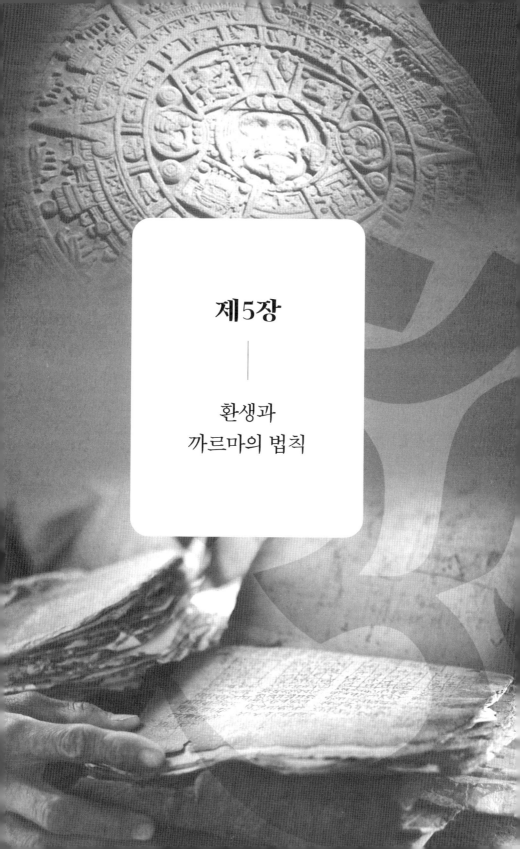

제5장

환생과
까르마의 법칙

환생은 베다 문헌에서 '삼사라'라고 불립니다. 이것은 반복된 탄생과 죽음의 순환에 얽매이는 것을 의미합니다. 물질적으로 조건화된 영혼은 그의 욕망과 과거의 긍정적 또는 부정적 활동에 따라 여러 육체를 통해 윤회합니다. 심는 대로 거둘 것이라는 말이 있는 것과 마찬가지로 자신의 현재 삶을 살면서, 그들은 선할 수도 있고 악할 수도 있는 생각과 활동을 통해 특별한 유형의 의식을 함양합니다. 이것은 그들이 즐기거나 고통을 받게 될 사후의 삶의 방식을 끌어냅니다. 이렇게 살아있는 존재들은 그들이 발전시킨 의식의 유형에 알맞은 특정한 종류의 육체를 얻습니다. 그러므로 빠드마 뿌라나에 따르면, 이 세상에는 8,400,000개의 생명의 종이 있는데, 각자가 이 세상에서 어떤 종류의 욕망과 의식을 가지는지에 따라 특정한 종류의 육체를 제공받습니다. 이렇게 우리 자신은 과거의 아들이며 미래의 아버지입니다. 우리는 이전 생애의 행위에 의해 지금 영향을 받고 있고, 이번 생애에서 우리가 하는 행위는 미래의 존재를 만들어냅니다.

하지만 우리가 영원히 이 반복되는 탄생과 죽음의 순환에 머물도록 운명 지어지지는 않았습니다. 빠져나갈 길은 있습니다. 우리는 인간의 형태로 있을 때, 영적 깨달음의 지식을 얻고 삼사라에서 해방될 수 있습니다. 이것은 사람이 삶에서 이룰 수 있는 가장 중요한 성취라고 여겨집니다. 세상의 모든 종교의 프로세스에서, 그들을 이 세상에 묶어두는 감각적 즐거움을 갈망하지 말고, 삼사라에서 영원한 해방을 주는 영적인 쪽으로 향하라고 권하는 이유가 바로 이것입니다. 사실 이 환생의 과학을 인정하지 않는 유일한 종교는 현대 기독교입니다.

1. 기독교에서의 환생

오직 현대 기독교에서만, 본질적으로 영혼은 현재 생애와 함께 시작하고, 그 이후에는 이전 생애에서는 존재하지 않았던 천국에서나 지옥에서 영원히 산다고 가르칩니다. 죽음 이후에 육체는 죽은 사람의 부활과 함께 다시 삽니다. 이런 식으로 그들은 이 하나이며 유일한 우주에는, 하나의 생애에서 성공하든지 아니면 실패하든지 한 번의 기회만 있다고 가르칩니다.

초기 그노시스파 크리스트교도들의 철학은 환생과 까르마에 관한 동양의 가르침과 비슷했고, 이렇게 그들은 영혼의 윤회를 받아들였습니다. 환생을 받아들인 초기 크리스트교 교부들에는 저스틴 마터^{Justin} Martyr(100-165CE), 알렉산드리아의 클레멘트^{Clement}(150-220CE), 오리게 네스^{Origen}(185-254CE), 니사의 성 그레고리^{St.Gregory} (257-332CE), 성 예로 니모^{St.Jerome}(340-420CE)가 있습니다. 성 오거스틴^{St.Augustine} 또한 환생에 대한 개념을 고려한 사람입니다. 그래서 환생은 초기 크리스트교의 아 주 중요한 부분이었습니다.

불행하게도, 유스티니아누스 황제는 기독교를 그의 왕국을 통합하 기 위해 사람들이 신앙의 규칙을 따르도록 하는 수단으로 사용했습니 다. 이렇게 하기 위해, 그는 사람들이 완벽에 이르는, 또는 영원한 지 옥에 종속되는 하나의 생애만을 가진다는 생각을 전파했습니다. 이것 은 대부분의 사람들을 '좋은 기독교인'으로 만들고 황제에게 충성하도 록 만들었습니다. 그러나 그노시스파 사람들이나 오리겐 주의자들처 럼 환생을 받아들인 많은 사람이 있었습니다. 그들은 완벽한 상태에 도달하기 위해 한 번 이상의 생애를 가진다고 생각했고, 따라서 그렇 게 강하게 교회의 규칙을 따를 필요가 없었습니다. 물론 이런 생각은 유스티니아누스의 계획의 효과를 감소시켰을 것입니다. 이렇게 영혼 의 윤회에 대한 신조는 기독교 철학으로부터 제거되었고 유스티니아 누스로부터 비난을 받았습니다. 그리고 이러한 비난의 내용은 이후 교 황의 칙령이 되었습니다.

서기 553년 5월 5일, 콘스탄티노플 2차 의회에서 "영혼의 선재함pre-existence이라는 신비주의적 교리와, 그 결과로 그것이 다시 돌아온다는 놀라운 생각을 지지하는 자는 누구든 그에게 저주가 있을 것이다."라고 선언한 것은 교황 비질리오였습니다. 그리하여 환생에 관한 모든 가르침은 중단되었습니다. 그리고 내밀하고 소수만이 이해하는 비전(秘傳)의 가르침이 버려지거나 없어졌습니다. 그럼에도 불구하고 교황 비질리오는 칙령에 뜻을 같이 하지 않았고 심지어 나중에 그것을 철회했다고 합니다. 그러나 유스티니아누스는 절차들을 감독했고, 자신의 뜻에 따라 투표하게 만든 159명의 주교를 준비시켰습니다. 그 결과로 서구 출신 6명만이 오리겐의 환생 교리를 지지했고 유스티니아누스는 자신의 뜻을 이루었습니다. 그때부터 기독교는 천국에 이르기 위한 단 한 번의 생애, 또는 영원한 지옥에 처할 수밖에 없는 단 한 번의 생애만 가진다는 비진리에 살고 그것을 가르쳐야만 했습니다.

이것을 이해한다면, 기독교인이 환생을 받아들이고 믿는 것이 잘못된 것이 아니라고 말할 수 있습니다. 결국 모두를 사랑하고 자비로운 신이 어떻게 그의 아들과 딸에게 그에게 이르거나 아니면 영원한 지옥으로 가게 되는 운명이 결정되는 단 하나의 생애만을 줄 수 있겠습니까?

이 모든 것에도 불구하고, 성경에는 여전히 환생을 믿는 유력한 문구들이 있습니다. 예를 들어, 마태복음(16:13~14)에서는 이렇게 말합니다.

13. 예수께서 빌립보 가이사랴 지방에 이르러 제자들에게 물어 이르시되 사람들이 인자를 누구라 하느냐.

14. 이르러 더러는 세례 요한, 더러는 엘리야, 어떤 이는 예레미야나 선지자 중의 하나라 하나이다.

이것은 환생에 대한 개념이 예수나 그의 제자들에게 완전히 낯설거나 이질적인 생각이 아니었음을 보여줍니다. 오히려 그와 반대로, 그들은 그것을 받아들이고 실제로 선지자들이 사람들을 계속해서 가르치기 위해 다시 돌아올 것을 기대했습니다. 이것은 전통적인 베다와 불교 가르침에서 마스터들이 그들의 가르침을 계속 전하기 위해 또 다른 환생을 결심할 수도 있다고 이야기하는 것과 매우 유사합니다.

이것에 대한 추가적인 근거는 마태복음(17:9~13)에서 발견됩니다.

9. 그들이 산에서 내려올 때에 예수께서 명하여 이르시되 인자가 죽은 자 가운데서 살아나기 전에는 본 것을 아무에게도 이르지 말라 하시니

10. 제자들이 물어 이르되 그러면 어찌하여 서기관들이 엘리야가 먼저 와야 하리라 하나이까.

11. 예수께서 대답하여 이르시되 엘리야가 과연 먼저 와서 모든 일을 회복하리라.

12. 내가 너희에게 말하노니 엘리야가 이미 왔으되 사람들이 알지 못하고 임의로 대우하였도다. 인자도 이와 같이 그들에게 고난을 받으리라 하시니

13. 그제서야 제자들이 예수께서 말씀하신 것이 세례 요한인 줄을 깨달으니라.

위의 구절은 서기관들이 선지자 엘리야가 다른 탄생으로 다시 돌아올 것이라 예언했고 세례 요한이 엘리야이지만 헤롯이 이미 그의 목을 베었기에 엘리야는 그렇게 인정받지 못했다는 것을 의미합니다.

7. 그들이 떠나매 예수께서 무리에게 요한에 대하여 말씀하시되 너희가 무엇을 보려고 광야에 나갔더냐 바람에 흔들리는 갈대냐. (마태복음 11.7)

10. 기록된 바 보라, 내가 내 사자를 네 앞에 보내노니 그가 네 길을 네 앞에 준비하리라 하신 것이 이 사람에 대한 말씀이니라

11. 내가 진실로 너희에게 말하노니 여자가 낳은 자 중에 세례 요한보다 큰 이가 일어남이 없도다. 그러나 천국에서는 극히 작은 자라도 그보다 크니라. (마태복음 11:10~11)

14. 만일 너희가 즐겨 받을진대 오리라 한 엘리야가 곧 이 사람이니라.

15. 귀 있는 자는 들을지어다. (마태복음 11:14~15)

누가복음(9:7~9)에도 비슷한 언급이 있습니다

7. 분봉 왕 헤롯이 이 모든 일을 듣고 심히 당황하니 이는 어떤 사람은 요한이

죽은 자 가운데서 살아났다고도 하며

8. 어떤 사람은 엘리야가 나타났다고도 하며 어떤 사람은 옛 선지자 한 사람이

다시 살아났다고도 함이라.

9. 헤롯이 이르되 요한은 내가 목을 베었거늘 이제 이런 일이 들리니 이 사람이

누군가 하며 그를 보고자 하더라.

마가복음(6:14~16)에도 똑같은 사건이 묘사됩니다.

성경에는 환생에 대한 개념과 관련된 우리가 주목할 만한 더 많은 구절들이 있습니다. 그러나 이 장의 목적은 그런 논란에 휘말리는 것이 아니라 베다에 있는 근거를 통해 환생의 과학이 무엇인지 확립하는 것입니다. 결국, 그것은 '2+2=4'라는 수학 공식과도 같은 과학입니다. 당신은 그것을 믿을 수도 있고 아닐 수도 있습니다. (사실 그것은 문제가 되지 않습니다.) 하지만 '2+2=4'와 같은 간단한 공식을 이해하지 못한다면 더 고차원적인 수학 원리를 이해할 가능성은 없을 것입니다. 마찬가지로 환생의 과학을 이해하지 못한다면, 당신은 영적 과학에 관한 더 높은 것을 거의 아무것도 이해하지 못할 것입니다.

2. 환생에 대한 다른 참고사항과 믿음들

환생에 관해서는 전 세계에 있는 문헌에서 인용구들을 찾을 수 있습니다. 예를 들어, 코란(2.28)은 말합니다.

어떻게 그대가 알라를 부인할 수 있는가? 그대가 죽었을 때, 그가 그대에게 생명을 주지 않았는가, 그리고 그대를 죽게 한 다음 다시 살아나게 하지 않겠는가? 그대는 결국 그에게 돌아올 것이 아닌가?

조하르^{zohar} 또한 살아있는 존재들이 절대적 존재에게 돌아가기 위해서는 모든 완성을 위해 개발해야 하고, 만약 그것이 하나의 생애에서 행해지지 않는다면, 신과의 재합일에 이르기 위해 두 번째, 세 번째 생애에서 또는 아무리 많은 생애가 필요하더라도 이루어져야 한다고 언급합니다. 히브리 학자들 사이에서 아주 중요한 책인 까발라^{Cabala}(또는 Kabbala) 또한 과거와 미래 삶에 대한 지식을 담고 있습니다.

불교와 도교의 경전 또한 환생에 대한 많은 정보를 담고 있습니다. 사실 많은 고대 풍습과 문헌들에서도 환생의 개념에 대해 언급된 내용을 세계 곳곳에서 찾을 수 있습니다. 또한 프랑스의 드루이드, 아프리카의 줄루족, 그린란드의 에스키모, 호피 부족과 같은 북아메리카의 인디언, 보르네오의 다야크족, 버마의 카렌족, 심지어 뉴기니 원주민들의 철학에서도 환생의 개념을 찾을 수 있습니다.

환생에 대한 개념을 받아들였던 사람들을 모두 열거하고 환생에 대한 그들의 관점이 무엇이었는지 설명하려면 방대한 분량의 책이 필요할 것입니다. 그중에는 소크라테스, 피타고라스, 플라톤과 같은 그리스 철학자, 르네상스의 이탈리아 철학자이자 시인이었던 조르다노 부르노, (그는 나중에 자신의 신념 때문에 종교재판에서 화형되었습니다.) 뿐만 아니라 위대한 철학자 볼테르도 있습니다. 전 대통령 존 아담스와 토마스 제퍼슨, 벤자민 프랭클린 같은 몇몇 미국 창시자들 또한 환생을 믿었습니다. 나폴레옹은 독일의 시인 볼프강 폰 괴테가 했던 것처럼 환생을 인정한다는 언급을 했습니다. 랄프 왈도 에머슨, 월트 휘트먼, 헨리 데이비드 소로, 찰스 디킨스 같은 초기 미국의 철학자와 시인들이 그들의 많은 작품에서 환생에 대한 믿음을 언급했고, 러시아에서는 카운트 레오 톨스토이가 환생을 믿었습니다.

또한 미국 자동차왕 헨리 포드, 미국 조지 S. 패튼 장군, 노벨상 수상자 헤르만 헤세와 아이작 바세비스 싱어, 심리학자 칼 융, 영국 생물학자 토마스 헉슬리, 미국 정신분석가 에릭 에릭슨, 그리고 마하뜨마 간디도 환생을 믿은 인물에 포함됩니다.

얼마나 많은 사람이 환생을 믿든 또는 그들이 그것에 대해서 얼마나 많이 알든, 환생에 관한 모든 지식의 기본은 고대 베다 가르침에서 발견됩니다. 이것은 특히 그리스 철학을 공부할 때 명백해 집니다. 그리스인들이 인도의 종교에 얼마나 큰 영향을 받았는지에 대한 많은 기록들이 있기 때문입니다. 이것은 베다 학파에서 뻗어져 나온 불교에서도 동일합니다. 그러므로 베다가 우리에게 무엇을 가르쳐줄 수 있는지 좀 더 자세히 살펴봅시다.

3. 죽음에 접근하기

한 가지 확실한 것은, 다시 태어나기 전에 당신은 죽어야 한다는 것입니다. 그리고 시계의 바늘이 계속 돌아가고 태양이 뜨고 지는 한, 우리의 현재 상황과 다가오는 죽음 사이의 간극은 계속해서 좁혀지고 있습니다. 우리가 언제 죽는지는 확실하지 않습니다. 그것은 지금으로부터 몇 년 후일 수도 있고, 어떤 순간이든 될 수 있습니다. 그리고 우리가 죽을 때 우리의 의식이 어떤지가 우리의 다음 삶이 어떻게 될 것인지를 결정할 것입니다.

이것은 바가바드 기따 (8.6)에서도 설명됩니다.

마지막에 자신의 몸을 포기하면서 생각하는 것, 그것에 그는 이를 것이다. 아르주나, 왜냐하면 그 사람의 마음이 항상 그 존재의 상태에 있었기 때문이다.

이것은 우리의 모든 생각과 행동이 죽음의 시간에 있는 상황의 상태에 영향을 미친다는 것을 의미합니다. 이 상태는 이 생애로부터 다음 생애로 넘어갑니다.

물질적 세상에 살고있는 신은 한 몸에서 다른 몸으로 가져갈 때, 마치 바람이 그 장소로부터 향기를 가져가듯이 감각과 마음을 가지고 간다[20]. (바가바드 기따 15.8)

사람의 존재 상태 또는 삶에 대한 관념은 마음, 지성, 그리고 거짓의 자아가 있는 미묘한 육체에 존재합니다. 우리는 우리의 욕망, 생각, 말, 그리고 행위에 따라 이 의식을 형성합니다. 영혼은 제4장에서 설명했듯이 거친 물질적 육체 안에 존재하는 이 미묘한 육체로 덮여있습니다. 거친 물질적 육체가 더 이상 기능을 하지 않을 때, 미묘한 육체와 영혼은 거친 육체로부터 나오게 되어있습니다. 그리고 이 미묘한 육체와 영혼은 우리의 마음 상태를 적절하게 수용하는 또 다른 물질적 형태 안에 놓여집니다. 그러므로, 죽어가는 사람이 끌어당기는 그 대상에 따라 그가 어떻게 다음 생애를 시작할 것인지 결정됩니다. 만약 죽어가는 사람이 물질적 이득이나 아내, 가족, 친척, 집 등의 감각적

---

20   미세한 몸에 대한 내용.

즐거움에 대한 생각들에 빠지면, 물질적 이익을 계속해서 추구하기 위해 또 다른 물질적 육체를 얻어야 합니다. 물질적 육체가 없다면 어떻게 그의 물질적 욕망을 충족시킬 수 있겠습니까? 이렇게 죽음의 순간에 물질적 의식에 빠져있는 모든 사람들은 반복된 탄생과 죽음의 순환을 계속할 것입니다.

베다에 따르면 두 길 즉 밝고 어두운 두 길[21]이 있다. 전자의 길을 가는 사람은 돌아오지 않고, 후자의 길을 가는 사람은 돌아온다. (바가바드 기따 8.26)

올바른 의식에서 죽는 것은 탄생과 죽음의 순환으로부터 자유로워지기 위해 수련해야 하는 기술입니다. 우리는 방심하거나 부적합한 정신 상태에 빠지지 않도록 죽음의 순간을 준비해야 합니다. 이것이 요가의 목적입니다. 이것은 까따 우빠니샤드(1.3.6~8)에서 설명되는데, 그것은 이해력이 있고 마음을 단단히 쥐고 있는 사람은 그의 감각이 전차의 좋은 말처럼 통제되고 있다고 기술하고 있습니다. 하지만 이해력이 없고, 부주의하며, 항상 불순한 사람은 환생의 순환으로 들어갑니다. 그러나 이해력이 있고 주의력이 있으며, 순수한 자는 다시 태어나지 않는 곳에 이릅니다.

어떻게 영혼이 육체를 떠나는지는 브리하다란야까 우빠니샤드

---

21   영적 길과 물질적인 길.

(4.4.1~4)에서 설명됩니다.

사람이 죽어서, 말하자면 무의식으로 빠져나갈 때, 생명 에너지는 가슴 안으로 가라앉고 살아있는 존재는 그의 주위에 있는 것들을 인지하는 것을 멈춘다. 정맥과 나디(에너지가 미묘한 육체로 통하는 통로)가 가슴으로부터 나가는 지점은 안에서 환해지고, 그 빛에 의해 참나가 떠난다. 살아있는 존재의 자질에 따라, 영혼과 미묘한 육체는 눈, 코, 입 또는 두개골의 꼭대기를 통해 물질적 육체를 떠날 수도 있다. 혹은 만약 그가 더 낮은 탄생을 택한다면 그것은 항문 같은 육체의 다른 구멍들을 통해 떠날 수도 있다. 그것이 떠날 때, 주된 쁘라나(생명력)가 그것을 따라 떠나고 다른 모든 쁘라나들이 뒤따른다. 그런 다음 그의 의식과 업(까르마)은 이전의 것 또는 익숙한 과거의 욕망으로 그를 사로잡는다. 그러고 나서 그는 자신의 새로운 존재 형태로 들어간다.

위의 구절들은 영혼이 육체로부터 빠져나가는 동안 택하는 길을 보여주면서 특정 에너지 통로들은 빛으로 가득하게 된다고 말합니다. 이 상황은 육체를 떠날 때 영혼은 미묘한 존재의 수준으로 들어가기 시작한다는 것을 가리킵니다. 미묘한 존재의 수준 안에는 유령과 더 낮은 수준의 미묘한 영역에서 배회하는 영들, 그리고 천사와 더 높은 수준의 미묘한 영역에 있는 수호자 영들 같은 육체화 되지 않은 살아있는 존재들이 있습니다. 실제 미묘한 존재의 플랫폼에는 여기에 모두 이름을 댈 수 없는 아주 수많은 존재들이 있습니다.

많은 임사체험 중에는 종종 위에 언급된 것처럼 그 끝에 빛이 있는 통로를 통해 육체를 떠나는 사람에 대한 묘사가 있습니다. 많은 경우에 있어서, 빛은 아주 평화롭고 다정하고 온화한 것으로 묘사됩니다. 어떤 사람들은 그것이 신 또는 천국으로 가는 입구라고 느낍니다. 때로 사람들은 그들을 만나려고 기다리고 있는 예전에 죽은 사랑하는 사람들을 만나는 장면을 묘사하기도 합니다.

하지만 이것은 사람이 여전히 현재 몸과 연결되어 있는 임사체험이라는 것을 명심할 필요가 있습니다. 그런 상태에서 사람들은 수술 중이나 심각한 사고 후에서처럼 육체 위를 떠다니며 그들의 육체에 일어나고 있는 일을 보거나 영혼의 존재astral being를 볼 수도 있습니다. 상급의 요기들은 임사체험이 아니더라도 마음을 먹는다면 이런 존재를 볼 수 있습니다. 그러니 그러한 경험이 특별한 것은 아닙니다. 만약 그것을 경험해 본 적이 전혀 없는 경우라면 그가 육체의 한계를 초월하는 단계에 이르는 것이 더없이 행복하게 보일 수도 있습니다. 그것은 두 개의 행성 사이에 있을 때 느껴지는 무중력 상태와도 같습니다. 그는 아직 완전히 다른 존재에 속하지 않았습니다. 그는 그 사이에 있습니다. 하지만 완전한 죽음의 경우에서처럼 일단 현재의 육체와 완전히 끊어지면, 그의 의식과 과거 활동의 결과, 또는 까르마는 재빨리 그를 다음 존재의 형태로 데리고 갈 것입니다. 이 까르마 중 어떤 것은, 사람이 유령의 형상을 취할 때처럼 미묘한 플랫폼에서 경험될 수도 있습니다. 하지만 미묘한 존재의 수준도 모두 다릅니다. 어쨌든, 다양한 형태의 생명체가 우주 전체와 그 너머의 여러 층에서 존재할 운명인 사람들을 수용하기 위해 확장됩니다.

애벌레가 풀잎 끝에 이르러서 다른 풀잎으로 몸을 뻗는 것처럼, 영혼은 하나의 육체를 버리고 다른 육체로 다가갑니다. 그런 육체의 형태는 신^{Fathers}, 간다르바(천사), 반신반인 또는 다른 존재들이 될 수도 있습니다. 이것은 자신이 행동하고 처신하는 그대로 될 것입니다. 선한 행동을 하는 사람은 선한 탄생을 하게 될 것입니다. 악한 행동을 하는 사람은 악한 탄생을 하게 될 것입니다. 그러므로 그 사람이 바라는 대로, 그의 뜻도 그러할 것입니다. 그의 뜻대로, 그의 행동도 그러할 것입니다. 그리고 그의 행동이 어떠하든, 그는 거두게 될 것입니다.

만약 사람들이 의식을 정화시켜 정화된 마음의 상태로 죽음을 맞이할 수 있도록 요가를 수행하지 않았다면, 그들은 죽음을 자신에게 유리하게 이용할 수 없을 것입니다. 그들은 슈리마드 바가바땀에 묘사된 대로 단순히 죽음과 또 한 차례의 환생을 경험하게 될 것입니다.

크리슈나 신이 말했다. 사람의 물질적인 마음은 결실을 낳는 일의 반응에 의해 형성된다. 다섯 가지 감각과 함께 그것은 하나의 물질적 육체에서 또 다른 육체로 이동한다. 참나는 이 마음과는 다르지만 그것을 따른다. 결실을 낳는 일의 반응에 매여 있는 마음은, 이 세상에서 볼 수 있는 것들과 베다의 권위에서 듣는 감각의 대상에 대해 항상 집중한다. 그 결과 마음이 생겨나고 지각의 대상들과 함께 소멸을 겪게 되어, 과거와 미래를 구별하는 그것의 능력은 사라진다. 살아있는 존재가 현재의 육체에서 자신의 까르마에 의해 만들어진 다음 육체로 넘어갈 때, 그는 새로운 육체의 즐겁고 고통스러운 느낌 속으로 흡수되고 이전 육체의 경험을 완전히 잊어버린다. 이런저런 이유로 이전의 물질적인 정체성에 대한 이 완전한 망각은 죽음이라 불린다. (슈리마드 바가바땀 11.22.37~39)

4. 부활

죽음 이후에 일어나는 일은 까따 우빠니샤드(2.5.7,9,10)에서 설명됩니다. 어떤 이들은 유기체의 육체를 얻기 위해 자궁으로 들어가고, 어떤 이들은 자신들의 행위와 지식 여부에 따라 무기물로 들어갑니다. 이같이 영혼은 영적인 특성에서는 모든 존재와 하나이지만 그것이 들어가는 육체의 종류가 무엇인지에 따라 다른 모습으로 나타나게 됩니다.

이것은 야주르 베다 (12.36~39)에서 더 자세히 설명됩니다.

오, 학식이 있고 재주 많은 영혼이여, 물에서와 식물들에서 돌아다닌 후, 그대는 자궁으로 들어가 계속해서 다시 태어난다. 오, 영혼이여, 그대는 식물(의 몸)에서 태어나고, 그대는 나무에서 태어나고, 그대는 생명이 있는 모든 창조된 대상에서 태어나고, 또 그대는 물에서 태어난다. 불에 태워진 후에 부활을 위해 불과 흙에 이르렀고, 어머니의 배 안에 살고있는 태양처럼 눈부시게 빛나는, 오, 영혼이여, 그대는 다시 태어난다. 자궁에 이르러서, 아이가 어머니의 무릎을 베고 잠을 자듯이 그대는 계속해서 상서롭게 그대의 어머니 안에 있다.

오 가장 자비로운 우따바, 탄생이라 불리는 것은 그저 사람과 새로운 육체의 완전한 동일시이다. 사람은 꿈의 경험이나 상상을 전적으로 실제라고 받아들이는 것처럼 새로운 육체를 받아들인다. 꿈이나 공상을 경험하는 사람이 그의 이전 꿈이나 공상을 기억하지 못하는 것처럼, 현재의 육체에 자리 잡은 사람은 이전에 그것에 존재했다 하더라도 자신은 단지 최근에 태어났다고 생각한다.
(슈리마드 바가바땀 11.22.40~41)

　이같이, 새로운 물질적인 육체에 자리 잡은 우리는 곧 즐겁고 고통스러운 감각과 동일시하고 또한 이전 육체에 있는 동안 가졌던 것과 똑같은 종류의 욕망에 대해 생각하기 시작합니다. 우리는 자신의 과거의 생애를 잊고 이 현재 생애가 그의 첫 번째 생애라고 느끼는 것입니다. 이것은 환영입니다.

이 모든 것이 의미하는 것은 우리가 다른 유형의 활동과 생각에 전념할 때, 우리의 마음은 우리가 가지는 욕망에 의해 영향을 받는다는 것입니다. 우리는 어떤 목적을 가지고 노력합니다. 그런 행위들은 우리의 의식에 영향을 미치는 좋거나 나쁜 반응들을 만들어냅니다. 생각, 감정, 의지로 이루어진 이 의식은 미묘한 육체 안에 들어있는데, 그것은 마음, 지성, 거짓의 자아라는 물질 원소로 구성됩니다. 미묘한 육체의 모습은 우리가 발전시키는 의식의 유형에 따라 변한다고 합니다. 이 미묘한 육체는 우리가 반복된 탄생과 죽음의 순환을 겪을 때 하나의 물질적 육체에서 또 다른 육체로 영혼을 가지고 갑니다. 마음은 물질적 활동을 통해 다양한 목표와 욕망을 이루는 것에 집착해서 언제나 감각의 즐거움에 집중하고, 이것은 사람이 죽은 후에 또 다른 물질적 육체로 태어나게 합니다. 마음은 우리의 눈으로 인식할 수 있는 대상이 아닙니다. 그래서 마음이 마치 태어날 때 생기고 죽을 때 사라지는 것처럼 보일 수도 있을 것입니다. 하지만 실제로 위의 지식에 따르면 이것은 사실이 아닙니다.

오래전에 쓰인 이 베다 지식으로부터 우리는 죽음 이후에 영혼이, 조건에 맞는 어떤 특정 생명의 종, 혹은 새로운 어머니의 자궁으로 들어감으로써 계속해서 존재한다는 것을 이해할 수 있습니다. 자궁 안의 태아가 살아있는지 죽었는지에 대한 오늘날의 논쟁과는 상관없이 영혼과 환생의 과학에 대한 이 지식을 이해함으로써 우리는 수정의 시기에 영혼이 자궁으로 들어간다는 것을 배웁니다. 그러므로 태아는 분명 살아있고 영혼이 안에 있는 한 계속해서 자랄 것입니다. 사회가 이 과학을 이해할 수 있다면, 낙태 찬성과 낙태 반대 사이에서 유산에 관한 모든 논란은 쉽게 해결될 것입니다.

여기에서 또 다른 중요한 점은 영혼이 다른 생명의 종으로 태어날 수도 있다는 것입니다. 이것은 많은 오컬리스트나, 영혼이 항상 이번 생애 후에는 더 나은 또는 더 고귀한 탄생으로 올라갈 것이라고 생각하는 환생에 대해 감상적인 신봉자들 사이에서는 논란이 되는 주제입니다. 하지만 베다 문헌에 그들의 생각이 사실이라는 증거는 없습니다. 사실, 사람의 활동과 의식의 높거나 낮은 본성에 따라, 그가 다음 탄생에서 위로 올라갈 수 있는 가능성이 있는 것만큼이나 쉽게 아래로 내려갈 수도 있습니다. 그 이유는 당신이 이 생애에서 발전시키는 의식의 유형이 다음 생애에서 어떤 종류의 육체를 가지게 될지를 결정하기 때문입니다. 바가바드 기따는 설명합니다.

그[22]는 귀, 눈, 피부, 혀, 코 및 마음을 사용하여 감각의 대상을 즐긴다. (바가바드 기따 15.9)

---

22 지바, 참나가 자신의 본래의 상태를 잃고 자아가 될 때 그것은 인간 존재가 됨. 그래서 감각 기관들과 마음의 지배를 받게 되어 삼사라의 순환에 묶임.

몸 안에 있는 지고한 뿌루샤는 목격자, 안내자, 지지자, 즐기는 자, 위대한 신, 지고한 참나[23]라 불리기도 한다. (바가바드 기따 13.22)

이것으로부터, 사람의 의식은 그의 생활방식과 행위에 따라 높거나 낮은 자질을 만드는 것에 영향을 준다는 것을 이해할 수 있습니다. 만약 우리가 그저 먹고, 자고, 짝짓기하고, 고양이와 개처럼 방어하는 동물적인 본성의 추구를 위해 노력한다면, 다음 생애에서 우리는 그런 동물적 즐거움을 즐기는 데 필요한 감각을 제공해주는 특정 유형의 육체를 가지게 될 것입니다. 예를 들어, 우리가 단지 무엇인가를 먹고 섹스를 하기를 원하는 것이라면, 돼지는 아무 어려움 없이 어떤 것이든 먹고 다른 돼지들과 아주 무분별하게 짝짓기를 할 수 있습니다. 그저 자는 것을 좋아한다면, 곰은 한 번에 몇 달 동안이나 잡니다. 피를 맛보기를 좋아한다면, 호랑이들은 육식을 하고 너무나 자연스럽게 피를 맛봅니다. 하지만 인간의 삶은 무시할 수 없는 특별한 책임이 있는 삶 중의 하나입니다. 우리가 이런 인간의 삶을 잘못 사용한다면, 그것은 우리가 8,400,000개의 다른 생명의 종 중의 하나에 더 적합하다는 것을 의미합니다. 그리고 죽음의 때에 우리의 의식은 우리가 미래에 어떤 종류의 육체를 가지게 될지를 결정할 것입니다. 요점은 개의 몸 안에 있는 존재는 개처럼 행위할 수밖에 없다는 것입니다. 개의 몸 안에 있는 존재는 다르게 행동할 수 없습니다. 새의 몸 안에 넣어진 존재는

---

23 초영혼.

새처럼 행위 해야 합니다. 하지만 인간으로서, 우리는 선택권이 있습니다. 그리고 죽음 이후에 우리가 얻고자 하는 모습에 적합한 의식의 유형을 만들면서 다른 방식으로 행위 할 수 있습니다. 어떤 경우에는, 사람들이 개, 고양이 또는 돼지와 비슷하게 보이기 시작할 때, 그들이 다음 생애에서 무엇이 될지 짐작이 가능한 경우도 있습니다. 그들은 자신들이 될 그것으로 변해가고 있습니다.

이 영성의 과학 속에서 훈련되지 않으면, 우리가 어떻게 육체를 떠나는지, 미래에 어떤 육체를 가지게 될지, 또는 모든 수많은 의식 수준을 담는 다양한 생명의 종이 왜 존재하는지를 이해하기란 매우 어렵습니다. 바가바드 기따에서 말했듯이 말입니다.

무지한 사람은 몸이 죽을 때 몸을 포기하는 것이 누구인지 깨닫지 못한다. 또한 그는 몸 안에 거주하면서 몸에 생명을 주고, 자연의 세 힘과 접촉하여 감각의 쾌락을 즐기는 그를 깨닫지 못한다. 그러나 지혜의 눈[24]을 가진 사람은 이 모든 것을 볼 수 있다. (바가바드 기따 15.10)

우리의 다음 삶이 어떻게 될지와 현재의 행위 때문에 우리가 경험해야 할 반응에 관해서는 까르마의 법칙과 운명의 법칙에 대해 배움으로써 이해할 수 있습니다.

---

24 식별의 지식을 가져 자신의 본성을 깨달은 사람.

5. 까르마의 법칙과 운명

베다 문헌에 따르면 까르마의 법칙은 인과의 법칙입니다. 모든 행동에는 원인과 반응이 있습니다. 까르마는 육체를 가지고 살아가기 위해 결과를 낳는 행위를 함으로써 만들어집니다. 우리는 미래의 기쁨을 위한 바람직한 반응 혹은 좋은 까르마를 만들어 낼 경건한 행위를 할 수도 있고 미래의 고통과 나쁜 까르마를 만들어 내는 악한sinful 행위를 할 수도 있습니다.

좋거나 나쁜 모든 종류의 까르마는 사람을 우리의 과거 행위에 따라 고통과 기쁨을 주는 환생의 수레바퀴에 머물게 만듭니다. 그러므로 우리는 미래에 경험하게 될 자신만의 까르마를 만듭니다. 우리는 자신의 삶이라는 영화에서 우리가 연기할 자신만의 대본을 쓴다고 말할 수도 있습니다. 이와 같이 우리는 좋거나 나쁜 상황에 대한 자신만의 운명을 만듭니다. 그러므로 슈리마드 바가바땀은 설명합니다.

결실을 낳는 과거의 활동으로 인해 현재의 육체를 받은 살아있는 존재는 이번 생애에서 그의 행동의 결과를 끝맺을 수도 있지만, 이것이 그가 물질적인 육체에 대한 속박으로부터 해방되었다는 뜻은 아니다. 살아있는 존재는 한 가지 유형의 육체를 받고, 그 육체로 행동함으로써 또 다른 육체를 만든다. 이와 같이, 그는 자신의 거친 무지 때문에 반복된 탄생과 죽음을 통해 하나의 육체에서 또

다른 육체로 환생한다. (슈리마드 바가바땀 7.7.47)

짠도기야 우빠니샤드(5.10.7)는 그 행실이 선했던 자는 브람마나(영적
으로 깨달음을 얻은 자), 끄샤뜨리야(지도자 또는 관리자), 또는 바이샤(번창한
사업가, 은행가 또는 농부)의 가정과 같은 곳에서의 탄생, 즉 좋은 탄생을
얻을 것이라고 말합니다. 하지만 그 행실이 나빴던 자는 개, 돼지, 또
는 악한 짠달라(개를 먹는 자 또는 계급에서 추방된 자)와 같은 탄생, 즉 악한
탄생을 얻을 것입니다.

우리가 잊어버렸을지도 모를 과거의 행위에 따라 우리는 부유하고,
아름답고, 지적이고, 건강한 특정 유형의 육체로 태어나거나, 좋은 까
르마를 가지고 있다면 귀족 가문의 일원으로 태어납니다. 악한 활동을
해서 나쁜 까르마를 가지고 있다면, 우리는 추하고, 가난하고, 병약하
고, 학습에 재능이 거의 없거나 낮고 천한 가정에서 태어날 수 있습니
다. 우리의 행위work에 대한 반응에 의해 우리는 위아래로 헤매고 다니
며 여러 종류의 가정에서 다양한 유형의 육체로 나타날 수밖에 없습니
다. 그러나 이런 상황들은 모두 일시적입니다. 우리는 그 상황들이 좋
든 나쁘든, 다음에 나오는 슈리마드 바가바땀의 시에서 설명하듯이 그
것들에 지나치게 얽매이지 말아야 합니다.

사랑하는 나의 어머니, 식당이나 차가운 물을 마시는 곳에 많은 여행자가 모이

고, 물을 마신 후에 그들은 각자의 목적지로 계속해서 갑니다. 마찬가지로 살아

있는 존재들은 가족으로 합류해서 나중에는 자신의 행동의 결과에 따라 자신

들의 목적지로 안내됩니다. (슈리마드 바가바땀 7.2.21)

아이들, 아내, 친척, 그리고 친구들의 연계는 단지 여행자들의 간단한 모임과도

같다. 꿈이 끝나면 사람이 꿈에서 얻은 것을 잃어버리는 것처럼, 육체의 변화로

인해 사람은 그런 모든 연계들에서 분리된다. (슈리마드 바가바땀 11.17.53)

위의 구절은 요즘 자신의 '소울메이트'를 찾는 생각에 사로잡힌 사
람들이 많다는 부분에서 아주 흥미롭습니다. 우리가 깊은 관계와 가까
운 유대를 가질 수도 있는 사람이 우리 운명의 일부라는 것은 인정하
지만, 현명한 베다 추종자라면 이것이 우리의 까르마 때문이라는 것
과, 육체의 변화로 인해 우리의 상황이 완전히 달라질 것이기 때문에
일시적이라는 것을 압니다. 설령 이전 생애들에서 알았던 사람들과 다
시 만난다고 해도, 만약 우리가 육체를 바꿨다면 우리는 그들을 거의
알아보지 못할 것입니다. 게다가 모든 사람들은 그 또는 그녀 자신의
운명을 따라야 하기 때문에 우리가 전생에서의 사람들을 여러 번 계속
해서 만날 것이라고는 기대할 수 없을 것입니다. 이런 일들은 까르마
의 빚을 갚거나 까르마의 연결을 유지할 필요가 있을 때처럼 아주 특
별한 이유가 있을 때에만 일어나는 일입니다.

그러나 때로 우리는 전생에서의 사람들, 장소 또는 활동을 기억할 수 있는데, 이것은 앞에서 설명했듯이 우리의 미묘한 육체의 일부인 우리의 마음속에는 기억이 여전히 존재하기 때문입니다. 미묘한 육체는 영혼과 함께 또 다른 물질적 육체로 가기 때문에, 그런 기억들이 깨어날 수도 있습니다. 이것은 또한 슈리마드 바가바땀에서 설명했듯이 꿈이나 다른 방식으로 일어날 수도 있습니다.

가끔씩 우리는 현재의 육체로 보거나 들어서 경험하지 못했던 것을 갑자기 경험하기도 한다. 때로 우리는 꿈에서 갑자기 그런 것들을 본다. 그러므로 나의 사랑하는 왕이여, 미묘한 정신의 덮개를 가지고 있는 사랑하는 존재는 그의 이전의 육체 때문에 모든 종류의 생각과 이미지를 발전시킨다. 나에게서 이것을 확실히 받아들여라. 이전 육체에서 그것을 지각하지 않았다면 정신적으로 어떤 것을 만들 가능성이 없다. 때로는 이번 생애에서 경험하거나 듣지 못한 것을 꿈에서 보기도 하지만, 이 모든 사건은 다른 경우, 다른 장소, 다른 상황에서 경험되었다.
(슈리마드 바가바땀 4.29.64~65,67)

어쨌든, 우리의 삶이 좋을지 나쁠지는 우리의 까르마에 달려 있습니다. 사실 슈리마드 바가바땀(12.6.25~26)에서 설명했듯이, 우리의 삶과 죽음은 우리의 행위에 의해 결정됩니다. 그 외의 다른 어떤 것도 행복이나 불행을 가져올 수 없습니다. 예를 들어 우리가 뱀, 도둑, 불, 번개로 죽음을 맞이하거나 굶주림, 갈증, 질병 등으로 죽음을 만난다면,

그것은 단지 우리가 경험하고 있는 까르마의 결과일 뿐입니다.

이것을 이해할 수 있다면, 우리는 어디로 가든 그 우주적 정의가 우리를 따라오는 것을 볼 수 있을 것입니다. 사람 사이의 법을 어기고 죄에 대한 벌을 피할 수는 있지만, 우주적인 법을 어긴다면 그 결과를 피할 수 있는 길은 없을 것입니다. 과거의 특정한 행위에 의해 축적된 구체적인 까르마에 따라 우리는 삶을 통해 우리가 죽기로 되어있는 방식까지를 포함해서, 특정한 운과 불운이 우리에게 일어나게 합니다. 이렇게 우리에게 일어나는 어떤 일도 설명되지 않는 것은 없습니다. 우리의 모든 행위와 욕망은 우리를 따르고 다음 생애에 영향을 미칠 것입니다.

앞서 언급했듯이 과거의 욕망과 이전 대상에 대한 친숙함도 우리를 따라옵니다. 따라서 우리는 어린 시절에 자신도 모르게 전생에 했던 특정한 대상이나 활동에 자발적인 관심을 경험할 수도 있습니다. 예를 들어, 한 어린아이는 피아노나 어떤 악기를 연주하는 데 특히 재능이 있는 것처럼 보일 수 있습니다. 그 아이는 거의 훈련을 받지 않았는데도 연주를 아주 잘 할 수도 있습니다. 이것은 그 아이가 전생에서 발전시켰던 능력 때문일 것입니다. 이것은 베다 문헌에서 이렇게 확인됩니다.

살아있는 존재의 마음은 여러 거친 육체에서 계속해서 존재하고, 감각의 만족을 위한 욕구에 따라, 그 마음은 다른 생각을 기록한다. 마음속에서 이것들은 서로 다른 조합으로 함께 나타난다. 따라서 이러한 이미지들은 때때로 전에 보지 못하거나 들어본 적이 없는 것처럼 보인다. (슈리마드 바가바땀 4.29.68)

우리가 어떻게 까르마와 욕망을 수행할 적합한 육체를 받는지는 더 높은 권위자의 권한입니다. 우리가 새로 태어날 때, 지고한 존재는 우리의 과거 욕망과 관심들을 상기시켜줍니다. 그러면 우리는 그런 관심을 쫓기 시작합니다. 우리가 다양한 종류의 가문이나 다양한 생명의 종으로, 또는 특별한 점성술의 영향 아래에 놓이게 되는 것 또한 신과 신의 대리인에 의한 우주적 법칙 때문입니다. 전문 점성술사는 점성술을 통해 사람의 일반적인 운명을 밝힐 수 있습니다. 그런 점성술의 영향력들은 절대적이지는 않지만 우리가 탄생할 때 행성의 위치에 따라 미묘한 방식으로 우리 삶에 영향을 미칩니다. 이것은 또한 우리 삶의 패턴이 단순히 사람의 의지로 생기는 것이 아니라 지고한 존재의 훌륭한 준비에 의해 결정된다는 것을 보여줍니다. 그러므로 우리는 모든 흥망성쇠, 번영과 쇠락이 단지 현재 우리의 노력에 의해서가 아니라 우리의 까르마에 따라 신에 의해 준비된다는 것을 이해해야 합니다.

우리의 모든 멋진 풍요, 좋은 아내, 삶, 자손, 백성들에 대한 통제, 적에 대한 승리, 더 높은 행성에서 살아갈 미래의 거처는 오직 그에 의해서만 가능하다.

이 모든 것은 우리에 대한 그의 이유 없는 자비 때문이다. (슈리마드 바가바땀 1.14.9)

·

이것은 본질적으로 까르마가 작용하는 방식이며 우리의 과거 행위에 의해 영향을 받고 지고한 존재의 준비에 따라 우리의 운명이 결정되는 방식입니다. 우리는 이 지식을 가지고, 좋든 나쁘든 우리를 현재의 상황으로 밀어 넣은 것은 오직 우리 자신의 행위임을 알아야 합니다. 그리고 운명에 의해 주어진 행복이 무엇이든 그것에 만족하기 위해 노력해야 합니다. 슈리마드 바가바땀은 이렇게 말합니다.

불만은 절대 행복을 가져다줄 수 없기에 사람은 그의 이전 운명에 의해 얻은 어떤 것이든 그것에 만족해야 한다. 자기 통제를 하지 못한 사람은 세 가지 세상을 가진다 해도 행복하지 않을 것이다. 물질적 존재는 그의 왕성한 욕망을 충족시키고 더 많은 돈을 버는 것과 관련하여 불만을 불러온다. 이것은 반복된 탄생과 죽음으로 가득한 물질적 삶이 계속되는 원인이다. 하지만 운명으로 얻은 그것에 만족하는 사람은 이 물질적 존재로부터 해방을 얻을 수 있다. (슈리마드 바가바땀 8.19.24~25)

까르마의 법칙에 대한 그 어떤 부분이라도, 무시하며 현재 상황에 많은 불만을 가진다면, 우리는 그릇된 욕망으로 가득 찬 마음과 감각을 충족시키려는 노력으로 수많은 행위를 하게 될 것입니다. 이것은 좋고 나쁜 다양한 결과들로 가득한 생애로 환생하는 것에 우리가 더 깊이 연루되었음을 보여줄 뿐입니다. 이런 식으로 행위하는 것은 우리 까르마의 영향 때문일 수도 있겠지만 그것이 전부는 아닙니다. 우리는 또한 어떻게 살고 싶은지 선택하고 그 삶을 계속 이어가고자 하는지에 대한 자유 의지도 가지고 있습니다. 이 자유 의지는 우리가 삶을 잘못 사용하여 하락의 길로 가거나 또는 상승의 길로 가기 위해 이용할 수 있는 대단히 엄밀한 자립^{minute independence}입니다.

6. 자유 의지와 선택

만약 우리가 하는 모든 행위가 운이나 운명 또는 점성술의 영향에 의해 완전히 통제된다면, 어떻게 죄가 되는 행동 같은 것이 있을 수 있으며 우리가 했던 것에 대해 후회를 느낄 수 있겠습니까? 우리가 자신보다 더 강한 것에 의해 통제를 받고, 그것이 당신의 행위를 유발한다면, 어떻게 우리가 하는 것에 대해 책임을 지는 것이 가능하겠습니까? 만약 옳고 그른 활동, 도덕, 판단 또는 처벌이 있다면, 그에 따른 자유 의지와 선택 또한 있어야 합니다.

반드시 이해해야 할 것은 영적인 에너지와 물질적인 에너지 사이에 존재하는 차이점입니다. 육체는 물질적이고 그러므로 까르마나 점성술의 힘 같은 물질적인 힘의 영향을 받습니다. 육체 안의 참나는 영적이며 그런 모든 물질적인 에너지와 영향들을 초월합니다. 우리가 자신의 영적인 위치를 깨닫고 영적인 플랫폼에서 행위 하면 할수록, 영적인 자유의 한계인 물질 에너지로부터 실제로 더 자유로워집니다. 반면 물질적인 육체와 더 동일시하는 행위를 하면 할수록 그는 까르마, 운명, 본능의 방식, 감각 욕망 등의 물질적인 힘에 더 많이 영향을 받고 통제됩니다.

우리가 가지는 자유는 우리가 욕망하는 방식대로의 자유입니다. 이 책의 제4장에서 앞서 설명했듯이, 우리가 특정한 방식으로 어떤 것을 달성하거나 경험하기를 바랄 수도 있지만, 욕망을 실행하고 우리의 바람을 성취하는 물질적인 에너지를 준비하게 하는 것은 참나에게 달려 있습니다. 만약 도덕적이고 경건하거나 영적인 열망을 가지고 있다면, 우리는 그런 열망에 맞는 특정한 성질의 방식으로 행동합니다. 만약 물질적이고, 격렬하고, 열정적이고, 욕망에 차 있거나 비도덕적인 방법을 열망한다면, 우리는 완전히 다른 결과를 만들어내는 다른 성질의 방식으로 행동하게 될 것입니다. 그렇다면, 이 열망과 행동의 방식이 어떻게 이렇게 잘 맞을 수 있을까요?

이번 생애에서 우리는 지난 까르마의 결과들로 인한 특정 상황을 겪게 되어있습니다. 이런 상황이 일어나면, 우리가 어떻게 반응할 것인지에 대한 한정된 자유를 가집니다. 일단 무엇을 하고 싶은지 결정하면, 일련의 사건들을 일으키는 특정한 에너지의 조합으로 영향을 받게 됩니다. 이 사건들은, 어떻게 반응할 것인지에 대한 우리의 결정에 따라 좋거나 나쁜 결과들로 이어집니다.

예를 들어, 우리는 가족 중에 암으로 사망하는 사람이 있는 운명에 처할 수도 있습니다. 그런 일이 일어나면 우리는 슬퍼하고 그런 다음에는 삶이 얼마나 잔인할 수 있는지, 그리고 암이 얼마나 나쁜 것인지에 대해 다른 가족들과 함께 애통해합니다. 그리고 나서 주위의 아주 많은 것들에 대해 우울함을 느끼게 됩니다. 이 우울한 기분은 우리에게 영향을 미치는 까르마 때문에 사소한 일이라도 잘못되면 지속적인 우울함을 느끼며 우리 삶의 패턴이 되어 버릴 수도 있습니다. 하지만 우리는 관점을 바꿔 암 연구를 위한 재단을 시작하거나, 또는 기부나 다른 암 환자를 돕는 일을 하는 것 같은 생산적인 일을 하기로 결심할 수도 있습니다.

또 다른 예로 삶의 특정 시점에서 우리는 직업을 잃는 운명일 수도 있습니다. 그 일이 일어나면 상황이 너무 힘들다고 느낄 수도 있지만, 우리는 최선을 다하여 다른 일을 찾기로 결정할 수도 있습니다. 이것은 사실 우리가 새롭고 더 나은 직업을 찾기 위한 까르마의 준비일 수도 있습니다. 인생에서의 모든 전환은 삶을 발전시키기 위해 소위 장애물이라고 불리는 것들을 통해 일어납니다. 그것을 통해 알아야 하거나 이해할 필요가 있는 것들을 배우고 경험함으로써 성장하고 극복하는 기회를 맞이하는 것입니다. 사실 그 어떤 일도 이유 없이 일어나지 않습니다. 그리고 종종 어떤 사람들은 다양한 역경이나 도전적인 문제를 극복한 직후에 목표를 향한 가장 큰 발전을 이루어 내기도 합니다. 우리의 삶의 과제가 그저 우리가 정한 어떤 목표라도 그것을 이루기 위해 노력하는 것이 아니라는 것을 기억해야 합니다. 삶은 우리를 자신과 삶에 대해 가능한 한 많이 배우게 하고 만들어 나가는mold 지속적인 진화의 과정입니다. 이 과정에서 얼마나 많은 성공이나 실패가 있을지 늘 즉시 결정되는 것이 아닙니다. 우주는 설령 우리가 어떤 일이 일어나는지 또는 왜 그 일이 그런 식으로 일어나고 있는지 이해하지 못한다 하더라도 그 배후에 계획을 가지고 있습니다. 우리가 이해하지 못한다 해도, 상황은 보통 조만간 혹은 이후에 명확해집니다. 이 시기는 우리의 이해와 지각 수준에 따라 달라지는 것입니다.

성숙함과 이해력이 거의 없는 사람 또한 직업을 잃을 수 있습니다. 예를 들어 어떤 사람이 빈둥거리고 있다고 가정하고, 그래서 그가 해고당하게 된다고 생각해 봅시다. 해고를 당한 사람은 매우 화가 나서 복수할 기회를 노릴 수도 있습니다. 분노가 통제를 장악하면, 그는 이성을 잃고 집으로 가서, 총을 가지고 다시 직장으로 돌아가 쏘아대기 시작할지도 모릅니다. 이것이 끝나면 그는 복수를 하기로 했던 자신의 결정과 결과를 마주해야만 합니다. 우리가 어떤 역경으로 분노를 가지게 되었을 때 (예측 가능한 분노라 할지라도), 이것은 우리의 까르마로 인한 성향 때문일 수도 있지만, 결국은 선택의 문제입니다. 분노를 표현한 경우 우리는 화가 날 때 저지른 어리석은 일들에 대해 후회를 하거나, 분노와 어리석은 행위 때문에 우리가 저지른 범죄에 대한 도덕적이고 법적인 심판에 대면할 수도 있습니다.

이것이 우리가 주변의 것들을 어떻게 보는가 또는 우리 삶에서 일어나는 경험들에 어떻게 반응하는가에 대해 우리가 가지는 선택의 독립성과 자유에 관한 내용입니다. 상황을 어떻게 받아들이는가와 우리가 어떤 태도를 갖출 것인가는 우리의 책임입니다. 긍정적인 태도는 최악의 상황이라도 더 나아지게 만드는 데 도움이 될 수 있습니다. 하지만 부정적 태도는 모든 것을 가지고 있는 사람조차도 아프고 불행하게 하며 그의 수명을 줄어들게 할 수도 있습니다. 이 때문에 바가바드 기따는 이렇게 말합니다.

이런 감각에 영향을 받지 않는 사람만이, 즐거움과 고통에 무관심한 현명한 사람만이 불멸을 얻기에 적합하다. (바가바드 기따 2.15)

가장 우수한 것을 이제 알았으니, 참나로 자아를 다스려라. 그래서 정복하기 어려운 욕망이라는 이 적을 베어버려라. (바가바드 기따 3.43)

바가바드 기따에는 행복 혹은 불행에 영향을 받지 않아야 하고, 물질적인 감각, 마음, 지성을 초월해야 하며, 영적인 힘에 의해 더 높은 참나로 더 낮은 자아를 통제하고, 보이지 않는 욕망이라는 적을 정복해야 한다고 언급되어 있습니다. 그리고 욕망이 있는 곳에는 또한 분노, 탐욕, 시기, 참을성 없음 등이 있습니다.

그러므로 중요한 것은 전생에서 가지고 온 까르마를 어떻게 받아들이느냐tolerate, 그리고 까르마를 쌓는 일에서 어떻게 벗어나느냐 하는 것입니다.

7. 까르마에서 자유로워지기

만약 우리를 이 물질세계와 반복되는 탄생과 죽음의 순환, 환생에 묶어두는 것이 우리의 까르마이고, 그것으로부터 자유로워지는 것이 아주 어려운 일이라고 생각한다면, 당신이 전적으로 옳습니다. 하지만 더 이상의 까르마를 쌓지 않고 까르마를 쌓는 일에서 자유로워지게 하는 방법이 있습니다.

까르마에서 자유로워지는 방법을 정확하게 이해하는 것은 그리 쉽지 않습니다. 나는 엉터리 심령술사들이 어떤 어려움을 겪고 있을 때 자신들은 단지 나쁜 까르마를 해결하고 있다고 말하는 것을 여러 번 들었습니다. 그들이 삶의 부정적 상황에 대한 원인을 이해하고 그것을 마음 편히 받아들이고 있을지는 몰라도, 보통 더 나쁜 까르마를 발전시키는 것을 막는 방법을 알지는 못합니다. 바가바드 기따에서는 이렇게 말하고 있습니다.

> 그대는 행위, 행위하지 않음 그리고 금지된 행위를 알아야 한다. 행위는 심오하며, 이해하기가 매우 어렵다. (바가바드 기따 4.17)

따라서, 우리는 까르마가 있다는 것뿐만 아니라 '아까르마akarma'와 '비까르마vikarma'가 있다는 것도 이해해야 합니다. 까르마는 우리의 사회적, 경제적 또는 육체적 발전을 위해 행해지거나 또는 베다에 설명된 것처럼 미리 정해진 의무라는 측면에서 사람을 더 높은 탄생으로 인도하는 행위들과 관계가 있습니다. '아까르마'는 사람의 영적 성장을 위해 행해지고 까르마나 반응이 없는 그런 행위들로, 그로 인해 사람을 탄생과 죽음의 순환에서 자유롭게 합니다. 사람을 더 낮은 탄생으로 인도하는 이기적인 욕망에 근거해서 행해지는 종잡을 수 없는 행위들은 '비까르마'라고 불립니다. 선하고 악한 행위들이 모두 똑같이 사람을 물질세계와 그것의 모든 흥망성쇠, 그리고 불행에 묶어둔다는 것을 알기에, 지성이 있는 사람은 당연히 까르마의 속박으로부터 자유로워지는 행위를 하는 법을 배우기를 원할 것입니다. 이렇게 하기 위해서는 베다 문헌에 설명된 가르침, 특히 바가바드 기따와 슈리마드 바가바땀을 공부해야 합니다. 이 경전들은 우리가 물질적인 본성의 방식을 초월하고, 탄생과 죽음의 순환에 대한 반응과 속박으로부터 자유로워지도록 우리의 행위들을 통제할 수 있게 합니다.

무엇보다도, 우리는 행위를 피할 수 없다는 것을 이해해야 합니다. 상황이 어떠하든, 우리는 일을 해야 합니다. 그래서 우리는 어떻게 행위를 해야 하는지를 알아야 합니다.

4. 일을 하지 않음으로 행위의 힘의 반작용으로부터 자유를 얻는 것은 아니다. 또 어느 누구도 거저 일을 포기한다고 완성에 이르는 것도 아니다.

5. 어느 누구든 잠시 동안일지라도 행위 없이 있을 수 없다. 왜냐하면 모든 존재는 자연에서 나온 세 힘[25]에 의해 어쩔 수 없이 행위를 하게 되어 있다. (바가바드 기따 3.4∼5)

그대에게 주어진 일을 하라. 행위를 하는 것이 행위를 하지 않는 것보다 더 낫다. 그대가 행위를 하지 않으면 몸을 유지하는 것도 불가능하다. (바가바드 기따 3.8)

그러므로 그대는 무엇이 의무이며, 무엇이 의무가 아닌지 결정을 내려야 할 때

---

25   쁘라끄리띠의 구나들. 즉 삿뜨바, 라자스와 따마스. 신의 의지라고도 볼 수 있음.

경전이 그대의 권위가 되게하라. 경전의 안내를 이해할 때, 그대는 이 세상에서 점차로 바르게 행위를 할 것이다. (바가바드 기따 16.24)

행위는 창조주 브람마로부터 오며, 브람마는 불멸이며 무한한 분으로부터 온다. 그러므로 브람만은 늘 희생에 있다. (바가바드 기따 3.15)

그러므로 결과에 관심이 없이 의무로서 일을 해야 한다. 집착하지 않고 일하는 사람은 삶의 지고한 목표에 이를 수 있다. (바가바드 기따 3.19)

바가바드 기따에는 규정된 의무들이 무엇인지에 관한 것 또한 설명됩니다.

5. 숭배, 자선, 통제는 포기하지 않아야 한다. 그것은 해야 한다. 왜냐하면 그것은 현자조차도 정화시키기 때문이다.

6. 이러한 훌륭한 일도 완전한 무집착으로 결과에 아무런 관심없이 해야 한다. 이것이 나의 확고하며, 최종적인 판단이다.

7. 의무를 포기하는 것은 적절하지 않다. 미혹으로 의무를 포기하는 것은 어두운 사람의 포기다.

8. 어렵거나 고통스러워 의무를 포기하는 것은 에너지의 사람의 포기다. 그러한 행위는 포기의 향상으로 결코 나아가게 하지 않는다.

9. 아르주나, 결실에 대한 집착을 포기하고 자신에게 주어진 일을 의무로써 하

는 것은 순수한 사람의 포기다. (바가바드 기따 18.5~9)

숭배, 자선, 그리고 통제는 모두 영적 가치를 발전시키는 것과 관련된 행위들입니다. 자선은 지고한 존재에 대한 숭배 같은 것들을 위해, 또는 불우한 다른 사람들을 위해 돈, 시간, 지성 등을 제공하는 것입니다. 숭배와 통제는 신성한 날에 금식하는 것, 챈팅에 시간을 쓰는 것, 명상을 하는 것, 또는 영적인 지식을 얻기 위해 성스러운 책을 읽는 것, 다른 살아있는 존재들에게 어떤 해도 끼치지 않는 것, 또는 성지 순례를 떠나려고 노력하는 것 등의 행위들을 가리킵니다. 이런 것들이 번거로운 일처럼 보일 수도 있지만, 많은 사람들은 물질적인 보상에 대한 기대 없이 영적 진보를 발전시키기 위해 행위합니다. 또한 이런 행위들은 이번 생애와 다음 생애에서의 행복을 보장해 줍니다.

위에서 언급한 이 규정된 의무들에는 여러 종류가 있습니다. 우리의 진정한 영적인 정체성의 수준에서 깨닫고 행동하기 위해 베다 문헌에 명시된 것들이 있고, 우리 삶의 지위와 관련해서 우리의 의무를 설명하는 것들도 있습니다. 예를 들어 결혼을 하면, 아주 정성껏 가정을 일으켜 세우는 것이 우리의 의무일 것입니다. 따라서 이렇게 하기 위해 필요한 많은 것들을 이루기 위해 일을 하고 돈을 벌어야 할 수도 있습니다. 그것은 분명히 부담처럼 보일 수도 있지만, 우리는 의무로 그것을 해야만 합니다. 만약 가족을 떠나 혼자 일하러 가거나 원치 않는 책임으로부터 자유로워지는 것이 더 나을 것이라고 생각한다면, 그런 포기는 어둠의 방식이라고 말해집니다. 이것은 사회적으로나 개인적으로나 원치 않는 반응을 가져다줍니다. 그러므로 일단 삶에서 어떤 의무를 받아들였다면, 영적 성장을 계속하기 위해 개인적인 집착을 가지지 않고 신뢰할 수 있는 방식으로 의무를 행해야 합니다.

이런 행위들이 어떻게 행해져야 하는가는 다음과 같이 설명됩니다.

19. 현자들은 일의 결과에 아무런 바람이 없이 일하는 사람을 완전한 지식에 있다고 말한다. 그 사람의 행위는 순수하며 그는 진리를 안다.

20. 일의 결과에 대한 모든 생각을 버렸고, 늘 만족하며, 모든 외적인 지지를 버린 사람은 행위를 하고 있을지라도 전혀 행위를 하지 않고 있다.

21. 기대하는 것이 없으며, 소유감이 없으며, 몸과 마음을 확고히 통제하고 있으며, 삶에 필요한 최소한의 것을 위해서만 행위를 하는 사람은 몸으로 행위를 해도 나쁜 반작용을 일으키지 않는다.

22. 기쁨이나 고통 같은 삶의 이원성 너머로 갔으며, 부러워하지 않으며, 저절로 오는 무엇에나 만족하는 사람은 비록 행위를 해도 묶이지 않는다. (바가바드 기따 4.19~22)

49. 이기적 동기를 지니고 일하는 것은 마음의 평등으로 일하는 것에 비해 열등하다. 그러므로 아르주나, 행위의 요기가 되어라. 일의 결실을 즐기기 위해서

만 일하는 사람은 정말이지 불행하다. 왜냐하면 사람은 결과를 통제할 수 없기 때문이다.

50. 현명한 사람은 좋든 나쁘든 모든 결과를 버린다. 그는 오직 행위에만 집중한다. 요가는 행위의 기술이다. (바가바드 기따 2.49~50)

위 구절들은 우리가 여러 종류의 행위에 참여하면서도 어떻게 까르마를 만들지 않으며 행위 할 수 있는지를 설명합니다. 그리고 언급된 바와 같이, 탐욕스럽거나 욕망에 따라 자신의 행위의 결실이나 결과를 즐기려고 노력해서는 안 됩니다. 그렇게 하는 것은 단지 우리가 해결해야 하거나 경험해야 할 까르마를 통해 이 물질세계에 우리를 묶어 버리는 일시적인 물질적인 욕망에 대한 집착을 드러낼 뿐입니다. 그러므로 우리가 행위를 피할 수는 없지만 그 결과를 이기적으로 즐기기 위한 행위를 해서는 안 됩니다. 그렇다면, 우리는 누구를 위해 이러한 희생과 자선의 행위를 수행해야 하며, 그러한 행위의 필요성은 무엇일까요?

이것은 바가바드 기따에서 이렇게 설명됩니다.

행위는 물질적 세상에 묶이게 한다. 아르주나, 그대가 진정으로 자유롭기를 원한다면, 모든 행위를 그분에 대한 숭배[26]로 하라. 그렇게 하면 항상 집착하지 않게 되며, 굴레로부터 자유로울 것이다. (바가바드 기따 3.9)

---

26   얏냐yajna, 희생, 사심 없는 봉사

모든 행위를 신에게 바쳤기에 그는 행위로부터 자유롭다. 물방울이 연잎 위를 굴러 떨어지듯이, 죄는 그에게 닿지 않는다. (바가바드 기따 5.10)

30. 그대의 모든 행위를 나에게 넘겨라. 나에게 완전히 흡수된 채, 기대 없이, 자아 없이 그대의 일을 하라.
31. 부러움이 없이 나의 이 가르침을 진심으로 믿고 항상 행하는 사람은 행위의 굴레로부터 자유로워질 것이다. (바가바드 기따 3.30~31)

이것은 어떻게 모든 부정적인 반응과 탄생 그리고 죽음의 순환으로부터 자유롭게 해줄 행위를 할 수 있는지에 관한 답의 본질입니다. 이 방식을 통해 우리는 선하거나 악한 까르마를 쌓는 것으로부터 자유로울 수 있습니다. 그리고 이것은 물질 에너지의 영향력을 우리가 넘어설 수 있도록 합니다. 이것은 박띠 요가, 또는 참나에 대한 헌신적인 봉사의 과정입니다.

특히 이 시대에 유용한 박띠 요가의 과학은 우리의 모든 현재의 행위들을 포기하게 하거나 어쩔 수 없이 직업을 바꾸도록 만들지 않습니다. 박띠 요가를 통해 우리가 현재 하고 있는 행위로 영적인 진보를 이루게 하는 방법을 배울 수 있습니다. 까르마의 법칙과 함께 박띠 요가를 이해함으로써, 우리는 현재의 상황에서 빠른 영적인 진전을 쉽게 이룰 수 있으며, 영적인 성공뿐 아니라 물질적인 성공에도 이를 수 있습니다. 영적인 행위에서 현재 알고 있으며 가지고 있는 것을 사용하는 법을 배우는 것이 헌신적 봉사의 모든 것입니다. (박띠 요가의 과정은 뒤에 나올 장들과 출판 예정인 『힌두교의 심장』*The Heart of Hinduism*에서 자세히 설명될 것입니다.)

물론 이 사회에는, 이 지식에 대해 믿음이 없고 우리가 여기에 제시해 온 베다의 내용들이 이 시대와는 관련이 없는 단순히 지나간 시대의 신화라고 느끼는 사람들도 있습니다. 하지만 바가바드 기따에서는 그런 태도의 어리석음에 대해 이렇게 설명합니다.

> 그러나 이 가르침을 비판하고 불평하며 행하지 않는 사람은 어리석고 지식이 없는 사람이다. 그러면 그것은 그의 고통의 원인이 될 것이다. (바가바드 기따 3.32)

> 여기서 움직이고 있는 것에 자신을 맞추지 않고 감각을 즐기기 위해 사는 사람은 헛되게 살고 있다. 아르주나. (바가바드 기따 3.16)

위 마지막 구절은 오직 감각의 만족만을 중심으로 사는 것은 죄가 되는 행위라는 것을 보여줍니다. 우리가 영혼으로서의 진짜 정체성을 모를 때, 우리는 자신이 일시적인 육체이며 마음과 감각의 만족이 삶의 목표라는 생각을 가지게 됩니다. 하지만 이 관념이 바로 우리의 반복된 탄생과 죽음의 원인입니다.

지고한 신성의 인격이 말했다. 헌신적인 봉사, 분석적인 철학, 규정된 의무의 통제된 수행이라는 나를 달성하는 이런 방법들을 버리고 대신 물질적인 감각에 의해 움직이고 중요하지 않은 감각의 만족을 키우는 자들은 분명 반복되는 물질적 존재의 순환을 겪게 된다. (슈리마드 바가바땀 11.21.1)

만약 물질적인 감각을 극복하지 못한 무지한 사람이 베다의 명령을 충실히 지키지 않으면, 그는 분명 죄악이 되고 종교적이지 않은 행위들에 관여하게 될 것이다. 이렇게 해서 그가 받는 것은 반복되는 탄생과 죽음이 될 것이다. (슈리마드 바가바땀 11.3.45)

위 구절들의 요점은, 베다의 목적에 대해 언급되어 있다는 것입니다. 베다의 목적은 바로 미래를 위해 가능한 최선의 상황에 이르고자 하는 사람들을 위해 필요한 가르침을 주는 것입니다. 모든 사람들은 자신들의 재정적 수입, 경력 개발을 위한 기회, 생활 조건, 애정 생활, 또는 그들 존재의 다른 많은 영역들을 향상 시키기 위해 계획을 만들고 애쓰고 있습니다. 사실 거의 모든 사람들은 상황이 더 나아질 거라는 희망으로 삽니다. 하지만 우리가 알다시피, 상황을 더 낫게 만드는 방법이나 무엇을 해야 하는지를 그들이 언제나 정확하게 알지는 못합니다. 베다는 이 정보를 제공하기 위해 존재합니다. 바가바드 기따에서는 이렇게 설명하고 있습니다.

경전의 가르침을 저버리고 이기적 욕망의 충동을 따라 사는 사람은 성숙에도,
행복에도, 해방에는 더더욱 이르지 못할 것이다. (바가바드 기따 16.23)

감각과 마음의 일시적인 기분을 만족시키기 위한 행위만 한다면,
그는 분명 종교성과 멀어지게 만들고 타락을 부르는 행위에 점점 더
빠져들게 될 것입니다. 이것은 또한 다음 생의 탄생과 죽음에서 참아
내야만 할 더 나쁜 까르마가 생기게 만들고, 그들을 더 낮은 존재로 태
어나게 만들 수도 있습니다. 지성이 있는 사람이라면 이런 상황을 피
하도록 노력해야 합니다.

물질적인 육체는 분명 지고한 존재의 운명의 통제하에 움직이고 따라서 그의
까르마가 영향을 주는 한, 감각 그리고 생명의 공기와 함께 계속해서 살아야
한다. 그러나 절대적인 실체를 깨닫고 그로 인해 완벽한 요가의 단계에 높이
위치하게 된, 영적 깨달음을 얻은 영혼은 그것을 꿈에서 그려보았던 육체와 같
은 것으로 알고, 다시는 물질적인 육체와 그것의 수많은 현현에 굴복하지 않을
것이다. (슈리마드 바가바땀 11.13.37)

그러나 아르주나, 진리를 아는 사람은 감각이 감각의 대상에 작용할 때 그것은
자연의 힘이 자연의 힘에 작용하고 있다는 것을 알기 때문에 집착하지 않는다.

(바가바드 기따 3.28)

죄악이 되거나 물질적인 특정 활동을 삼감으로써, 그는 그것의 속박으로부터
자유로워진다. 그런 금욕은 인간의 종교적이고 상서로운 삶의 기본이고 모든
괴로움, 환영과 두려움을 몰아낸다. (슈리마드 바가바땀 11.21.18)

위의 구절로부터 과거의 행위와 경험으로 인해 까르마의 반응을 얻
게 된다는 것을 이해할 수 있습니다. 하지만 만약 인내심을 가지고 있
고 과거의 행위로 인해 생긴 조건에서 더 이상 까르마가 생겨나지 않
도록 하고 스스로 소진되도록 한다면 우리는 이 물질적인 존재로부터
자유로워질 것입니다. 그렇다면 우리는 우리의 타고난 영적인 정체성
을 재확립할 수 있을 것입니다.

이렇게 가슴 속의 매듭이 풀리고 모든 의혹들은 잘려나간다. 자신이 주인임을
보게 되면 결실을 낳는 행위들의 고리는 끝난다. (슈리마드 바가바땀 1.2.21)

이것은 까르마로부터 자유로운 사람의 징후이며 다양한 특징을 지
닌 물질의 힘의 영향, 즉 육체에 대한 모든 의혹과 잘못된 동일시는 그
나 그녀를 더 이상 방해하지 않습니다. 그런 상태에서 우리는 모든 것
들을 있는 그대로 볼 수 있습니다.

참나 깨달음에 의해 거친 육체와 미묘한 육체가 모두 순수한 참나와는 관계가 없다는 것을 경험할 때마다, 그는 자신뿐만 아니라 신도 본다. 만약 환영의 에너지가 가라앉고 살아있는 존재가 신의 은총으로 오는 지식으로 완전히 채워지면, 그는 즉시 참나 깨달음으로 깨달음을 얻게 되고 영광을 누리게 된다. (슈리마드 바가바땀 1.3.33~34)

오 위대한 현자여, 내(나라다 무니)가 신성의 인격을 경험했을 때, 신에 대한 나의 주의력은 흔들리지 않았다. 그리고 나의 경험이 발전함에 따라, 거칠고 미묘한 덮개를 받아들인 것은 단지 나의 무지에서였음을 깨달을 수 있었다. 왜냐하면 신과 나는 둘 다 초월적이기 때문이다. (슈리마드 바가바땀 1.5.27)

우리가 요가 수행으로 진보하고 물질적인 영향력에 영향을 덜 받는다고 느낄 때, 운명과 숙명 또한 변하기 시작합니다. 아직 일어나지 않은 까르마 반응들은, 우리가 요가의 길이 제시하는 행위에 전념할 때, 실제로 덜 가혹해집니다. 영적인 수련에 진심으로 전념함으로써, 우리의 까르마는 아주 많이 줄어들어 우리에게 올 것 중의 극히 일부만 겪게 될지도 모릅니다. 예를 들어, 어느 시점에 심각한 다리 부상을 입는 것이 우리의 운명이라면, 영적인 성장으로 인해 까르마가 최소화되어, 차 사고로 다리가 부러지는 대신 의자에 발가락이 밟히는 정도의 고통만 당하게 될 수도 있습니다. 이것은 브람마 삼히따(5.54)에서 다음과 같이 확인됩니다.

나는 태고의 신 고빈다를 흠모한다. 그는 헌신으로 충만한 자들의 결실을 낳는 활동을 뿌리까지 태워버리고, 행위^{work}의 길을 걷는 모든 자들에게 있어 그들이 이전에 행한 일련의 행위^{work}들에 맞춰 각자에게 그 활동의 결과인 마땅한 즐거움을 편견 없이 정해준다.

이것은 크리슈나 신에 의해 더 자세히 설명됩니다.

나의 사랑하는 우따바, 맹렬한 불길이 장작을 태워 재로 만들듯이, 나에 대한 헌신은 나의 헌신자들이 행한 죄악을 완전히 태워버린다. (슈리마드 바가바땀 11.14.19)

이것이 바로 우리의 까르마를 헌신적인 행위로 달라지게 하는 방법입니다. 박띠 요기는 신의 특별한 보호 아래 있으며, 까르미(이기적이고 결실을 낳는 활동을 함으로써 더 많은 까르마를 쌓는 사람)와 같은 사람의 삶에 영향을 주고 통제하는 물질적인 에너지에 의해 제한받지 않습니다. 우리는 박띠 요가의 수행을 통해 더 이상 까르마를 쌓지 않고 과거 까르마의 반응들로부터 자유롭게 될 수 있습니다. 뿐만 아니라, 박띠 요가를 수행하면 곧바로 신의 존재 안으로 돌아가는 기회가 있습니다. 그것은 슈리마드 바가바땀과 바가바드 기따에서 확인되는 것처럼 우리가 까르마로부터 자유로워 져야하는 진정한 이유입니다.

금을 불로 제련하면 그것의 불순함이 없어지고 순수하고 빛나는 순금의 상태로 돌아가듯이, 박띠 요가의 불에 흡수된 영혼은 결실을 낳는 지난 행위에 야기된 모든 오염에서 정화되고 영적 세계에서 나(지고한 존재)를 섬기는 원래 위치로 돌아간다. (슈리마드 바가바땀 11.14.25)

사람이 이원성의 미혹으로부터 풀려날 때 그는 순수하게 행위 할 수 있으며, 나를 진심으로 숭배할 수 있다. (바가바드 기따 7.28)

나의 사랑하는 우따바, 헌신자들이 나에게 바치는 순수하고 헌신적인 봉사는 나를 그들의 통제 아래 있게 한다. 이같이 나는 신비적인 요가, 샹까라 철학, 경건한 행위work, 베다를 배우는 것, 엄숙 또는 포기에 몰두하는 사람들에 의해서는 통제되지 못한다. 사람은 나에 대한 완전한 믿음으로 순수한 헌신적 봉사를 수행함으로써만 지고한 신성의 인격인 나에 이를 수 있다. 나는 나를 그들의 애정 어린 봉사의 유일한 목적으로 여기는 나의 헌신자들을 당연히 사랑한다. 그런 순수한 헌신적 봉사에 전념함으로써 개를 먹는 자들조차도 자신의 낮은 태생의 오염으로부터 스스로를 정화시킬 수 있다. (슈리마드 바가바땀 11.14.20〜21)

아르주나, 이것이 지고한 경지[27]이다. 이것을 얻은 사람은 미혹되지 않는다. 죽을 때조차도 그렇게 있는 사람은 신의 희열로 들어갈 수 있다. (바가바드 기따

---

27 브람만의 경지, 절대적인 상태, 초의식의 상태.

2.72)

우리가 까르마와 물질적인 본성에 의한 방식의 결과들로부터 자유로워진다면 우리의 타고난 영적 위치와 참나의 관계를 쉽게 볼 수 있습니다. 그러나 까르마의 영향 아래에서, 물질적인 사람들처럼 감각적인 즐거움을 얻기 위한 계획과 활동에 대해 항상 생각한다면 우리가 죽을 때 또 다른 물질적 육체로 태어나게 하는 자신의 육체적 욕망에 대해 집중하게 됩니다. 현명한 사람은 영적인 대기로 되돌아가기 위한 수단인 죽음의 순간에 참나에 대해 명상합니다. 고대 베다에서 설명했듯이 이것은 까르마와 운명의 과학이며, 모든 까르마로부터 자유를 얻고 환생의 순환을 멈출 궁극적인 방법입니다.

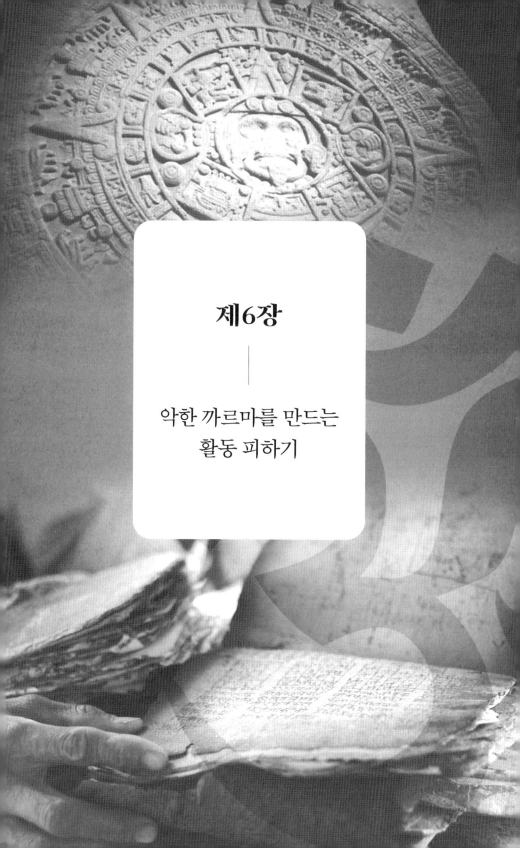

제6장

악한 까르마를 만드는
활동 피하기

최대한의 영적인 발전을 이루기 위해서는 어떤 활동이 우리의 까르마에 가장 해를 끼치는지와 가장 강력한 반응을 만들어내는지 알아야 합니다. 다른 사람들을 돕기 위한 행위 뿐만 아니라 경건하거나 종교적인 행위들이 더 나은 결과를 만들어 낸다는 것은 이미 언급했습니다. 이런 결과들은 부유하고 귀족적인 집안에서의 탄생이나, 편안한 환경에서 아름답고, 똑똑하고, 재능 있고, 건강한 삶을 살아가는 것 등으로 경험될 수 있습니다. 그릇된 행위는 병약하고, 추하고, 무지하고, 먹을 것이 충분치 않은 가난한 가정이나 전쟁으로 폐허가 된 나라에서 태어나는 것 같은 불행한 반응으로 고통을 받을 수 있습니다. 이 행성에서도 우리는 어떤 지역은 지옥 같고 다른 지역은 천국 같은 것을 봅니다. 어떤 사람들은 지옥 같은 고통을 겪고, 어떤 사람들은 천상의 즐거움을 누릴 수도 있습니다. 우리가 어디에서 살아가게 되는지는 우리의 까르마에 달려 있습니다.

베다를 통해 우리는 도덕적인 행위에 반하는 죄악이 되는 행위에 대한 경고와 처방을 발견할 수 있습니다. 죄악이 되는 행위들은 물질적 행위, 정신적 행위, 언어적 행위 같이 여러 종류가 있습니다. 마누삼히따는 설명합니다.

다른 사람들의 재산을 탐내는 것, 가슴으로 바람직하지 못한 것을 생각하는 것, 그리고 잘못된 (교리)에의 집착은 세 가지 유형의 (죄악이 되는) 정신적 행위이다. (다른 사람들을) 학대하는 것, 진실이 아닌 것을 (말하는 것), 모든 사람의 가치를 손상시키는 것, 그리고 잡담하는 것은 네 가지 유형의 (악한) 언어적 행위이다. 주어지지 않은 것을 가지는 것, 법의 허가 없이 (생명체에게) 해를 입히는 것, 다른 남자의 아내와 간통하는 것은 세 가지 유형의 (사악한) 육체적 행위라고 선언된다. (사람은) 그의 마음에서의 선하거나 악한 정신적 (행위의 결과), 그의 말에서의 언어적 (행위의 결과), 육체에서의 육체적 (행위의 결과)를 얻는다. 육체로 행해진 죄악이 되는 (많은) 행위들로 말미암아, 사람은 (다음 삶에서) 무생물이 되고, 말로 행해진 (죄악으로) 말미암아 새 또는 짐승이 되고, 정신적 (죄악으로) 말미암아 (그는) 낮은 계급으로 (다시 태어난다). (마누 삼히따 12.5~9)

위의 구절은 여러 그릇된 행위로 인해 생길 수 있는 예상 가능한 결과를 보여줍니다. 이와 같이, 만약 누군가가 기형, 보이지 않음, 또는 다른 육체적 혹은 정신적 질병으로 인해 고통을 받는 것을 본다면, 그것은 단지 운명의 장난이 아니라, 다른 원인이 있을 수 있습니다.

어떤 사악한 사람들은 이번 생애에서 행해진 범죄들로 말미암아, 또 어떤 사람들은 이전 (존재)에서 행해진 범죄들로 말미암아 그들의 (타고난) 모습의 변화를 겪는다. 이같이 (이전) 범죄들에 대해 남은 (죄책감)으로 말미암아 바보, 벙어리, 맹인, 귀머거리, 그리고 기형의 사람들이 태어난다. (마누 삼히따 11.48~53)

이런 식으로, 이번 생애에서 우리가 겪는 원치 않는 상황들은 우리의 지난 생애들의 그릇된 행위로부터 생긴 결과라는 것을 알 수 있습니다.

베다의 다른 부분들은 그릇된 행위로 인해 만들어진 결과들을 더 자세히 설명합니다. 베다는 이것을 알아야 한다고 권하는데, 그래야만 사람은 피할 길이 없는 까르마 법칙의 심각성을 이해하기 때문입니다.

감각(대상)에 대한 집착으로 말미암아, 그리고 의무에 대한 불이행으로 말미암아, 가장 천한 인간인 어리석은 자들은 아주 끔찍한 탄생에 이른다. 이 세계에서 살아있는 존재가 어떤 행동의 결과로 어떤 자궁으로 들어가는지, 그것의 세부적인 내용을 전반적으로 순서에 맞게 배워라. (마누 삼히따 12.52~53)

마누 삼히따에는 이 구절 뒤에, 사람이 특정 행위를 통해 얻게 되는 다양한 탄생에 대한 많은 항목이 있습니다. 우리는 다음의 예시들만 살펴보겠습니다.

수많은 세월 동안 무시무시한 지옥을 거쳐 오면서, 도덕적 죄를 범한 사람들
은 (그 처벌 기간)이 만료된 후에 다음 탄생들을 얻는다. 브람마나의 살해자는
개, 돼지, 당나귀, 낙타, 소, 염소, 양, 사슴, 새, 짠딸라^{chandala28}, 그리고 뿌까사
^{pukhasa}의 자궁으로 들어간다. (마누 삼히따 12.54~55)

상처 입히는 것을 좋아하는 사람들은 육식 (동물이 된다). 금지된 음식을 먹는
자들은 벌레가 된다. 도둑은 자기와 같은 종류를 잡아먹는 생명체가 된다. 가
장 낮은 계급의 여자들과 교제를 하는 자들은 유령^{preta}이 된다. (마누 삼히따
12.59)

위의 구절에서 우리는 특정한 그릇된 행위가 어떤 결과를 만들어
내는지 볼수 있습니다. 이번 생애에서 우리가 하는 일은 미래의 한두
생애가 아닌 많은 생애 동안 우리에게 영향을 줄 수도 있습니다. 어떻
게 이것이 작용하는지는 다음에 설명됩니다.

(사람이) 어떤 마음의 기질로 어떤 행위를 하면, 그는 같은 특성이 부여된 (미래
의) 육체로 그것의 결과를 거둔다. (마누 삼히따 12.81)

---

28 시체의 처분을 다루는 사람.

이것은 만약 우리가 사람들에게 도움이 되지 않는 감정이나 즐길 거리를 원한다면, 우리는 인간의 삶에 적합하지 않을 수도 있다는 것을 의미합니다. 그렇다면 죽음의 순간에 우리가 원한 감정이나 즐길 거리를 줄 수 있는 낮은 특정한 생명의 종으로 태어나야 할 수도 있습니다.

예를 들어 우리가 만일 잔인하거나 고기 먹는 것을 좋아한다면, 다른 동물들을 사냥하는 피를 즐기는 호랑이로 태어날 수도 있을 것입니다.

이것은 호랑이에게는 당연한 것입니다. 호랑이라고 항상 먹이를 잡을 수 있는 것은 아니고 며칠을 굶을 수도 있습니다. 하지만 호랑이가 생명체를 잡으면, 그것은 다양한 종류의 동물들의 과잉 번식을 막는 데 도움을 주는 자연의 생태 균형을 위한 요소로 작용합니다. 자연은 중립적으로 기능하고, 모든 동물의 종은 어떤 목적을 가지고 있습니다. 이것이 바로 각기 다른 다양한 개체들이 자연의 적절한 종으로 기능하고 있는 방식입니다. 그러므로 우리가 악한 행위를 하거나 올바른 인간적인 책임감이 없는 사람이라면, 자연의 법칙은 우리를 사회에 방해가 되지 않을 낮은 태생으로 태어나게 할 것입니다. 게다가 우리는 우리가 태어난 특정한 낮은 종으로 그에 맞는 자연스러운 본능에 따라 행동하게 될 것입니다. 이것은 일종의 벌일 뿐만 아니라 또한 자비이기도 한데, 만약 우리가 인간 이하의 형태로 있는 동안 동물적인 성향을 발휘한다면 (발휘하여 사라지게 한다면) 다시 인간으로 태어나자마자 그 기회를 제대로 사용할 수 있을 것이기 때문입니다. 그러나 위험한 것은 일단 낮은 형태의 생명으로 들어가면 또다시 인간으로 태어나기까지 많은 생애가 걸릴 수도 있다는 것입니다. 이 인간의 삶에서 우리의 행위들이 너무나 형편없고 끔찍하다면, 우리는 낮은 종으로 태어날 뿐 아니라 지옥 같은 상황으로 들어가게 될 것입니다. 어쨌든 우리가 이 행성에서 태어났듯이, 우리는 지옥 같은 행성계에서도 얼마든지 태어날 수 있습니다. 그것은 모두 우리의 까르마 또는 우리가 무엇을 바라고 있고 그럴만한 자격이 있는가에 달려 있습니다.

지옥 같은 행성들은 슈리마드 바가바땀(5.26.5)에서 주된 행성계와 우주의 남쪽 또는 하부에 있는 가르보다카^{Garbhodaka} 대양 사이 중간의 공간에 있는 것으로 묘사됩니다. 어떻게 사람이 지옥 같은 행성으로 가야만 하는지는 다음과 같이 묘사됩니다.

조상 (삐따^{pita})들의 왕은 태양신의 아주 강한 아들 야마라자^{Yamaraja}이다. 그는 개인 수행원과 함께 삐뜨리로까^{Pitriloka} 행성에 살고, 지고한 신이 만든 규칙과 통제를 따르면서, 죄를 지은 모든 사람이 죽으면 곧바로 그에게로 데리고 오는 야마두따^{Yamaduta}를 대리인으로 두고 있다. 그의 관할권으로 그들을 데려온 후, 그는 악한 행위를 구체적으로 보고 그들을 올바로 재판한다. 그리고 적합한 처

벌을 위해 많은 지옥 같은 행성 중의 하나로 그들을 보낸다. (슈리마드 바가바땀 5.26.6)

천국과 지옥에 대한 이 베다의 증거로 보아, 그 둘 모두 이 우주 안에 존재한다는 것은 분명합니다. 그러므로 천국과 지옥 어느 곳이든지 그곳에서의 존재 또한 일시적입니다.

사랑하는 왕 빠리끄시뜨Pariksit여, 야마라자 지역에는 수백, 수천의 지옥 같은 행성들이 있다. 내가 언급했던 불경한 사람들과 내가 언급하지 않았던 사람들 또한 모두 그들의 불경함의 정도에 따라 이 여러 행성으로 들어가야 한다. 그러나 경건한 사람들은 다른 행성계, 즉 반신반인들의 (천상의) 행성으로 들어간다. 그럼에도 불구하고 경건하거나 불경한 사람들 모두 그들의 경건하거나 불경한 행위들의 결과가 소진된 후에는 다시 지구로 되돌아온다. (슈리마드 바가바땀 5.26.37)

이것은 우리가 좋은 까르마로 인해 천국으로 갈 수도 있고 나쁜 까르마로 인해 지옥으로 갈 수도 있지만, 그런 좋거나 나쁜 까르마를 다 소진한 후 다시 시작하기 위해 이 중간 행성계로 되돌아온다는 것을 의미합니다. 다시 시작하기 위해 되돌아오지 않는다면, 우리가 낮은 생명의 종으로 태어나 알게 모르게 저지르는 죄악의 행위를 스스로 정화시키도록 강요받지 않을 것입니다.

따라서 고행은 언제나 정화를 위해 행해져야 한다. 왜냐면 그 죄가 씻기지 않은 사람들은 수치스러운 흔적을 가지고 (다시) 태어나기 때문이다. (마누 삼히따 11.54)

까르마를 정화하기 위한 고행은 우리의 감각, 육체, 마음에 대한 통제를 유지하는 것에 기반을 둡니다. 이것은 모든 시대와 모든 종교적 철학에서 장려되는 것이며 조만간 모든 사람들이 성취를 위해 스스로 찾아야 하는 목표입니다.

그의 마음속에 말에 대한 통제(바그단다^{vagdanda}), 생각에 대한 통제(마노단다 ^{manodanda}), 육체에 대한 통제(까야단다^{kayadanda}), 이 세 가지가 단단히 자리 잡은 그 사람은 (진정한) 뜨리단딘^{tridandin}이라 불린다. 모든 창조된 것들을 존중하면서 (자신에 대한) 이 세 가지 통제를 지니고 욕망과 분노를 완전히 가라앉히는 그 사람은 완벽한 성공을 얻는다. (마누 삼히따 12.10~11)

베다 공부, (금욕) 실행, (참된) 지식(의 습득), 기관의 통제, 해를 입히는 것의 자제, 구루를 섬기는 것은 최고의 희열에 이르는 가장 좋은 방법들이다. 이 미덕의 행위 중에서 사람에게 최고의 행복을 보장해 주기 위해 (나머지보다) 더 효과적이라고 분명히 말해진 것이 있는지 (묻는다면, 대답은) 영혼에 대한 지식이 그 모든 것 중에서 가장 뛰어나다고 말해진다는 것이다. 왜냐면 그것을 통해 불멸이 얻어지므로, 그것이 모든 과학의 첫 번째 과학이기 때문이다. (위에서 열거한) 그 여섯 (유형의) 행위 중에서, 베다가 가르친 행위들(수행)은 이 세상과 다음 세상에서의 행복을 보장하기 위해 가장 효과적인 것으로 여겨짐에 틀림없다. (마누 삼히따 12.83~86)

위 구절은 우리가 쌓아온 악한 까르마를 어떻게 스스로 정화시키며 다음 생애에서 행복을 얻을 수 있는가에 대한 중요한 과정이 부분적으로 설명되어 있습니다. 이 깔리 시대에는 정화를 위해 따라야 한다고 특별히 권해지는 네 가지 규율이 있습니다. 그것들은 진실, 금욕, 청결함, 자비입니다. 이것들은 아주 간단해 보이는데, 수년 전 요기와 수도사들이 따라야 했던 규율들과 비교해 보면 확실히 그렇습니다. 하지만 단지 이 네 가지 규율을 따르는 것도 이 시대의 보통 사람들에게는 대단한 성취로 여겨집니다. 그 이유는 이 네 가지 규율이 이 시대 사람들이 가장 탐닉하는 네 가지 유형의 활동들과 관련이 있기 때문입니다. 그러므로 이 규율을 따를 수 있다면, 그 사람은 앞으로 여러 번의 환생에 영향을 줄 수도 있는 가장 큰 까르마 반응 중의 어떤 것은 피할 수 있을 것이며 뿐만 아니라 엄청난 영적인 발전을 이룰 것입니다.

우리는 요가 과정에서 나타난 야마yama29와 니야마niyama30같은 규율들이 우리의 방식을 억압하거나, 원하는 행위를 제한하는 규율이 아

---

29 자제 또는 도덕적 훈령. 무엇에게도 상처주지 않음, 정직, 중용, 도둑질하지 않음, 모든 재산의 금욕.
30 행동의 기준 또는 의무. 마음의 순결, 만족, 금욕, 경전의 학습, 명상.

니라는 것을 기억해야 합니다. 또한 이런 규율이 우리에게 인위적이거나 비정상적인 습관들을 가지도록 강요하는 것도 아닙니다. 이런 규율은 사실상 영적으로 깨달은 사람들에게 있어 자연적인 존재의 상태입니다. 일단 깨달음을 얻게 되면, 그 또는 그녀는 이런 특성들이 사람의 성격에서 자연스럽게 나타나는 자각 수준으로 올라갑니다. 만약 이런 특성들이 자연스럽게 나타나지 않는다면, 그것은 그 사람이 감각의 즐거움에 집착하거나 물질적 의식에 빠져있다는 것을 보여줍니다.

1. 진실하기

첫 번째 규율은 진실에 대한 것입니다. 진실은 거짓말, 속임 또는 절도를 하지 않으면서 솔직하고 열려 있고 숨김이 없다는 것입니다. 그러므로 진실을 유지하기 위해 따라야 할 가장 중요한 규칙은 도박하지 않는 것입니다. 이것은 어떤 것을 애쓰지 않고 얻을 것이라는 희망을 가지고 불필요한 가능성에 참여하지 않는 것을 의미합니다. 도박은 게임이나 경주에 돈을 거는 것, 불법적이거나 비도덕적인 행위에 연루되는 것, 또는 부정하거나 의심스러운 사업 투자에 참여하는 것을 포함합니다. 만약 이기거나 이익을 낸다면, 당신은 아주 기분이 좋을 것입니다. 하지만 돈을 잃기 시작하면 극심한 불안감을 느끼기 시작할 것입니다. 곧 사람의 마음은 어떻게 해서든 돈을 벌려는 계획에만 완전히 몰두하게 됩니다. 그런 상황에서는 바른 판단을 내리지 못해서 정신적으로, 또 감정적으로 균형을 잃게 되고, 당신이 돈을 간절히 원하면 아무도 당신을 완전히 믿지 못합니다. 그리고 돈을 모두 잃거나 사업이 파산하면 친구도 잃을 수 있습니다. 어떤 사람들은 돈이나 사업을 잃으면 온전한 정신이 아니게 되어 자살 충동을 느끼기도 합니다. 이런 상황들은 도박을 하지 않거나 불필요한 위험을 감수하지 않음을 통해 피해야 합니다.

마음을 평화롭게 하고 정직한 수단에 의해 얻는 것에 만족함으로써 진실은 유지되기 쉽습니다. 숨길 것이 없으면 진정으로 정직하고 신뢰할 수 있으며, 그러면 마음은 평화롭고 영적인 지식을 함양할 준비가 됩니다. 만약 미심쩍은 모험에 대한 생각으로 마음이 너무 동요한다면, 영적인 의식을 발전시키는 것은 말할 것도 없고 만족함을 느끼거나 행복할 가능성조차 없어질 것입니다. 그리고 거짓말, 절도나 사기에 가담하는 것은 물질적 또는 영적인 발전에 분명한 장애가 되는 해로운 까르마의 반응을 만듭니다.

진실은 또한 진리를 아는 것이며, 절대 진리란 다른 모든 것들이 생겨나는 근원이라고 베단따 수뜨라는 설명합니다. 그러므로 진실하기 위해서는 베다에서 설명하는 궁극적 진리에 대해 알고, 모든 사람이 그것으로부터 혜택을 입도록 이 진리를 다른 사람들에게 설명해야 합니다.

2. 금욕 실천하기

금욕은 여러 가지를 의미합니다. 물론 그것은 엄격하게, 언제나 감각의 명령에 굴복하지 않는 것을 의미합니다. 이것은 혀의 갈망에 부응하지 말아야 하는 다이어트와 비슷합니다. 하지만 차이점은 그것이 살을 빼는 것이든 건강을 유지하는 것이든 간에 금욕의 목표에 이르기 위해서는 먹기에 좋은 것과 좋지 않은 것을 지성적으로 구별해야 한다는 것입니다. 이렇게 하기 위해서는 우리가 단지 육체 그 이상이고, 우리는 내면의 의식이며, 감각을 통제할 수 있고, 방해받지 않고 다양한 신체적 충동과 어려움을 견딜 수 있다는 것을 어느 정도 깨달아야 합니다. 우리가 말하고 있는 금욕은 또한 심각하고 진지하며, 정신적으로 균형을 이루고, 발전 중에서도 특히 영적인 발전을 이루겠다고 결심하는 것을 의미합니다. 생각이 비슷한 사람들과의 교제는 이 점에서 꽤 도움이 될 수 있습니다. 금욕을 유지하기 위해 따라야 할 가장 좋은 규율은 중독제로부터 벗어나는 것입니다.

중독제란 사람의 정상적인 신체 상태와 정신의 안정을 방해하는 것을 의미합니다. 이런 것들에는 코카인, 헤로인, LSD, 마리화나 같은 마약, 알콜 음료, 담배, 심지어 커피 등도 포함됩니다. 커피의 카페인은 신경계를 자극하고 사람을 초조하고 안절부절 못하게 하며 쉽게 불안해지게 만들 수 있습니다. 그리고 우리는 모두 담배가 몸에 어떤 해를 끼치는지를 알고 있습니다.

중독제는 분명 금욕의 감각을 잃게 합니다. 사람이 아주 조금이라도 취하게 되면 육체의 편안함을 더 추구하게 되고, 기분이 좋으면 그것을 해버리는 태도를 취하게 됩니다. 지나치게 취하게 된다면, 평소에는 하지 않을 많은 무모한 일들을 할 수도 있습니다. 혹은 자신을 실제보다 더 나은 존재로 여기기도 합니다. 엄청나게 취했던 밤이 지나고 다음 날 아침, 전날 밤 자신이 했던 행위를 기억조차 못할 수도 있습니다. 두통을 가라앉히기 위해 그저 아스피린을 찾는 것에 더 신경 쓸 지도 모릅니다.

중독제의 사용은 사람에게 몸과 마음을 의도적으로 잘못 사용하는 나쁜 까르마를 줄 뿐만 아니라, 훨씬 더 나쁜 까르마를 만들어내는 많은 어리석은 행위들을 하게 합니다. 약물 남용이나 알콜 중독, 음주 운전 때문에 사람들이 가지는 많은 문제들을 논의할 수도 있지만, 사실 우리 모두는 이미 충분히 알고 있습니다. 일반적으로 사람들은 삶을 있는 그대로 다룰 수 없기에 목발처럼 약물과 술에 의존하거나 달아납니다. 더 나은 방법을 원할 수도 있지만, 행복을 얻거나 불행을 피하려고 시도하는 그런 낮은 수단들에 더 의존하게 됨에 따라 저속한 스릴과 쾌감을 추구합니다. 그것은 상황을 더 악화시킵니다. 중독은 이번 생애에서나 다음 생애에서 견뎌내야만 하는 많은 결과를 만들어냅니다.

어떤 사람들은 영적인 깨달음을 돕기 위해 특정 약물이 필요하다고 말하지만, 사람들이 LSD나 다른 환각제를 섭취하면서 경험했다고 생각하는 그런 영적 비전들은 전혀 영적이지 않습니다. 이런 약물들은 다양한 의식의 수준이 존재하는 것을 보여줄 수는 있지만 실제로 당신을 그곳으로 데려갈 수는 없습니다. 그것은 어떤 집의 창문을 들여다볼 수는 있지만 들어갈 수 없는 것과 같습니다. 정신은 마음을 의미하고, 환각제를 사용하는 것은 영적인 영역으로 들어가는 것과는 까마득히 먼 것입니다. 약물과 관련된 그런 경험들은 마음 안에서 또는 미묘한 수준에서 발생할 뿐이며, 참나에 닿지 않습니다. 그러므로 약물은 사람을 정신적, 육체적인 의식 수준에 머물러 있게 하기 때문에 영적으로 발전하기를 원하는 사람에게 큰 방해물이 될 수 있습니다. 또한 약물 의존성을 만들 수도 있는데, 그것은 여러 이유에서 위험합니다. 특정 약물에 취한 상태에서 느끼는 감정은 사람을 속여서 그것을 정신적인 경험이라고 생각하게 만들 수도 있지만, 이것은 단순히 속고 싶어하는 사람들을 위한 환영일 뿐입니다.

이번 생애에서 영적으로 발전하고자 하는 사람은 모든 종류의 중독제를 피하는 통제와 금욕을 견디기를 권합니다. 물론, 영적으로 아주 진보되지 않았다면, 이것은 어려운 일처럼 보일 것입니다. 하지만 사람들이 영적인 깨달음으로 더 많이 발전될수록, 모든 종류의 중독제에서 아무런 매력도 느낄 수 없게 됩니다. 어떤 종류의 중독제도 영적인 그리고 내적인 힘이 발전한 사람에게 유혹이 되지 못합니다. 중독제라는 단어는 말 그대로 육체나 마음을 독소로 오염시키는 것을 의미합니다. 더 큰 즐거움과 행복이 제공된다면 어떤 사람이 그것에 끌릴 수 있겠습니까? 영적인 행복은, 그들의 모든 변덕스러운 마음을 만족시키거나 중독으로 정신을 빼앗겨 생기는 것이 아니라 마음과 감각을 계속 통제함으로써 얻어집니다. 더 금욕적인 사람이 될수록 감각의 통제에 더 단호해질 것이고, 한때는 주된 문제였던 장애물들은 어떤 위협도 가하지 않게 될 것입니다. 이것은 내면에서 본연의 행복을 인식할 수 있는 자격을 갖추는 시작입니다.

샤먼들처럼 약물, 버섯 또는 페이요트 알약을 종교의식에서 먹는 사람들이 있을 수도 있습니다. 이것은 보통의 약물 남용과는 아주 다릅니다. 하지만 그럼에도 불구하고 그것으로 보는 것도 종종 또 다른 차원의 물질적 실체에 지나지 않습니다. 이 비전들은 영적이지 않습니다. 기껏해야 그것들은 미묘한 존재의 플랫폼과 접촉하기 위해 화학적으로 유도된 방법의 결과입니다. 요가는 사람을 영성화시키는 자연스러운 방법이며, 우리는 더 높은 삶의 영역을 인지할 수 있게 될수록 더 영적인 존재가 됩니다. 하지만 그런 샤먼의 약물 사용은 다양한 이유로 그가 연구하는 치유의 영, 식물의 영 또는 도움이 되거나 해가 되는 존재들이라고 불리는 것과 접촉하게 합니다. 이것은 모든 사람을 위한 길이 아니며 만약 그런 존재들과의 접촉을 시도하면서 자신이 무엇을 하고 있는지 모른다면 아주 위험할 수 있습니다. 어떤 비전들은 끔찍할 수 있고, 어떤 약물들은 너무나 강력해서 약물의 영향력 아래 있었던 동안 실제 일어났던 것을 기억하는 것은 물론이고 그 영향으로부터 빠져나오는 데 며칠이 걸릴 수도 있습니다. 그러므로 그런 약물 사용은 사물의 더 높은 측면을 이해하는 긍정적이거나 확실한 방법이 될 수 없습니다.

3. 내적, 외적 청결함

속담에 있듯이 청결함은 신앙심 다음으로 중요한데 이와 관련해서 그것은 그저 집을 깔끔하고 청결하게 하고 매일 목욕을 하는 것을 의미하는 것은 아닙니다. 그것은 마음을 청결히 하고 쓸데없고 더러운 생각들로부터 자유로워지는 것을 의미합니다. 마음이 언제나 감각을 만족시키려는 계획을 만들어내는 한 까르마에서 자유로워지려는 시도를 하며 영적인 길에 계속 있을 수 없습니다. 그리고 가장 강렬한 감각의 만족은 성적인 만족을 추구하는 생활입니다. 많은 사람들에게, 성에 대한 생각은 매우 큰 동기를 부여하는 요소입니다. 그래서 많은 노래들이 성의 찬란한 아름다움과 남녀 사이에서의 끌림을 묘사하고 있습니다. 많은 행위들은 애정과 성을 즐길 누군가를 찾는 것에 대한 전망에 기반을 둡니다. 사실, 현대 사회는 이 성에 대한 갈망을 중심으로 진화합니다.

이렇게 성에 집중하는 유형의 문제는, 그것에 대해 생각하면 할수록 더 많이 그것에 관여하기를 바란다는 것입니다. 따라서, 육체적인 삶의 개념을 더 확고히 받아들이게 됩니다. 영적인 길에 대해 진지한 사람들에게 있어 성에 대한 집중은 완전히 피하지는 못하더라도 최소화되어야만 합니다. 성에 대해 생각하고 자신의 욕망을 만족시키려는 바람으로 다른 사람들을 바라보는 것은 청결한 마음 또는 가슴을 유지하는 방법이 아닙니다. 그러므로 적절한 영적인 명상과 사회 통념에 어긋나는 섹스를 피함으로써 마음을 통제해야 합니다. 그것은 어떤 성생활도 하지 말아야 한다는 것은 아니지만 만약 해야 한다면 결혼을 해서 영적인 의식 안에서 점잖은 가정을 꾸리는 것이 최선입니다. 그렇지 않으면 단지 먹고, 잠자고, 짝짓기를 하고, 방어할 것을 찾는 동물처럼 남아있게 됩니다.

인간의 삶은 우리가 스스로에게 자신이 누구인지를 묻고 알아내려는 탐구를 할 때 비로소 시작됩니다. 하지만 섹스 같은 동물적인 성향에만 관심을 가진다면, 비록 인간의 형상을 하고 있다 하더라도 그는 그것을 잘못 사용하고 있고, 단지 세련된 두 발을 가진 동물에 지나지 않습니다.

바가바드 기따에서 슈리 크리슈나는 말합니다.

나는 갈망[31]과 집착[32]이 없으며 종교적 원리에 배치되지 않는 성생활이다. (바가바드 기따 7.11)

그러므로 종교적 원칙을 따르기만 한다면 성을 누리는 생활도 영적인 길이 될 수도 있습니다. 그러나 혼외, 불륜, 또는 단순히 성기의 자극적인 감각을 경험하는 것 같은 불필요한 목적을 위한 것이나 사회 통념에 어긋나는 성생활은 그 행위를 통해 위험을 무릅쓰는 많은 질병은 말할 것도 없고 무거운 까르마를 낳게 됩니다. 그런 질병들은 자연이 우리에게 조심하라고 하는 경고의 방식이지만 많은 사람들이 귀 기울이지 않고 있고, 이로 인해 다양한 질병들이 사회에 두루 퍼지게 됩니다.

사회 통념에 어긋나는 성생활은, 원하지 않는 임신의 가능성도 있습니다. 원치 않았던 아이이고 사랑받지 못하는 아이는 냉혹한 환경에

31　까마, 가지고 있지 않은 것에 대한 갈망
32　라가, 가지고 있는 것에 대한 애착

서 자라나고 종종 똑같이 냉혹하고 잔인한 사고방식을 발전시킵니다.
우리는 오늘날 이 사회에서 이러한 모습을 종종 볼 수 있으며 바가바드 기따에는 이것의 원인도 찾을 수 있습니다.

40. 오, 크리슈나시여! 가정이 파괴되면, 고대의 전통이 사라집니다. 그것은 삶의 영적 토대와 가정의 일체감을 사라지게 합니다.

41. 일체감이 사라지면, 오, 크리슈나시여! 가정의 여성이 순수함을 잃어 원치 않는 자손이 생길 수도 있습니다. 그러면 많은 사회적 문제가 일어납니다. (바가바드 기따 1.40~41)

'가정의 파괴자들'은 소위 사회 통념에 어긋나는 성생활과 다른 그릇된 행위를 하고자 하는 자유를 위해 종교적이고 도덕적인 규범을 버리는 것을 지지하는 사람들을 일컫습니다. 그러므로 사회에서 혼음을 장려하거나 자립적인 여자들을 이용하려고 하는 무책임한 남자들과 지도자들은 또한 사회적, 도덕적 가치의 실패에 대한 책임을 함께 짊어져야 합니다.

사회의 혼란은 가정과 가정 파괴자 역시 지옥으로 떨어지게 합니다. 그것은 선조로부터 시작된 경건한 행위를 파괴하게 될 것입니다. (바가바드 기따 1.42)

그러므로, 정신적, 육체적 청결함의 실천은 사람들이 이런 종류의 문제들에 연루되는 것을 막을 것입니다. 그리고 디트로이트에 살았기에 나는 사회 통념에 어긋나는 성생활로 생긴 원치 않는 아이들이 태어나 일어나는 많은 문제들을 보았습니다.

베다의 가르침들이 단지 성적인 욕구의 표현을 억제시키는 것만을 권하는 것이 아니라는 점을 생각해 볼 필요가 있습니다. 더 높은 영적인 자각을 경험하지 않는다면 우리들은 항상 이런 욕구들을 가지게 될 것이기 때문에 이것은 효과적이지도 않습니다. 더 높은 영적 자각의 경험은 요가와 베다를 통한 참나 깨달음의 과정에서 고상한 영적인 실천을 할 때 생깁니다. 높은 수준의 의식에 이르러 계속 발전한다면, 감각적인 욕망은 나무의 낙엽처럼 성적 쾌락에 대한 생각이 하찮아질 때까지 서서히 사라집니다. 그렇다면 우리는 기본 욕구를 쉽게 초월합니다. 또한, 우리는 이 영적인 경험의 플랫폼에서, 성적인 것에 빠져 있는 사람이 닿을 수 없는 깨달음의 수준으로 들어갈 수 있습니다. 우리는 제4장에 설명된 것처럼 감각적인 즐거움으로부터 느낄 수 있는 것보다 훨씬 더 큰 내적 희열을 느낄 수 있습니다.

4. 낙태의 문제

오늘날, 원치 않는 임신이나 원치 않는 구성원을 없애기 위해 많은 사람들이 낙태를 합니다. 낙태를 하는 것에 대한 까르마 반응은 아주 심각한 것입니다. 까르마의 법칙에서는 우리가 다른 사람들에게 가하는 어떤 고통도 나중에 우리에게 되돌아옵니다. 심지어 불필요하게 개미를 밟는 것조차 기록됩니다. 만약 우리가 자라고 있는 인간의 태아같은 더 중요하고 의미 있는 생명체에게 의도적으로 해를 끼친다면, 그 반응은 매우 심각할 것입니다.

까르마의 법칙은 상황을 고려하지 않고 적용됩니다. 그 상황이 아이를 키우기에 적당하지 않다는 것도, 대학에서 학업을 마쳐야 하고 아이를 키울 형편이 안 된다는 것도, 결혼 생활이 안정적이지 않다는 것도, 엄마가 겨우 열다섯 살이라는 것도, 이 외에 있을 수 있는 많은 이유들도 고려하지 않습니다. 까르마의 법칙은 남자와 여자가 성행위를 했다면 일어날 수 있는 어떤 결과에 대한 책임이든 받아들여야 한다는 것만을 인식합니다. 비록 '책임감 있게' 피임을 했다 하더라도 실패하여 임신을 하게 되었다면 그 커플은 여전히 책임이 있습니다.

오늘날, 여성들은 낙태가 엄연히 여성들의 문제이고, 자신의 몸과 미래에 대해 무엇을 할지에 대해, 또는 임신이 적절하지 않은 경우라면 낙태를 선택할 권리를 가지고 싶다고 말합니다. 여성들은 여러 세기 동안 이런 부분에 대해 개인적인 결정을 해 왔지만, 어쩌면 예전보다 지금 더 많은 자유가 있는 것 같습니다. 크게 달라지는 것은 없을 것입니다. 낙태를 하기로 결정한다면, 어딘가에 있는 누군가는 기꺼이 그것을 할 것입니다. 하지만 요점은 수정이 일어나기 전에 성적 행위 또는 정액의 주입이 분명 있었다고 까르마의 법칙이 인식한다는 것입니다. 그곳이 바로 선택이 일어나는 장소이고 책임 있는 존재가 있어야 할 때입니다.

성은 주로 창조적인 기능을 합니다. 이것을 이해하지 못하는 사람은 믿을 수 없을 정도로 순진하거나 이 문제에 있어서 교육이 절실히 필요합니다. 성을 통해 부부는 아이를 초대하고 있는 것입니다. 따라서 아이를 가질지 말지는 임신 전에 선택해야 합니다. 그리고 아이라는 결과를 얻었을 때, 책임을 분담할 의사가 없다면, 두 사람이 성생활에 참여해서는 안 됩니다. 일단 아이가 생기면, 그 선택은 이미 이루어진 것으로 간주 됩니다. 자녀에 대한 욕망이 없고 자녀를 양육하고 돌보는 의무를 원하지 않거나 할 수 없다면 성 충동을 통제해야 합니다. 그러면 많은 문제를 피할 수 있게 됩니다. 그리고 만약 어떤 사람이 성적으로 너무 동요되어 피하지 못한다고 느낀다면, 요가를 연습하고 단 것이 적고 영양이 풍부한 식사를 하는 것이 그 문제를 해결하는 데 도움이 되는 방법입니다. 무책임한 성으로 인해 원치 않는 임신을 하고 자유로워지기 위해 낙태를 하는 것은 이기심의 전형적인 모습입니다.

낙태에 따른 또 다른 논쟁은 태아가 태어나기 전에 실제로 살아있는 것인지와 태아가 공포와 고통을 느낄 수 있는지에 대한 것입니다. 만약 태아를 살아있지 않은 것으로 간주한다면 낙태를 하는 것에 논리적으로 아무런 잘못이 없어 보입니다. 하지만 자궁 안의 태아가 살아있다는 것은 과학이 이미 입증했습니다. 몇 주만 지나도 태아는 엄마와 다른 자신만의 심장박동과 뇌파를 가집니다. 여성들이 자신의 몸에 대해 어떻게 할지 결정할 권리를 원할 수도 있지만, 태아 또한 스스로의 몸으로 개별성을 발전시키고 있는 것입니다.

이것에 대한 생생한 사례는 의사 마츠 와켈Mats Waktel이 스웨덴의 카르스타드에서 경험한 일입니다. 그는 22세인 엘스 카스트롬Else Kallstrom의 자궁 안에 있는 큰 땅콩만한 크기의 태아의 낙태 시술을 하고 있었습니다. 태아가 아직 아주 작을 때, 그것은 일반적으로 단지 인간 조직의 일부라고 말해집니다. 하지만 이 경우, 태아가 자궁에서 제거되었을 때, 의사 마츠 와켈, 그리고 몇몇 간호사들은 태아가 떠는 것을 보았고 그것이 폼알데히드 양동이 안으로 떨어지기 전에 소리치는 것을 들었습니다. 엘스는 그 경험 때문에 정신적으로 충격을 받아왔다고 주장했고, 낙태에 대한 강력한 지지자였고 몇 년 동안 그 장사로 생계를 유지해왔던 의사 와켈은 남은 평생 절대 낙태를 시술하지 않겠다고 맹세했습니다. '아이가 아닌 엄마를 위한 엄마'라는 단체의 에바 핸슨Eva Hanson 같은 사람들은 자궁 안에 있는 이 생명의 증거를 여전히 무시했고, 에바 핸슨은 "나는 그것이 소리쳤다고 해도 신경 쓰지 않는다. 그들은 그것에 대해 한마디도 하지 말았어야 했다."라고 냉담하게 말했습니다.

태아가 살아있는지 아닌지에 대해 사람들이 아직도 논쟁을 하고 있습니다. 하지만, 동양에서는 이미 수백 년 전에 알고 있었습니다. 베다의 초기 문헌인 야주르베다(12.38~39)의 내용처럼 말입니다.

오 태양처럼 눈부시게 빛나는 영혼이여, 다시 태어나기 위해 불과 흙에 닿아 태워진 후, 어머니의 뱃속에 살다가 그대는 다시 태어난다. 오 자궁에 이른 영혼이여, 어린아이가 어머니의 무릎에서 잠이 드는 것처럼 그대는 다시 또 상서롭게 그대 어머니 안에 있다.

이것은 영혼은 수정이 되는 바로 그 순간부터 자궁 안에 있다는 것을 보여줍니다. 따라서 수정이 없다면 어떤 영혼도 자궁 안으로 들어가지 않고 임신은 발생하지 않는다는 것을 이해할 수 있습니다.

슈리마드 바가바땀(11.22.47) 역시 이렇게 설명합니다.

수태, 임신, 탄생, 유아기, 유년기, 청년, 중년, 노년, 그리고 죽음은 육체의 아홉 가지 시기이다.

위 구절은 영혼이 존재하기 때문에, 태아의 육체가 자궁 안에 살아 있고 성장하고 있다는 것을 의미합니다. 이것은 태아가 태어난다면 육체를 따라 영혼이 거기에 있기에 자궁 밖에서 계속 성장하는 것과 다르지 않습니다.

우리는 또한 야주르 베다(19.87)에서 아이가 비록 자궁 속에 있더라도 그것을 돌보는 것이 남편과 아내의 의무라는 것을 찾아볼 수 있습니다.

그들의 부모에게 먹을 것을 제공하고 자궁 안의 태아를 보호하는 것은 둘(남편과 아내)에게 지워진 의무이다.

베다의 관점에서 자궁 안의 아이를 보호하는 것은 양쪽 부모가 져야 하는 책임입니다.

더 나아가, 아이는 자궁 안에 있는 동안에도 실제로 고통을 느낄 수 있다는 것을 우리는 이해해야 합니다. 따라서, 베다 문헌은 임신한 여성이 너무 매운 음식을 먹는다면 태아에게 고통을 줄 수도 있으며 이런 음식을 먹지 않음으로써 태아를 잘 돌봐야 한다고 충고합니다.

어머니가 쓰고, 톡 쏘는 식품, 또는 너무 짜거나 너무 신 음식을 먹음으로 인해,

아이의 몸은 끊임없이 거의 참을 수 없는 고통을 당한다. (슈리마드 바가바땀 3.31.7)

만약 태아가 매운 음식 때문에 참을 수 없는 고통을 당한다면, 낙태 같은 것으로 인해서는 얼마나 큰 고통을 당하게 될지 우리는 상상할 수 있습니다. 이것이 바로 자궁 안에 있는 무방비의 태아에게 낙태를 하거나 시술하는 행위가 왜 그렇게 심각한 까르마를 만드는지에 대한 이유입니다. 마하니르바나 딴뜨라(11.69~70)는 말합니다.

다섯 달이 채 되기도 전에 유산을 시키는 여성뿐 아니라 그녀가 그렇게 하도록 돕는 자는 심한 벌을 받아야 한다. 다섯 달이 지난 후에 자궁에서 아이를 없애는 여성과 그녀가 그렇게 하도록 돕는 자 또한 사람을 죽이는 것과 같은 죄를 짓는 것이다.

이같이 고대 동양 문서에서도 낙태는 인간의 생명에 대한 심각한 범죄행위로 여겨지며, 다섯 달 후에 자궁 안의 아이를 죽이는 것은 다 큰 사람을 죽이는 것과 똑같다고 보았습니다. 물론, 물질적인 사람들은 그들의 삶을 더 쉽게 만들기 위해서는 어떤 수단이든지 사용할 것이고, 그것을 정당화하기 위해 어떤 논쟁이든 참여할 것입니다. 하지만 만약 동양의 문헌에서 가져온 위의 구절이 보편적인 법칙과 일치한다면, 도덕적 삶 또는 영적인 길을 따르려고 하는 모든 사람들은 까르마 반응이 그들의 미래의 존재에까지 따라갈 것을 잘 알기에 낙태를 피할 것입니다.

낙태를 한 사람에게 생기는 까르마는, 그들이 죽은 후에 유산을 겪거나 낙태를 하는 어머니의 자궁에 있게 된다는 것입니다. 이와 같이 그들은 자궁 안에 꽉 끼워지는 것이 어떤 것인지를 경험하게 될 것입니다. 오직 나쁜 까르마가 소진된 후에야 그 사람은 다시 태어나도록 허용될 자궁 속으로 들어갈 수 있습니다. 만약 사람이 똑같은 실수를 하고 다시 낙태를 한다면, 똑같은 나쁜 까르마를 다시 가지게 됩니다. 그리고 임신을 한 여성이나 의사가 여러 번의 낙태에 참여한다면, 그들이 죽은 후의 미래는 아주 어두워집니다. 한 나라에서 수천 또는 심지어 수백만 명의 여성이 낙태를 한다면, 이것은 온 나라를 끔찍한 까르마로 감염시킵니다. 보통의 여성이 일생 동안 약 여덟 번의 낙태를 하는 러시아 같은 나라에서는 그 반응이 어떨지 생각조차 할 수 없습니다. 그 나라가 살기에 매우 비참한 나라가 된다는 정도가 그 까르마가 가져오는 가장 작은 파장일 것입니다.

슈리마드 바가바땀(3.31.1)은 말합니다.

신성의 인격이 말했다. 지고한 신의 감독 아래 그리고 그의 일의 결과에 따라, 살아있는 존재인 영혼은 특정한 유형인 육체의 양상을 띠는, 남성의 아주 작은 입자의 정액을 통해서 여성의 자궁 안으로 들어가도록 만들어진다.

우리는 위의 구절로 자궁에서 수정이 있을 때마다, 잉태된 태아는 그 어머니의 육체를 통해 태어나 운명을 완수하기로 되어있다는 것을 깨달을 수 있습니다. 그렇다면 임신은 '사고'가 아닙니다. 그것은 예정된 것입니다. 하지만 우리가 신의 위치에 서서 임신을 끝내기로 결정한다면, 우리가 한 생명의 예정된 운명과 진화의 성장, 발전을 실행하는 것을 어렵게 만드는 것입니다. 만약 아이를 돌볼 수 없다면 자비롭게 그 아이가 태어나도록 허락해준 다음에 입양을 시킬 수도 있습니다. 그 경우에, 아기는 계속 자라고 성장해서 그의 까르마에 따른 운명을 완수할 수 있습니다. 아이는 아마도 사랑이 있는 집에 입양될 것이고, 친모는 아이의 성장을 볼 수 있으며 낙태를 통한 무거운 까르마에 심각하게 연루되지 않을 수도 있습니다.

이런 식으로 사람들이 사회 통념에 어긋나는 성생활을 하고 낙태를 하는 것을 계속 고집한다면 그들은 수반되는 위험과 까르마를 이해해야 합니다. 까르마의 법칙과 영혼의 과학을 이해함으로써 이러한 문제들은 더 쉽게 해결될 수 있습니다.

5. 섹스 또는 노섹스

좀 더 영적인 관점에서, 특히 진지하게 영적인 길을 실천하는 사람들에게는 가능한 한 섹스를 피해야 한다고 권해집니다. 우리가 언급했듯이 섹스를 하기 위해서는, 우리의 의식을 육체적인 생명의 플랫폼까지 낮춰야 하는데, 그것은 영적인 의식의 발전에 도움이 되지 않습니다. 다시 말해서, 우리는 스스로를 어떻게든 섹스를 하기 위해 만족시키려고 하는 이 육체로 보아야 합니다. 그렇지 않다면, 어떻게 흥분할 수 있겠습니까? 우리의 육체 안에는 육체를 초월하고 개인의 진정한 정체성인 참나를 담고 있지만 실제 상황의 현실을 본다면, 이 몸은 피, 내장, 근육, 뼈로 이루어진 냄새나는 피부 가방에 불과합니다. 이 상황의 실체를 본다면 당신은 섹스를 시도하는 것에 흥미를 잃게 될 것입니다. 영적인 진보를 이루고 있는 사람은 기본적으로 섹스가 목표로부터 주의를 산만하게 하는 것임을 알게 될 것입니다.

요가를 수련하고 있거나 영적인 깨달음에 대해 진지한 사람들에게는 섹스를 피하고 필요 이상으로 많은 정액을 내보내지 않을 것이 특별히 권고됩니다. 사실, 순결을 유지할 수 있다면 그것이 가장 좋습니다. 만약 정액이 몸 안에 계속 있다면, 그는 큰 힘, 강한 의지, 결의, 좋은 기억력을 발전시킬 수 있습니다. 불행히도 현대 문명에서는 일반적으로 더 많은 방법으로 섹스를 할 수 있다면 더 성공하고 행복할 거라고 여겨집니다. 하지만 잦은 섹스로 인해 남자들은 종종 저능하고, 무감정이 되며, 지구력과 건강뿐 아니라 도덕적 품성, 에너지를 잃게 될 수 있다는 것을 우리는 보아왔습니다.

정액 또는 슈끄라shukra는 생명의 정수, 비르야virya라고도 알려져 있습니다. 이 생명의 정수는 생식 기관일 뿐 아니라 온몸에 스며들어 있고 육체의 윤기 또는 아우라라고 알려진 것을 내뿜습니다. 이 비르야는 그것을 보유하고 있을 때는 힘, 용기, 결단력을 주고 그것을 잃으면 허약함, 비겁함, 흐트러진 지성 같은 반대의 특성을 가져다줍니다. 그러므로 아유르베다는 남자는 자신의 정액을 계속 지니고 있어야 한다고 강조하고, 아따르바 베다(19.26.1~2)에서도 그러합니다.

자뜨라그니jathragni 즉 육체의 온도에 의해 만들어지는 생명 연장의 정액은 철저하게 필멸의 육체 안에 유지된다. 그것의 중요성을 아는 사람은 그럴 자격이 있는 것이다. 그리고 온전히 그대로 두는 사람은 죽기 전에 길고도 긴 노년에 이른다. 오 영혼이여, 정액은 그대 이전에 살았던 남자들이 얻을 수 있었던 (잘 보호된 정액으로 인한) 태양과 같은 아름다움과 빛을 지니고서, 광채와 위풍당당함을 만들어낸다. 바로 그 정액이 그대 안에서 기분 좋은 영광을 만들어낼 것이다. 그것을 간직하는 사람은 장수에 이른다.

야주르 베다(11.84)에서도 과도한 정액의 배출은 육체에 해로움을 가져오는 반면에 정액을 계속 간직하는 것은 수명을 증가시킨다는 경고를 발견할 수 있습니다. 사실 동양의 많은 요기는 단지 자발적으로 정액을 간직함으로써 삼백 년이나 심지어는 칠백 년까지도 살았습니다. 사람이 성적 즐거움에 탐닉하면 할수록 수명은 더 감소됩니다. 그러므로, 정액을 계속 간직하는 것은 아따르바 베다(2.35.1)에서 확인되듯이 영적인 길에 위치한 사람에게 언제나 권해지는 것입니다.

영혼의 순수를 위해 살며 고귀한 생각으로 가득 차 있는 요기들은 육체를 위해 소중한 정액을 지키고, 그것은 백 년이나 지속될 수 있으므로, 가르침을 받는 이여, 그대를 가르치는 자인 나는 장수, 영광, 힘, 그리고 백 번의 가을을 맞는 오랜 삶을 위해 그것을 지키기를 그대에게 권한다.

이것에 대한 더 자세한 내용은 아유르베다에서 찾아볼 수 있는데, 그것은 우리가 먹는 음식에서 만들어지는 육체의 원소들에 의해 육체가 만들어지고 유지된다고 말합니다. 육체의 열에너지 삽따 아그니스 sapta agnis의 도움으로, 각 원소는 다음 원소로 전환됩니다. 음식 중에서 이용 가능한 부분은 소화가 되면 림프가 되고, 그런 다음 그것이 또한 피를 만듭니다. 이런 것들이 결합하여 근육을 이룹니다. 이 과정은 다음의 순서로 계속됩니다. 먼저 림프가 있고, 그런 다음 피, 근육, 지방, 골수, 뼈, 그리고 마지막으로 정액 또는 난자가 있습니다. 정액에는 다른 모든 원소들의 조합이 들어있습니다. 그러므로, 무제한적인 섹스를 통해 과도한 정액을 잃게 되면, 육체의 다른 모든 원소들 또한 감소하게 됩니다.

예를 들어, 100cc 또는 1lb(파운드)[33]의 음식으로부터 우리가 10cc의 림프, 5cc의 피, 3cc의 근육, 2cc의 지방, 1cc의 골수, 0.5cc.의 뼈, 0.25cc의 정액을 얻는다고 할 때, 우리가 사정을 통해 20cc의 정액을 잃으면 그 손실을 보충하기 위해서는 60파운드의 음식과 4파운드의 피가 필요할 것입니다. 손실을 보충하기 위해서는 시간이 필요하지만 계속해서 정액을 배출함으로써, 우리는 신체의 다른 원소들을 끊임없이 힘들게 하고 있습니다. 이것은 신체의 여러 부분이 필요 이상으로 빠르게 악화되게 만듭니다.

또 다른 예로 우리가 크고 멋진 집을 가지고 있다고 가정해 봅시다. 그리고 만약 큰 해머를 가지고 내부 벽, 받침, 버팀대, 초석의 일부를 허물기 시작한다면, 겉으로는 괜찮아 보여도 무너지기까지 오래 걸리지 않을 것입니다. 이것이 바로 지나친 정액의 손실로 인해 육체 안에서 일어나는 일입니다. 이렇게 과도한 정액의 손실로 인해 더 쉽게 질병에 걸리고 빠른 노화가 일어날 수도 있습니다.

우리는 베다로부터 많은 구절을 인용해 왔지만, 성경 또한 다음의

---

33 1파운드(1b)의 무게는 약 453..59237g이다.

구절에서 볼 수 있듯이 아주 좋은 충고를 해 줍니다.

25. 처녀에 대하여는 내가 주께 받은 계명이 없으되 주의 자비하심을 받아서 충성스러운 자가 된 의견을 고하노니

26. 내 생각에는 이것이 좋으니 곧 임박한 환난을 인하여 사람이 그냥 지내는 것이 좋으니라 (고린도전서 7.25~26)

28. 그러나 장가가도 죄짓는 것이 아니요 처녀가 시집가도 죄짓는 것이 아니로되 이런 이들은 육신의 고난이 있으리니 나는 너희를 아끼노라. (고린도전서 7.28)

32. 너희가 염려 없기를 원하노라. 장가가지 않은 자는 주의 일을 염려하여 어찌하여야 주를 기쁘게 할까 하되

33. 장가간 자는 세상일을 염려하여 어찌하여야 아내를 기쁘게 할까 하여

34. 마음이 갈라지며 시집가지 않은 자와 처녀는 주의 일을 염려하여 몸과 영을 다 거룩하게 하려 하되 시집간 자는 세상일을 염려하여 어찌하여야 남편을 기쁘게 할꼬 하느니라.

35. 내가 이것을 말함은 너희의 유익을 위함이요 너희에게 올무를 놓으려 함이 아니니 오직 너희로 하여금 이치에 합당하게 하여 흐트러짐이 없이 주를 섬기게 하려 함이라. (고린도전서 7.32~35)

10. 제자들이 이르되 만일 사람이 아내에게 이같이 할찐대 장가들지 않는 것이 좋삽나이다.

11. 예수께서 이르시되 사람마다 이 말을 받지 못하고 타고난 자라야 할지니라.

12. 어미의 태고로부터 된 고자도 있고 사람이 만든 고자도 있고 천국을 위하여 스스로 된 고자도 있도다. 이 말을 받을만한 자는 복받을지어다. (마태복음 19.10~12)

음행과 온갖 더러운 것과 탐욕은 너희 중에서 그 이름조차도 부르지 말라. 이는 성도의 마땅한 바니라. (에베소서 5.3)

17. 형제들아 너희는 함께 나를 본받으라 그리고 너희가 우리를 본받은 것처럼 그와 같이 행하는 자들을 눈여겨 보라.

18. 내가 여러 번 너희에게 말하였거니와 이제도 눈물을 흘리며 말하노니 여러 사람들이 그리스도 십자가의 원수로 행하느니라.

19. 저희의 마침은 멸망이요 저희의 신은 배요 그 영광은 그들의 부끄러움에 있고 땅의 일을 생각하는 자라. (빌립보서 3.17~19)

나는 너희에게 이르노니 음욕을 품고 여자를 보는 자마다 마음에 이미 간음하였느니라. (마태복음 5.28)

3. 하나님의 뜻은 이것이니 너희의 거룩함이라 곧 음란을 버리고

4. 각각 거룩함과 존귀함으로 자기의 아내 대할 줄을 알고 (데살로니가전서
4.3~4)

6. 자선과 채식

나쁜 까르마를 쌓지 않고 정신적인 발전을 이루려 한다면 반드시
따라야 할 네 번째 규율은 자비심입니다. 자비란 단지 사람에게 친절
한 것 이상을 의미합니다. 자비는 사람뿐 아니라 동물, 새, 벌레 등 살
아있는 모든 존재에게 친절한 것을 의미합니다. 왜냐하면 우리는 우리
의 의식에 따라 8,400,000종 중 하나의 육체를 가지게 되기 때문입니
다. 그러므로 자비의 특성을 발전시키고 유지하기 위해서는 육식하지
않기의 규율을 따라야 합니다. 이것은 고기, 생선, 달걀 또는 곤충을
먹지 않는 것을 포함합니다. 이런 방법은, 영적인 길에 대해 진지한 사
람들이 많은 불필요한 까르마의 반작용^{reaction}으로부터 자유로워지게
합니다. 물론 신경 쓰지 않는 사람들은 그들이 원하는 어떤 것이든 마
음대로 먹을 것입니다.

육식은 실제로는 영적인 무지의 가장 좋지 않은 모습이라고 말해져
왔습니다. 요점은 혀의 즐거움을 위해 살아있는 다른 생명체를 죽이는

것이 우리 육체 안에 자리 잡고 있는 생명체의 영적인 실체를 거의 볼 수 없게 하는 잔인하고 이기적인 행동이라는 것입니다. 그것은 또한 사람이 다른 존재들의 행복과 감정에 냉담하고 덜 민감하도록 만듭니다.

뿐만 아니라 이전에 설명했듯이 까르마의 법칙에 따라, 우리가 다른 것들에게 주는 어떤 고통이든지 우리는 미래에 그것을 겪어야 할 것입니다. 그러므로 현명한 사람은 고기와 피를 맛보기 위해 동물을 도살하는 것은 물론이며, 곤충이라고 해도 해를 끼치기를 원하지 않습니다. 베다에 따르면, 동물의 도살에 대한 죄의 까르마에는 여섯 종류의 가담자들이 해당됩니다. 그것에는 (1)동물을 죽인 자, (2)육식을 지지하거나 알리는 자, (3)고기를 운반하는 자, (4)고기를 다루거나 포장하는 자, (5)고기를 준비하거나 요리하는 자, 그리고 (6)그것을 먹는 자가 있습니다.

동물의 도살에 이 여섯 종류의 가담자가 공유하게 되는 죄의 반응은 꽤 심각합니다. 사실, 성경은 소를 죽이는 것을 사람을 살해하는 것에 비유합니다.

소를 잡아 드리는 것은 살인함과 다름이 없이 하고 어린 양으로 제사드리는 것은 개의 목을 꺾음과 다름이 없이 하며 드리는 예물은 돼지의 피와 다름이 없이 하고 분향하는 것은 우상을 찬송함과 다름이 없이 행하는 그들은 자기의 길

을 택하며 그들의 마음은 가증한 것을 기뻐한즉 (이사야서 66.3)

그것은 또한 슈리 짜이딴야짜리따므리따^{Sri Caitanyacaritamrita} (아디 릴라 ^{Adi lila} 17.166)에도 이렇게 설명되어 있습니다.

소를 죽이는 자들은 소의 몸에 있는 털만큼이나 많은 수천 년의 세월 동안 지옥 같은 삶에서 썩을 운명이다.

이해력이 있는 사람은 이 운명을 피하려고 노력할 것입니다.

암소와 황소는 인간의 문명에서 매우 중요합니다. 최근 트랙터가 발명될 때까지, 황소는 식량을 생산하기 위해 밭을 경작하는데 도움을 주었고, 암소는 항상 인간에게 필요한 우유를 제공했습니다. 우유는 중요하며 우리의 식단에서 우유를 적당히 공급하는 것은 영적인 주제를 이해하기 위해 좋은 뇌를 개발하는데 필요한 적절한 영양소를 제공합니다. 우유를 통해 치즈나 응유, 요구르트, 케피르, 버터, 기, 아이스크림 등 우리 모두가 감사하는 수천 가지 요리에 사용되는 많은 음식을 만들 수 있습니다. 이것은 베다에 따르면 소는 우리 어머니 중 한 명이고 황소는 그들이 사회를 위해 해 도움이 된다는 점에서 아버지와 같다는 것을 의미합니다. 그러한 생물들에게 노골적으로 해를 끼치는 것은 매우 심각한 것으로 여겨집니다.

나는 많은 사람들이 인도가 소를 도살하지 않는 것에 대해 비판하는 것을 들었습니다. 교양이 없는 관광객은 만약에 소를 먹기만 한다면 더 이상 굶어 죽는 아이들이 없을 것이라고 이야기합니다. 하지만 먼저, 기아는 무엇을 먹는가의 문제가 아니라 경제의 문제 입니다. 나는 인도 전역을 여행했고 그곳에는 여기 미국보다 굶는 사람들이 더 적은 것을 보았습니다. 또 다른 이유는, 소는 인도의 가장 큰 자원 중의 하나라는 것입니다. 소는 음식, 연료, 동력을 만들어냅니다. 수송아지는 보통 작은 농장의 일 중에 3분의 2정도의 일을 합니다. 그들은 밭을 갈고, 홀을 만들며, 인쇄기 돌리는 것을 돕습니다. 인도에서 이런 일을 하기 위해 기계로 전환시키는 것에는 200~300억 달러의 비용이 듭니다. 인도 같은 나라에서 그것은 불가능한 일이며, 시간과 돈의 낭비라고 할 수 있습니다.

소는 또한 매년 연료를 위한 거름을 800톤 가량 공급합니다. 소의 똥은 요리를 하기에 알맞은 더디고도 고른 열을 제공합니다. 인도에서 요리에 석탄을 사용하려면 일 년에 15억 달러의 비용이 발생할 것입니다. 게다가 믿든 말든, 소똥은 박테리아를 죽이는 소독제이기도 합니다. 그리고 소는 사람들이 사용할 수 없는 밀짚, 겉껍질, 볏짚 같은 것들을 먹기 때문에 소를 기르는 것은 저렴한 비용으로 가능합니다.

1파운드의 소고기를 얻기 위해서는 1파운드의 우유를 얻을 때보다

일곱 배나 많은 토지가 필요합니다. 그렇다면 왜 고기를 소비하기 위해 가축을 길러야 할까요? 가축이 백 파운드의 음식을 먹는데 비해 겨우 4파운드에서 16파운드의 육고기가 만들어집니다. 겨우 1톤의 소고기를 생산할 수 있는 땅에서 영양가 있는 채소는 10톤~20톤까지 생산이 가능합니다. 암소가 고기를 만들어낼 만큼 충분히 성장하기 위해서는 몇 년이 걸리는 것에 비해, 태어난 지 1년 안에 암소에게서 우유, 치즈 등의 형태로 훨씬 더 많은 단백질을 얻을 수 있습니다. 1파운드의 밀을 생산하기 위해서는 25갤런의 물이 필요한 반면, 1파운드의 소고기는 2500갤런의 물을 필요로 합니다. 그리고 인도 같은 나라에서 물은 항상 풍부한 자원이 아닙니다. 분명 고기 생산을 위해 농업 자원을 사용하는 것은 낭비에 불과합니다.

우리가 살고 있는 세계의 굶주린 사람들과 환경에 대해 그렇게 걱정한다면, 미국인들이 고기 소비를 10%만 줄여도 세계에서 6천만 명의 사람들이 더 먹을 수 있다는 사실을 고려해 봅시다. 게다가, 다양한 나라에서 매일 약 216,000에이커의 열대우림이 손실되고 있으며, 그 중 50%는 육류 생산을 위해 소를 기르는 것과 직접 관련이 있다고 합니다. 76%의 미국인들이 환경에 대해 걱정한다고 생각하지만, 그리고 그 비율이 비록 증가하고 있다 하더라도 채식주의자는 단지 3.2%에 불과합니다. 많은 미국인은 동물을 사랑한다고 말할지 모르지만, 그들은 여전히 정기적으로 동물을 먹습니다. 분명히, 그들은 이것에 대한 의식 수준을 높일 필요가 있습니다.

어떤 독자들은 초기 베다 문헌에 나오는 희생 의식이 동물 도살을 묘사했다고 생각할지도 모릅니다. 그러나 이것은 까이딴야 까리따므리따(아디 릴라 17.159~165)에서 슈리 짜이딴야 마하쁘라부에 의해 부인되는데, 거기에서 그는 이렇게 설명했습니다.

베다는 분명히 소를 죽여서는 안 된다고 명한다. 그러므로 그가 누구이든 힌두인이라면 소를 죽이는 일에 가담하지 않는다. 베다와 뿌라나에는 만약 사람이 (베다 불 의식에서와 같이) 살아있는 존재를 되살릴 수 있다면, 실험적인 목적으로 그것을 죽일 수 있다고 말하는 명령이 있다. 그러므로 위대한 현자들은 때로 늙은 동물들을 죽였고, 베다 찬가들을 챈팅함으로써 다시 그 동물들을 보호하기 위해 살려냈다. 그렇게 늙고 쓸모없는 동물들을 죽여서 회춘시키는 것은 정말로 죽이는 것이 아니라 큰 이득이 되는 행위이다. 예전에는 베다 찬가들을 사용해서 그런 실험을 할 수 있는 강력한 힘을 가진 브람마나들이 있었지만 지금은 깔리 유가의 시대이기 때문에 브람마나들이 그렇게 강력하지가 않다. 그러므로 회춘을 위해 암소와 황소를 죽이는 것은 금지된다. '이 깔리 유가의 시대에는 다섯 가지 행동이 금지된다. 제물로 말을 바치는 것, 제물로 소를 바치는 것, (단념한) 산야사의 명령을 수용하는 것, 고기의 봉헌물을 조상에게 바치는 것, 남자가 자기 형제의 아내에게서 아이를 갖는 것.' 사람은 죽인 동물을 다시 살릴 수 없기에, 당신은 그들을 죽인 것에 대한 책임이 있다. 그러므로 당신은 지옥으로 가게 될 것이다. 당신을 구제할 방법은 없다.

위의 구절은 살아있는 다른 존재들을 죽이는 자가 지옥과 같은 미래에 이르게 하는 행위에 얼마나 책임이 있는가에 대해 아주 분명하게 말하고 있습니다. 여기에서는 소를 죽이는 것에 대한 까르마 반응들을 언급했지만, 다른 존재들을 죽이는 것에서 얻는 까르마의 결과들도 있는데, 그것은 비슷한 고통을 겪거나 비슷한 방법으로 죽는 것입니다. 당신이 다른 이들에게 하는 어떤 것이든 이 생애에서나 미래 생애에서 나중에 당신에게 돌아오게 될 것입니다. 모든 행동에는 같은 반응과 정반대의 반응이 있습니다. 그것이 까르마의 법칙입니다.

이제 우리는 햄버거나 프라이드 치킨 가판대를 소유하거나 운영하는 사람의 미래가 얼마나 어두운지를 이해할 수 있습니다. 그는 도살당하고 요리되어서 그의 사업상 팔리는 동물들에 대한 책임이 있을 뿐 아니라, 그것을 돕기 위해 고용한 사람들에 대해서도 책임이 있습니다.

예를 들어 컨츄리 프라이드 치킨 직판점을 시작한 파울러 경사 Sergeant Fowler가 있다고 가정해 봅시다. 그 사업체는 '파울러 경사의 컨츄리 프라이드 치킨'이라고 불립니다. 파울러 경사는 운영을 도울 사람들을 고용하고, 튀겨서 고객들에게 팔기 위해 죽은 닭을 구입할 수 있는 곳을 찾을 것입니다. 그의 사업은 호황을 누리고, 그는 체인점을 세우기 시작합니다. 그는 더 많은 사람을 고용하고 전국적인 홍보를 하며 프랜차이즈 사업을 합니다. 도움을 주는 고용인들부터 홍보를 하는 사람들까지, 관련된 모든 사람은 죽은 닭을 사람들에게 파는 큰 사업을 만들어내는 활동에 연루되고 책임이 있습니다. 그것을 소비하고 있는 고객들은 어쩌면 다른 음식을 선택했을 수도 있었지만 그 브랜드가 제공하는 편리성과 홍보전략 때문에 그 음식을 먹는 것이 바람직한 선택이라고 확신하게 되었을 수도 있습니다.

물론 누구도 닭에 대해 신경 쓰지는 않습니다. 하지만 닭은 보통 좁은 공간 안에서 너무 갑갑하게 사육되어 제대로 움직일 수가 없어 서로를 쪼고 질병으로 고생합니다. 그런 질병 중 하나가 고름이 찬 점액이 폐에 모이는 기낭염입니다. 폐는 석션 건suction guns으로 청소되고 그 과정 중에 폐가 부서져 고름이 고기 속으로 스며들게 됩니다. 미국 정부는 그런 닭들이 유통되도록 허용하고 있습니다.

도살을 위해 닭을 데려오면 그것들은 거꾸로 매달리고 피를 뽑아내기 위해 목구멍이 저며집니다. 어떤 때는 반쯤 죽은 상태에서 끓는 물에 담기게 되고, 그런 다음 털이 뽑혀서 도살과 출하 준비를 하게 됩니다. 종종 연방 법규를 지키지 않는 도축장들은 긴 시간 바닥에 있었던 닭을 출하하거나 설치류의 배설물, 바퀴벌레, 먼지 및 녹으로 오염되었을 수도 있는 닭의 사체를 출하시킵니다. 파울러 경사가 가게에서 쓰려고 사는 닭들은 미국에서 매년 도살되는 1억 3400만 마리의 다른 포유류와 더불어 30억 마리 이상의 조류 중의 일부일 뿐입니다.

물론 충분한 단백질을 얻으려면 고기를 먹어야 한다고 말하는 사람들이 있습니다. 동물의 고기는 단백질원이 될 수는 있지만 비타민, 미네랄, 탄수화물의 좋은 공급원은 아닙니다. 그들은 콩, 땅콩, 쌀, 옥수수, 통밀, 우유와 치즈처럼 낙농품에서도 풍부한 단백질을 찾을 수 있다는 사실을 간과합니다. 또한 한 움큼의 생 아몬드(대략 10개)는 0.5파운드(약 226g)의 고기에서 찾을 수 있는 만큼의 단백질을 줄 수 있으며 몸에 더 쉽게 흡수됩니다. 초식동물로 여겨지는 인간은 육식동물의 20분의 1 정도의 위산만을 만들어내기 때문에 먹은 고기를 늘 소화 시킬 수 있는 것은 아닙니다. 또한 육식동물은 위 속에서 소화된 고기가 빨리 지나가도록 몸길이의 3배 정도에 해당하는 장을 가지고 있지만 인간은 자기 몸길이의 12배에 해당하는 장을 가지고 있습니다. 그러므로, 우리가 섭취한 고기의 일부는 지나가는 데 시간이 더 오래 걸릴 것이고, 몸속에서 많은 유독성 쓰레기를 만들어내며 부패하게 됩니다. 그런 독소는 신장에 무리를 주게 되고 암과 고혈압의 가능성을 높입니다. 이것이 대장암과 고혈압에 관해 대부분의 의사들이 붉은 고기를 섭취하지 말 것을 권하는 이유입니다.

육식은 또한 동맥 내벽에 지방 침전물의 축적을 불러오는 몸속의 포화 지방을 증가시킵니다. 이것은 심장 마비, 동맥 경화, 뇌졸중 같은 질병의 발생률을 높입니다. 게다가 이것은 동물의 몸에 투입되는 모든 화학물질을 포함 시키지 않은 내용입니다. 이 화학물질은 질병 발생의 가능성을 크게 증가시키며 특히 알콜, 맥주, 와인 또는 담배 같은 것들과 결합 될 때 더 크게 질병 발생의 가능성을 증가시킵니다.

불행하게도 이런 것들에 대해 생각하는 사람들은 그다지 많지 않고 파울러 경사의 사업은 번창하고 있습니다. 하지만 시간이 지나면, 성공적인 사업가는 나이가 들어 늙고 병들며 결국엔 죽습니다. 그는 죽은 닭을 판매하는 제국을 잘 꾸려왔고 그 사업은 그가 죽은 후에도 수년 동안 계속될 것입니다. 이때까지 파울러 경의 컨츄리 프라이드 치킨의 직판점들은 모두 파울러 경의 노고 덕분에 매년 수백만 마리의 닭이 도살되어 팔린다고 광고해 왔습니다. 하지만 이제 그는 더 이상 수익을 누리며 활동하지 못하고 자신의 운명을 맞이했습니다.

파울러 경사는 죽임을 당한 모든 닭뿐 아니라 그가 시작한 사업 때문에 앞으로 계속해서 죽임을 당하게 될 수백만 마리의 닭들에 대해서도 대부분의 책임을 져야 할 것입니다. 그렇기 때문에, 그가 까르마 법칙을 몰랐다는 것은 너무나도 불행한 일입니다. 까르마 법칙에 따르면 그는 다른 생명체들에게 준 고통을 돌려받기 위해 수없이 다시 태어나 비슷하게 도살을 당할 운명에 처할 수도 있습니다. 그 경우에 그가 언제 또 인간으로 태어날지 알 수 없습니다. 그의 운명과 그와 비슷한 다른 사람들의 운명은 아주 어둡습니다.

육식을 하는 것이 고려되는 유일한 때는 위급상황과 살아남기 위해 다른 먹을 것이 전혀 없을 때입니다. 그렇지 않다면 먹을 수 있는 다른 음식의 종류가 그렇게 많은데도 육식을 할 이유가 전혀 없습니다. 이것이 마누 삼히따가 이렇게 권하는 이유입니다.

살아있는 생물들을 훼손하지 않고서는 고기를 얻을 수 없고, 지각이 있는 존재들을 훼손하는 것은 하늘의 축복을 얻는 것에 해롭다. 그러므로 그가 고기를 사용하는 것을 피하게 하라. 구역질 나는 살코기가 어디서 오는지와 육체적인 존재를 구속하고 살해하는 것의 잔인함을 잘 생각하여 그가 고기 먹는 것을 완전히 그만두게 하라. (마누 삼히따 5.48~49)

동물의 도살을 허용하는 사람, 그것을 자르는 사람, 그것을 죽이는 사람, 고기를 사거나 파는 사람, 그것을 요리하는 사람, 그것을 제공하는 사람, 그것을 먹는 사람은 모두 동물의 살해자들로 생각된다. 신이나 조상을 숭배하지 않더라도 다른 존재들의 살로 자신의 살을 늘리려고 하는 사람보다 더 큰 죄인은 없다. (마누 삼히따 5.51~52)

죽은 짐승이 가지는 많은 털만큼이나, (합법적인) 이유 없이 죽인 사람이 미래의 탄생들에서 잔혹한 죽음을 당하는 경우가 많다. (마누 삼히따 5.38)

깨끗한 과일과 뿌리를 먹고 살며, 숲에 사는 금욕주의자들에게 맞는 음식을 먹고 사는 것으로는 살코기를 전혀 안 먹는 것에 의한 것과 같은 그렇게 큰 보상은 얻지 못한다. 이번 생애에서 내가 그의 살을 먹으면, 다음 세상에서 그^{mam} ^{sah}가 나를 먹어치울 것이다. 현명한 자들은 이것이 '살'(mam sah)의 진짜 의미라고 말한다. (마누 삼히따 5.54~55)

스스로 즐겁고자 하는 바람에서 무해한 생명체에게 해를 가하는 자는 이번 생애나 다음 생애에서 절대 행복을 찾지 못한다. (마누 삼히따 5.45)

다른 생명체의 살을 먹음으로써 자신의 살을 늘리기를 바라는 사람은 어떤 종으로 태어난다 하더라도 불행하게 산다. (마하바라따 아누 47.116)

고기를 사는 사람은 그의 부로 폭력을 행한다. 살코기를 먹는 사람은 그 맛을 즐김으로써 폭력을 행한다. 죽이는 자는 실제로 동물을 묶어서 죽임으로써 폭력을 행한다. 이와 같이 세 가지 형태의 죽임이 있다. 살코기를 가져오고 그것을 보내는 자, 동물의 사지를 절단하는 자, 그리고 살코기를 사고 팔거나 요리하고 그것을 먹는 자. 이 모든 자들은 고기를 먹는 자들로 간주된다. (마하바라따 아누 115.40)

폭력에 의해 만들어진 죄악들은 가해자의 생명을 줄어들게 만든다. 그러므로, 자신의 행복을 간절히 바라는 사람도 육식을 금해야 한다. (마하 바라따 아누 115.33)

7. 국가의 까르마

마누 삼히따(8.304~309)에서는 나라의 왕 또는 통치자가 어떻게 그가 다스리는 백성들의 전체 까르마 중 6분의 1을 받게 되는지를 설명합니다. 만약 대다수의 사람들이 독실하고 영적인 성향이며, 통치자가 그런 사람들이 번성할 수 있는 평화로운 사회를 유지하기 위해 시민들을 보호한다면, 왕 또한 시민들의 좋은 활동과 좋은 까르마를 공유할 것입니다. 그렇지 않고 통치자가 제대로 보호하지 못하거나 유지하지 않고 범죄자들이 마음대로 돌아다니고 혼란을 일으키도록 놔두면서 사람들로부터 세금을 거둬들인다면, 공유하게 될 전반적인 까르마는 아주 어둡게 될 것입니다. 그런 통치자는 백성들의 부정을 스스로 짊어지고 지옥으로 떨어질 것입니다.

통치자가 국민의 전체 까르마에 그렇게 많은 영향을 받는다는 것을 안다면 국민들의 선하거나 악한 행위에 따라 국가 자체가 그들의 미래를 스스로 만들어낸다는 것을 알 수 있습니다. 따라서 이 나라의 미래에 어떤 일이 일어나든지, 그것이 풍요로운 수확이든, 좋은 경제든, 기근과 가뭄으로 인한 기아든, 적에 대한 승리든, 전쟁으로 인한 파괴든 간에, 국가의 미래는 오늘날 우리가 살고 있는 방식에 달려있습니다.

역사는 경박하고 퇴폐적이며 제멋대로인 생활방식으로 그렇게 강력해 보이지만 마침내 파멸을 맞이한 많은 나라들과 문명들에 주목해 왔습니다. 그들의 몰락은 보통 그 당시에는 전혀 예상치 못한 일이었습니다. 그러나 까르마의 법칙을 이해한다면 그러한 붕괴는 충분히 예측할 수 있습니다. 우리는 이것을 로마 제국의 분석 연구에서 확인할 수 있습니다.

서양의 마지막 거대 문명은 로마 제국이었는데, 역사가들은 그 거대한 사회가 무너지는 데 일조를 한 다섯 가지 특징을 언급했습니다. 첫째, 허세와 사치에 대한 갈망이 있었습니다. 모든 사람은 부유함의 표시로 물질적인 것들을 얻기를 갈망했습니다. 이것은 또한 두 번째 원인을 만들어내는데, 바로 아주 부유한 사람들과 아주 가난한 사람들 사이의 큰 격차였습니다.

세 번째 요인은 성에 대한 과도한 집착이었습니다. 로마 제국의 후기에, 일상 대화든 예술, 문화에서든 모든 면에서 성은 거의 유일한 관심사가 되었습니다. 폼페이는 이런 종류의 음탕한 삶과 섹스를 위한 거대한 휴양지였습니다. (그리고 우리는 폼페이에 큰 재해를 안긴 서기 69년의 지진과 결국에는 폼페이를 뒤덮어버린 서기 79년의 화산 폭발에 대해 알고 있습니다.)

로마 제국 몰락의 네 번째 요인은 독창성을 가장하고 위장한 예술에서의 기이함과 자유분방함이었습니다. 이것은 지금의 현대 미술, 음악, 조각 등에서 쉽게 확인해 볼 수 있습니다.

다섯 번째 요인은 복지 국가의 탄생과 정부에 의지해서 사는 국민 사이에서 커져가는 욕망이었습니다. 오늘날에도, 누구나 복지를 얻을 수 있고 일을 할 필요가 없으며, 많은 성생활로 더 많은 아이가 태어날수록 복지 수혜자들에게 더 많은 돈을 주는 곳이 있습니다.

우리는 신중하게 이 점들을 고려하고 우리의 현대 미국 제국이 어디에 있는지에 주목해야 하는데, 이는 역사가 반복되기 때문입니다. 우리는 여기 미국에서 똑같은 일들이 증가하고 있는 것을 발견합니다. 예를 들어, 오늘날에는 차를 사는 것이든, 필요하다고 듣게 되는 어떤 것을 사는 것이든, 성공적인 직업을 얻는 것이든 관계없이 거의 모든 광고는 성적인 매력을 강조하는 아이디어를 중심으로 전개됩니다. 그리고 왜 모든 사람이 성적인 매력을 원하는지 알아내는 것에는 그다지 신경 쓰지 않습니다. 따라서 현대의 시대도 로마 제국에서와 같이 이

전에 일어났던 태도와 변화를 반영하고 있을 뿐입니다.

예를 들어, 사회학, 심리학, 미술, 정치학, 과학 등 어떤 것에서든 현대 철학은 보통 절대적 법칙이나 기준은 없다는 생각을 제시하고 있습니다. 다시 말해서 무엇이 당신의 흥미를 끌든, 그것을 하라고 말합니다. 당신이 무엇을 믿든 괜찮다고 합니다. 절대적인 것은 없으며 그런 것이 있다고 생각하는 사람은 광신자로 간주됩니다. 마찬가지로 로마 제국에서도 신이나 도덕적 규범에 대한 믿음이 강조되지 않았습니다. 심지어 자신들의 종교에 대해 진지했던 사람들은 심하게 박해를 당했습니다.

기독교도인의 경우, 많은 관중이 보는 스포츠로 원형극장에서 사자에게 던져졌습니다. 사람들은 관람석에서 지켜보고 그것의 철저한 잔인성에 갈채를 보내곤 했습니다. 이것에 대한 이유 중의 하나는 기독교인들이 로마 신들을 받아들이기를 거부했다는 것이었습니다. 기독교인들은 지키지 않으면 사람을 지옥으로 떨어지게 하는 법을 세운, 순수하고 무한한 존재로서의 오직 하나의 신을 믿었습니다. 로마인들은 포도주를 마시고, 고기를 먹고, 성을 즐기는 신을 받아들였습니다. 이런 이유로 로마인들은 마치 기독교인들을 광신도인 것처럼 취급했습니다. 이것은 현대 철학자, 정치가, 진보주의자들이 오늘날 까르마의 법칙 같은 신의 법칙에 지나치게 헌신하는 것처럼 보이는 사람들을 보는 것과 같은 방식입니다. 그런 사람들은 까르마의 법칙을 이해하기보다 오히려 그것을 비판하고 결과를 알지 못한 채 그저 자신들의 경박하고 그릇된 습관대로 행동합니다.

그러나 우리는 까르마가 믿음 체계가 아니라 과학이라는 것에 주목해야 합니다. 어떤 사람은 자신이 원하는 것은 무엇이든 할 수 있고 감옥이란 없다고 믿을 수도 있지만, 그가 범죄자처럼 행동해서 붙잡혀 갇히게 된다면, 그는 생각을 조정하고 자기 행동의 결과를 마주하도록 강요당할 것입니다. 마찬가지로 사람들은 자신들이 우주적 법칙을 피할 수 있고, 하고 싶은 것은 무엇이든 할 수 있다고 생각할지도 모르지만, 죽은 후에 까르마의 법칙에 따라 자신들에게 운명 지어진 벌을 마주하도록 강요당하게 됩니다. 그리고, 그때는 너무 늦을 것입니다.

그러므로, 나라 안의 특정 지역의 사람들이 가뭄으로 고통받고, 농부들이 작물을 기르지 못하고, 불이 거대한 숲을 집어삼키고 집을 망가뜨리며, 폭풍우가 도시와 마을을 파괴하고 유린하고 있는 것을 볼 때, 또는 치유할 수 없는 질병이 계속해서 점점 더 많은 사람들을 감염시키는 것을 볼 때, 우리는 메시지를 잊어서는 안 됩니다. "왜 신은 나에게 이런 일을 주셨는가?"라고 묻고 다른 사람에게 책임을 전가하는 것은 쉽습니다. 하지만 우리 인생에서 그러한 위기가 일어나지 말아야 하는 이유는 무엇입니까? 그것을 피하기 위해 우리는 무엇을 했습니까? 보통은 아무것도 하지 않았습니다. 우리는 까르마의 법칙이 모든 사람들에게 어떻게 영향을 미치는지 이해해야 합니다.

미국에서 1억 3400만 마리의 동물과 30억 마리의 조류가 매년 도살되고, 쓸모없는 과학 실험을 위해 수십만 마리가 고문당하고 죽는다는 것을 고려하고, 그렇게 많은 무고한 생명체들이 인류의 배려심 없는 욕망을 충족시키기 위해 도살당하며 내는 고통스러운 울부짖음에 대해 큰 반응을 보이지 않는 것은 이상한 일이 아닙니까? 이 모든 폭력은 사라져야 합니다. 폭력적인 행위는 폭력적인 반응을 낳습니다.

모든 사람이 행복하기를 원하고 평화롭게 살기를 원하지만, 다른 많은 생명체가 이른바 과학 실험실이라는 곳에서 아주 괴로운 실험으로 고통을 받고 있거나, 또는 그들의 사체를 슈퍼마켓에서 팔기 위해 매일 도살장에서 조직적으로 죽임을 당한다면 어떻게 평화가 있을 수 있겠습니까? 그럼에도 상업적 기업뿐만 아니라 정부도 이렇게 하고 있습니다. 1986년, 기술 평가국은 모든 고통스러운 동물 실험 중 84%가 군대에 의해 시행되고 있다고 발표했습니다. 동물보호단체인 IDA(In Defense of Animals)에 따르면 동물 실험에 22개 군 기지의 83,389마리의 동물들이 1987년에 사용되었고, 1988년에는 142,735마리가 사용되었으며, 개에게 한 실험의 99%, 고양이 실험의 81%, 영장류 실험의 43%에서 고통을 주는 실험을 진행했다고 합니다. 그러므로, 사회가 일반적으로 다른 생물체에 대해 아주 잔인하고 냉담한 태도를 가지고 있거나, 지구의 천연자원을 너무 낭비하고 있거나, 지나치게 퇴폐적인 생활을 할 때, 자연은 다양한 방식의 반응을 준비하는데, 그중 하나가 전쟁의 형태입니다. 우리는 때때로 전쟁의 도살장에서 죽게 하거나 불구가 되게 하려고 젊은 남자, 여자들을 떠나보내는 것을 지켜보아야 합니다. 해마다 수많은 무고한 동물들이 매일 불필요하게 죽고 고문당하는 한, 영원히 평화가 없을 것입니다. 게다가 전쟁이란 불만, 언쟁, 별거, 이혼 같은 가정에서의 전쟁, 폭력집단의 싸움, 범죄, 절도, 살인, 강간 같은 공동체에서의 전쟁, 그리고 산업과 경제의 전쟁뿐 아니라 국제적인 전쟁과 테러도 의미합니다. 이런 반응들은 매일 수백만 명의 사람들에게 영향을 미칩니다. 그리고 이것은 이 세상에 사는 사람들의 의식을 반영하는 자연의 작용에 지나지 않습니다.

이 시대 대다수의 사람이 상업주의에 영향을 받고, 앞에서 언급된 가장 나쁜 까르마를 부르는 네 가지 행위, 즉 육식, 중독, 사회 통념에 어긋나는 섹스, 도박에 탐닉한다면, 미래에 견뎌내야 할 반응들이 분명히 있을 것입니다. 이것은 우주적인 법칙입니다. 예기치 못한 까르마의 반작용을 피할 수 있도록 해줄 만한 경제 계획, 국방력 강화, 농업 방식, 심지어 일기 예보도 우리에게는 존재하지 않습니다. 만약 나라의 통치자가 시민들의 좋거나 나쁜 모든 까르마의 6분의 1을 받는다면, 그 나라의 국민들도 자연이 정해준 대로, 그 나라가 받도록 예정되어있는 까르마의 반작용을 경험해야 할 것입니다.

까르마의 법칙을 이해하고 이 시대에 특별히 추천되는 네 가지 원칙 즉, 진실, 금욕, 청결함, 자비를 따름으로써, 이 나라의 사람들은 분명 강해지고, 선한 도덕적 성향을 발전시키며, 다른 모든 이들의 행복을 걱정하고, 평화로운 마음의 상태를 얻으며, 세상의 어느 나라보다도 위대한 운명을 맞을 것입니다. 우리는 모두 이 나라와 이 세상을 더 나은 곳으로 만들기를 원합니다. 그리고 그렇게 할 수 있게 해 주는 방법을 바로 우리가 이 책에서 밝히고 있는 것입니다. 우리는 정치인, 경제 고문, 법관들 사이에서 벌어지는 일은 철저한 계획 수립이 다가 아니며 그것에 영향을 끼치는 더 많은 것이 있다는 것을 이해해야 합니다. 그것은 모든 개인의 결정과 활동에 의해 계속 진행되고 결정되는 미묘한 측면을 말합니다. 그러므로 까르마의 법칙을 이해하고 그것을 따르려고 노력하는 사람들은 확실히 그들 자신뿐만 아니라 더 나은 세상을 위해 일하는 사람들입니다.

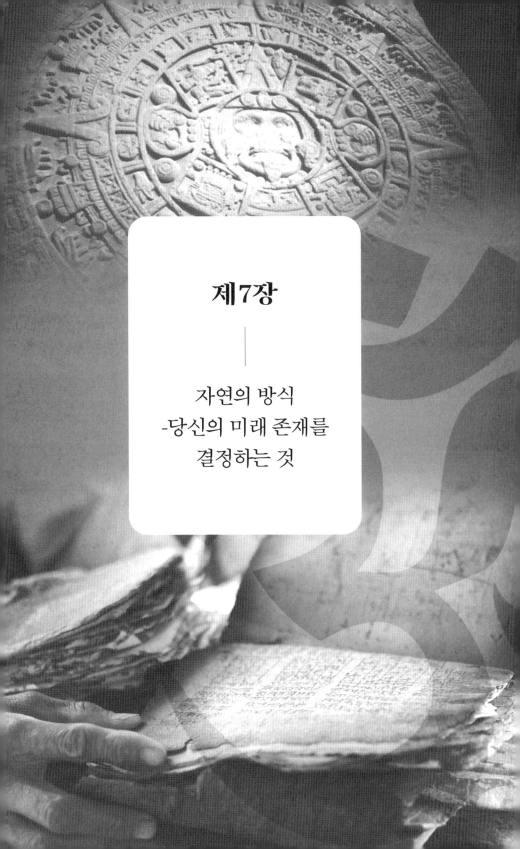

제7장

자연의 방식
-당신의 미래 존재를
결정하는 것

앞장에서 물질적인 본성에 대한 여러 언급이 있었기에 이제는 물질적 본성이 무엇인지에 관해 설명하고자 합니다. 물질적 본성에는 '구나'라고 불리는 세 가지 힘^{modes}이 존재합니다. 그중의 하나는 순수의 방식 삿뜨바 구나이고, 또 하나는 에너지의 방식 라자스 구나이며 다른 하나는 따마스 구나라고 불리는 무지 또는 어둠의 방식입니다. 자연의 세 힘을 이해함으로써 우리가 어떤 상태에 있는지를 깨달을 수 있고, 그렇게 함으로 우리의 다음 존재가 무엇이 될지 결정할 수 있습니다. 영적인 주제를 다루는 대부분의 책은 이러한 자연의 힘에 대한 설명까지 포함하지는 않습니다. 그것은 대개 그 저자들이 그것들에 대해 알지 못하기 때문입니다. 오직 베다 문헌을 공부함으로써 사람은 자연의 힘이 무엇인지를 이해할 수 있습니다. 그러므로 이 책에는 이러한 주제에 대한 내용이 포함되었습니다. 그리고 이것은 물질적 본성의 상태와 작용을 아는 것이 까르마와 환생의 법칙이 어떻게 우리에게 영향을 미치는지를 이해하기 위해 필수적이기 때문입니다. 그리고 이 책의 독자들은 보통의 오컬트 책의 독자들보다 영적인 이해에서 훨씬 더 뛰어날 것이기 때문에 그 주제에 대해 상세한 설명을 할 필요가 있다고 생각했습니다. 따라서 이 장에서는 물질적 본성의 상태들이 무엇인지, 그것들이 어떻게 우리에게 영향을 주는지, 어떻게 그것들을 인식하는지, 그리고 우리가 특정 방식으로 행동하게 하는 이런 힘으로부터 벗어나는 방법을 배우게 될 것입니다.

1. 자연의 세 힘

우선, 바가바드 기따에 적혀있듯이, 물질세계에서는 누구도 자연의 세 힘에서 자유로울 수 없다는 것을 이해해야 합니다.

자연에서 나온 이 세 힘으로부터 자유로운 존재는 지상에도, 천상의 신에게도 없다. (바가바드 기따 18.40)

이 자연의 세 힘은 우리의 마음속에서 나타나며 언제나 서로 경쟁하고 있습니다. 사람의 행위를 보고 우리는 그의 마음 상태뿐 아니라 그가 어떤 자연의 힘에 영향을 받고 있는지도 이해할 수 있습니다.

5. 아르주나, 자연은 순수, 에너지, 어두움이라는 세 힘으로 되어있다. 그것은 몸 안에 불변으로 있는 거주자를 세 힘에 묶는다.

6. 아르주나, 이들 셋 중에서 순수는 흠이 없고 빛나고 좋지만, 행복과 지식[34]에

집착을 일어나게 하여 묶는다.

7. 에너지는 갈망과 집착의 근원이며, 열정의 성질을 지니고 있다. 아르주나,

그것은 불멸의 참나를 끝없는 활동을 일어나게 하여 묶는다.

8. 그러나 무지에서 일어난 어두움은 모든 존재를 잘못 생각하게 한다. 아르주

나, 그것은 태만, 게으름과 과 수면으로 그를 묶는다. (바가바드 기따 14.5~8)

때로는 순수가 에너지와 어두움을 압도하며, 때로는 에너지가 순수와 어두움

을 압도하며, 때로는 어두움이 순수와 에너지를 압도한다. 이런 식으로 서로 우

위를 차지하려 늘 경쟁한다. (바가바드 기따 14.10)

이 설명으로부터 우리는 감각의 중심이며 물질적 플랫폼에서 작용

하는 도구인 마음이, 자연의 세 힘으로 우리의 물질적 행복과 불행의

환영을 만드는 것이라는 사실을 알 수 있습니다. 슈리마드 바가바땀은

이렇게 말합니다.

행복과 불행을 야기하고 물질적 삶의 순환을 영속시키는 것은 마음 밖에 없다.

강렬한 마음은 그것들로부터 순수, 에너지, 어두움의 힘으로 다양한 종류의 물

질적 활동들을 발달시킨다. 이러한 자연의 세 힘의 활동으로 생명의 해당 상태

(자신의 위치 또는 종)를 발전시킨다. (슈리마드 바가바땀 11.23.42~43)

---

34 낮은 지적 지식.

이것이 의미하는 것은 마음과 육체를 우리의 진짜 정체성으로 받아들임으로써, 우리는 물질적인 자연의 세 힘의 통제를 받게 된다는 것입니다. 이것으로 인해 우리는 사실상 좋아하는 것을 얻고 싫어하는 것을 피하려는 투쟁에 관여할 수 밖에 없습니다. 이것은 사람을 탄생과 죽음의 순환에 매이게 하는 살아있는 존재의 물질적인 활동입니다. 그러므로 우리가 어떤 물질적인 활동에 참여하기로 결정하든지, 그것은 어떤 힘 또는 어떤 힘들의 결합을 선택하는 것입니다. 이번 생애와 다음 생애에서 우리의 지위를 결정하는 것이 바로 이 선택입니다.

우리가 어떻게 육체와 동일시하고, 다양한 반응을 겪게 하는 육체적 활동에 참여하는가는 다음 구절에서 설명됩니다.

물질적인 감각은 경건한 것이든 나쁜 것이든 물질적 활동을 만들고, 자연의 세 힘은 물질적인 감각이 작동하게 한다. 물질적 감각과 자연의 세 힘에 완전히 사로잡힌 살아있는 존재는 결실을 낳는 일의 다양한 결과들을 경험한다. 물질적인 자연의 세 힘이 별개의 존재를 가지고 있다고 생각하는 한, 그는 많은 다양한 형태로 태어나고 다양한 물질적 존재를 경험해야만 할 것이다. 그러므로 살아있는 존재는 자연의 방식 아래에서 결실을 낳는 활동들에 전적으로 의존하게 된다. (슈리마드 바가바땀 11.10.31~32)

이런 식으로, 우리는 자신의 과거 활동에 대한 좋거나 나쁜 결과들을 경험하는데, 그것들은 탄생과 죽음의 순환 안에서 다양한 생명의 종을 돌아다니는 동안 물질적 방식의 영향력에 의해 만들어진 것입니다. 다른 말로 하자면 물질적 활동에 빠져있는 한, 우리는 특정 방식으로 행동하고 특정한 생명의 종으로 탄생하도록 영향을 미치는 자연의 세 힘에 의해 조종되고 동기부여를 받는 꼭두각시와도 같습니다. 우리는 다양한 목표를 이루기 위해 자신이 선택하는 어떤 식으로든 자유롭게 행동한다고 생각할지 몰라도, 실제 이런 행위들은 그저 축적된 까르마에 의해 자연의 세 힘에 따라 일어납니다. 바가바드 기따는 이것에 대해 분명히 말합니다.

> 행위는 정말로는 물질인 자연의 힘에 의하여 일어난다. 그러나 현혹된 사람은 실제로는 자연에서 행해지고 있는 활동을 자신이 한다고 생각한다[35]. (바가바드 기따 3.27)

물질세계에서 우리의 자유는 우리가 연관될 자연의 세 힘의 조합을 선택하는 것에 국한됩니다. 그러므로 순수의 힘으로 인해 어떤 사람은 더 고귀한 삶의 측면을 추구하는 깨끗하고도 건강한 사람이 됩니다. 에너지(욕망)의 힘으로 인해, 어떤 사람은 명성, 운, 탁월함을 성취하기를 바라는 일 중독자가 될 수도 있습니다. 어두움의 힘으로 인해 어떤 사람은 삶이 당연히 주어야 한다고 느끼는 성공을 달성하지 못한 것에

---

35 참나는 행위자가 아님.

그저 자신을 불쌍히 여기는 게으른 술주정뱅이가 될 수도 있습니다. 이런 식으로 우리는 운명을 창조하고, 우리가 연관시키기로 결정한 자연의 세 힘에 따라 우리가 하는 선택의 결과에 직면할 수밖에 없습니다.

진정한 자유 의지는 이 물질적인 자연의 세 힘으로부터 자유로워지는 것을 의미합니다. 이 힘은 우리가 사물을 보는 방법과 우리가 선택하는 방법에 평생 영향을 미칩니다. 그러므로 우리는 자연의 세 힘이 어떻게 작용하는지와 우리에게 미치는 힘의 영향력을 인지하는 법, 그리고 그것들로부터 자유로워지는 과정을 이해해야 합니다.

2. 자연의 세 힘은 어떻게 작용하는가

자연의 세 힘은 개인에게 영향을 미칠 뿐만 아니라 우주 전체에도 큰 영향력을 가집니다. 베다 문헌은 물질세계의 창조가 진행되는 동안 시간 원소가 과거, 현재와 미래 또는 세상의 창조, 유지, 소멸을 만들어내는 방식을 뒤흔든다는 것을 확실히 보여줍니다. 이것은 다음과 같이 설명됩니다.

자연은 원래 세 가지 힘의 평형상태로서 존재하는데, 그것은 참나가 아니라 자연에만 관련이 있다. 이 세 힘 즉 순수, 에너지, 어두움은 이 우주의 창조, 유지, 파멸의 실질적 원인이다. 이 세상에서 순수의 힘은 지식으로, 에너지의 힘은 결실을 낳는 일로, 어두움의 힘은 무지로 인지된다. 시간은 동요된 물질적 방식의 상호작용으로 인식되고 전체 기능적 성향은 태고의 수뜨라^{sutra} 또는 마하뜨 땃뜨바$^{mahat\ tattva}$(전체 물질 에너지)에 의해 구현된다. (슈리마드 바가바땀 11.22.12~13)

또한 자연의 세 힘들이 가지는 영향력은 역사의 전개를 통해서도 확인할 수 있습니다.

순수의 힘이 커짐에 따라 반신반인의 힘도 비슷하게 커진다. 에너지의 힘이 커지면 마귀 들린 자들이 강해진다. 그리고 오 우따바, 어두움의 힘이 커지면 가장 사악한 자들의 힘이 커진다. (슈리마드 바가바땀 11.25.19)

풍향의 변화가 날씨의 변화를 가져오듯 시간은 자연의 세 힘의 영향을 변화시켜 다양한 유형의 사람, 문명, 국가, 사상, 예술과 음악의 양식 등을 사회에서 우세하게 만들었다가 다시 약해지게 합니다. 한때 인기가 있고 받아들여 지던 것은 자연의 세 힘의 변화로 나중에는 반대가 될 수도 있습니다.

우리가 물질적 또는 육체적으로 하고 싶은 것은 무엇이든지 자연의 세 힘과 상호작용하는 효과로 인식될 수 있습니다. 이것은 슈리마드 바가바땀(11.25.30~31)에서 이렇게 언급됩니다.

그러므로, 물질 원소, 장소, 활동의 결과, 시간, 지식, 일, 일을 하는 자, 믿음, 의식 상태, 생명의 종과 사후의 목적지는 모두 물질적 자연의 세 가지 힘에 기반을 둔다. 오, 최고의 인간들이여, 물질적 존재들의 모든 상태는 즐기는 영혼과 물질적 자연의 세 힘의 상호작용과 관련이 있다. 보고 듣거나 마음속으로만 생각하는 어떤 것이든, 그것들은 예외 없이 자연의 방식들로 이루어진다.

자연의 세 힘이 어떻게 우리에게 영향을 미치는지 알 수 있는 더 상세한 설명이 슈리마드 바가바땀(11.25.2~18)에 제시됩니다.

마음과 감각의 통제, 인내, 식별력, 규정된 의무를 굳게 지키는 것, 진실, 자비, 과거와 미래에 대한 세심한 연구, 모든 상황에서의 만족, 관용, 감각 만족의 포기, 영적 마스터에 대한 믿음, 부적절한 행동에 대해 부끄러움을 느끼는 것, 자선, 소박함, 겸손, 자신에 대한 만족은 순수한 힘의 특징들이다.

물질적 욕망, 엄청난 노력, 대담함, 얻은 것에 대한 불만, 잘못된 자만심, 물질적 발전을 위한 기도, 자신이 다른 사람들과는 다르고 더 낫다고 생각하는 것, 감각의 만족, 싸우려는 성급한 열의, 칭찬받기를 좋아하는 것, 다른 사람들을 조롱하는 성향, 자신의 기량을 알리는 것, 힘으로 자신의 행동을 정당화하는 것은 에너지의 힘의 특징들이다.

참을 수 없는 분노, 인색함, 경전에 기반을 두지 않은 권위가 없는 말, 폭력적 증오, 기생충처럼 사는 것, 위선, 만성 피로, 싸움, 한탄, 환영, 불행, 우울, 너무 많이 자는 것, 잘못된 기대, 두려움, 게으름은 어두운 힘의 주요 특성들을 이룬다. 이제 이 세 힘들의 조합에 대해 들어보라.

나의 사랑하는 우따바, 모든 세 가지 힘의 조합은 '나'와 '나의 것'이라는 사고방식 안에 존재한다. 마음, 인지의 대상들, 감각, 그리고 물질적인 육체의 생명의 공기를 통해 수행되는 이 세상의 일상적인 거래도 자연의 세 힘의 조합에 바탕을 두고 있다. 종교성, 경제적 발전, 감각적인 만족에 전념하면, 그의 노력으로 얻은 믿음, 부, 관능적 즐거움은 자연의 세 가지 힘의 상호작용을 드러낸다. 인간이 가정생활에 애착을 갖고 감각적인 만족을 원할 때, 그리고 결과적으로 종교적, 직업적 의무에 확립되면 자연의 세 힘의 결합이 명백해진다. 자기 통제와 같은 자질을 보이는 사람은 주로 순수의 힘으로 이해된다. 마찬가지로 에너지의 사람은 욕망에 의해 인지되고, 어두움의 사람은 분노 같은 특성에 의해 인지된다.

남자든 여자든 물질적인 집착이 없이 그 또는 그녀의 규정된 의무를 나에게 다하고 애정 어린 헌신으로 나(슈리 크리슈나)를 섬기는 사람은 순수에 자리 잡았다고 여겨진다. 물질적인 이득을 얻으려는 바람으로 그의 규정된 의무에 의해 나를 섬기면, 그의 본성은 에너지에 있다고 생각되어야 하며, 다른 사람들에게 폭력을 행하려는 바람으로 나를 섬기는 사람은 그 본성이 어두움에 있다.

물질적 자연의 세 가지 힘들 즉 순수, 에너지, 어두움은 살아있는 존재에게 영향을 미치지만 나에게는 그렇지 않다. 그것들은 살아있는 존재의 마음속에서 나타나면서 물질적 육체와 창조된 다른 대상들에 집착하게 만든다. 이런 방식으로 살아있는 존재는 얽매인다. 밝게 빛나고 순수하고 상서로운 순수의 힘이 에너지와 어두운 힘보다 지배적일 때, 사람은 행복, 미덕, 지식, 그리고 다른 좋은 특성들을 부여받게 된다. 집착, 구분과 활동을 야기하는 에너지의 힘이 순수와 어두움의 힘을 이기면, 그는 위신과 부를 얻기 위해 열심히 일하기 시작한다. 이와 같이 에너지의 힘에서 그는 불안과 투쟁을 경험한다. 어두움의 힘이 순수와 에너지의 힘을 이길 때, 그것은 그의 의식을 덮어버리고 어리석고 둔하게 만든다. 한탄과 환영에 빠져서 어두움의 힘에 있는 사람은 지나치게 많이 자고, 잘못된 희망에 빠지며 다른 사람들에 대해 폭력을 보인다.

의식이 명료해지고 감각이 물질로부터 무심해질 때, 사람은 물질적인 육체 안에서의 대담함과 물질적 마음으로부터의 무심함을 경험한다. 이 상황이 순수의 우세함이라는 것을 알아야 하고, 그 상태에서 나를 깨달을 기회를 얻게 된다.

에너지의 힘은 이런 징후들로 구분해야 한다. 너무 많은 활동으로 인한 지성의 왜곡, 자신을 일상적인 대상들과 구분하는 인지 감각이 없는 것, 작용하는 신체 기관의 건강하지 못한 상태, 그리고 마음의 불안정한 당혹감.

높은 자각에 실패하여 마침내 사라지고, 이로 인해 그가 주의를 집중하지 못할 때, 그의 마음은 망가지고 무지와 우울을 나타낸다. 그대는 이 상황이 어두움의 힘이 우세한 때라는 것을 알아야 한다.

위의 구절을 공부함으로써 우리가 어떤 힘에 영향을 받는지를 분별할 수 있습니다. 우리가 자연의 세 힘을 초월할 수 있다는 것을 알지만, 자신을 물질적인 자연의 세 힘이 나타나는 마음과 동일시하고 물질적 플랫폼에 남아있는 한, 이런 힘들의 다양한 조합에 의해 계속해서 통제받게 됩니다. 이것은 우리가 과거의 까르마와 함께 탄생과 죽음의 순환을 계속하고 물질적인 행위에 집착하게 합니다.

이 외적 에너지 때문에, 살아있는 존재는 세 가지 물질적 자연의 힘을 초월한다 하더라도 자신을 물질적 산물이라 생각하고 이로 인해 물질적인 불행의 반응을 겪는다. (슈리마드 바가바땀 1.7.5)

자연의 세 힘과 까르마의 법칙이 어떻게 함께 작용하는가는 다음의 예로 설명될 수 있습니다. 어떤 사람이 자신의 까르마에 따라 좋은 경력, 멋지고 아름다운 아내, 사랑스러운 아이들, 큰 집, 그리고 멋진 차 등을 가졌고 아주 성공한 것으로 여겨지고 있다고 가정해 봅시다. 그러다가 그의 까르마로 인해 삶의 어느 순간에 경력에서 많은 좌절이 일어나게 됩니다. 이런 때가 되면 그는 나쁜 결정을 하게 되거나, 함께 일하는 사업주들에게 해고를 당할 수도 있습니다. 이렇게 그는 돈도 잃게 되고 그의 경력은 엉망이 됩니다. 그것은 그의 결혼에 영향을 미치고, 그가 한때 가졌던 아름답고 행복한 집은 이제 불행하고 우울한 곳이 될 것입니다.

이런 상황에서 그는 자신의 까르마 또는 운명에 대한 통제권이 없습니다. 그는 자신의 경력에서 좌절을 맞이할 것이고 그것이 전부입니다. 이때 그는 에너지와 어두움의 힘에 영향을 받기 때문에 고통을 받을 것입니다. 하지만 그가 얼마나 많은 영향을 받는지는 그에게 달려 있습니다. 그는 그 상황을 어떻게 다룰 것인가에 관해서는 선택을 할 자유가 있습니다. 그는 잠시 우울해질 수도 있는데 그런 다음에는 그것으로부터 빠져나와 자신의 삶을 발전시킬 수 있는 방법을 찾기로 결심합니다. 아니면 어두움의 힘에 깊이 빠져 해고당한 것에 대한 복수를 해야겠다고 느낄 수도 있습니다.

어떤 방법으로 그 상황을 처리하든 그것은 그의 자유이며 그가 어떤 선택을 하는지에 달려 있습니다. 하지만 일단 선택을 하면, 그 힘들은 그가 장애물을 통과해서 계속해 나아가도록 도와주든지 혹은 복수를 하든지 임무를 맡습니다. 이렇게 그는 순수, 에너지, 어두움의 힘 중에 어떤 힘과 관계를 맺을지에 대해 독립적으로, 스스로 결정합니다. 게다가 어떻게 자연의 세 힘들이 영향을 미치는지에 대한 지식을 깨닫고 지성으로 마음을 통제한다면 그는 삶에 대한 더 나은 통제력을 가질 수 있습니다. 그리고 어떤 일이 일어나더라도 발전적이고 상승을 향한 길에 남아있을 수 있습니다. 우리의 까르마가 무엇이든 간에, 차이를 만드는 것은 우리에게 무엇이 일어나는가가 아니라 '그것에 우리가 어떻게 반응하는가'라는 것을 기억해야 합니다.

3. 다양한 방식의 행위와 의식

이제는 아마 우리의 의식, 관점, 태도, 바람, 그리고 그 모든 것들의 결과가 어떻게 우리가 자연의 세 힘과 상호작용하는가에 달려 있다는 것을 이해할 것입니다. 세 가지 물질적인 자연의 힘에서 발견할 수 있는 일, 믿음, 지식, 희생 의식, 금욕, 음식, 행복에 대한 다음의 설명들을 공부함으로써, 어떤 힘이 우리에게 가장 큰 영향을 미치는지 이해할 수 있습니다. 우리가 어떤 힘 또는 힘들의 조합에 자리 잡고 있는지가 우리의 전체적인 인생관과 얻을 것으로 예상되는 결과들을 결정합니다.

1) 행위와 일

23. 자신에게 맡겨진 일을 집착, 사랑이나 미움이 없이, 결실을 바라지 않고 할 때 이것은 순수한 사람이 하는 행위이다.

24. 그러나 자신의 욕망을 충족시키기 위하여, 나 생각을 지니고, 너무 많은 수고를 들여서 한다면 그것은 에너지의 사람이 하는 행위이다.

25. 결과, 손실, 해 및 자신의 힘을 고려하지 않고 미혹으로 행위를 하는 자는 어둡다.

26. 집착과 나 감각이 없고, 열정이 있으며 충분히 전념하고, 성공과 실패에 의하여 영향을 받지 않는 행위자는 순수하다.

27. 충동적이고, 일의 결실을 바라고, 탐욕스럽고, 잔인하거나 불순하며, 흥분과 실망으로 쉽게 휩쓸리는 행위자는 에너지적이다.

28. 준비 없고, 어리석고, 완고하며, 인색하고, 속이고, 게으르고, 쉽게 낙담하는 행위자는 어둡다. (바가바드 기따 18.23~28)

2) 거주지

숲에서의 거주는 순수의 힘이고, 마을에서의 거주는 에너지의 힘이며, 도박장 또는 (술집, 경마장, 사창가 등과 같은 그런 비슷한 장소들)에서의 거주는 어두움의 특성을 드러내고 내(지고의 존재 또는 지고의 신성)가 거하는 곳에서의 거주는 초월적이다. (슈리마드 바가바땀 11.25.25)

3) 믿음

영적인 삶을 향하는 믿음은 순수의 힘이고, 결실을 낳는 일에 뿌리 내린 믿음은 에너지의 힘이며, 종교적이지 못한 활동에 속한 믿음은 어두움의 힘이지만, 나의 헌신적인 봉사에 대한 믿음은 완전히 초월적이다. (슈리마드 바가바땀 11.25.27)

4) 이해

30. 무엇을 하고 하지 말아야 하는지, 옳고 그른 행위, 두려움[36]과 두려움 없음[37], 굴레와 해방을 이해하는 지성은 순수하다. 아르주나.

31. 옳은 행위와 그른 행위, 무엇을 하고 하지 말아야 할지를 옳게 구분할 수 없는 지성은 에너지적이다. 아르주나.

32. 무지에 깊이 감싸여져 있어서, 옳은 것을 그른 것으로, 모든 것을 거꾸로 보는 지성은 어둡다. 아르주나. (바가바드 기따 18.30~32)

5) 지식

20. 모든 존재에서 하나의 변치 않는, 나누어져 있는 것 가운데서 나누어지지 않고 있는 하나를 보는 지식은 순수한 사람이 가지는 지식이다.

21. 모든 존재에서 여러 다양한 존재가 서로 분리되어 있다고 보는 지식은 에너지의 사람이 가지는 지식이다.

---

36 바야.
37 아바야.

22. 하나의 측면을 마치 전체인 양 보고 매달리며, 사물의 진정한 인과를 무시하는 협소한 지식이 있다. 이것은 어두운 사람이 가지는 지식이다. (바가바드 기따 18.20~22)

6) 희생 의식

11. 경전이 명하고, 그것이 의무라는 확고한 믿음으로 그리고 결실에 대한 바람이 없이 하는 숭배는 순수한 숭배이다.

12. 보여주기 위해서, 결실을 얻을 목적으로 하는 숭배는 에너지의 사람이 한다.

13. 경전을 따르지 않고, 음식도 나누지 않고, 적절한 만뜨라나 믿음이나 선물이 없는 숭배는 어두운 사람이 한다. (바가바드 기따 17.11~13)

7) 통제

14. 신의 형상, 성직자와 스승과 현자를 순수, 정직, 자제와 상해 없이 존중하는 것은 몸의 통제이다.

15. 다른 사람에게 고통을 주지 않는, 친절하고, 정직하고, 진실을 말하는 그리고 경전을 규칙적으로 공부하는 것은 언어의 통제이다.

16. 평온, 온화, 침묵, 자제, 순수는 마음의 통제이다.

17. 이 세 가지 통제를 결실을 바라지 않고 큰 믿음으로 할 때, 그러한 통제는 순수하다.

18. 칭찬, 명예와 존경을 얻기 위하여, 위선으로 하는 통제는 에너지적이다. 그

것은 불안정하며 일시적이다.

19. 적절한 이해 없이, 자기 고문으로, 혹은 다른 사람을 해치려는 통제는 어둡
다. (바가바드 기따 17.14~19)

8) 자선

20. "자선은 해야 한다"라는 생각으로, 보답에 대한 기대가 없이 받을 가치가

있는 사람에게 하는 자선은 순수하다.

21. 답례의 선물을 받기 위하여, 혹은 미래에 되돌려 받기 위한 마음으로 혹은

마지못해 주는 자선은 에너지적이다.

22. 잘못된 장소와 때에, 받을 만한 가치 없는 사람에게, 존경하는 마음이 없거

나 모욕으로 주는 것은 어둡다. (바가바드 기따 17.20~22)

9) 음식

건강에 좋고 순수하며 어려움 없이 얻어진 음식은 순수함의 힘이고, 감각에 즉

각적인 즐거움을 주는 음식은 에너지의 힘이며, 깨끗하지 못하고 불행을 야기

하는 음식은 어둠의 힘이다. (슈리마드 바가바땀 11.25.28)

8. 활력, 건강, 즐거움, 힘과 장수를 증가시키는, 즙이 있고 내용이 풍부하고, 위

에 맞는 음식은 순수한 사람이 좋아한다.

9. 쓴, 신, 짠, 너무 뜨거운, 매우 자극적인, 떫은, 건조한, 화끈거리는, 고통스러

운 그리고 슬픔과 질병을 일으키는 음식은 에너지의 사람이 즐긴다.

10. 신선하지 않은, 너무 익혔거나, 맛이 없거나, 오염되었거나, 부도덕하거나,

더러운, 끔찍한 음식은 어두운 사람이 좋아한다. (바가바드 기따 17.8~10)

10) 행복

36. 아르주나, 세 가지 기쁨에 대하여 설명할 것이니 들어 보아라. 수행으로 오

는 기쁨, 그것은 슬픔의 종말로 나아가게 한다.

37. 처음에는 독과 같으나 마지막에는 감로와 같은, 자신의 마음의 평화로부터

일어나는 기쁨은 순수하다. (바가바드 기따 18.36~37)

위의 구절은 영적인 수행과 관련된 행복을 가리키는데, 이것은 우

리의 마음이 항상 갈망하는 감각의 즐거움을 언제나 만족시키지는 않

습니다. 영적인 발전을 위한 다음의 규칙과 제약들은 때로는 어려워

보입니다. 하지만 우리가 점점 발전할수록 영적 수행의 발전에 대한

선호도^{taste}는 더 커지고 그곳에서 찾을 수 있는 행복은 무한합니다. 반

면 우리의 감각을 즐기는 데서 발견되는 행복은 처음에는 아주 좋은

것처럼 보이지만, 그런 행동들을 여러 번 반복하고 나면, 다음 구절에

서 확인되듯이 결국에는 불쾌한 것이 됩니다.

38. 에너지의 사람의 기쁨은 감각이 감각 대상과 접촉으로부터 온다. 그것은

처음에는 감로 같으나 마지막에는 독과 같다.

39. 처음과 마지막에도 자신을 착각하게 하며, 과수면, 게으름과 둔함으로부터

일어나는 기쁨은 어두운 사람의 기쁨이다. (바가바드 기따 18.38~39)

참나로부터 나오는 행복은 순수함의 힘이고, 감각 만족에 기반을 둔 행복은 에너지의 힘이며 망상과 비하에 기반을 둔 행복은 어두움의 힘이다. 그러나 나(Me)에게서 발견되는 행복은 초월적이다. (슈리마드 바가바땀 11.25~29)

마누 삼히따의 다음의 구절에는 어떤 행위가 자연의 세 힘을 반영하는지 더 상세히 설명합니다.

어떤 행동을 했거나, 하고 있거나, 하려고 하는 사람이 부끄러움을 느끼면, 학식이 있는 사람은 그 모든 행동이 어둠(무지)의 특성의 표식을 지니고 있다는 것을 알 수 있다. (마누 삼히따 12.35)

이런 종류의 행동은 또한 그의 의식에 따라 좌우됩니다. 만약 어떤 사람이 도덕적 훈련을 받지 않았다면, 그는 어떤 일이든 할 수 있고 아무런 부끄러움이나 자책감을 느끼지 못할 것입니다. 그런 경우라면, 우리는 그의 의식이 동물의 의식처럼 어두움의 힘에 있다는 것을 이해할 수 있습니다.

하지만 어떤 사람이 행동을 통해 이 세상에서 많은 명성을 얻으려 하고 실패에 대해 슬픔을 느끼지 않으면, 그것은 에너지의 특성의 표식을 지니고 있음을 알

라. 그러나 진심으로 그가 알기를 바라는 것, 그가 수행하기를 두려워하지 않는 것, 그의 영혼이 기뻐하는 것, 그것은 순수한 힘의 표식이다. 감각적 즐거움을 갈망하는 것은 어둠의 표식이고, 부의 추구는 에너지의 표식이며, 영적인 가치를 얻으려는 욕망은 순수의 표식이다. 나중에 말한 특성이 이전 것보다 더 나은 것이다. (마누 삼히따 12.36~38)

4. 자연의 힘은 우리를 어디로 데리고 가는가

우리는 물질적인 자연의 힘이 우리에게 어떻게 작용하고 영향을 미치며, 다양한 행위들이 어떤 힘에 자리 잡고 있는지에 대해 알아보았습니다. 이제는 이 힘들과 연계하여 우리의 최종 목적지가 무엇인지를 알아내야 할 때입니다.

요점은 자연의 힘들과 긴밀하게 연결되어 있는 물질적인 행위를 한다면, 우리의 의식과 존재가 그에 따라 발전할 것이라는 점입니다. 예를 들어, 바가바드 기따가 다음과 같이 설명하는 것처럼 말입니다.

11. 모든 감각의 문에 지혜의 빛이 빛날 때[38], 그것은 순수가 우세하다는 신호이다.

---

38 모든 감각이 예리하고 수정같이 맑은, 신성한.

12. 탐욕, 활동, 불안 및 이기적 일을 한다면, 이것은 에너지가 지배적이라는 신호다.

13. 어두움이 지배적일 때, 무지, 둔함, 부주의 및 미혹이 일어난다. (바가바드기따 14.11~13)

자연의 힘이 우리에게 미치는 영향을 어떻게 증가시키거나 감소시킬 수 있는지는 행위에 따라 작용하는 힘에 대한 내용을 공부하고 우리의 생활방식을 그에 따라 맞춤으로 가능합니다. 예를 들어, 만약 우리가 바^{bar}와 토플리스 나이트클럽이 있는 호텔에 살면서 낮은 계층의 불결한 사람들이 요리한 음식을 먹고, 음료를 마시고, 도박을 하며 시간을 보내고, 내기 게임에서 이기거나 질 때, 분노, 집착, 한탄, 시무룩함 등의 감정을 겪는다면, 이것은 우리를 어두움의 힘으로 깊이 밀어넣을 것입니다. 이같이 우리는 그러한 생활방식에 수반되는 우울함, 질병, 단명이라는 필수적인 결과를 겪어야만 할 것입니다.

반면, 만약 시골에서 신선한 공기를 마시고, 잘 익은 과일과 야채를 먹으며, 제대로 된 신념과 이해로 영적인 추구에 전념하면서 스스로 생활을 유지하기 위해 필요한 만큼의 일만 하면서 평화로운 삶을 산다면, 우리는 분명 순수한 힘에 있으면서 정신이 고양되는 결과를 경험할 것입니다. 이것은 또한 바가바드 기따(14.16)에서도 언급됩니다.

좋은 행위를 하면 순수해진다. 에너지의 행위를 하면 고통이 온다. 어두운 행위를 하면 무지가 온다.

살아가면서 우리는 다년간 지속 될 수도 있는 습관들을 발전시킵니다. 이것은 분명 죽음의 순간에 우리의 마음과 의식에 큰 영향을 미칠 것입니다. 이것을 이해하는 것은 매우 중요합니다. 왜냐하면, 우리의 생각과 행위로 알 수 있는 것처럼 우리가 각자의 자연의 힘 안에서 죽을 때, 이것은 즉각적인 영향을 주기 때문입니다.

14. 만약 마음이 주로 순수에 있을 때 죽으면, 그는 높은 행성[39]에 도달한다.

15. 만약 마음이 에너지일 때 죽으면, 그는 행위에 집착하는 사람 가운데 태어난다. 만약 마음이 어두움에서 죽으면, 그는 무지하거나 낮은 창조물들로서 태어난다. (바가바드 기따 14.14∼15)

순수에 자리를 잡은 사람은 높은 행성으로 가며, 에너지에 있는 사람은 죽음이 있는 이 세상에 태어나며, 가장 낮은 어두움에 있는 사람은 낮은 행성이나 낮은 창조물에게로 간다. (바가바드 기따 14.18)

결실을 낳는 일의 반응으로 방황하게 된 조건화된 영혼은, 순수한 힘과 접촉함으로써 현자나 하급의 신들 사이에서 태어난다. 에너지의 힘과 접촉함으로써

---

39 브람마 로까 등을 말함. 라자스와 따마스가 없음.

그는 악마 또는 인간이 되고, 어두움의 힘과 접촉함으로써 유령으로 또는 동물의 왕국에서 태어난다. 사람이 그가 보고 있는 춤추고 노래하고 있는 사람들을 따라하게 되는 것과 마찬가지로 살아있는 존재는 물질적인 활동의 행위자가 아니라 해도, 물질적 지성에 사로잡혀서 이렇게 그 특성을 따라 하게 된다. (슈리마드 바가바땀 11.22.52~53)

마누 삼히따는 자연의 세 힘 중 어떤 힘이든 그것에서 죽는 사람의 목적지가 어떻게 달라지는지에 대해 설명합니다.

하지만 세 가지 특성에 따라 좌우되는 환생의 이 세 과정은 다시 세 가지로 나뉜다는 것을 알라. 각 사람의 행동들과 지식의 특정 본성에 따라 낮은 것, 중간, 그리고 높은 것. (식물처럼) 움직일 수 없는 존재들, 크고 작은 곤충들, 물고기, 뱀, 거북, 소, 야생동물은 어두움의 힘이 향하는 가장 낮은 상태이다. 코끼리, 말, 수드라, 비열한 야만인, 사자, 호랑이, 곰은 어두움의 힘에 의해 야기되는 중간 단계이다. 짜라나, 수빠르나^{Suparna}(큰 새들의 부류), 위선자, 락샤사 ^{Rakshasha}(인간의 살을 먹고 많은 형태를 취할 수 있는 악마)와 삐샤까^{Pishaca}(보통 눈에 보이지 않고 사람을 홀릴 수 있는 사악한 악마)는 어둠에 의해 만들어진 자들 중에서 가장 높은 등급 상태에 속한다.

갈라^{Ghalla}, 말라^{malla}(씨름꾼과 어릿광대), 나따^{nata}(배우), 비열한 일을 하고 먹고 살아가는 사람들, 도박과 술에 빠져있는 사람들은 에너지의 힘(욕망 또는 라자스 구나)에 의해 야기된 가장 낮은 등급 상태를 형성한다. 왕과 끄샤뜨리야 (전사), 왕의 사제, 논쟁을 좋아하는 자들은 에너지의 힘에 의해 야기되는 중간 등급 상태를 형성한다. 간다르바^{Gandharva}(천사 같은 존재들), 구야까^{Guhyaka}(비밀스런 곳에서 자신의 힘을 행사하는 빛나는 몸을 가진 영), 아쁘사라^{Apsara}(천상의 무희)와 같은 신의 하인들은 에너지의 힘에 의해 만들어지는 가장 높은 등급 상태에 속한다. (마누 삼히따 12.41~47)

은둔자, 고행자, 브람마나, 바이마니까^{Vaimanika} 신의 무리(하늘에서 자신들의 전차로 이동하는 자들), 달의 정거장$^{the\ lunar\ mansions}$(별들)과 다이띠야^{Daitya}(디띠^{Diti}의 후손인 거인들)는 순수의 힘(사뜨바 구나)에 의해 만들어지는 가장 처음의 가장 낮은 존재 등급을 이룬다. 희생 의식을 하는 자, 현자, 신, (의인화된) 베다, 천상의 빛, 세월, 마네^{mane}(선조), 사드야^{Sadhya}(반신의 천상의 존재 또는 중급 신)는 선에 의해 만들어지는 두 번째 존재 등급을 이룬다. 현자들은 브람마, 우주의 창시자들, 법칙, 위대한 존재(지고의 신), 인식할 수 없는 존재(빠람아뜨마 또는 초영혼)가 선에 의해 만들어지는 최고 높은 존재 등급을 이룬다고 한다. 이같이 그 각각이 세 개의 하위 부분을 가진 세 등급으로 이루어져 있고 창조된 모든 존재들을 포함하는 환생의 전체 체계, 세 가지 행위의 결과는 충분히 설명되었다. (마누 삼히따 12.48~51)

물론, 이 설명이 우주 안의 모든 다양한 생명의 종들이나 사람이 특정한 자연의 힘과 함께한 결과로 얻는 상태들을 완벽하게 상세히 알려주지는 않습니다. 그러나 우리는 어떤 자연의 힘과 함께하는지에 따라 스스로를 향상 시키거나 끌어내릴 수 있다는 것은 분명히 알 수 있습니다. 이것은 슈리마드 바가바땀(11.25.21~22)에서 분명해집니다.

베다 문헌에 전념을 한 학식 있는 사람들은 순수함의 힘에 의해 점점 더 높은 위치로 높여진다. 반면 어두움의 힘은 사람을 점점 더 낮은 탄생으로 거꾸로 떨어지게 한다. 그리고 에너지의 힘에 의해 사람은 계속해서 인간의 육체를 통해 환생한다. 순수함의 힘으로 이 세상을 떠나는 이들은 천상의 행성으로 가고, 에너지의 힘으로 죽는 이들은 인간의 세상에 남고, 어두움의 힘으로 죽는 이들은 지옥으로 간다. 하지만 모든 자연의 힘의 영향에서 자유로운 이들은 나(지고의 존재)에게 온다.

행위에 빠져있거나, 물질적인 자연의 힘 중 어떤 것이라도 영향을 받고 있다는 생각을 가지는 한, 우리는 이 가로막힌 우주적 창조의 세계 안에서 또 다른 상황 속의 환생을 계속 겪게 됩니다. 우리는 텔레비전이 있거나 없는 큰 독방 또는 작은 독방에 갇혀 있을 수도 있고, 요리사로 일하거나 자동차 번호판 만드는 일을 하고 있을 수도 있습니다. 그러나 어떤 경우든 우리는 여전히 감옥에 있습니다. 마찬가지로 물질적인 자연의 힘에 영향을 받으며 있는 한, 우리는 절대 물질적 에너지 밖에 있는 자유를 경험할 수 없습니다.

5. 자연의 힘으로부터 자유로워지기

우리의 행동과 생각의 특성으로부터 어떤 힘들이 우리에게 영향을 주고 있는지를 인지한다면, 우리가 어떤 유형의 미래의 삶을 만들어 가고 있는지 알 수 있습니다. 그리고 까르마의 법칙을 이해함으로써 우리가 어떤 종류의 힘들을 즐기거나 경험해야 하는지를 알 수 있습니다. 그러므로 물질적 자연의 힘으로부터 자유로워지는 과정을 배우는 것이 얼마나 중요한지가 명확해집니다.

자연의 세 힘으로부터 자유로워지는 것의 이점은 바가바드 기따에서 설명됩니다.

마음을 일어나게 한 자연의 세 유형의 힘 너머로 갈 때 그는 태어나고, 늙고, 죽고, 슬픔으로부터 자유로울 수 있으며 이 삶에서 조차 감로를 즐길 수 있다. (바가바드 기따 14.20)

태어나서, 많은 것들을 위해 열심히 일하고, 늙고 병들어 결국에 죽는 것은 우리가 기대하는 것이 분명 아닙니다. 그렇다면 이런 원치 않는 불행을 피하는 법을 배우는 것에 누가 관심이 없을 수 있겠습니까? 바가바드 기따에 따르면, 이런 고통으로부터 자유로워지는 방법은 분명히 있는데, 그 과정은 자연의 세 힘을 초월하는 것입니다. 그렇다면,

어떻게 이 세 힘을 초월할 수 있을까요?

이 질문은 또한 오천 년 전에 아르주나가 크리슈나 신에게 한 것이었습니다.

(아르주나)

21. 자연의 세 힘 위로 올라선 사람을 제가 어떻게 알아볼 수 있습니까? 그의 삶의 방법은 어떠합니까? 그가 어떻게 세 유형들 너머로 갔습니까?

(크리슈나)

22. 세 힘의 결과인 빛, 활동과 망상이 있을 때 그는 그것을 싫어하지 않으며, 그것이 없을 때 그는 그것을 바라지 않는다.

23. 그는 오직 세 힘이 작용하고 있다는 것을 알아 그는 세 힘으로 혼란되지 않는다. 그는 아무 것에도 관심이 없는 채 떨어져 쉬고 있다. 그는 자신의 평화 속에 있으며 조금도 동요하지 않는다.

24. 그는 고통과 즐거움, 친구와 적, 칭찬과 비난에서 고요하며, 무엇이 일어나든 만족하며,

25. 흙과 돌과 황금이 같으며, 또 모든 이기적 추구를 버린다. 그러한 사람은 세 힘 너머로 갔다고 말해진다.

26. 확고한 사랑으로 나를 섬기는 사람은 자연의 세 힘 너머로 간다. 그러한 사

람은 브람만과 하나[40] 되기에 적합하다. (바가바드 기따 14.21∼26)

실제 우리의 의무는 우리 삶의 현재 상태에서, 자연의 세 힘으로부터 자유로워지는 것입니다. 왜냐하면 오직 우리가 이 인간의 모습으로 있을 때에만 그것을 가능하게 하는 능력을 가지기 때문입니다.

그러므로, 완전한 지식을 발달시키도록 하는 인간의 모습의 삶을 성취한 현명한 자들은 자연의 세 힘의 모든 악영향으로부터 스스로를 자유롭게 하고 나에 대한 애정 어린 봉사에만 오로지 전념해야 한다. (슈리마드 바가바땀 11.25.33)

자연의 세 힘으로부터 벗어나는 것은 모든 사람을 위한 과학적인 과정입니다. 베다에 따르면 사회에 기회를 주는 arranging 시스템은 모든 사람들이 자신의 상황이 무엇이든지 간에 더 높은 수준의 존재로 자신을 고양시킬 수 있는 기능을 제공하는 것입니다. 이것은 어두움이나 에너지의 힘에서 적어도 순수의 힘으로 자신을 고양시키는 것을 의미합니다.

사람은 순수의 힘을 발전시킴으로써 에너지의 힘 또는 어두움의 힘을 정복해야 하고, 그런 다음 자신을 사두 사뜨바(순수한 선의 초월적 플랫폼)로 고양시킴으로써 순수의 힘으로부터 분리되어야 한다. 이 모든 것은 믿음과 헌신으로

---

40   니르바나.

영적 마스터에 대한 봉사에 전념한다면 자연스럽게 이루어질 수 있다. 이렇게 사람은 자연의 세 힘의 영향력을 물리칠 수 있다. (슈리마드 바가바땀 7.15.25)

순수의 힘에서 우리는 영적인 지식을 아주 쉽게 이해할 수 있습니다. 하지만 영적 발전을 위한 탐구search에서는 우리를 안내해 주고 우리에게 초월적 지식을 줄 스승이나 영적인 마스터가 있어야 합니다. 진실되고 순수한 영적 대리인으로부터 그러한 안내를 받아들임으로써, 자연의 세 힘을 정복하고 순수한 선, 초월적이고 영적인 상태에 이를 수 있습니다.

이렇게 요가의 수행과 진정한 영적 마스터의 지시를 따름으로써, 사람은 영적인 플랫폼에서 안정되어 물질적 활동들로부터 떨어져 있을 수 있습니다. 그 사람은 자연의 힘 안에서 행위하는 것을 피할 수 있습니다.

초월적 지식에 고정된 사람은 자연의 힘으로 인해 생겨나는 것과 잘못된 동일시를 버림으로써 조건화된 삶으로부터 자유롭게 된다. 이 산물들을 단지 환영으로 볼 수 있다면 계속해서 자연의 방식들 사이에 있다 해도 그는 그것들과 얽히는 것을 피한다. 자연의 방식들과 그 산물들은 진짜가 아니기에 그는 그것들을 받아들이지 않는다. (슈리마드 바가바땀 11.26.2)

따라서 영적인 의식에 고정된 사람은 죽은 후에 자연의 세 힘에 영향을 받지 않은 자들의 최종 목적지에 도달합니다. 그것으로 인해 그들은 더 이상 환생하지 않습니다. 크리슈나 신은 이것을 다음과 같이 설명합니다.

오 점잖은 우따바, 조건화된 삶의 이 모든 다양한 양상들은 물질적인 자연의 세 힘에서 생겨난다. 마음으로부터 나타나고, 이 힘들을 정복하는 살아있는 존재는 헌신적 봉사의 과정을 통해 나에게 자신을 바칠 수 있고, 이렇게 해서 나에 대한 순수한 사랑을 얻는다. (슈리마드 바가바땀 11.25.32)

변하지 않는 애정 어린 봉사가 가슴속에 확립되자마자, 욕망, 욕구, 갈망, 무지와 같은 자연의 힘에 의한 영향들이 가슴에서 사라진다. 그러면 헌신자는 선에 확립되고, 그는 완벽하게 행복해진다. (슈리마드 바가바땀 1.2.19)

일단 자연의 세 힘으로부터 자유로워지면, 우리는 본연의 영적 활동들에 전념할 수 있을 것입니다. 이것은 우리가 항상 갈망하는 종류의 자유입니다. 우리는 행복을 추구할 때 결코 붙잡히거나 제한받는 것을 좋아하지 않습니다. 하지만 이 물질적 삶에서는 다루고 싶지 않은 온갖 종류의 문제나 책임들을 경험합니다. 그러므로 슈리 크리슈나는 설명합니다.

모든 물질적 연관성으로부터 자유롭고 흔들리지 않는 현명한 현자는 자신의
감각을 가라앉히고 나를 숭배해야 한다. 그는 순수한 힘의 일에만 전념함으로
써 욕정과 무지의 방식들을 정복해야 한다. 그런 다음, 현자는 헌신적 봉사에
자리 잡고, 자연의 힘에 대한 무관심에 의해 순수함의 힘도 넘어서야 한다. 이
같이 그의 마음 안에서 안정되고, 자연의 세 힘으로부터 자유로워진 영혼은 그
의 조건화된 삶의 원인이 되는 바로 그 원인을 포기하고 나를 얻는다. (슈리마
드 바가바땀 11.25.34∼35)

물론 위의 내용에 동의하지 않는 사람들이 있을 수도 있습니다. 하
지만 그들의 주장은 단지 자연의 세 힘과 상호작용하는 것을 증명하는
또 다른 증거일 뿐입니다. 예를 들어, 이 세상에서의 일이 어떻게 진행
되는지 이해하려고 노력하는 철학자와 과학자들이 있을 수 있습니다.
그러나 자연의 세 힘이나 우주적인 법칙에 통제 받고 있는 한, 그들은
그것들이 어떻게 작동하는지에 대한 명확한 이해를 결코 얻지 못할 것
입니다. 그 철학자들과 과학자들은 마치 연기에 눈이 멀면서 화재 원
인을 분석하려는 것과 같습니다. 불을 분명히 보려면 먼저 연기로부터
자유로워야 합니다. 그래서 크리슈나는 이렇게 설명합니다.

"나는 당신과 똑같은 방식으로 이 특정 사건을 보지 않는다."라고 철학자들이
말할 때, 의견의 차이를 일으키는 유일한 것은 극복할 수 없는 나의 세 힘이다.
나의 이 힘에 의한 상호작용에 따라 다양한 의견들이 발생한다. 하지만 감각을

통제하고 나에게 지성을 고정시킨 자들에게는 지각의 차이가 사라지고, 그 결과 논쟁의 바로 그 원인이 제거된다. (슈리마드 바가바땀 11.22.5~6)

일단 자연의 세 힘에 따라 생겨난 물질적 시각의 이원성이 제거되면, 절대 진리가 인식될 수 있고, 절대적인 것을 경험함으로써 논쟁의 모든 이유가 없어집니다. 그렇기 때문에 우리는 현실이 무엇인지를 이해하고 스스로에게 완전히 만족할 수 있습니다. 지고한 신에 대한 헌신적 봉사의 과정, 박띠 요가는 자연의 세 힘에 의한 영향력을 제거하고, 신이 살아있는 존재에게 자신을 드러내도록 초대하는 과정으로 설명되어 왔습니다. 이 완벽의 상태는 슈리마드 바가바땀(11.25.36)에서 크리슈나 신에 의해 설명됩니다.

살아있는 존재는 마음의 미묘한 조건화와 물질적 의식에서 생겨난 자연의 힘으로부터 자유로워져, 나의 초월적 형상을 경험함으로써 완전히 만족하게 된다. 그는 외부의 (일시적인 물질적) 에너지에서 더 이상 즐거움을 찾지 않고, 그의 안에서 그런 즐거움을 생각하거나 기억하지도 않는다.

그러므로 이것이 물질적인 자연의 세 힘에 대한 진정한 자유입니다. 우리는 이 자유로 까르마에 계속 얽히는 것과 반복된 탄생, 죽음의 순환에서 풀려날 수 있습니다.

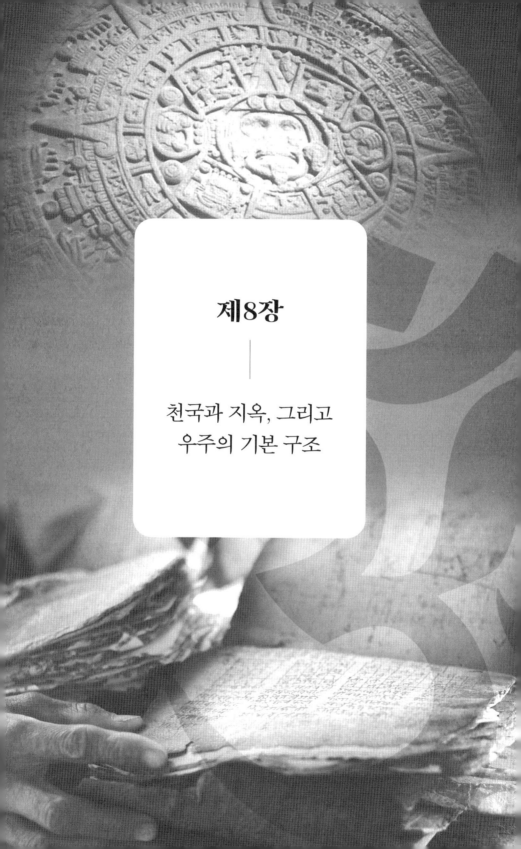

제8장

천국과 지옥, 그리고
우주의 기본 구조

앞서 몇 개의 장들은, 우리가 자신이 행하는 행위의 유형에 따라, 어떻게 좋거나 나쁜 미래를 만드는지 설명했습니다. 앞선 내용들은 자신의 행위의 결과가 천국이나 지옥에 이르는 결과를 만든다는 내용이었습니다. 이것은 우리가 획득한 까르마의 조합 때문이며, 우리가 선택한 자연의 세 힘에 의한 것입니다. 그런데 천국과 지옥은 정확하게 무엇입니까? 천국이란 우리가 알고 지냈고 사랑했던 모든 사람과 영원히 삶을 누릴 수 있는 곳일까요? 지옥이란 우리가 그렇게 해야만 한다고 믿는 방식으로 살지 않은 실수에 대한 영원한 벌을 받는 곳일까요? 우리에게는 이번 생으로 천국을 얻을 수 있는 단 한 번의 기회만 주어지는 것일까요? 혹은 이번 생으로 영원한 지옥에 가게 되는 것일까요? 아니면 이 모든 것은 단지 마음의 상태일 뿐일까요?

많은 사람이 천국과 지옥이 무엇인지에 대해 많은 오해를 하고 있습니다. 천국에 이르기 위해 건전하고 종교적인 삶을 사는 것이 최고의 목표라는 것에는 대부분의 사람들이 동의합니다. 하지만 상황을 바로잡기 위해서는 천국과 지옥이 무엇인지 자세한 설명이 있어야 하고, 이런 지식은 베다에서 쉽게 찾을 수 있습니다.

우선 베다는 이 지구의 행성계가 우주에서 중간의 행성계에 해당된다고 알려줍니다. 여기 이 지구의 행성계에서 천상의 행성으로 올라가거나 지옥의 행성으로 내려갈 수도 있습니다. 우주는 총 14개의 행성계로 이루어져 있습니다. 우리가 이 지구 행성에서 태어난 것처럼, 행위에 따라 더 높은 행성 혹은 더 낮은 행성 중 어디에서 태어나게 될 지 자격이 부여됩니다. 어떻게 이런 일이 일어나는지 더 잘 알기 위해서는 먼저 이 우주 안의 어디에 천국과 지옥이 위치하고 있는지에 대해 이해해야 합니다.

1. 우주의 기본 구조

우선, 물질적인 우주의 창조는 무한한 영적 하늘의 구석에 있는 구름과도 같다고 설명됩니다. 이 구름 안에는 무한한 우주가 있습니다. 각각의 우주는 태양 빛을 제외하고는 내부를 완전히 어둡게 만드는 물질적 원소들의 껍질로 둘러싸여 있습니다. 슈리마드 바가바땀(3.11.41)은 설명합니다.

우주들을 덮고 있는 원소들의 층은 각각 그 전의 것보다 10배 더 두껍고, 함께 무리를 이룬 모든 우주는 거대한 조합 안의 원자들처럼 보인다.

베다의 설명에 따르자면, 만약 우리가 우주의 어두운 외곽으로 나가려고 한다면 우리는 우주를 에워싸는 우주의 껍질 속으로 들어가게 된다는 것을 의미합니다. 이 껍질의 두께는 우주의 넓이 보다 열 배나 더 두껍습니다. 첫 번째는 지구의 층이고, 그 다음은 물의 층으로 지구의 층보다 열 배 더 두껍습니다. 그 다음에는 불, 공기, 에테르, 마음, 지성, 그리고 거짓 자아의 층들이 있습니다. 물론 이 층들 안에 있는 원소들의 형태는 우리가 보통 이 행성에서 찾을 수 있는 것보다 더 미묘합니다. 우주의 내부는 그것을 둘러싸고 있는 원소들의 층과 비교하면 아주 작은 것에 속합니다. 그러므로 분명 누구도 어떤 기계적 배열이나 물질적 완벽함에 기대어 이 우주로부터 빠져나갈 수 없습니다.

베다에 따르면 태양은 우주의 중심 부분에 자리 잡고 있습니다. 슈리마드 바가바땀(5.20.43~46)에서는 이렇게 설명하고 있습니다.

태양은 안따리끄샤antariksha라고 불리는 우주 공간인 우주의 가운데, 부르로까Bhurloka와 부바르로까Bhuvarloka (행성계들) 사이에 위치하고 있다. 태양 행성은 우주의 모든 방향을 나눈다. 하늘, 더 높은 행성들, 이 세상, 그리고 더 낮은 행성들이 무엇인지 우리가 이해할 수 있는 것은 오직 태양의 존재 때문이다. 어떤 곳이 물질적 즐거움을 위한 곳이고, 어떤 곳이 해방을 위한 곳이며, 어떤 곳이 지옥 같고 지하의 깊은 곳인지 우리가 이해할 수 있는 것도 오로지 태양 때문이다. 반신반인, 인간, 동물, 새, 곤충, 파충류, 덩굴식물, 나무를 포함한 모든 살아있는 존재들은 태양 행성의 태양신이 주는 열과 빛에 의존한다. 더욱이 모든 살아있는 존재들이 볼 수 있는 것도 태양의 존재 때문이며 그러므로 그는 시각을 관장하는 신성의 인격, 드리그 이슈와라^{drig isvara}라고 불린다.

베다에서는 종종 다양한 행성들을 드비빠^{dvipa} 또는 바르샤^{varsha}라고 묘사하는데, 그것은 우주의 거대한 바다 안에 있는 많은 살아있는 존재들을 위한 섬 또는 피난처를 의미합니다. 각각의 행성은 그 행성만의 고유한 기후, 특성, 불가사의한 것들로 다르게 준비되고, 특별한 종류의 거주자들을 위한 필수품들을 완전히 갖추고 있습니다. 이것은 빠드마 뿌라나에서 8,400,000개의 생명의 종이 있고 각각의 종은 다양한 행성들에서 발견되는 특정 종류의 환경에 따라 살고 있다고 설명됩니다. 어떤 종들은 물에서 살고, 어떤 종들은 하늘에서, 어떤 종들은 땅속과 땅 위에서 살며, 다른 종들은 뜨거운 곳이나 불에서 삽니다. 그러므로, 우리가 우리의 무딘 물질적인 감각과 도구들로 그런 생명을 인지할 수 있든 그렇지 않든 간에, 베다에 설명되듯이 다른 행성들에 거주자가 있다 해도 이상할 것이 없습니다.

행성계의 중간에 위치한 이 지구 행성은 바라따 바르샤 또는 잠부드비빠라고 불립니다. 슈리마드 바가바땀(5.20.3~42)은 잠부드비빠 위의 여섯 개의 다른 주요 행성들을 묘사합니다. 이것들은 쁠라끄사드비빠와 살마리드비빠입니다. 그 위에는 꾸사드비빠 또는 달 행성이 있습니다. 꾸사드비빠 너머에는 12,800,000마일의 폭을 가진 끄라운짜드비빠가 있습니다. 경건한 행성인 사까드비빠 섬은 그 거주자들이 쁘라나야마와 신비의 요가를 수행하고 트랜스 상태에서 바유의 형상을 한 지고의 신을 숭배하는 그 다음 행성입니다.

다음 행성은 뿌스까라드비빠 또는 브람마로까인데, 그것은 지름이 51,200,000 마일이고 아주 맛좋은 물이 있는 바다로 둘러싸여 있습니다. 이 행성에는 불꽃만큼이나 찬란히 빛나는 100,000,000개의 순수한 금색 꽃잎이 있는 거대한 연꽃이 있습니다. 그 연꽃은 신 브람마가 앉아 있는 자리로 여겨지는데, 그는 우주에서 가장 강력한 살아있는 존재이며 그래서 때로는 바가반이라고 불립니다. 이 행성의 거주자들은 신 브람만으로 표현되는 지고의 존재를 숭배합니다. 그 섬 가운데에는 마나숏따라**Manasottara**라는 이름의 큰 산이 있는데, 그것은 섬의 안쪽과 바깥쪽의 경계를 형성합니다. 그 폭과 높이는 80,0000마일입니다.

마나숏따라 산에는 네 개의 방향에 인드라 같은 반신반인들의 주거 구역들이 있습니다. 태양은 태양신의 전차를 타고 메루산을 둘러싸는 삼바쯔사라라고 불리는 궤도로 산꼭대기를 지나갑니다. 북쪽 편의 태양의 길은 웃따라야나라고 불리고 남쪽 편의 길은 닥쉬나야나라고 불립니다. 한쪽 편(6개월, 우리의 따뜻한 계절)은 반신반인들의 낮을 나타내고, 다른 편(6개월, 우리의 추운 계절)은 그들의 밤을 나타냅니다. 이런 식으로 우리는 우리의 1년이 반신반인들에게는 단지 하루일 뿐이라는 것을 이해할 수 있습니다. 그러므로 그들의 생명은 아주 길어서 우리의 생명과 비교하면 거의 영원과도 같습니다. 그것이 바로 일부 종교들이 천국에서의 삶이 영원하다고 말하는 이유입니다.

말할 필요도 없이, 이것은 베다에서 묘사된 지구 위에 있는 행성들에 대한 부분적인 설명일 뿐입니다. 우리가 보듯이 독실하고도 영적으로 발전된 사람들만 가장 높은 천상의 행성에 들어갈 수 있습니다. 그러므로 믿음이 없고 신을 믿지 않는 사람들은 더 낮은 행성들로 갈 수 있을 뿐입니다.

슈리마드 바가바땀(5.24.1~6)은 더 높은 행성들 아래, 그렇지만 여전히 지구보다는 높은 곳에, 태양의 80,000마일 아래에 있는 라후로 시작하는 다른 행성들이 있다고 설명합니다. 그 행성들은 별들 중 하나인 것처럼 움직이지만, 어두운 행성이고 눈에 보이지 않습니다. 그러나 일식이 있을 때 가끔 보일 수도 있습니다. 라후에서 80,000마일 더 아래에 싯다로까(싯다, 또는 기계의 도움 없이 하나의 행성에서 다른 행성으로 날아가는 것 같은 신비스런 완벽함을 선천적으로 부여받은 사람들이 사는 곳), 짜라나로까(짜라나 또는 방랑하는 음유시인 같은 존재들이 사는 곳), 간다르바로까(간다르바 또는 천사들이 사는 곳), 비디야다라로까(아름다움과 지혜를 가진 유익한 천상의 영인 비디야다라가 사는 곳)라고 알려진 행성들이 있습니다. 이 행성들 아래에는 약샤(들판이나 숲에 자주 나타나는 신비스러운 영), 락샤샤(밤에 돌아다니고, 또한 모양을 바꾸어 개, 독수리, 부엉이, 난쟁이 등과 같은 형상을 취할 수도 있는 악령), 삐샤짜(살을 먹고, 사람들을 사로잡고 다른 유령 같은 존재들과 함께 화장터나 묘지에서 모이는 악마의 영), 그리고 유령 등과 같은 다른 생명체들을 위한 즐거움의 장소가 있습니다. 이 어두컴컴하고 보이지 않는 행성들의 몇 백 마일 아래에 지구 행성이 있습니다.

> 지구 아래에는 아따라, 비따라, 수따라, 따라따라, 마하따라, 라사따라, 빠딸라라고 불리는 일곱 개의 행성들이 있다... 지하의 천국 비라 스바르가이라고도 알려져 있는 이 일곱 개의 행성계에는 아주 아름다운 집, 정원, 그리고 감각적인 즐거움의 장소들이 있는데, 악마들은 아주 높은 감각적인 즐거움의 기준을 가지고 있기에 그것들은 더 높은 행성들의 장소보다 훨씬 더 호화롭다. 이런 행성의 대부분의 거주자들은 방해 없이 삶을 즐긴다. 이같이 그들은 환영의 행복에 매우 집착하는 것으로 이해된다. (슈리마드 바가바땀 5.24.8~9)

슈리마드 바가바땀에서는 아따라 아래의 행성은 비따라인데, 그곳에서는 쉬바 신이 자신의 동료들, 영혼들, 그리고 비슷한 존재들과 함께 산다고 설명하고 있습니다. 그 아래의 행성은, 가장 독실한 왕으로 명성이 높은 발리 마하라자가 지금도 살고있는 수따라입니다. 수따라 행성 아래에는 따라따라가 있는데, 그것은 마야라는 이름의 악마 다나바가 다스리는 곳입니다. 마야는 마법의 능력을 불러일으킬 수 있는 모든 마야비(마법사)들의 아짜리야(마스터)라고 알려져 있습니다. 따라따라 아래의 행성계는 마하따라로 알려져 있습니다. 그것은 언제나 분노에 차 있는 까드루의 후손인 수많은 코브라들의 거처입니다.

마하따라 아래에는 라사따라라고 알려진 행성계가 있는데, 그것은 디띠와 다누 사이의 악마의 아들과 후손들의 거처입니다. 그들은 아주 강력하고 잔인하며 모든 신들의 적입니다. 라사따라 아래에는 빠따라 또는 나가로까라고 알려진 또 다른 행성계가 있는데 그곳에는 많은 악령의 뱀들이 있습니다. 그들 중의 우두머리는 바수끼입니다. 그들은 모두 매우 화가 나 있으며, 아주 많은 덮개hoods를 가지고 있습니다. 이 덮개hoods들은 귀중한 보석들로 장식되고, 이 보석들에서 뿜어져 나오는 빛은 비라 스와르가의 전체 행성계를 비춥니다.

빠따라 행성 약 240,000마일 아래에는 지고한 신의 또 다른 화신이 삽니다. 그는 신 아난따 또는 상까르샤나 신으로 알려진 비슈누 신이 확장된 존재입니다. 상까르샤나 신은 무한한 영적 특성의 바다이고, 이로 인해 아난따데바로 알려져 있습니다. 그분은 지고한 신성의 인격과 다르지 않습니다. 이 물질세계 안의 모든 살아있는 존재들의 행복을 위해, 그분의 거주지에 거주하며, 자신의 분노와 편협함을 억제합니다.

아난따데바 신이 전체 창조를 파괴하고자 하는 대 파괴의 시기에, 그분은 약간 화가 나게 됩니다. 그러면 그분의 두 눈썹 사이에서 세 개의 눈을 가진 루드라가 삼지창을 가지고 나타납니다. 쉬바 신의 확장인 이 루드라는 창조물 전체를 파괴하기 위해 나타납니다.

하급의 신들, 반신반인, 악마, 우라가, 싯다, 간다르바, 비디야다라, 그리고 아주 높이 고양된 많은 현자는 아난따데바 신에게 계속해서 기도를 바칩니다. 그분은 입에서 뿜어져 나오는 달콤한 진동으로 자신의 동료들, 가장 중요한 반신반인들을 기쁘게 합니다. 푸른빛의 옷을 입고 하나의 귀걸이를 착용한 그는 아름답고 멋진 두 개의 손으로 등에 쟁기를 지고 있습니다. 하늘의 왕 인드라처럼 희게 보이는 그는 허리 주위에는 금색 허리띠를, 목 주위에는 언제나 싱싱한 뚤라시 꽃송이로 만든 바이자얀띠 화환을 두르고 있습니다. 이렇게 신은 아주 배포가 큰 그의 여가를 즐깁니다.

슈리마드 바가바땀은 강력한 아난따데바 신의 위대하고 영광스러운 자질은 끝이 없다고 설명합니다. 실제 그의 기량은 무한합니다. 그는 자급자족할 수 있음에도 불구하고 그 스스로가 모든 존재를 부양합니다. 그는 가르보다까 대양에 있는 낮은 행성계들 아래에 거하며 우주 전체를 아무렇지 않게 지탱합니다.

아난따데바 신의 거처 위에, 세 개의 세상과 우주의 아랫 부분을 채우는 광대한 가르보다까 대양 사이의 중간 공간에, 모든 지옥의 행성들이 위치한 곳이 있습니다. 그 행성들은 우주의 남쪽 편, 부 만다라Bhu mandala 아래, 그리고 가르보다까 대양의 약간 위에 있습니다. 선조들의 행성인 삐뜨리로까 또한 가르보다까 대양과 낮은 행성계들 사이에 있는 이 지역에 위치합니다. 아그니스밧따가 이끄는 삐뜨리로까의 모든 거주자들은 지고의 신에 대한 위대한 사마디에서 명상을 하고 항상 그들의 가족들이 잘 되기를 바랍니다.

2. 지옥에 대한 묘사

지옥의 행성들은 모든 사악하고 비도덕적인 행동들에 대한 벌을 받아야 할 운명을 가진 자들의 최종 목적지입니다. 물론 만약 사람들이 지옥에 가고 싶은지 아닌지를 스스로 결정할 수 있다면, 누구도 그곳에 가려 하지 않을 것입니다. 하지만 이것은 우리가 결정하는 것이 아니라 우리의 행위를 관찰하고 판단하는 더 높은 권위자에게 달려 있습니다. 대부분의 사람들은 일반적으로, 우리가 하는 어떤 것이든 누구에게도 해를 끼치지 않거나 아무도 보지 않는다면, 원하는 것을 마음대로 해도 된다는 잘못된 인식을 가지고 있습니다. 하지만 베다에서는 이렇게 언급합니다

> 태양, 불, 하늘, 공기, 반신반인, 달, 저녁, 낮, 밤, 방위, 물, 땅, 그리고 참나 그 자신은 모두 살아있는 존재의 활동들을 지켜본다. (슈리마드 바가바땀 6.1.42)

이런 감시 때문에 우리는 우리가 하는 것을 보는 이가 아무도 없는 어떤 곳으로도 갈 수 없습니다.

우주의 어두운 곳으로 가기로 예정된 사람들의 다음 생애의 지배자는 지옥 행성들의 왕인 야마라자입니다. 슈리마드 바가바땀은 그가 개인 수행원들과 함께 삐뜨리로까에 살고 있고, 지고한 신이 만든 규칙과 제약들을 따르면서 대리인 야마두따(야마라자의 병사)에게 죄가 있는 사람들이 죽으면 곧바로 그에게로 데리고 오게 한다고 설명합니다. 그들을 자신의 관할구역 안으로 데리고 온 후에 그는 그들의 구체적인 죄악의 행위들에 따라 적합한 처벌을 위해 많은 지옥 행성들 중의 하나로 보냅니다.

> 어떤 권위자들은 총 21개의 지옥 행성들이 있다고 하고, 어떤 이들은 28개가 있다고 말한다. 그 지옥들의 이름들은 다음과 같다. 따미스라, 안다따마스라,

라우라바, 마하라우라바, 꿈비빠까, 깔라수뜨라, 아시빠뜨라바나, 수까라무까, 안다꾸빠, 끄르미보자나, 산담사, 따쁘따수르미, 바즈라깐따까 살마리, 바이뜨라니, 뿌요다, 쁘라나로다, 비사사나, 랄라바끄사, 사라메야다나, 아비찌, 아야 흐빠나, 끄사라까르다마, 라끄소가나 브호자나, 술라쁘로따, 단다수까, 아바따 니로다나, 빠르야바르따나, 그리고 수찌무까이다. 이 모든 행성들은 살아있는 존재들을 벌주기 위한 것들이다. (슈리마드 바가바땀 5.26.7)

지옥의 행성들은 우리들의 특별히 나쁘거나 사악한 까르마를 해결하기 위해 나타나는 곳들입니다. 지옥의 행성에 갈 만큼 우리의 까르마가 그리 나쁘지 않다고 하더라도 심지어 지구 여러 곳에서 고통은 계속됩니다. 베다 문헌, 특히 뿌라나 여기저기에는 지옥 행성에 대한 묘사들이 있습니다. 이 많은 묘사를 모두 언급하기보다는, 적어도 어떤 장소가 지옥 행성인지, 어떤 사람들이 그곳으로 끌려가는지에 대한 일부의 내용만을 보겠습니다.

다른 사람의 합법적 아내, 아이들, 돈을 무단으로 사용하는 사람은 죽음의 때에, 그를 시간의 밧줄로 묶어 따미스라라고 알려진 지옥 행성에 강제로 던져버리는 험악한 야마두따들에게 붙들린다. 아주 어두운 이 행성에서, 죄를 지은 사람은 야마두따들에 의해 벌을 받는데, 그들은 그를 때리고 꾸짖는다. 그는 굶겨지고 마실 물도 얻지 못한다. 이렇게 몹시 노한 야마라자의 수행원들은 그에게 극심한 고통을 가져다주며, 때때로 그는 그들의 벌 때문에 정신을 잃는다. (슈

리마드 바가바땀 5.26.8)

이번 생애에서, 시기하는 사람은 많은 살아있는 존재들에게 폭력적인 행위를

범한다. 그러므로 그가 죽은 후에 야마라자에 의해 지옥으로 끌려갈 때, 그에

의해 상처 입은 살아있는 존재들은 그에게 아주 심한 고통을 가하기 위해 루루

라고 불리는 동물로 나타난다. 학식이 있는 학자들은 이 지옥을 라우라바라고

부른다. 이 세상에서는 보통은 보이지 않지만 루루는 뱀보다 더 시기심이 많다.

(슈리마드 바가바땀 5.26.11)

　악마적 사고방식을 가지고 있고, 정당한 이유 없이 어떤 것들을 파

괴하거나 다른 사람들에게 상처 입히는 것에서 즐거움을 찾는 사람들

이 있습니다. 그들이 가하는 괴로움과 고통은 같은 생애에서 나중에

나, 또는 더 심하게 다음 생애에서 그들에게로 되돌아옵니다. 설명했

듯이, 다른 존재들에게 폭력적인 행위를 저지르는 그런 사람들은 라

우라바로 끌려갑니다. 그곳에서 그들이 과거에 해를 입혔던 사람들은

루루의 형상을 취해 다음 구절에서 설명하는 것처럼 그들에게 말로 다

할 수 없는 고통을 줍니다.

마하라우라바라 불리는 지옥에서의 벌은 다른 사람들을 상처입힘으로써 자신

의 몸을 유지하는 사람들이 강제로 가게 된다. 이 지옥에서 끄라비야다라고 알

려진 동물 루루는 그에게 고통을 주고 그의 살을 먹는다. 자기 몸의 유지와 혀

의 만족을 위해, 잔인한 사람들은 가엾은 동물과 새들을 산 채로 요리한다. 그런 사람들은 심지어 사람을 먹는 사람들에 의해서도 비난받는다. 그들은 다음 생애에서 야마두따들에 의해 꿈비빠까라고 알려진 지옥으로 옮겨지는데, 그곳에서 그들은 끓는 기름으로 요리된다. (슈리마드 바가바땀 5.26.12~13)

또 다른 예는 다음과 같습니다.

브람마나를 죽이는 자는 깔라수뜨라라고 알려진 지옥에 던져지는데, 그것은 둘레가 8만 마일이고 전부 구리로 만들어져 있다. 아래는 불로 데워지고 위는 태양에 그을린 이 행성의 구리 표면은 아주 뜨겁다. 이렇게 브람마나의 살해자는 안팎으로 태워지는 고통을 받는다. 안으로 그는 배고픔과 갈증으로 타고 있고, 밖으로는 작열하는 태양열과 구리 표면 아래의 불로 타고 있다. 그러므로 그는 가끔 누워 있고, 가끔 앉고, 가끔 서 있고, 가끔은 여기저기로 달린다. 그는 동물 몸의 털만큼이나 많은 수천 년의 세월 동안 이렇게 고통을 받아야 한다. (슈리마드 바가바땀 65.26.14)

무고한 사람을 괴롭히거나, 브람마나에게 신체의 벌을 가하는, 죄가 많은 왕이나 정부의 대표는 다음 생애에서 야마두따들에 의해 수까라무까라고 불리는 지옥으로 끌려가는데, 그곳에서는 즙을 짜내기 위해 사탕수수를 짜듯이 야마라자의 가장 힘센 수행원들이 그를 짜낸다. 죄를 지은 살아있는 존재는 마치 무고한 사람이 벌을 받는 것처럼 아주 가엾게 울고는 기절한다. 이것이 죄 없

는 사람을 괴롭히는 것의 결과이다. (슈리마드 바가바땀 5.26.16)

위기상황이 아닐 때 브람마나에게서, 또는 실제로 다른 누구에게서 보석과 금 (또는 귀중품)을 빼앗는 자는 산담사라고 알려진 지옥으로 던져진다. 그곳에서 벌겋게 달구어진 쇠공과 집게로 그의 피부는 찢기고 떨어져 나간다. 이렇게 그의 온몸은 잘린다. (슈리마드 바가바땀 5.26.19)

나는 디트로이트에서 살면서 이 책을 쓰는 동안, 돈이 없고 배고프고 하루 하루 먹고 살기 위해 애쓰는 나이 든 사람들의 곤경에 대해 종종 듣게 됩니다. 여러 경우, 그들이 자신을 돌보기 위한 돈이 없는 이유 중의 하나는 한두 번이 아니라 여러 번 도둑을 맞았기 때문입니다. 이것은 이런 사람들이 평화롭고 행복하게 자신들의 말년을 보내지 못하게 만듭니다. 그러나 위의 구절에서 우리는 자신의 재산을 위해 강도질하고, 훔치고 또한 무고한 시민들을 때리는 도둑들은 결국 산담사로 가게 된다는 것을 배웁니다. 그런 범죄자들은 지방 당국의 법은 피할 수 있을지 몰라도 지고한 존재에 의해 세워진 자연의 법은 절대 피할 수 없습니다. 죽음의 때에 그런 범죄자들은 야마라자의 병사들에 의해 즉시 붙잡혀 뜨거운 쇠 집게로 몸에서 피부가 찢겨 나가는 벌을 받습니다. 만약 죽은 후에 자신이 다른 사람들에게 고통을 준 것에 대해 그런 운명이 자신을 기다리고 있다는 것을 알고도 같은 행위를 하는 도둑이 있다면, 그 도둑은 제정신이 아닐 것입니다.

지옥 행성에서의 이런 처벌은 아주 잔인하게 들릴 수도 있지만, 고통을 겪는 동안 그는 자신의 죄 많은 지난 행동들을 기억하고 후회하며 뉘우치게 될 것입니다. 중요한 점은 그는 다음 세상의 생애에서 그런 고통의 기억들을 잠재의식 깊숙이 가지고 있을 수도 있고 그로 인해 미래 생애에서 비슷한 활동을 하는 것을 삼가게 될 것이라는 점입니다.

야마라자의 지역에는 수백, 수천 개의 지옥 행성들이 있다. 내가 언급했던 불경한 사람들과 내가 언급하지 않았던 사람들 또한 모두 그들의 불경함의 정도에 따라 이 다양한 행성들로 들어가야 한다. 하지만 경건한 사람들은 다른 행성계 즉, 반신반인들의 행성들로 들어간다. 그러나 경건한 사람들과 불경한 사람들은 둘 다 자신의 경건하거나 불경한 행동의 결과들이 소진된 후에 다시 지구로 보내진다. (슈리마드 바가바땀 5.26.37)

위의 구절들로부터 우리는 지옥도 죽은 후에 영원히 거하는 곳이 아니라는 것을 이해할 수 있습니다. 이것은 단순히 특정한 비도덕적 활동들에 대한 반응입니다. 고통의 강렬함으로 인해 그것은 영원처럼 보일 수도 있지만, 불경한 행위들에 대한 반응이 다 소진되면, 살아있는 존재는 일반적으로 다시 시작하기 위해 지구로 보내어집니다. 그런 다음 낮은 행성부터 높은 하늘의 행성까지 물질적 존재의 모든 면을 서서히 경험할 때까지, 그는 행성계의 다양한 단계들을 통해 계속해서 진화할 수 있습니다. 그러나 다양한 행성계 또는 다양한 생명의 종을 통해 계속해서 태어나는 것이 진짜 행복을 찾는 방법이 아니라는 것을 우리는 알아야 합니다. 우리가 항상 갈망하고 있는 행복은 이 물질적 흥망성쇠의 영역, 또는 이 우주의 일시적인 천국과 지옥 안에서의 속박을 넘어서는 것입니다.

3. 천국에 대한 묘사

기회만 있다면 모든 사람이 천국에 가고 싶어 합니다. 그리고 대부분의 사람들이 천국이 아주 멋진 곳일 거라고 확신하게 되는 천국에 대한 일종의 관념을 가지고 있습니다. 그런 사람들은 지구에서 우리의 삶이 결코 이상적이지 않다 해도, 일단 천국에 도착하면 모든 것은 괜찮아질 것이라고 생각합니다.

베다에서 우리는 천국이 무엇인지에 대한 명쾌한 정보를 얻을 수 있습니다. 예를 들어, 우리는 바로 여기 지구에서 천국과 실제로 비슷한 곳을 볼 수 있습니다. 만약 햇살이 내리쬐는 긴 흰 모래 해변, 나무들 사이로 이국적인 꽃향기를 나르며 불어오는 시원한 바람, 해변에 닿는 수정같이 맑은 물의 파도 소리, 그리고 우리의 모든 요구를 들어주는 화려한 옷을 입은 아름다운 사람들. 그런 것들이 있는 열대 섬을 방문한다면, 당신은 천국에 있다고 느낄 것입니다. 물질적인 감각의 즐거움에 관심이 있는 많은 사람은 분명 그런 경험을 좋아할 것입니다. 유일한 문제는 그런 곳들이 가기에 매우 힘들어 보인다거나, 그곳에서 오래 살기에는 매우 많은 돈이 든다거나, 혹은 짧은 방문 후에 떠나야 한다는 것입니다. 우리는 절대 그 즐거움을 충분히 얻을 수 없고, 계속해서 비슷한 장소로 돌아오거나 방문하기를 언제나 바라게 됩니다.

슈리마드 바가바땀은 그런 천국의 장소들은 살아있는 존재들이 과거의 경건한 활동들의 결과를 다 써 버리는 곳이라고 설명합니다. 천국의 거처들은 세 곳에서 발견됩니다. 바로 여기 지구, 낮은 천상의 행성들, 높은 천상의 천국 행성들 입니다. 경건한 사람 중 가장 고양된 사람들만 높은 천상의 천국 행성에 들어갈 수 있습니다. 다른 사람들은 단지 지구나 낮은 천상의 행성들에서 발견되는 조금 부족한 천국의 분위기를 경험할 수 있을 뿐입니다.

슈리마드 바가바땀 (5.17.12)에서는 몇 천 년 전 깔리 시대의 도래 이전에, 이 지구를 포함해서 위쪽의 천국 지역에는 거주자들이 만 년을 살고, 거의 반신반인들과도 같았다고 설명되어 있습니다.

그들은 코끼리 만 마리의 육체적인 힘을 가지고 있고, 그들의 몸은 번개만큼이나 견고하다. 그들 삶의 젊은 시기는 아주 즐겁고, 남자와 여자 둘 다 오랫동안 아주 즐겁게 성적 결합을 즐긴다. 감각적인 즐거움을 누린 후에 1년이라는 시간의 잔고가 남을 때 아내는 아이를 임신한다. 이와 같이, 이 천국 지역의 거주자들에게 있어서 즐거움의 기준은 뜨레따 유가(방해가 없고 삶이 오늘날보다 훨씬 더 길었던 때) 동안 살았던 인간들의 기준과 똑같다.

사띠야 유가와 뜨레따 유가 동안에는 지구 행성도 한때는 천국 같은 곳이었습니다. 모든 사람이 신앙심이 있었고 요가를 수행했습니다. 그들은 물질적인 감각의 즐거움을 추구하는 것이 가능했음에도 불구하고 그것을 추구하지 않았습니다. 이같이 지구는 가장 기분 좋은 대기에서 그 거주자들이 필요로 하는 모든 것을 그들에게 제공했습니다. 나중에 드바빠라 유가와 특히 현재 시대인 깔리 유가 시대의 도래로 지구는 그 자원을 억제하기 시작했고, 대기는 변해서 더 이상 천국 같지 않았습니다. 이제, 깔리 유가의 시대가 진행되면서 대기는 점점 더 오염되어 가고 있고 지옥과 같습니다. 그리고 시간이 지나감에 따라 점점 더 우리는 아래와 같이 묘사되는 천상의 천국 행성처럼, 멋지고 천국 같다고 여기는 지역들을 잃어가고 있습니다.

계절에 따른 꽃과 과일로 가득한 많은 정원이 있고, 아름답게 꾸며진 은신처들도 있다. 그 땅들의 경계를 표시하는 큰 산들 사이에는 갓 자라난 연꽃들이 가득하고 깨끗한 물의 거대한 호수가 있다. 백조, 오리, 물닭, 학 같은 수생 조류들은 연꽃 향에 한껏 들뜨게 되고, 호박벌의 매혹적인 소리가 대기를 채운다. 그 땅의 주민들은 반신반인 중에서 중요한 지도자들이다. 언제나 각자의 하인들에게 시중을 받는 그들은 호수를 따라 나란히 있는 정원에서 삶을 즐긴다. 이런 만족스러운 환경에서, 반신반인들의 아내들은 남편들에게 장난스러운 미소를 짓고 욕망으로 그들을 본다. 모든 반신반인들과 그 아내들은 하인들로부터 샌달우드 과육과 꽃 화환을 계속 제공받는다. 이렇게 여덟 개 천국의 바르샤varsha의 모든 거주자는 이성의 활기에 끌려서 즐긴다. (슈리마드 바가바땀 5.17.13)

이 설명으로부터 우리는 상위 행성의 거주자들이 경험하는 천국의 즐거움이 종종 성에 기반을 두고 있고, 그저 감각적인 즐거움의 더 정제된 형태라는 것을 알 수 있습니다. 이것은 지구의 사람들이 경험할 수 있는 것과 크게 다르지 않습니다. 한 가지 차이점은 상위 행성의 거주자들은 원한다면 몇 년 동안 방해받지 않고 그것을 즐긴다는 것입니다. 반면 지구의 거주자들은 짧은 시간 동안만 비슷한 방식으로 즐길 수 있습니다.

상위의 행성들에 있는 천국 지역에 대한 또 다른 설명은 뜨리꾸따 산에 대한 것인데, 그것은 8000마일 높이이고 우유의 바다로 둘러싸여 있습니다. 지구가 소금물 바다로 둘러싸여 있듯이, 상위의 행성들 또한 바다를 가지고 있는데 더 기분 좋은 물질들로 되어있습니다.

뜨리꾸따 산의 세 개의 주요 봉우리들은 철, 은, 금으로 이루어져 있고 모든 방향과 하늘을 아름답게 꾸민다. 산에는 다른 봉우리들도 있는데, 그것들은 보석과 광물들로 가득하고, 멋진 나무, 덩굴식물, 관목들로 꾸며진다. 산의 폭포 소리는 기분 좋은 진동을 만들어낸다. 산은 이렇게 사방에서 아름다움을 더하며 서 있다. 산자락의 땅은 여덟 방향에서 에메랄드를 만들어내는 우유의 파도에 언제나 씻긴다. 상위 행성의 주민들인 싯다, 짜라나, 간다르바, 비디아다라, 큰 뱀, 낀나라, 아쁘사라는 즐기기 위해 그 산으로 간다. 이같이 그 산의 모든 동굴은 천국의 행성들의 이런 생물들로 가득하다. (슈리마드 바가바땀 8.2.2~5)

뜨리꾸따 산 아래의 계곡들은 많은 다양한 정글 동물들로 아름답게 꾸며지고, 반신반인들에 의해 정원에 가꿔지는 나무에는 아름다운 목소리를 가진 다양한 새들이 재잘거린다. 뜨리꾸따 산에는 모래알과 비슷한 작은 보석으로 덮여있는 해변을 가진 많은 호수와 강들이 있다. 물은 수정처럼 맑고, 반신반인 처녀들이 그 안에 몸을 담그면, 그들의 몸은 물과 바람에게 그 향기를 주고, 이렇게 대기를 풍요롭게 한다. (슈리마드 바가바땀 8.2.7~8)

천국의 행성에서, 처녀들의 몸은 아름다울 뿐 아니라 호수와 산들 바람에도 그 향을 줍니다. 이 지구 행성에서는, 모든 사람은 매일 목욕하지 않는다면 몸에서 나쁜 냄새가 나기 시작합니다. 이 문제를 덮기 위해 사람들은 몸에 좋은 향기를 풍기기 위해 또는 심지어 정기적으로 목욕을 하지 않는다는 사실을 숨기기 위해 종종 냄새 제거제나 인공 향수를 사용합니다. 우리가 주위 사람들의 몸에서 나는 좋지 않은 향을 참아야 할 때를 떠올린다면 이것은 천국의 행성들이 어떻게 이 행성 지구보다 천 배 더 풍요로운지 이해하기 위한 좋은 비유입니다.

베다를 공부함으로써 우리는 천국에 대해 배울 수 있습니다. 하지만 우리의 제한된 감각과 불완전한 감각의 확장일 뿐인 망원경 같은 도구들을 통해 지식을 얻으려고 한다면, 우리는 상위의 행성들의 상태를 제대로 평가할 수 없을 것입니다. 그러므로 우리는 다음과 같이 천국의 왕인 인드라 신의 장엄한 풍요로움을 묘사하는 슈리마드 바가바땀 같은 책들에서 찾을 수 있는 묘사에 의해 상위의 행성이 어떤 것인지에 대한 것을 알 수 있습니다.

모든 풍족함을 가진 히란야까시뿌는 반신반인들이 즐기는 유명한 난다나 정원이 있는 천국에서 살기 시작했다. 사실 그는 천국의 왕 인드라의 가장 호화로운 궁전에서 살았다. 그 궁전은 반신반인의 건축가 비스바까르마가 직접 지었고 온 우주의 운명의 여신이 거기에 살기라도 하는 것처럼 아름답게 만들어졌다. 인드라 왕의 거처의 계단은 산호로 만들어졌고, 바닥은 귀한 에메랄드, 벽은 수정, 기둥은 바이두리야 돌로 장식되었다. 멋진 캐노피는 아름답게 장식되었고, 의자는 루비로 장식되었고, 거품처럼 흰 비단 침구는 진주로 장식되었다. 아름다운 치아와 너무나 멋지게 아름다운 얼굴을 가진 축복 받은 궁전의 여인들은 발목의 종소리를 아름답게 울리며 궁전 여기저기를 걸어 다녔고, 보석에

비친 자신들의 아름다운 모습을 보았다. (슈리마드 바가바땀 7.4.8〜11)

우리 대부분은 수정 벽, 산호 계단, 에메랄드로 꾸며진 바닥, 루비로 장식된 의자, 진주로 장식된 침구가 있는 집을 상상조차 할 수 없습니다. 하지만 여기에는 많은 사람이 사는 이런 종류의 거대한 궁전에 대한 묘사가 있습니다. 이것은 자격이 있는 사람들만 들어갈 수 있는 천국의 지역입니다. 로켓이나 우주선으로는 그곳에 갈 수 없습니다. 우리가 실제로 하늘에 있는 천국의 대기로 들어갈 수 있는 유일한 방법은 경건한 일, 좋은 까르마, 또는 신비스러운 완벽함에 의해서입니다. 그러나 정말로 현명한 사람에게는 천국에 이르는 것이 그리 중요한 일이 아닙니다.

4. 이 지구상의 존재에게 주어진 기회

이 우주가 어떻게 작용하는지에 대한 지식을 가진 현명한 사람은 다른 곳과 마찬가지로 천국의 행성에도 탄생과 죽음이 있다는 것을 압니다. 상위에 있는 행성들의 거주자들은 지구의 계산법으로 아주 오랜 시간을 살지만, 그곳에서의 삶도 마침내는 끝이 납니다. 결국 그것은 모든 것들이 서서히 부서지고 약화되어 분해되는 이 물질적인 우주 안에 있습니다. 우리는 돈을 모은 후에 하와이나 다른 곳으로 휴가를 떠나서 즐기고, 휴식을 취하고 자기가 좋아하는 것만을 하면서 모든 시간을 보내다가, 돈이 다 떨어지면 집으로 돌아가 다시 직장으로 갑니다. 마찬가지로 사람은 좋은 일들을 많이 행하고 좋은 까르마를 많이 쌓은 후에, 수천 년 동안 살고 즐기기 위해 천국으로 갈 수도 있습니다. 하지만 축적한 경건한 행위의 덕을 다 소진하면, 천국에서의 그의 존재는 끝나고 새로 시작하기 위해 중간계의 행성이나 지구의 행성계로 다시 돌아갑니다. 이것은 문다까 우빠니샤드(1.2.10)에서 아래와 같이 설명됩니다.

숭배와 선한 일들을 최고의 것으로 여기는 이런 바보들은 더 좋은 것을 알지 못하고, 선한 일들에 의해 얻은 (그들의 보상을) 높은 천국에서 누리고는 다시 이 (지구의) 세상 또는 낮은 곳으로 들어간다.

그러므로 지식의 현자들은 천국과 그것의 모든 풍요로움을 극적이지만 일시적인 꿈인 주마등에 불과하다고 여깁니다. 사실, 이 우주적 창조 안의 모든 존재 수준에서 우리의 삶은 일시적인 꿈에 불과합니다. 그러므로 슈리 크리슈나 신은 바가바드 기따에서 설명합니다.

아르주나, 창조자를 포함한 모든 세계의 거주자는 다시 태어난다. 그러나 아르주나, 나와 하나가 된 사람은 다시 태어나지 않는다. (바가바드 기따 8.16)

진지하게 영적인 길에 전념하는 자들은 그들이 천국이나 지옥에 가는지, 아닌지에 관심이 없습니다. 당신이 어디에 있는지가 중요한 것이 아니라, 다음 구절에서 설명하는 것처럼 어떻게 시간을 활용하는지가 차이를 만듭니다.

> 오 신이시여, 우리의 가슴과 마음이 언제나 당신의 연꽃 발을 섬기는 데 전념하고, 뚤라시 잎이 당신의 연꽃 발에 바쳐질 때 아름답게 되는 것처럼 우리의 말이 (당신의 행동을 말함으로써) 아름답게 되며, 우리의 귀가 당신의 초월적인 특성들에 대한 챈팅으로 항상 가득 차 있는 한, 우리가 어떤 지옥 같은 환경일지라도 태어나게 하시기를 기도합니다. (슈리마드 바가바땀 3.15.49)

이제 우리는 중간 행성계인 지구가 천국이나 지옥으로 가거나, 또는 이 물질적 창조를 완전히 초월하는 영적인 세계로도 갈 수 있는 곳임을 압니다. 이곳은 다양한 영역으로 가는 많은 출입구를 찾을 수 있는 곳입니다. 천국에서, 그곳은 감각적인 즐거움 때문에 영적인 활동에 거의 집중할 수 없습니다. 낮은 행성에서는 삶이 너무나 고통스럽고 비참해서, 또는 사회가 너무 물질적이어서 영적인 활동에 전념할 수 없습니다. 하지만 중간 행성계에서의 삶은 지나치게 천국 같지도 않고, 지나치게 지옥 같지도 않습니다. 그러므로 이곳은 우리가 영적인 길을 추구하기에 적합한 환경입니다.

인간 형상의 삶은 영적 참나 깨달음을 위한 숭고한 지위이기 때문에, 천국에 있는 모든 반신반인은 이렇게 말한다. 이런 인간들이 바라따 바르샤^{Bharata varsha}(지구행성)의 땅에서 태어났었다니 얼마나 멋진 일인가. 그들은 분명 과거에 경건한 금욕의 행위를 이행했거나, 지고한 신성의 인격 자신이 그들을 기뻐했음에 틀림없다. 그렇지 않다면 어떻게 그들이 그렇게 많은 방법으로 헌신적 봉사에 전념할 수 있었겠는가? 우리 반신반인들은 헌신적 봉사를 이행하기 위해 바라따 바르샤(지구 행성)에서 인간으로 탄생하기만을 열망하지만, 이 인간들은 이미 거기에 참여했다. (슈리마드 바가바땀 5.19.21)

베다의 숭배 의식을 행하는 아주 어려운 임무를 수행하고, 금욕을 견디고, 맹세를 지키고 자선을 베푼 후에, 우리는 천국의 행성의 주민으로서의 이 지위를 얻었다. 하지만 이 성취의 가치는 얼마나 되는가? 여기서 우리는 분명 물질적인 감각 만족에 너무 전념하고, 그로 인해 나라야나 신의 연꽃 발을 거의 기억할 수가 없다. 실로 우리의 지나친 감각적인 만족으로 인해 우리는 그의 연꽃 발을 거의 잊어버렸다. (슈리마드 바가바땀 5.19.22)

바라따 바르샤(지구 행성)의 땅에서의 짧은 삶은 수백만, 수십억 년 동안 브람마로까에서 이룬 삶보다 더 나은데, 이는 비록 사람이 브람마로까로 높여진다 하더라도 그는 반복된 탄생과 죽음으로 되돌아가야 하기 때문이다. 낮은 행성계에서, 바라따 바르샤(지구 행성)에서의 삶이 아주 짧을지라도, 그곳에 사는 사람은 신의 연꽃 발에 완전히 굴복함으로써 이 짧은 삶에서도 자신을 완전한 크리슈나 의식으로 고양시키고 최고의 완벽을 성취할 수 있다. 이렇게 해서 사람은 바이꾼따로까(영적 행성)에 이르는데, 그곳에는 불안감도 없고 물질적 육체로의 반복된 탄생도 없다. (슈리마드 바가바땀 5.19.23)

바라따 바르샤(지구 행성)는 사람을 갸나^{jnana} 요가(지식의 요가)와 까르마의 결과들로부터 자유롭게 해 줄 수 있는 헌신적 봉사(박띠 요가)를 하기에 적합한 땅과 환경을 제공한다. 만약 산끼르따나 얏냐$^{sankirtana\ yajna}$(지고한 존재의 영광과 신성한 이름을 챈팅하거나 노래하는 것)를 이행하기 위한 확실한 감각 기관을 가지고서 바라따 바르샤(지구 행성)의 땅에서 인간의 몸을 얻는데도 이 기회에도 불구하고 헌신적 봉사를 하지 않는다면, 그는 분명 부주의해서 그 결과 다시 사냥꾼에게 잡히고 마는 숲의 자유로운 동물이나 새들과도 같다. (슈리마드 바가바땀 5.19.25)

슈리마드 바가바땀의 이 구절들은 이 지구상에서 우리가 가진 드문 기회에 대해 직접적으로 말하고 있습니다. 영적인 발전에 이런 기회를 활용하지 못하는 사람은 분명 물질적 존재로부터 해방되는 방향으로 실질적인 진전을 이루지 못한 채 죽어가게 됩니다. 반신반인들조차도 지구 행성에서의 탄생을 바랍니다. 따라서 우리는 그런 탄생이 얼마나 귀중한 것인지를 알 수 있습니다. 게다가 지구 행성에서 태어나는 것이 왜 그렇게 귀중한지에 대한 또 다른 이유가 있습니다. 그 이유는 지고한 존재는 살아있는 존재들의 마음을 끌기 위해 그의 무한한 유희의 일부를 이 행성에서 행함으로써 직접 여기에 나타나기 때문입니다.

> 우리는 의심의 여지 없이 숭배 의식, 경건한 행위와 얏냐(영적 가치를 위한 희생의식)를 행하고 베다를 공부한 결과로 지금 천국의 행성에서 살고 있다. 그러나, 여기에서 우리의 삶은 언젠가는 끝날 것이다. 만약 우리의 경건한 활동들로부터 어떤 가치라도 남는다면, 그때 우리는 지구 행성에서 신의 연꽃 발을 기억할 수 있도록 인간으로 다시 태어날 수 있기를 기도한다. 신은 너무나 친절해서 몸소 지구 행성의 땅에 와서 그곳의 사람들의 행운을 늘려준다. (슈리마드 바가바땀 5.19.28)

따라서, 경건하든 불경하든 모든 행위는 우리를 천국이나 지옥에 더욱 얽매이게 만듭니다. 또한 어떤 행위도 계속된 탄생과 죽음의 문제를 해결하지 못합니다. 8,400,000개의 생명의 종을 통해서 뿐만 아니라, 위, 중간, 아래의 행성계들을 다니는 끝 없는 진화를 이해하면, 계속된 물질적 존재의 헛됨은 명확해집니다. 오직 지고한 존재와 관련된 영적인 활동에 전념함으로써 우리는 실제로 물질적인 존재로부터 해방될 수 있습니다.

지금까지의 장들에서 우리의 실제 영적 정체성, 까르마의 법칙, 환생, 물질적 본성의 방식들, 천국과 지옥, 우리가 어떻게 그것들에 얽히게 되는지, 그리고 어떻게 그것들로부터 자유롭게 될 수 있는지에 관한 주제들을 다루었습니다. 이제 다음 장에서는 우리가 이 우주적인 창조의 세계 안에서 행복을 추구할 때, 진화에서 겪는 과정을 설명하기 위해 모든 것들을 종합할 것입니다.

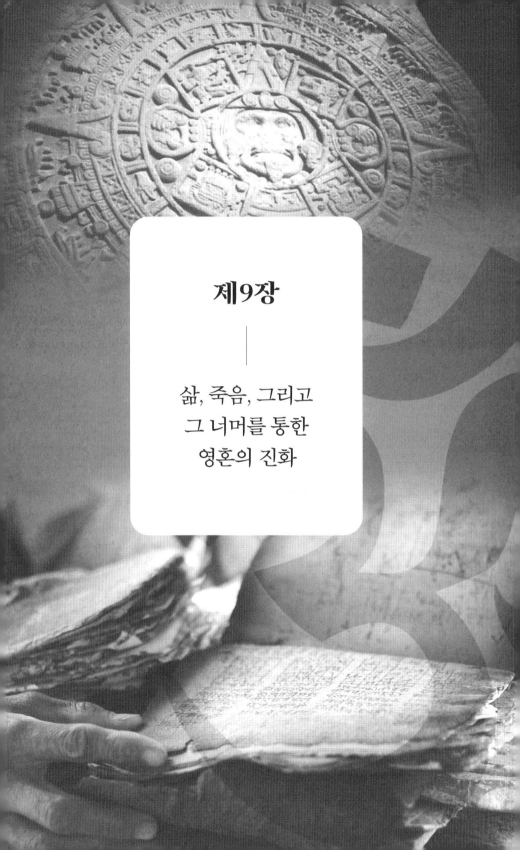

제9장

삶, 죽음, 그리고
그 너머를 통한
영혼의 진화

우리들은 이 물질적인 창조의 특정한 육체 안의 자신을 발견하자마자, 곧바로 자신이 자리 잡고 있는 유형의 형태와 동일시하기 시작합니다. 남자나 여자, 흑인이나 백인, 인간이나 동물, 수중 생물 혹은 그 무엇이든지 말입니다. 어떤 경우이든 그들은 자신들에게 행복과 즐거움 또는 적어도 생존 수단을 줄 것이라고 믿는 것들을 뒤쫓기 시작합니다. 남자가 여자를 찾거나 여자가 남자를 찾습니다. 고양이는 그 배고픔을 해소하기 위해 쥐를 찾아다니고 호랑이는 사슴이나 다른 큰 동물을 찾아다닙니다. 이렇게 우리는 자신이 가진 육체와 의식의 종류에 따라 다양한 종류의 즐거움을 추구합니다. 자신의 육체와 마음을 만족시킬 수 있다고 느끼는 그것을 찾고 얻으려고 할 때, 다양한 의식 수준과 행복에 대한 각기 다른 관념들로 그들을 데리고 가는 다양한 물질적 존재와 정신적 변화를 겪게 될 것입니다. 이런 변화들이 계속될 때, 우리는 의식과 욕망을 가지게 해주는 여러 유형의 육체와 우주의 영역들을 통해 진화하고 환생합니다. 베다에 따르면, 이것은 우리 모두가 겪는 진화의 과정입니다.

1. 삶에 대한 우리의 무지

이전 장들에서 설명했듯이, 우리의 진정한 정체성은 영성^{spiritual}입니다. 우리는 물질적인 결과물이 아닙니다. 물질세계에 있을 때, 우리는 무지하게 태어나고 우리의 기원이나 우리가 왜 이 물질적 창조 속에 놓여 있는지를 알지 못합니다. 사람들은 우리 모두 여기에 우연히 있는 것이고 이 삶이 끝나면 모든 것이 끝난다고 생각하는 경향이 있습니다. 그들은 모든 것이 체계적인 방식으로 작동하고 있는 것을 보지만 왜 또는 누가 그것을 준비했는지 알지 못합니다. 그래서 그들은 물질적인 노력으로 얻을 수 있는 모든 즐거움을 찾아서 엉뚱한 계획을 세웁니다. 그러나, 그런 힘든 수고는 짧은 시간 동안만 지속되는 결과를 낳습니다. 사람들이 찾기를 바라는 물질적 행복은 곧 쇠퇴로 치닫고, 그들은 그 이유를 이해하지 못합니다. 이 물질적 창조의 목적과 그것이 어떻게 작용하는지를 모르기 때문에 그들은 낙담하게 되고, 고통스러운 상황이 실제로는 즐거운 것이라고 생각함으로써, 물질적인 에너지와 계속해서 고군분투하는 것에 만족하고 있습니다. 이것은 다음 구절에서 상세히 설명됩니다.

신성의 인격이 말했다. 구름 덩어리가 엄청난 바람의 영향력을 알지 못하듯이, 물질적인 의식에 빠져 있는 사람은 자신이 그것에 의해 움직이고 있는 시간 인자의 강력한 힘을 알지 못한다. 지고한 인격은 시간의 인자로, 엄청난 고통과 노력으로 이른바 행복을 위해 물질주의자에 의해 만들어지는 어떤 것이든 파괴하며, 이런 이유로 조건화된 영혼은 한탄한다. 잘못 지도받은 물질주의자는 그의 육체가 영원하지 못하다는 것과 그 육체와 관련된 집, 땅, 부에 대한 매력 또한 일시적이라는 것을 알지 못한다. 그는 오직 무지로 인해 모든 것이 영원하다고 생각한다. 그가 나타나는 어떤 생명의 종에서든 살아있는 존재는 그 종에서의 특별한 유형의 만족을 찾고, 그런 상황에 놓이는 것을 절대 싫어하지 않는다. 조건화된 살아있는 존재는 자신의 특별한 생명의 종에 만족한다. 환영의 에너지에 덮여 그 영향력에 현혹되는 동안, 그는 지옥에 있을 때도 지옥 같은 쾌락에서 즐거움을 느끼기 때문에 자신의 육체를 벗어 던지려는 생각을 거의 갖지 않는다. (슈리마드 바가바땀 3.30.1〜5)

자신의 진정한 정체성을 알지 못하는 것 때문에 우리는 진짜 행복이 무엇인지 알지 못하고 불행을 피하는 법도 알지 못합니다. 우리는 단지 자신이 육체라고 생각하며, 그로 인해 물질적인 행위에 열중하게 되고 삶에서 작용과 반작용의 법칙에 굴복합니다. 우리는 어떻게 자신의 육체에 들어갔는지 알지 못하고 그것에서 빠져나오는 법도 알지 못합니다. 이같이 대안이 없기에 우리는 자신의 행위와 까르마의 결과에 따라 물질적 자연이 주는 모든 다양한 상황들을 통해 계속해서 진화합니다. 만약 영적인 지식을 이해할 수 있는 삶의 단계까지 진화할 수 있다면, 우리는 물질의 올가미에서 빠져나오도록 해 주는 통로를 찾을 수 있습니다. 그것이 진정한 진화입니다.

2. 인간 진화의 다섯 가지 단계

인간의 형체에서 개인의 의식과 관심사가 삶의 처음에서 끝까지 어떻게 진화하는가는 베다에 의해 설명됩니다. 거기에는 다섯 가지 기본 단계가 있습니다. 첫 번째 단계에서, 어린아이일 때 우리는 음식을 의식하고, 먹기에 충분할 만큼 가지는 것에 가장 큰 관심을 가집니다. 혀와 위를 만족시키기에 좋은 음식을 먹었을 때 우리는 만족합니다. 이것은 안나마야^{annamaya}라고 불립니다. 이 단계 후에 우리는 공격받거나 파괴되는 것으로부터 스스로를 보호하거나 방어함으로써 계속 존재할 것에 대해 매우 우려하게 됩니다. 이것은 쁘라나마야^{pranamaya}라고 불리는데, 단지 여기에서 계속 생존함으로써 행복해합니다. 처음의 이 두 단계는 가장 초기적인 의식의 수준입니다. 일반적으로 동물의 왕국에서 살아있는 존재들은 절대 이런 유형의 의식 이상으로 진화하지 않습니다. 인간이 이런 낮은 단계에 머물러 있다면, 여전히 동물적인 의식을 가지고 있다고 생각됩니다. 이보다 상위의 단계인 세 번째 단계는 삶에 대한 자신의 욕망과 가치를 알아내는 정신적 플랫폼에 관여하는 마노마야^{manomaya}입니다. 이 단계에서 우리는 행복을 느끼기 위해 자신의 삶에 정신적 자극과 활동을 가할 필요가 있습니다. 간단한 음식과 살아가기 위한 기본적인 안전만으로는 충분하지 않고, 이제는 오락과 정서적인 관여의 필요성도 느낍니다. 이제 삶에 대한 관점이 확장되기 시작합니다.

이러한 세 가지 단계는 세상의 많은 사람들이 열중하고 있으며 우리의 삶은 이러한 동기에 기반을 두고 있습니다. 하지만 정신적 플랫폼을 통해 계속 진화해서 철학적 삶의 지적 플랫폼인 비갸나마야 vijnanamaya에 이른다면, 우리는 자신이 하는 일에 대한 이유와 기준, 그리고 존재를 정당화하는 수단을 가질 수 있는 가치 체계를 발전시켜야 합니다. 이제 우리는 철학적 관점에서 상황을 이해할 필요가 있습니다. 삶의 목적에 대한 질문들이 작용하기 시작하고, 다양한 삶의 관점들 또는 종교와 철학을 연구해서 삶을 설명해 주는 하나를 채택하거나 발전시킬 수도 있을 것입니다.

만약 우리가 비갸나마야 단계를 통해 계속해서 발전시키고 진리에 대한 탐구를 꾸준히 한다면, 우리가 육체가 아니라 안에 있는 영혼이라는 것을 이해하면서 영적인 지식으로 나아가기 시작할 것입니다. 그런 다음에는 또한 참나를 이해하기 시작할 것입니다. 우리는 참나와 자신의 관계를 이해함으로써 희열, 영적 지식, 영원의 아난다마야 anandamaya 플랫폼에 이릅니다. 이 마지막 단계에서만 우리는 삶의 최종 목표에 도달할 수 있습니다. 또한 물질적 존재로부터 해방되며 영적 대기로 돌아옵니다.

물론 이것은 다섯 가지 단계를 통한 연속적인 삶의 진화 과정에 대해 짧게 요약한 것입니다. 그러나 베다는 자궁에서 사는 것부터 죽음의 단계와 사후세계에 이를 때까지의 고통스러운 경험을 포함하여 우리의 점진적인 성장에 대한 훨씬 더 상세한 설명을 제공합니다.

3. 자궁에서의 삶과 살아있는 존재의 탄생

전생에서 행한 행위의 결과에 따라 우리는 우리의 의식에 알맞고, 좋거나 나쁜 까르마를 겪거나 즐길 뿐 아니라, 물질적인 욕구를 만족시키는 특정 종류의 육체를 부여받습니다. 이를 위해 우리는 어머니의 자궁에 있다가 곧 그 후에 우리에게 운명 지어진 삶을 시작합니다.

이렇게 살아있는 존재는 결실을 낳는 그의 행위들에 따라 물질적인 마음과 감각을 가진 적합한 육체를 얻는다. 그의 특정한 활동의 반응이 끝날 때 그 끝은 죽음이라 불리고, 특정한 유형의 반응이 시작될 때 그 시작은 탄생이라 불린다. (슈리마드 바가바땀 3.31.44)

신성의 인격이 말했다. 지고한 신의 감독하에, 그리고 그의 행위의 결과에 따라, 살아있는 존재, 영혼은 특정 유형의 육체를 취하기 위해 남성 정액의 입자를 통해 여성의 자궁 속으로 들어가도록 만들어진다. 첫째 날 밤에 정자와 난자가 섞이고, 다섯 번째 밤에 그 섞인 것은 방울이 된다. 열 번째 밤에 그것은 자두 같은 형태로 발전하고, 그 후에 경우에 따라 서서히 살덩어리나 알로 변해간다. 한 달 동안에 머리가 생기고 두 달째의 마지막에 손, 발, 그리고 다른 사지들이 생겨난다. 석 달째의 마지막에 손톱, 손가락, 발가락, 털, 뼈, 피부가 나타나고, 생식 기관과 몸의 다른 구멍들, 즉 눈, 콧구멍, 귀, 입, 항문이 생긴다.

수정된 날로부터 넉 달째 안에, 몸의 일곱 개의 필수 구성요소, 림프, 피, 살, 지방, 뼈, 골수, 정액이 생겨난다. 다섯째 달의 마지막에 배고픔과 갈증을 느끼게 되고, 여섯째 달의 마지막에 양막에 둘러싸인 태아는 복부 오른쪽에서 움직이기 시작한다. 태아는 어머니가 섭취하는 음식과 마시는 것으로부터 영양분을 얻으면서 모든 종류의 기생충이 서식하는 그 끔찍한 대변과 소변의 거처에서 자라고 머무른다.

복부에 있는 굶주린 기생충들에 의해 온몸이 계속해서 물리면서, 아이는 그 연약함 때문에 끔찍한 고통을 겪는다. 이렇게 그는 끔찍한 상태로 인해 시시각각 의식을 잃는다. 어머니가 먹는 쓰고 자극적인 식품류 또는 너무 짜거나 너무 신 음식 때문에 아이의 몸은 끊임없이 거의 참을 수 없는 고통을 당한다.

양막 안에 위치해서 창자로 둘러싸인 아이는 머리를 배 쪽으로 향하고 등과 목을 활처럼 구부려서 복부의 한쪽 편에 계속해서 누워 있다. 이렇게 아이는 움직임의 자유가 없는 새장 속의 새처럼 있다. 그때 만약 운이 좋다면 아이는 자신의 지난 백 번의 탄생에서의 모든 고통을 기억할 수 있고 끔찍하게 비통해한다. 어떻게 그 상태에서 마음의 평화가 가능한가? 이렇게 수정이 되고 일곱 달

후부터 의식의 발달을 부여받은 아이는 분만 전 몇 주 동안 태아를 누르는 공기에 의해 아래쪽으로 내려간다. 똑같은 불결한 복부 구멍에서 나온 기생충들처럼 그는 한곳에 머무를 수 없다. 이 끔찍한 삶의 상태에서 살아있는 존재는, 일곱 개의 구성요소의 층에 얽매여서, 자신을 그런 상황에 놓이게 한 신에게 간청하며 손을 모으고 기도한다. (슈리마드 바가바땀 3.31.1~11)

가르바 우빠니샤드는 우리가 자궁 속에 있는 동안 좋고 나쁜 모든 행위에 대한 지식을 가지고 있고, 전에 수천 번이나 어머니의 배 안에 살았다는 것을 안다고 말합니다. 우리는 또한 매번의 탄생마다 살다가 죽었고, 자신의 고된 일의 결과를 누렸던 자는 누구나 사라지며, 오직 자신만이 그 결과를 겪을 수 밖에 없다는 것을 압니다. 자궁 안에 있는 동안, 우리는 만약 끔찍한 상황을 피할 수 있다면 이 반복된 탄생과 죽음의 순환으로부터 최종적으로 구조되기 위해 분명 나라야나 신에게 의지하고 요가를 공부할 것이라고 기도했을 것입니다.

위의 인용들은 자궁 안에 있는 태아가 살아있고 자신의 상황을 의식하고 있다는 것을 명쾌하게 묘사합니다. 그는 전생을 기억할 수도 있고 지고한 신을 알며 그가 왜 자궁 안에 있는지도 압니다. 그는 자신을 깨무는 기생충과 어머니가 먹는 매운 음식에 영향을 받습니다. 게다가 어머니의 기분과 감정적 변화를 경험합니다. 그러나 일단 자신의 운명에 따라 아이가 자궁 안에 위치되고, 만약 어머니가 낙태를 결정하면 그 영혼은 하는 수 없이 다른 자궁에서 피난처를 찾아야 할 것입니다. 이것은 살아있는 존재의 진화 과정에서 아주 큰 장애물입니다. 또한 태어나지 않은 아이의 발달하고 있는 육체를 죽인 죄에 대한 반작용을 겪어야 하는 어머니에게도 까르마의 큰 장애물이 됩니다. 그러므로 베다는 아이를 죽이는 것에 대해 속죄하거나 죽은 후에 그것에 대한 반작용에 직면하게 될 것을 준비해야 한다고 권합니다.

자궁 안의 아이가 많은 것들을 알고 있다 하더라도, 자궁 밖으로 밀려나갈 때 결국에 탄생의 과정을 겪기 시작하는데, 그것은 너무나 큰 시련이어서 아이는 태어나자마자 어머니 배 안에서 기억했던 자신의 과거 상태를 즉시 잊어버립니다. 이것은 다음과 같이 설명됩니다.

갑자기 (분만을 돕는) 바람에 의해 아래로 밀려난 아이는, 엄청난 고통과 함께 머리를 아래로 하고, 숨을 가쁘게 쉬며, 극심한 고통 때문에 기억이 빼앗긴 채 밖으로 나온다. 이렇게 아이는 대변과 피로 더럽혀져 땅으로 떨어지고, 대변에서 생겨난 기생충처럼 논다. 그는 지고의 지식을 잃어버리고 마야의 주문에 걸려서 운다.

배에서 나온 후 아이는 그가 무엇을 원하는지 이해할 수 없는 사람의 보살핌을 받고, 그런 사람들에 의해 키워진다. 자신에게 주어지는 어느 것도 거부할 수 없기에 그는 바람직하지 않은 상황에 빠진다. 땀과 세균이 들끓는 더러운 침대

위에 눕혀진 그 불쌍한 아이는 앉거나 서거나 심지어 움직이는 것은 말할 것도 없고, 가려운 느낌으로부터 벗어나기 위해 몸을 긁을 수도 없다. 작은 벌레들이 더 큰 벌레를 물듯이 그런 무력한 상태에서, 하루살이, 모기, 벌레, 그리고 다른 세균들이 피부가 연약한 아기를 문다.

지혜를 빼앗긴 아이는 비통하게 운다. 이렇게 아이는 여러 종류의 불행을 겪으면서 유년기를 거쳐 소년기에 이른다. 소년기에도 그는 자신이 절대 이룰 수 없는 것들을 얻으려는 욕망 때문에 고통을 겪는다. 그리고 그 결과, 무지 때문에 화가 나고 우울해진다. 몸이 성장하면서, 그 아이는 자신의 영혼을 무너뜨리기 위해, 거짓된 위신과 분노를 증가시키고 그에 따라 비슷한 욕망에 찬 사람들을 향한 적대감을 만들어낸다. 그런 무지 때문에 그는 다섯 가지 요소로 만들어진 물질적 육체를 그 자신으로 받아들인다. 이 착각으로 인해 그는 영구적이지 않은 것들을 자신의 것으로 받아들이고 가장 어두운 영역에서 그의 무지를 증가시킨다.

끊임없는 고통의 근원이며 무지의 결실을 낳는 행위의 속박에 매여 있기에 그를 따라다니는 그 육체로 인해, 그는 반복된 탄생과 죽음에 종속되게 하는 다양한 행위들을 행한다. 그러므로 만약 성적인 즐거움과 미각의 만족의 추구에 몰두한, 감각적인 것에 관심이 있는 사람들에게 영향을 받아 다시 부정한 길과 가까이한다면, 그는 전처럼 또 지옥으로 가게 된다. 그는 진실, 청결, 자비, 엄숙함, 영적 지성, 부끄러움, 금욕, 명성, 용서, 마음의 통제, 감각의 통제, 운, 그

리고 모든 기회들을 빼앗기게 된다. (슈리마드 바가바땀 3.31.23~33)

이렇게 사람은 자궁에서의 지난 고통을 잊어버리고, 욕정에 찬 욕망을 따라다닙니다. 그리고 이전 생애들에서 가졌던 것처럼 견뎌내야 할 똑같이 무익한 까르마를 만들어내는 똑같은 행위에 몰두합니다. 삶의 목표가 그저 일시적인 육체의 변덕을 받아주고 그것에 맞추는 수단과 방법을 찾는 것일 때는, 누구도 다른 어떤 것을 기대할 수 없습니다. 인간으로 태어난 삶은 아주 드문 기회입니다. 단지 일시적인 감각의 즐거움을 위한 행위를 함으로써 그것을 허비하는 것은 분명 삶의 진짜 문제들을 해결하는 방법이 아닙니다. 그런 물질적인 관심사에 자신의 삶을 바치는 것은 자살을 하는 것과 비슷한 것입니다. 이런 경우 영적인 존재로서 자신의 진정한 정체에 관련된 어떤 것도 거의 성취하지 못하기 때문에, 그는 결국 죽게 되고 그때 그는 자신이 얻으려고 애쓰던 모든 것을 잃습니다. 슈리마드 바가바땀에서는 이렇게 말하고 있습니다.

이 물질세계 안에서 엄청난 노력을 필요로 하는 행위를 하는 것에 전념하는 모든 이, 그리고 인간 삶의 형태, 불행으로부터 해방을 얻을 기회를 얻은 후에 결실을 낳는 행위의 힘든 일에 착수하는 이는 분명 자신을 속이고 자신을 시기하는 사람으로 여겨야 한다. (슈리마드 바가바땀 4.23.28)

삶에서 속는다는 것은 영적인 발전의 진정한 중요성을 잊어버리게 하는 아주 많은 환영에 빠진다는 것을 의미합니다. 정신적이고 육체적인 많은 행위에 계속해서 빠져있다 하더라도, 인생의 시계는 마침내 남은 시간이 없을 때까지 계속 재깍거리며 갑니다. 그런 다음에 그는 다음 존재를 위한 아무런 준비도 하지 못한 채 자신의 삶을 포기해야 합니다. 이같이 그는 인간의 삶에서 찾을 수 있다고 여겨지는 기회를 잃어버립니다. 이것보다 더 큰 손실은 없습니다.

4. 물질세계에서의 삶

나이가 들어갈수록, 행복을 찾기 위한 노력으로 스스로 만드는 많은 목표가 있습니다. 하지만 주된 목표는 자신의 고통과 문제들을 대면하고 해결하는 것입니다. 이것이 보통 일어나는 방식은 슈리마드 바가바땀에서 상세히 설명됩니다. 다음에 나오는 구절 속의 물질적 삶에 대한 내용은 수천 년 전에 쓰였지만 오늘날에도 똑같이 적용되는 것에 주목하기 바랍니다.

집착하는 가장은 여전히 외교와 정치로 가득한 가정생활에 머물러 있다. 그는 언제나 불행을 퍼뜨리고 감각 만족의 행위에 지배당하면서, 단지 자신의 모든 불행의 반응들에 대응하기 위해 행동하고, 만약 그러한 나쁜 불행들에 성공적으로 대응할 수 있다면 자신이 행복하다고 생각한다. 그는 여기저기에서 폭력을 행함으로써 돈을 확보하고, 비록 가족들을 위해 그것을 사용하긴 하지만, 이렇게 구입한 아주 소량의 음식만을 먹고, 그 사람들을 위해 부정적인 방법으로 돈을 벌고 지옥으로 간다.

자신의 직업에서 실패를 경험하면 그는 계속해서 스스로를 향상시키려고 노력하지만, 모든 시도에서 좌절당하고 실패하면 지나친 욕심 때문에 다른 사람들로부터 돈을 받는다. 이같이, 자기 가족을 유지하는 데 실패한 불행한 사람은 모든 아름다움을 잃는다. 그는 아주 슬퍼하며 항상 자신의 실패에 대해 생각한다.

그가 그들을 부양하지 못하는 것을 보면, 구두쇠 농부들이 늙고 지친 황소들에게 똑같은 대우를 해주지 않는 것처럼, 그의 아내와 다른 사람들은 예전과 같은 존경심을 가지고 그를 대하지 않는다. (슈리마드 바가바땀 3.30.9~13)

이 물질세계에서의 가족 구성원들은 아내와 자녀라는 이름으로 살아가지만, 실제로 그들은 호랑이와 자칼처럼 행동한다. 목동은 자기 능력이 미치는 한 최선을 다해 양들을 지키려고 하지만, 호랑이와 여우는 강제로 그것들을 잡아간다. 마찬가지로, 구두쇠가 자기 돈을 아주 검소하게 지키고 싶어해도, 그의 가족들은 그가 아무리 바짝 경계해도 그의 모든 재산을 강제로 빼앗아간다. (슈리마드 바가바땀 5.14.3)

이 물질세계에서, 조건화된 영혼이 다른 사람들을 착취해도 자신을 부양할 수 없을 때, 그는 그 재산이 아무리 적더라도 자신의 아버지나 아들이 가진 것을 빼앗아서 착취하려고 한다. 만약 아버지, 아들, 또는 다른 친척들에게서 어떤 것을 얻지 못하면, 그는 그들에게 온갖 고통을 줄 준비가 되어있다. (슈리마드 바가바땀 5.14.14)

조건화된 영혼은 크리슈나 의식(영적 발전)의 발전을 위해 돈을 벌 수도 있지만, 불행히도 억제가 되지 않는 감각은 감각 만족을 통해 그의 돈을 약탈한다. 그 감각은 사람이 보고, 냄새 맡고, 맛보고, 만지고, 듣고, 갈망하고, 하려고 애쓰는 것에 불필요하게 돈을 쓰게 만들기 때문에 약탈자이다. 이런 식으로, 조건화된 영혼은 그의 감각을 만족시켜야 할 의무가 있으며, 이로 인해 자신의 모든 돈을 쓴다. (슈리마드 바가바땀 5.14.2)

조건화된 영혼은 어떤 때는 주택지 또는 아파트를 찾거나 그의 몸을 유지하기 위한 물과 부를 공급받는 것에 몰두한다. 여러 필수품을 획득하는 것에 빠져서 그는 모든 것을 잊어버리고 (단순히 육체의 요구와 욕망을 만족시키려고 노력하면서) 물질적인 존재의 숲을 끊임없이 돌아다닌다. (슈리마드 바가바땀 5.14.8)

조건화된 영혼은 가끔 개인적으로 물질세계에서의 감각적인 즐거움의 무익함을 인식하고, 어떤 때는 물질적 즐거움이 고통으로 가득 차 있다고 생각한다.

그러나, 강한 육체적 관념 때문에 그의 기억은 망가지고, 동물이 사막에서 신기루를 따라다니듯 그는 계속해서 물질적인 즐거움을 좇는다. (슈리마드 바가바땀 5.14.10)

때로 이 물질세계의 숲에서 고통을 완화시키기 위해, 조건화된 영혼은 무신론자들로부터 값싼 축복을 받는다. 그런 다음 그는 그들과의 유대에서 모든 지성을 잃는다. 이것은 얕은 강에서 다이빙을 하는 것과 똑같다. 결과적으로 그는 머리가 깨질 뿐이다. 그는 더위로부터의 고통도 이겨내지 못하고, 두 가지 면에서 고통을 받는다. 잘못 이끌어진 조건화된 영혼은 또한 베다의 원칙들에 반대해서 설교하는 이른바 사두와 스와미에 접근한다. 그는 현재에도 미래에도 그들로부터 혜택을 얻지 못한다. (슈리마드 바가바땀 5.14.13)

정부 관리는 언제나 락샤사^{Rakshasha}(사람을 먹는 자)라고 불리는 육식의 악마와도 같다. 때로 이런 정부 관리는 조건화된 영혼에게 등을 돌리고 그의 축적된 부를 모두 빼앗는다. 그의 삶의 비축된 부를 빼앗긴 조건화된 영혼은 모든 열정을 잃는다. 정말 그것은 마치 그가 목숨을 잃은 것과 같다. (슈리마드 바가바땀 5.14.16)

때로 육체의 배고픔과 갈증 때문에 조건화된 길들여진 영혼은 아주 불안해져서 인내심을 잃고 자신이 사랑하는 아들, 딸, 아내에게 화를 내게 된다. 이같이, 그들에게 친절하지 못함으로써 그는 더욱더 고통을 받는다. (슈리마드 바가바

땀 5.14.19)

물질세계의 숲에서, 조건화된 영혼은 가끔 시기심 많은 적에게 물리는데, 이들은 큰 뱀과 다른 생명체에 비유된다. 적의 속임수로 인해, 조건화된 영혼은 자신의 명망 있는 위치로부터 떨어진다. 그는 불안해서 제대로 잠을 잘 수조차 없다. 그로 인해 그는 점점 더 불행해지고, 서서히 지성과 의식을 잃는다. 그 상태에서 그는 무지의 깜깜한 우물에 떨어진 맹인과 거의 같아진다. (슈리마드 바가바땀 5.14.21)

조건화된 영혼은 때로 감각적인 만족으로부터 파생된 작은 행복에 끌린다. 그로 인해 간통을 하거나 다른 사람의 재산을 훔친다. 그럴 때 그는 정부에 잡히거나 여자의 남편이나 보호자에게 혼이 난다. 이렇게 단순히 작은 물질적 만족을 위해 그는 지옥과도 같은 상태에 빠지고, 강간, 유괴, 절도 등으로 감옥에 들어간다. (슈리마드 바가바땀 5.14.22)

돈거래와 관련해서, 어떤 사람이 조금이라도 다른 사람을 속이면, 그들은 적이 된다. (슈리마드 바가바땀 5.14.26)

비록 적일지라도 그들은 자신의 욕구를 계속해서 성취하기 위해 때로 결혼을 한다. 불행하게도 이런 결혼은 오래 지속되지 않고, 연루된 사람들은 이혼이나 다른 방법으로 다시 헤어진다. (슈리마드 바가바땀 5.14.37)

때로 조건화된 영혼은 죽음이 다가오는 것을 두려워하여 목전의 위험으로부터 자신을 구원해줄 수 있는 누군가를 숭배하기를 원한다. 그러나 그는 불굴의 시간 인자를 무기로 가진 지고한 신성의 인격에 대해서는 신경 쓰지 않는다. 대신 조건화된 영혼은 공인되지 않은 경전에 묘사된 인간이 만든 신에게 피난처를 구한다. 그런 신들은 대머리 수리, 독수리, 왜가리, 까마귀 같은 것들이다. 베다 경전은 그들에 대해 언급하지 않는다. 목전의 죽음은 사자의 공격과 같고, 독수리, 대머리수리, 까마귀나 왜가리는 그런 공격으로부터 그를 구해줄 수 없다. 공인되지 않은, 인간이 만든 신에게서 피난처를 구하는 자는 죽음의 마수로부터 구원받을 수 없다. (슈리마드 바가바땀 5.14.29)

가짜 스와미, 요기, 지고한 존재를 믿지 않는 화신들은 빠산디(무신론적 사기꾼)라고 알려져 있다. 그들은 영적 진보의 진정한 길을 모르기 때문에 스스로 넘어지고 속임을 당하며, 그들에게 가는 자는 누구나 분명 속임을 당한다. 이렇게 속임을 당하면 그는 때때로 베다 원칙을 진정으로 따르는 자(브람마나 또는 헌신자)들에게 피난하는데, 그들은 베다 의식에 따라 지고한 신성의 인격을 섬기는 법을 모든 사람들에게 가르친다. 그러나 악동들은 이런 원칙들을 지킬 수 없어서 또다시 쓰러지고 섹스 탐닉에 대한 준비의 전문가인 수드라들 사이에 피난한다. 섹스는 원숭이 같은 동물들 사이에서 아주 중요하고, 섹스에 의해 생기가 있어지는 사람들은 원숭이의 후예라고 불린다. (슈리마드 바가바땀 5.14.30)

진화론자들은 항상 인간을 원숭이의 후예와 같은 존재로 묘사하고 있습니다. 이제 우리는 베다의 글들이 이 부분에 동의를 하긴 하지만 아주 다른 의미라는 것을 알 수 있습니다. 베다에서는 동물적인 쾌락에 빠져있기를 아주 많이 갈망하는 사람들은 전생에 원숭이 같은 욕정에 찬 동물들의 후손인 증거를 보여준다고 설명합니다. 그들은 이번 생애에서 동물적인 성향을 계속해서 추구함으로써 다시 동물의 의식을 발전시키고 죽은 후에도 동물의 종으로 돌아갈 것입니다. 이렇게 해서 사람은 더 높은 진화의 길로 발전하는 대신 실제로 퇴보하거나 더 낮은 진화의 등급으로 내려갑니다.

이번 장에서 얘기해 왔듯이, 우리는 자궁에서부터 진화해서, 마음과 감각의 명령에 따라 줄곧 행복을 찾아 죽는 순간까지 삶을 헤쳐나갑니다. 이것은 자유로워지는 법을 가르쳐 줄 수 있는 진정한 영적인 안내자를 찾지 못한다면 물질적인 길에서 모든 생애마다 반복됩니다. 단순한 종교적 참여만이 아니라 진정한 영적 발전을 통해서만 우리가 이 물질적 육체라고 생각하는 물질적 꿈으로부터 자각의 위치에 이를 수 있습니다. 우리는 물질적인 육체 이상의 존재입니다. 우리는 다차원적 존재입니다. 하지만 우리 정체성의 핵심은 우리가 영적인 참나라는 것입니다. 이것을 아는 비결은 실제 그것을 인식하고 진정으로 깨달음을 얻게 되는 길을 아는 것입니다.

이 물질적 삶에는 내가 언급했듯이 많은 어려움이 있고 이 모든 것들은 극복할 수 없는 것들이다. 게다가 행복, 불행, 집착, 증오, 두려움, 거짓 위신, 환영, 광기, 한탄, 미혹, 욕심, 적대감, 모욕, 배고픔, 갈증, 고난, 질병, 탄생, 노화, 죽음이라 불리는 것들로부터 생겨나는 문제들도 있다. 이 모든 것들이 합쳐지면 물질주의에 조건화된 영혼에게 불행만을 줄 뿐이다. (슈리마드 바가바땀 5.14.27)

그러므로 학식이 있는 학자와 초월론자들은 결실을 낳는 행위의 물질적인 길을 비난하는데, 이는 그것이 이번 생애와 다음 생애에서 모두 물질적인 불행의 근원이며 온상이기 때문이다. (슈리마드 바가바땀 5.14.23)

위 마지막의 구절이 가장 중요한 구절이라고 할 수 있습니다. 행복이나 우리 문제에 대한 해결책을 찾을 때, 그리고 이런 쉬운 목표에 이르기 위한 다양한 물질주의적 방법들에 관여할 때, 우리는 보통 물질적인 삶과 우리 행위가 초래한 영향력에 더 연루될 뿐입니다. 이렇게 우리는 탈출구를 찾지 못하고 여기에서 말하듯이 욕구, 일시적 행복, 그리고 이번 생애에서의 불행의 온상에서 더 길을 잃게 되는데, 그것은 우리를 반복된 탄생과 죽음의 순환으로 데리고 가는 까르마를 만들어냅니다. 유일한 진짜 해결책은 결국 우리의 영원한 영적 정체성과 지위를 회복하여 그것으로부터 완전히 벗어나는 방법입니다.

5. 노화와 죽음

나이가 들어감에 따라 사람들은 다양한 질병을 겪기 시작합니다. 눈과 귀는 약해져서 명확히 보고 듣는 것이 힘들어 집니다. 이는 썩고 입은 음식을 씹기 위해 가짜 치아들로 끼워집니다. 근육과 관절은 구부러지지 않거나 전에 그랬던 것만큼 기능하지 않고, 걷는 것을 도와줄 지팡이가 필요할 때도 있습니다. 목구멍과 폐는 점액으로 가득 찰 수도 있고, 때로 심한 기침 때문에 힘들 수도 있습니다. 새는 소변이나 대변이 골칫거리가 되고 고통스러울 수도 있습니다. 많은 경우에 나이 든 사람은 다른 사람들을 돌보는 것은 말할 것도 없고 더 이상 스스로를 제대로 돌보지 못합니다. 이같이 종종 보아왔듯이 사람들이 노년에 들어서면 그들의 존재는 다른 사람들의 의무와 짐이 됩니다. 다음에서 더 자세히 설명됩니다.

가정이 있는 어리석은 남자는 그가 예전에 부양했던 사람들에 의해 부양을 받는다 할지라도 가정생활을 싫어하게 되지 않는다. 그는 노화의 영향으로 형체가 보기 싫게 되어 최후의 죽음을 맞이할 준비를 한다. 이렇게 그는 애완견처럼 집에 있으면서 아무렇게나 주어지는 무엇이든 먹는다. 그는 소화불량과 식욕 상실 같은 많은 병에 걸려 아주 소량의 음식만을 먹으며 더 이상 일하지 못하는 병자가 된다. (슈리마드 바가바땀 3.30.14~15)

이렇게 그는 죽음의 손아귀에 사로잡혀 누워서, 친구와 친척들의 애도에 둘러싸인 채, 그들과 말을 하고 싶어도 시간의 지배를 받고 있기에 더 이상 할 수 없다. 따라서 통제되지 않은 감각으로 가족을 부양한 남자는 친척들이 우는 것을 보며 큰 슬픔에 잠겨 죽는다. 그는 큰 고통을 받고 의식이 없이 아주 애처롭게 죽는다. (슈리마드 바가바땀 3.30.17~18)

죽음의 때에, 살아있는 존재는 그의 육체를 떠나기를 원하지 않습니다. 그는 삶을 즐기고 자신의 계획과 욕구들을 이루면서 친구, 친척들과 계속해서 관계를 맺기를 원합니다. 그는 자신의 아들, 딸, 손자, 하인, 애완동물, 부, 그리고 모아 놓은 다른 소유물들에 대해 생각하고 그것들을 떠나고 싶지 않아합니다. 죽어가는 사람은 그가 아내, 아이들과 나누었던 지난 애정 어린 관계를 기억하고 그 없이 그들이 어떻게 살아갈 것인지에 대해 걱정합니다. 이렇게 그는 자신의 세계에서 빠져나가는 동안 가정생활에 대한 생각들에 완전히 빠져있습니다. 그는 할 수 있는 한 생명을 연장시키기 위해 의사를 원할 수도 있지만, 의사가 하는 전문적인 치료에 상관없이 나이 든 사람은 그의 때가 왔기 때문에 죽을 수밖에 없습니다. 죽음은 아무도 돌아올 수 없는 여정으로 가는 문이고, 그 여정이 그를 어디로 데려갈지 알 수 없습니다. 준비가 안 된 사람에게 죽음에 대한 생각은 그가 마음속으로 그것을 합리화하려고 얼마나 애쓰는지에 상관없이 아주 큰 두려움을 줍니다.

계속해서 살려고 열망함에도 불구하고, 쁘라즈바라 또는 비슈누즈바라라고 알려진 고열은 그가 마치 맹렬한 불길의 한가운데 있는 것처럼 느끼게 만들고 그는 깜깜해지기 시작합니다. 그의 체온은 죽을 때 화씨107도까지 올라갑니다. 그런 다음 몸은 빠르게 차가워지고 경직됩니다. 요가의 발전이 없는 보통의 사람은 터널로 떨어지는 것 같은 느낌을 경험하고, 그러고 나서 생명의 숨과 함께 직장이나 육체의 다른 구멍을 거쳐 육체 밖으로 나오게 됩니다. 만약 의식이 아주 물질적이지 않은 사람이라면, 영혼은 생명의 숨과 함께 입, 코, 또는 귀 같은 상위의 다른 구멍을 통해 떠날 수도 있습니다. 육체를 떠난 후, 영혼은 미묘한 육체와 함께 다음 존재의 형태로 옮겨집니다.

> 이른바 아름다운 삶, 즉 아들, 아내에 얽매여 있는 가장으로 남아있는 것에만 관심이 있는 자들은 그런 것들이 삶의 궁극적 목표라고 생각한다. 그런 사람들은 삶의 궁극적 목표를 찾지 않고 이 물질적 존재를 통해 단순히 여러 유형의 육체들을 헤매며 다닌다. (슈리마드 바가바땀 4.25~6)

그러나 만약 영적 깨달음을 얻거나 (질병에 걸린 육체를 가지고 있거나 고통으로 지친 사람의 경우에서처럼) 자신의 상태에 대한 무심함을 통해 육체를 떠날 준비가 되면, 죽음은 꼭 고통스러운 경험이 아니라 하나의 영역에서 다른 영역으로의 이동이며, 안도감입니다. 영적으로 깨달은 사람은 삶의 마지막에 그렇게 불안해하지 않는데, 그 이유는 슈리 크리슈나가 바가바드 기따에서 다음과 같이 설명합니다.

12. 내가 존재하지 않았던 때는 결코 없었으며, 그대와 저 모든 왕도 마찬가지이다. 우리들 중 어느 누구도 존재하기를 그치는 때는 오지 않을 것이다.

13. 이 몸 안에 있는 참나는 소년기, 청년기, 노년기라는 몸의 상태를 거치며, 죽은 후에는 다른 몸을 얻는다. 참나를 깨달은 사람은 이러한 변화에 혼란되지 않는다. (바가바드 기따 2.12~13)

20. 그것은 결코 태어나지 않았다. 그것은 결코 변화하지 않는다. 태어나지 않았고, 영원하며, 변화하지 않으며, 불멸로 있는 그것은 몸이 죽을 때, 죽지 않는다. (바가바드 기따 2.20)

22. 사람이 낡은 옷을 버리고 새 옷을 입듯이, 몸을 지닌 그것은 몸이 닳으면 새 몸을 입는다. (바가바드 기따 2.22)

참나 깨달음을 얻은 영혼은 그의 영적 정체성을 이해하고 죽음의 때에 불안해하거나 혼란스러워하지 않습니다. 그에게 죽음은 단지 육체의 변화이고, 만약 삶에 대한 물질적 개념으로부터 해방되었다면 그의 다음 육체는 영적 육체가 될 것입니다. 그는 탄생과 죽음으로부터 완전히 자유로워질 것입니다. 이 영적 완벽함에 이르기를 열망하는 사람들에게 참나는 초영혼으로서 안으로부터 그들을 안내합니다. 그는 이번 생애에서 또는 다음 생애에서, 영적인 발전을 이룰 수 있는 기회를 얻을 수 있습니다. 그러나 감각의 만족에만 관심이 있는 자들은 참나와 영적인 발전을 이루는 방법에 대해 듣는 것을 싫어합니다. 이렇게 그들은 반복된 탄생과 죽음의 순환을 계속합니다. 이것은 슈리마드바가바땀에서 더 자세히 설명됩니다.

살아있는 존재는 "나는 이것이다, 나는 저것이다, 나의 의무는 이것이다, 그러므로 나는 그것을 할 것이다."라는 육체적 관념에 괴로워한다. 이런 것들은 모두 정신적인 인상이고, 이 모든 행위는 일시적이다. 그렇긴 하지만 지고한 신성의 인격의 은총으로, 살아있는 존재는 그의 모든 마음의 구성을 경험할 기회를 얻는다. 이렇게 그는 또 다른 육체를 얻는다. (슈리마드 바가바땀 4.29.62)

격정passion의 방식에 사로잡힌 그런 사람들은 불안감으로 가득하고 통제되지 않은 감각 때문에 언제나 감각적인 만족을 갈망한다. 그들은 선조들을 숭배하고 자신들의 가정, 사회 또는 국가적 삶의 경제 상태를 개선하느라 밤낮으로 바쁘다. 그런 사람들은 (기본적 또는 일상적 수준에서의 종교, 경제 발전, 감각 만족을 포함한) 세 가지를 향상시키는 과정들에 관심이 있기에 뜨라이바르기까traivargika라고 불린다. 그들은 조건화된 영혼에 위안을 줄 수 있는 참나를 싫어한다. 그들은 들을 가치가 있는 지고한 존재의 초월적인 기량과 신의 유희에 관심이 없다. 그런 물질주의적인 사람들은 태양의 남쪽 경로를 통해 삐뜨리로까Pitriloka라 불리는 행성으로 가도록 허락되지만 다시 이 행성으로 돌아와 자신들의 가정에서 태어나서 탄생부터 삶의 마지막까지 결실을 낳는 똑같은 행위들을 다시 시작한다. (슈리마드 바가바땀 3.32.17~18,20)

이것으로부터 우리는 물질적인 길에 아주 집착한 사람들은 돌아와서 그들이 전에 했던 것처럼 똑같은 물질적인 추구에 전념할 기회를 다시 얻는다는 것을 알 수 있습니다. 물론 그들의 시도가 얼마나 성공적일지는 그들의 까르마에 달려있습니다. 그럼에도 그들은 똑같은 슬픔, 실망, 불안감과 함께 똑같은 즐거움, 성취, 승리, 그리고 가장 마지막이지만 역시 중요한 죽음의 고통을 경험하기 위한 시도에서 노력할 모든 기회를 가질 것입니다. 물질세계에서의 삶은 시간이 지나면 우리의 바로 앞에서 사라지는 꿈같은 것이라 여겨집니다. 우리는 자신을 남자 또는 여자, 아버지 또는 어머니, 위대한 정치가, 회사의 사장, 또는 공장 노동자라고 생각할 수도 있을 것입니다. 하지만 우리가 되는 모든 것과 우리가 축적하는 모든 것은 밤에 꾸는 꿈처럼 영구적이지 않습니다. 그리고 우리는 사후세계에 직면해야 할 때 우리 행위의 좋은 결과나 나쁜 결과의 현실을 인지하도록 강요당합니다. 이와 같이 우리가 했던 모든 것들은 죽음의 때에 시험을 받게 됩니다.

6. 사후세계 - 천국, 지옥, 또는 그 너머

마누 삼히따(12.20~21)는 이 생애에 대해 이렇게 설명합니다.

만약 영혼이 주로 선을 행하고 악을 아주 조금만 행한다면 그것은 바로 그런 요소들로 옷이 입혀져 천국에서 희열에 이른다. 하지만 주로 악을 고수하고 선을 아주 조금만 행한다면, 그것은 (물질적 육체의) 요소들에 의해 버려져서 야마라자에 의해 가해지는 고통을 겪는다.

다시 말해서 천국에 이르러야 한다면 그는 더 높은 영역의 즐거움을 경험하기에 적합한 육체를 받습니다. 천국에 적합한 육체는 우리가 지구에서 가지고 있는 거친 물질적 형태의 육체보다 훨씬 더 세련된 요소들로 이루어져 있습니다. 그리고 지옥에 가야 한다면, 일단 그 사람은 자신의 물질적 육체를 빼앗기고, 미묘한 육체로 자신에게 적합한 지옥의 거처로 보내집니다. 천국과 지옥에 대한 이 선택은 지구상에서 물질적인 육체를 한 물질적 삶들 사이에서 이루어집니다. 이것은 또한 슈리마드 바가바땀(3.30.30~31)에서 이렇게 언급됩니다.

이 육체를 떠난 후에, 부정한 활동들로 자신과 가족을 부양했던 사람은 지옥 같은 삶을 겪게 되고 그의 친척들 또한 고통을 받는다. 그는 현재의 육체를 끝낸 후 홀로 가장 어두운 지옥의 영역으로 가고, 다른 살아있는 존재들을 시기

함으로써 얻은 돈은 그가 이 세상을 떠날 때 가지고 가는 노잣돈이다. 이같이, 동족의 부양자는 신의 준비에 의해, 재산을 잃은 사람처럼 자신의 죄악의 활동에 대한 고통을 받기 위해 지옥 같은 상황에 던져진다. 그러므로 부정한 방법으로 자신의 가족과 동족을 부양하기를 갈망하는 사람은 틀림없이 안다 따미스라라고 알려진 가장 어두운 지옥의 영역으로 간다.

이같이 부정한 방법으로 살 때 사람은 죄악의 반응을 겪어야 한다고 설명됩니다. 하지만 어떻게 죄악의 반응들이 살아있는 존재에게 달라붙는 것일까요? 이 질문은 수천 년 전에 쁘라찌나바르히^Pracinabarhi왕에 의해 질문되었고 대답이 되었는데, 그는 이렇게 질문했습니다.

"베다의 전문가들은, 사람은 그의 지난 행위들의 결과를 즐기거나 고통을 받는다고 말한다. 하지만 사실상 지난 탄생에서 일을 수행했던 육체는 이미 사라진 것으로 보인다. 그러면 다른 육체로 그 일의 반응을 즐기거나 고통을 받는 것이 어떻게 가능한가?" 위대한 현자 나라다가 계속했다. "살아있는 존재는 이 생애에서 거친 육체로 행동한다. 이 육체는 마음, 지성, 자아로 이루어진 미묘한 육체에 의해 행위하도록 강요당한다. 거친 육체가 사라진 후에도 미묘한 육체는 즐기거나 고통을 받기 위해 여전히 그곳에 있다. 따라서 변화는 없다."
(슈리마드 바가바땀 4.29.59~60)

여기에서 우리는 죽음 이후에 곧바로 죄악의 반응이 사람의 미묘한 육체에 달라붙고 영향을 준다는 것을 이해할 수 있습니다. 예를 들어 희생 의식과 사냥 여행으로 수없이 많은 살아있는 존재들을 죽인 어떤 이기적인 왕이 죽었을 때, 그는 자신이 죽인 이들에 의해 즉시 공격을 받았다고 베다에서는 말하고 있습니다.

> 가장 불친절한 왕 뿌란자나는 여러 희생 의식에서 많은 동물을 죽였다. 이제 이 기회(왕의 죽음)를 이용해서 이 모든 동물이 뿔로 그를 찌르기 시작했다. 그는 마치 도끼로 잘려나가는 것 같았다. (슈리마드 바가바땀 4.28.26)

위의 구절처럼 우리는 죽은 후에 자신이 부당하게 대했던 자들의 손에 고통을 받을 수도 있습니다. 게다가 악을 행함으로써 지옥의 행성으로 갑니다. 이것이 어떻게 일어나는지에 대한 설명 또한 베다에서 찾을 수 있습니다.

죽을 때, 죽어가는 사람은 분노가 가득한 눈을 가진 죽음의 신의 전령(야마두따, 야마라자의 병사)이 그의 앞에 오는 것을 보고, 너무 두려워 대변과 소변을 흘린다. 범죄자가 처벌을 위해 경찰에게 붙잡히는 것처럼 범죄적인 감각의 만족에 빠져있는 사람도 야마두따에게 붙잡히는데, 그는 강한 끈으로 그의 목을 묶고, 심한 벌을 받도록 그의 미묘한 육체를 덮는다. 야마라자의 경찰이 데리고 가는 동안, 그는 그들의 손에 압도당하고 떤다. 길을 지나가는 동안 그는 개들에게 물리며, 자신의 삶에서 행한 죄악의 행위들을 기억하게 된다. 그로 인해

그는 굉장히 괴로워한다. (슈리마드 바가바땀 3.30.19∼20)

이처럼 죽어가는 사람이 무시무시하고 사나운 야마라자의 병사들을 볼 때, 그는 너무 두려워서 대변과 소변을 흘립니다. 이것은 사람이 죽을 때 흔하게 일어나는 일입니다. 게다가, 임사 체험에서 임시로 육체를 떠나는 사람이 기분 좋은 빛으로 들어가는 것처럼 보인다고 보고된 것처럼, 그들을 끌고 가려고 위협하는 끔찍하게 보이는 생물체를 보았다는 사람들의 보고 또한 있었습니다. 병원의 간호사와 호스피스들은 죽어가는 사람들이 죽기 직전에 자신이 보고 있는 것을 무서워하며 달아나려 하거나, 항의나 두려움으로 소리치는 것을 본 경험에 대해 말했습니다. 사실 나는 침대에 조용히 누워 있던 죽어가는 친척이 갑자기 일어나서, 무엇인가를 쫓아내려는 듯이 손을 들고, 두려움에 차서 "안 돼, 안 돼!"하고 소리친 다음 바로 쓰러져 죽어버린 이야기를 가족에게 들은 적이 있습니다. 그가 무엇을 보았는지는 아무도 알 수 없었지만, 아마도 그를 데리러 오고 있는 야마라자의 병사였을 것입니다.

작열하는 태양 아래에서(존재의 미묘한 플랫폼에서), 범죄자는 양쪽에 산불이 나 있는 뜨거운 모래의 길을 지나가야 한다. 그는 잘 걷지 못한다고 감시자에게 등에 채찍을 맞고, 배고픔과 갈증으로 고통을 받지만, 불행히도 길에는 마실 물, 피난처, 쉴 곳이 없다. 야마라자의 거처로 가는 그 길을 지나가는 동안, 그는 지쳐서 쓰러지고, 때로는 의식을 잃지만, 다시 일어나도록 강요당한다. 이런 식으로 그는 아주 빠르게 야마라자의 앞으로 데려가진다. 따라서 그는 2분~3분 이내에 99000요자나(1요자나는 8마일과 같다)를 지나가야 하고, 그런 다음에는 그가 겪을 운명인 가혹한 형벌에 처해진다.

그는 불타는 나무 조각들 사이에 놓이고 사지는 불이 붙여진다. 어떤 경우에 그는 자기 살을 먹거나 다른 이들이 그의 살을 먹도록 만들어진다. 그가 여전히 살아서 그것을 보고 있어도, 지옥의 사냥개와 독수리에 의해 그의 내장은 끄집어내 지고, 그는 그를 무는 큰 뱀, 전갈, 각다귀, 그리고 다른 생명체들에 의해 고통을 겪는다. 그다음에 그의 사지는 코끼리에 의해 잘리고 찢긴다. 그는 언덕 꼭대기에서 패대기쳐지고, 또한 물이나 동굴에 갇힌다. 부적합한 성생활에 대한 탐닉의 삶을 사는 남녀들은 따미스라, 안다 따미스라, 라우라바라고 알려진 지옥에서 여러 종류의 고통스러운 상태에 던져진다. (슈리마드 바가바땀 3.30.21~28)

이것은 아주 사악했던 사람들이 지옥으로 추락하는 과정과 그들을 기다리는 끔찍한 형벌에 대한 상세한 묘사입니다. 만약 그가 너무나 악했고 다른 사람들에게 고통을 야기하고 비도덕적 형태의 즐거움을 추구함으로써 인간의 생명 형태를 잘못 사용했다면, 그는 수 년 동안 다시는 인간의 형태를 볼 수 없을 것입니다. 실제, 그의 형벌은 더 낮은 생명의 종에서 태어날 미래를 준비시키는 것입니다. 그러나 이 형벌이 영원한 것은 아닙니다.

불행하고 지옥 같은 모든 상황을 겪었고, 인간의 탄생 이전에 가장 낮은 동물의 생명 행태를 규칙적인 순서대로 거쳤으며, 그로 인해 죄악을 청산했기에, 그는 이 지구에서 인간으로 다시 태어난다. (슈리마드 바가바땀 3.30.34)

이것은 또한 마누 삼히따에서도 이렇게 확인됩니다.

야마의 그런 고문을 견뎌낸 개별 영혼은 오점이 없어져서, 각각 적절한 비율로 다섯 가지 원소들(흙, 공기, 불, 물, 공간, 즉 물질적 육체)로 다시 들어간다. (마누 삼히따 12.22)

위의 구절들에서 확인되듯이, 지옥으로 들어가거나 더 낮은 생명의 종에서 태어나는 것도 영원히 지속되는 것은 아닙니다. 하지만 그의 죄악에 대한 반응들이 해결될 필요가 있을 때까지 지속됩니다. 그런 반응들을 견디면 그는 다시 시작하기 위해 자유롭게 인간의 형태로 재탄생합니다.

반면, 경건하거나 도덕적인 활동들을 수행했다면 우리는 지옥에 들어가는 대신 천상의 행성으로 올라가 탄생을 하고 그곳에서 살게 됩니다.

조건화된 영혼이 사람의 결실을 낳는 행위의 은신처를 받아들일 때, 그는 자신의 경건한 활동에 의해 더 높은 행성계로 올라가고 이로 인해 지옥 같은 상태로부터의 해방을 얻을 수도 있지만, 불행히도 그는 더 높은 행성계에 남아있을 수 없다. 자신의 경건한 행위들의 결실을 거둔 후에 그는 더 낮은 행성계로 돌아가야 한다. 이렇게 그는 끊임없이 올라갔다 내려온다. (슈리마드 바가바땀 5.14.41)

이것이 우리들이 이 물질적 우주의 현현 안에서 높고 낮은 행성계와 높고 낮은 생명의 종을 거쳐 진화하는 방법입니다. 조건화된 영혼의 미묘한 육체 안에 존재하는 의식과 욕구에 따라 우리는 그 욕구들을 만족시키기 위해 특정 유형의 거친 육체를 얻습니다.

마음은 살아있는 존재의 물질적 본성과의 관련성에 부합되는 어떤 유형의 육체를 얻는 원인이다. 정신의 구성요소는 미래에 어떤 종류의 육체를 가질 것인가 뿐만 아니라 전생에 무엇이었는지를 보여준다. 이같이 마음은 과거와 미래의 육체들을 보여준다. (슈리마드 바가바땀 4.29.66)

제6장에서 논의했듯이 마음과 살아있는 존재의 욕구를 분석함으로써, 우리는 우리가 어디에서 왔는지 또 어디로 가고 있는지를 이해할 수 있습니다. 이것이 베다에서 찾을 수 있는 진정한 진화의 과학입니다.

이 일시적인 우주에서의 생애마다 우리가 겪는 모든 경험은 단지 마음이 실체라고 받아들이는 꿈에 불과하다고 여겨집니다. 물질적 삶의 꿈은 세 가지 자연의 힘 안에서 변화하면서 과거, 현재, 미래의 무대 안에 있는 우리의 눈앞에서 생겨났다 사라집니다. 슈리마드 바가바땀(4.29.2B)에서는 이렇게 확인됩니다.

시간 안에서 일어나는, 과거, 현재, 미래로 이루어진 모든 것은 단지 꿈이다. 그 것은 모든 베다의 묵계이다.

이 꿈을 통해 우리는 삶에 대한 우리의 여러 욕구와 관념을 통해 진화하면서 다양한 수준의 물질적 의식을 경험합니다. 그러나 우리의 삶이 일시적이고 끝이 나는 것처럼, 이 전체 우주 창조와 그 안에 있는 모든 것, 그리고 안에서 일어나는 모든 것은 시작과 끝이 있습니다. 언젠가 그것은 지고한 존재의 뜻에 따라 완전히 소멸될 것입니다. 그때 이 커다란 환영은 더 이상 존재하지 않고 더 이상의 의미를 가지지 않을 것입니다. 하지만 얼마나 오랫동안 영속적인 즐거움과 행복을 찾으면서, 다양한 유형의 물질적 존재를 거쳐 진화하게 될지는 우리에게 달려 있습니다.

이 전체 우주의 창조는 일시적이기 때문에 행복, 불행 또는 그 안에서 우리가 찾는 의미 또한 분명히 일시적입니다. 어떻게 다른 것을 기대할 수 있겠습니까? 그러므로 완전하고도 사라지지 않는 행복의 단계에 이르는 유일한 진짜 방법은 이 일시적인 물질적 본성을 넘어서는 그 영역을 찾는 것입니다. 이 일시적인 물질적 꿈에서 깨어나는 유일한 실제적인 방법은 영적 깨달음입니다. 그래서 그들은 그것을 깨어남awakening이라 부릅니다. 그렇지 않다면 꿈은 계속됩니다.

많은 삶을 산 후에 현명한 사람은 마침내 지고한 진리를 이해하는 진화적 발전의 가장 높은 정점에 이른다고 바가바드 기따는 설명합니다. 모든 사람은 이 세상 안에서 그의 지위와 행복에 더 관심을 갖기 때문에 그런 위대한 영혼은 아주 드뭅니다. 하지만 오직 참나를 이해할 때, 이 우주적 창조의 높고 낮은 곳들을 헤매고 다니는 것을 끝낼 수 있습니다. 이것은 슈리마드 바가바땀에서도 아래와 같이 확인됩니다.

철학적인 탐구는 참나를 이해하는 것으로 끝난다. 이 이해에 이른 후에 자연의 세 힘으로부터 자유롭게 되면, 헌신적 봉사의 단계에 이른다. 직접 헌신적 봉사를 하거나 철학적 탐구를 통해서 같은 목적에 이르러야 하고 그것이 지고한 존재이다. (슈리마드 바가바땀 3.32.32)

베다의 가르침들이 설명하듯이, 이것이 모든 사람이 노력해서 가야 하는 마지막 목적지입니다. 그리고 이 물질적 존재 안에서 자신의 문제를 끝내기 위한 궁극적인 해결책입니다. 바가바드 기따에서 슈리 크리슈나는 특별히 이렇게 강조합니다.

15. 나에게 이른 위대한 영혼은 가장 높은 완성에 이르렀기에 슬픔과 고통이 있는 이 무상한 세상에 더 이상 태어나지 않는다.

16. 아르주나, 창조자를 포함한 모든 세계의 거주자는 다시 태어난다. 그러나 아르주나, 나와 하나가 된 사람은 다시 태어나지 않는다. (바가바드 기따 8.15~16)

아르주나, 이것이 지고한 경지[41]이다. 이것을 얻은 사람은 미혹되지 않는다. 죽을 때조차도 그렇게 있는 사람은 신의 희열로 들어갈 수 있다. (바가바드 기따 2.72)

20. 이 비현현의 상태 너머에, 다른 나타나지 않는 상태[42]가 있다. 그것은 영원하며 모든 존재가 소멸할 때도 소멸하지 않는다.

21. 이 나타나지 않는 것은 불멸이라 불린다. 이것은 궁극적인 목표라 불린다. 나의 최고의 거처에 이른 이는 결코 태어나지 않는다. (바가바드 기따 8.20~21)

---

41 브람만의 경지, 절대적인 상태, 초의식의 상태.
42 악샤라, 지고한 나타나지 않는 브람만. 우주 과정 너머.

우리는 오직 인간의 형태로 있을 때만 이 영적인 지식을 이해할 수 있습니다. 이 생애는 인간의 단계에서 진화할 수 있는 드문 기회입니다. 우리는 지고한 진리를 깨달음으로써 진화적 발전의 가장 높은 목적지에 이르고 영적인 차원으로 갈 수 있습니다.

그러나 만약 인간적인 성향을 충족시키는 것에만 초점을 맞춘다면, 그는 인간 형태로 계속 태어날 수도 있습니다. 반면, 영적인 발달에 대해서는 생각하지 않고 먹고, 자고, 짝짓기하고, 방어하는 것 같은 동물적 성향에만 관심이 있다면, 죽은 후에 그는 그에게 더 적합한 어떤 동물의 종으로든 퇴보하게 됩니다. 사람이 동물처럼 행동한다면 결국 그 사람은 사회 전체에 방해가 됩니다. 그 경우에 자연은 그에게 적합한 동물의 몸을 줍니다. 다양한 생명의 종을 통해 진화한 후에야 그는 인간 탄생의 또 다른 기회를 얻을 것입니다. 이것을 이해함으로써 우리는 이 생애의 중요성과 책임을 인식할 수 있습니다. 그리고 이 생애를 허비하지 않기 위한 많은 노력이 가능해집니다.

혹자는 이렇게 질문할 수도 있습니다. 만약 물질적인 존재가 그런 어려움을 겪어야 한다면, 그리고 우주적 창조 안으로 떨어져 버린 후에 다시 돌아와야 한다거나 나가는 길을 찾는 것조차 어렵다면 왜 우리는 이것을 겪고 있는 것입니까? 왜 8,400,000종의 생명의 종을 통해 진화하거나 천국 또는 지옥으로 가야 합니까? 정말, 도대체 이런 것이 왜 존재하는 것입니까? 이 질문들은 다음 장에서 따져 볼 질문입니다.

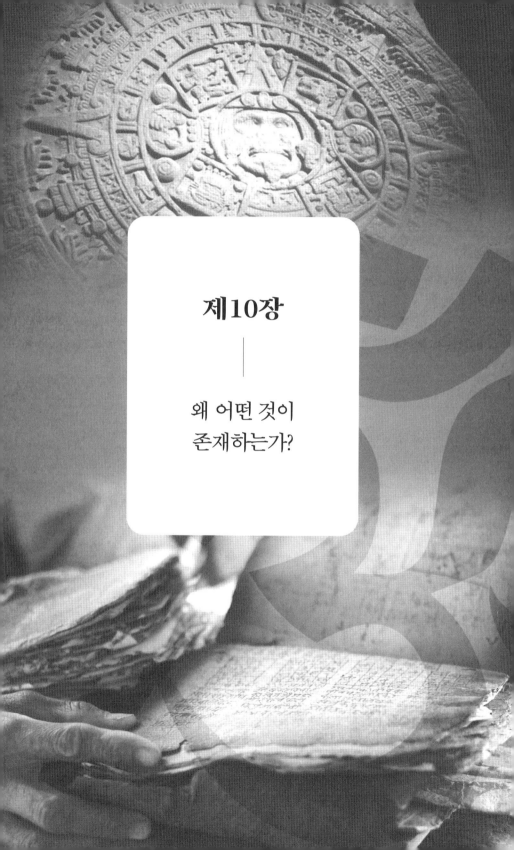

제10장

왜 어떤 것이
존재하는가?

"왜 어떤 것이 존재하는가?"라는 질문은 사람들이 좀처럼 하지 않는 질문입니다. 대부분은 집세를 내고, 학교나 직장에 가고, 일을 하고, 아이들을 키우는 매일의 관심사로 우리의 생각을 제한시키는 일상에 안주합니다. 하지만 "왜 어떤 것이 있는가?"와 비슷한 질문을 간접적으로 하는 경우는 종종 발견할 수 있습니다. 예를 들어 누군가가 "왜 나에게 이런 일이 일어나고 있는가?" 또는 "왜 일이 이렇게 되어야만 하는가?"라고 묻는 것을 들은 적이 얼마나 많습니까? 이것이 우리 존재에 대해 간접적으로 질문하는 방법입니다.

기운찬 자각과 호기심의 상태에 있는 아이들은 더 직접적인 질문을 합니다. 아이들은 왜 태양이나 달이 있는지, 왜 사람들은 죽어야 하는지, 또는 그들의 부모들이 어떻게 대답해야 할지 잘 알지 못하는 삶에 대한 다른 질문들을 던집니다. 비록 질문은 다양할 수 있겠지만 그것들은 모두 똑같은 본질적인 질문을 나타냅니다. 왜 태양이 있는가? 왜 달과 별들이 있는가? 왜 우주가 있는가? 왜 삶이 있는가? 왜 죽음이 있는가? 이 삶에서 나는 무엇을 해야 하는가? 도대체 왜 어떤 것이 존재하는 것인가?

1. 왜 물질세계가 존재하는가?

왜 이 물질적인 우주가 존재하는지를 이해하기에 앞서, 우리의 진정한 정체성은 영성이라는 것을 기억해야 합니다. 우리들은 실제로 이 일시적이고, 열등하며, 물질적인 창조의 세계 너머로부터 왔습니다. 그리고 우리는 영적 대기 속에서 순수한 영적인 존재입니다. 우리가 물질적인 창조의 세계에서 이 육체를 취할 때, 본질적인 영적인 육체와 지성은 물질로 덮이게 됩니다. 그래서 우리는 우리가 이 물질세계의 부산물이며 일시적으로 창조된 이곳이 우리의 진짜 집이라고 생각합니다. 그런 다음 곧바로 우리는 채워야 할 아주 많은 욕구를 가지게되고 확보해야 할 많은 필수품이 생깁니다. 이렇게, 우리는 물질적 본성의 다양한 측면을 통제하려고 노력함으로써 물질적인 즐거움을 위한 욕구를 충족시키려고 시도합니다. 물질세계는 우리의 환영적인 물질의 욕구들을 충족시키기 위해 노력하는 장소를 제공하기 위해 존재합니다.

물질세계는 개인적인 즐거움을 위해 물질적 본성의 다양한 측면을 지배하고 제어하거나, 감각적 즐거움의 거짓 주인이 되는 조건화된 영혼들을 위해 창조됩니다. 다시 말해서, 우리는 어느 정도 신을 흉내 내기 위해 여기에 왔습니다. 하지만 모든 것의 주인이며 모두의 통제자인 지고한 존재만이 있습니다. 바가바드 기따에서 슈리 크리슈나는 말합니다.

> 나는 모든 영적이고 물질적인 세상의 근원이다. 모든 것은 나로부터 나왔다. 이것을 알고, 현자는 사랑과 헌신으로 나를 숭배한다. (바가바드 기따 10.8)

신의 권위를 인정하지 않는 사람들은 자신을 신의 종이나 영적인 일부로 보려 하지 않고 오히려 지고한 존재로 보려 하거나 아니면 적어도 그들의 작은 집 안에서만은 그처럼 행동합니다. 무지로 인해 조건화된 영혼들은 힘, 능력, 지위, 명성, 부, 어떤 경우에는 가능하다면 신의 지위까지도 얻기 위해 시도하며 그들 사이에서 경쟁합니다. 그 경우, 그들은 자신들을 숭배하거나 흠모하는 사람들이나 시키는 대로 하는 하인들을 거느릴 것입니다. 많은 사람은 원하는 것은 무엇이든 하거나 가지기 위해 부유하거나 힘이 있기를 원합니다. 이 때문에 이 물질세계에서 인정받고, 칭찬받으며, 그들이 하는 것에서 최고가 되는 것에 대한 보상을 받으려고 애쓰는 사람들을 어디에서나 찾을 수 있습니다. 그리고 누군가 방해가 되면, 곧바로 나쁜 감정, 소란, 또는 심지어 다툼이나 "영역 싸움"이라 불리는 것이 생기게 됩니다. 이것은 이 세상의 끝없는 경쟁의 본성이며 원인입니다.

우리는 이 물질세계의 목적을 또 다른 방식으로 설명할 수 있습니다. 예를 들어 한 가정의 엄마가 저녁 식사를 준비하고 있다고 합시다. 그녀는 아주 분주합니다. 어린 딸이 돕고 싶어서 따라와 엄마에게 질문을 하기 시작합니다. 그리고 엄마가 요리하는 것을 도울 생각으로 여러 가지 냄비와 팬을 꺼내기 시작합니다. 사실 어린 딸은 자신이 무엇을 하고 있는지 모릅니다. 그리고 자신이 단지 방해가 될 뿐이라는 것을 알지 못합니다. 이 불필요한 방해를 끝내기 위해 엄마는 딸을 놀이방에 보냅니다. 거기에서 어린 소녀는 장난감 스토브와 냉장고, 장난감 냄비, 팬, 그릇 등을 가지게 됩니다. 그녀는 여러 가지 준비를 하는 척합니다. 어쩌면 그녀는 자신을, 많은 사람이 멋진 요리 솜씨를 배우고 감탄하기 위해 보는 텔레비전 쇼의 요리사라고 상상할 수도 있습니다. 물론 그녀는 실제로 어떤 것을 요리하고 있는 것이 아니라 재미있게 놀고 있는 것이고, 그래서 더 이상 엄마에게 방해가 되지 않습니다. 만약 그녀가 계속해서 훌륭한 요리사가 되기를 바란다면, 언제가 그녀는 실제 부엌을 사용할 수 있게 될 것이고 엄마에게 가치 있는 도움을 줄 수도 있을 것입니다. 그때까지 그녀는 더 책임감 있는 사람들에게 방해가 되지 않고 계속해서 재미있는 놀이에 전념하게 될 것입니다.

이렇게 물질세계는 실제 자신이 아닌 다른 어떤 것인 척하고 싶은 사람들을 위한 놀이터입니다. 물론 이것은 신이 주신 개인의 자립성 independence입니다. 하지만 해롭거나 죄악이 되는 활동을 함으로써 이 자립성을 잘못 사용하는 것은 조건화된 영혼에게 고통을 초래합니다. 그런 고통은 조건화된 영혼들이 자신의 행위로 스스로 만드는 것입니다. 물질적인 활동은 더 많은 물질적인 존재를 만들어냅니다. 우리가 물질적인 육체와 물질주의적 의식으로 덮여있는 한 고통은 피할 수 없습니다. 감각 만족을 위해 물질적 본성의 지배를 즐기려는 약간의 욕망이라도 있다면, 우리는 육체적인 욕구들을 이루려고 애쓰기 위해 이 물질적인 육체로 계속 존재해야 합니다. 따라서 이런 경우, 물질적 대기로부터 자유로워질 가능성은 없습니다.

개인적인 목적을 위해 일시적인 우주의 창조를 즐기고 싶어 하는 것은 자신의 진정한 영적 정체성, 그리고 참나와의 진정한 관계를 알지 못하고 있다는 것을 의미합니다. 영원히 축복된 영적인 본성을 잊어버리지 않는 한, 우리가 물질세계의 제한적이고 일시적인 상태 안에서 사는 것에 만족하는 것은 불가능하기 때문입니다. 영적인 세계에는 망각이 없습니다. 그러므로 일시적인 감각의 만족을 즐기려는 욕구 또한 없습니다. 감각의 만족으로 오는 환영의 행복을 즐기기 위해서는 영적인 본성을 잊어야 합니다. 그러므로 이 물질세계의 기본 원리는 우리가 자신의 진정한 정체성을 망각하는 것입니다.

물질세계와의 잘못된 동일시는 우리에게 많은 유형의 문제들을 안깁니다. 자신을 물질적인 육체라고 생각할 때, 우리는 또한 죽음의 두려움도 가지게 됩니다. 만약 우리가 육체라면, 모든 것은 육체가 끝날 때 끝이 납니다. 우리는 많은 사람들이 육체를 더 건강하고, 보기에 좋고, 더 젊게 만들기 위해 노력하고 있다는 것을 압니다. 우리는 영원히 살기를 원합니다. 이것은 영혼의 근원적인 본성이기 때문에 당연히 원하는 것입니다. 우리는 보통 피할 수 없는 죽음에 관한 문제를 병적으로 무시하려고 합니다. 게다가 죽음의 문제와 마주할 때, 우리는 아무것도 잃고 싶지 않아 합니다. 그리고 죽음 이후에 어떻게 될지 모르기 때문에 두려움을 느낍니다. 우리의 모든 행위가 물질적인 플랫폼을 위해 있다면, 죽음의 순간에 우리를 도울 수 있는 것은 없을 것입니다. 하지만 영적인 깨달음을 향해 노력해왔고, 우리의 참나는 태어나지도 않고 죽지도 않는다는 것을 이해하는 사람은 죽음을 두려워하지 않을 것입니다.

물질적인 동일시에서 생기는 또 다른 문제는 잘못된 소유권입니다. 우리는 우리에게 속해 있다고 생각하는 것들을 얻기 위해 열심히 일합니다. 물론 모든 사람은 이 세상에서 살아남기 위해 필요로 하는 것들이 있습니다. 하지만 우리는 아무것도 없이 이 세상에 태어나고, 죽을 때에 아무것도 가지고 가지 못합니다. 우리가 소유하는 모든 것은 영원히 우리의 것이 아닙니다. 그러나, 잘못된 소유의식에 빠지게 되면 소유물을 잃는 것에 대해 아주 큰 불안을 느낍니다. 그리고 부를 지키기 위해 많은 준비를 해야 합니다.

육체적인 삶의 플랫폼에서, 자신을 자수성가한 사람으로 알릴 정도로 성취하고 큰 자부심을 가질 수도 있습니다. 하지만 그러기 위해 실제로는 우리의 마음, 감각, 자아를 위한 겸손하고 순종적인 하인이 되기 위해, 필요하다면 평생, 하루 24시간을 쓸 것입니다. 우리는 그것들의 모든 변덕에 기꺼이 맞춰야 할 것입니다. 단지 마음과 육체를 만족시키기 위해 먹고, 자고, 일하고, 훌륭한 계획을 세워야 합니다. 이러한 노력은 현재 가지고 있는 것과 똑같은 문제에 직면하게 될 미래의 탄생을 보장할 뿐입니다. 또 다른 물질적인 육체에 갇히게 된다는 것은 배고픔, 갈증, 질병, 노화와 죽음 같은 것들이 분명히 뒤따르게 된다는 것을 의미합니다.

실제로 이 우주 창조의 세계는 오직 우리가 그것을 즐기기를 원하기 때문에 드러납니다. 물질세계는 지고한 존재의 의지에 의해 만들어지는 것이 아닙니다.

> 사랑하는 나의 주인이여, 그것이 당신의 바람이 아니더라도, 당신은 우리의 감각 만족만을 위해 이 거칠고 미묘한 원소들의 창조를 나타냅니다. (슈리마드 바가바땀 3.21.20)

물질의 세계에 들어가 그것을 즐기게 하는 것의 진정한 목적은 그것의 무의미함을 보여주는 것입니다. 물질적인 즐거움을 누리려는 우리는 마른 땅에 존재하려는 물고기와 같습니다. 탄생, 노화, 질병, 죽음을 강요받는 세상에서 사는 것을 기꺼이 받아들일 사람이 누가 있겠습니까? 누구도 늙기를 원하지 않습니다. 누구도 아픈 것을 좋아하지 않습니다. 누구도 죽음을 기대하지 않습니다. 하지만, 모든 사람은 이런 문제들과 우리 삶을 방해하는 다른 모든 것들을 겪어야만 합니다. 영원히 존재하려는 우리의 타고난 바램이 이 물질세계에서는 이루어질 수 없습니다. 그것은 사막에서 물을 찾는 것과도 같습니다.

우리는 이 물질적인 세상이 창조된 것에는 몇 가지 이유가 있다는 것을 이해해야 합니다. 설명했듯이, 본래 이곳은 조건화된 영혼들이 감각적인 만족에 전념하고 자신들의 실제 정체성을 잊어버리는 장소입니다. 게다가 8,400,000의 생명의 종들이 존재하고, 이것은 8,400,000 가지 이상의 망각의 수준이 있다는 것을 의미합니다. 우리는 오직 인간의 형체로 있을 때만 물질세계와의 잘못된 동일시를 바로잡기 시작하고 자신이 실제 누구인지를 깨달을 기회를 갖습니다. 신은 연민 때문에, 망각 안에 잠들어 있는 조건화된 영혼에게 영적인 의식의 실제 삶으로 깨어날 기회를 주는 이 물질세계를 창조합니다. 이것은 슈리마드 바가바땀(9.24.58)에서 이렇게 확인됩니다.

지고한 신은 단지 연민으로 살아있는 존재를 구원하고 살아있는 존재의 탄생, 죽음과 물질적인 삶의 지속 기간을 멈추기 위해 이 우주적 현현의 창조, 유지, 소멸을 그의 물질 에너지를 통해 작동시킨다. 이같이 지고한 신은 살아있는 존재가 집으로, 다시 신성으로 돌아올 수 있게 한다.

이것은 지고한 존재가 이 물질적인 현현을 창조하기로 결정했을 때의 바램입니다. 그러나, 이것이 누군가에게 영적인 의식을 강요하는 것은 아닙니다. 말을 물로 끌고 갈 수는 있지만 말이 억지로 물을 마시게 할 수는 없다는 말처럼, 우리의 의식을 영성화 하는 수단과 방법이 제공될 뿐입니다. 우리가 그런 방법들을 활용하는 기회를 등한시한다면 희망은 없습니다. 깨어나는 방법을 피하는 자는 물질적인 존재의 꿈속에서 목적 없이 표류하며 잠을 자게 될 것입니다. 그러므로 신은 우리의 살아있는 상태에 대한 책임이 없습니다.

우리가 마침내 육체적인 욕망을 충족시키려고 애쓰는 것에 좌절하는 단계에 도달한다면, 자신의 진짜 위치에 대해 질문하기 시작할지도 모릅니다. 그때는. "내가 왜 고통받는 거지? 내가 왜 이런 일을 겪는 거지? 내가 어떻게 해야 하지? 이 세상의 삶은 도대체 무엇일까?"와 같은 질문을 할 수도 있습니다. 삶의 목적이 무엇인지를 묻는 여러 가지 방법이 있을 수 있지만, 성실한 질문을 시작하면 진실을 찾을 수 있는 자격을 갖게 됩니다.

만약 물질세계에 아무 어려움이 없다면, 아무도 삶의 목적을 질문하거나 자신의 상황을 변화시키고 이 물질세계로부터 나오기를 원하지 않을 것입니다. 화창하고 멋진 날에 일어나 하고 싶은 것만 하는 것이 우리 일의 전부라면 누가 무엇을 변화시키고 싶겠습니까? 하지만 이런 상황은 일시적이며 대부분은 열심히 일해야 하고 삶에서 어려움을 경험해야 합니다. 그리고 그것은 우리가 여기에서 무엇을 하고 있는지 의문을 제기하는 힘이 됩니다. 이런 탐구를 통해 우리는 자신의 진정한 영적인 본성을 실현하는 길을 시작할 수 있습니다.

이 세상은 우리의 진짜 집이 아닙니다. 신은 우리 모두의 지고한 아버지이기 때문에, 그분은 연민으로 바가바드 기따 같은 베다 속에 영적 지식을 주었습니다. 그리고 그것으로 조건화된 영혼들이 있는 그대로 상황을 이해할 수 있도록 해줍니다. 그분은 또한 우리를 그에게로 이끌기 위한 놀라운 놀이를 보여주고 가르치기 위해 다양한 아바따의 형태로 이 세상으로 내려옵니다. 혹은 우리가 영적인 세계로 돌아가는 길을 안내하기 위해 그분의 대리인, 순수한 헌신자를 보낼 수도 있습니다. 만약 우리가 이 물질세계에 계속 남아있다면, 물질적인 현현이 지고한 존재의 육체로 다시 철회될 때 우리는 사라질 것입니다. 그리고 모든 조건화된 영혼들은 지고한 존재가 다시 이 우주적 창조를 나타내도록 결정할 때까지 휴면 상태에 남아있을 것입니다. 크리슈나 신이 바가바드 기따에서 설명하듯이 말입니다.

아르주나, 모든 존재는 한 우주의 주기의 끝에 나의 자연 안으로 들어온다. 다음 우주의 주기가 시작되면 나는 그들을 다시 내보낸다. (바가바드 기따 9.7)

지고한 존재는 초월적이며 물질적인 창조가 나타나기 전부터 존재하고 있습니다. 지고한 존재가 물질세계를 창조하기로 결정할 때 물질적 요소들을 훑어보기만 해도 그것들은 즉시 활동적이 되고 우주적 창조를 형성합니다. 이것은 아이따레야 우빠니샤드(1.1)에서 확인됩니다.

신은 물질적 자연을 힐끗 보았다.

이렇게 물질세계의 창조는 신의 놀이 중 하나로 여겨질 수도 있습니다. 지고한 존재는 한정된 물질 에너지뿐만 아니라 우월하고 무한한 영적 에너지의 근원입니다. 당연히 지고한 존재는 조건화된 영혼들에게 영적인 세계로 돌아갈 수 있는 또 다른 기회를 주고 싶을 것입니다.

우리가 언제 처음으로 물질적인 세계에 관여하기를 바랐는지는 누구도 알지 못하고 그 원인도 찾아낼 수 없습니다. 하지만 우리는 모두 근본적으로 영적이기 때문에, 물질적인 삶이 시작된 시점이 있었습니다. 우리가 물질세계에 나타날 때, 우리는 물질적 본성과 자신을 동일시하고 한 종류의 육체에서 또 다른 육체로 옮겨갑니다. 특정한 종과 동일시하거나, 인간의 형체로 있을 때 스스로가 특별한 종족, 나라, 성별 또는 종교에 속해 있다고 생각하며, 참나의 영원하고 영적인 주요 부분인 자신의 진정한 정체성을 잊어버립니다. 이 모든 세상이 이런 환영 아래로 들어갈 때, 백만 명 중의 한 명은 영적인 삶을 이해하게 되고 물질세계를 뒤로 할 것입니다. 그런 영혼은 아주 드뭅니다. 그러나 조만간 모든 사람은 이 의식의 수준으로 돌아가야만 합니다. 이것이 삶이 가지는 진정한 목표입니다.

2. 왜 생명이 존재하는가?

어떤 사람은 왜 영혼이 만들어졌는지 물을지도 모릅니다. 그 답은 지고한 존재는 무한하면서도 극미한 면을 모두 가지고 있을 때 완전하다는 것입니다. 만약 지고한 존재가 무한하기만 하다면 그는 완전하지 않을 것입니다. 결국, 지배할 다른 존재들이 없다면 주님(Lord)이라는 단어에 어떤 의미가 있겠습니까?

극미한 우리는 원래 무한한 지고한 존재로부터 나왔습니다. 다시 말해서, 우리는 지고한 존재와 같은 영적 특성을 가지고 있지만 그 양은 극히 적습니다. 우리는 지고한 존재와 같은 힘을 가지고 있지는 않지만, 불과 불꽃이 유사하듯이 같은 초월적 특성을 공유합니다. 그러나 불꽃이 불타는 불을 떠날 때 힘을 잃는 것처럼, 우리들은 물질적인 대기로 들어서자마자 영원히 행복한 영적인 본성을 잊어버립니다. 그리고 자신이 물질적 또는 환영적인 에너지의 산물이라는 착각 속에서 존재하기 위한 힘든 투쟁에 사로잡힙니다.

영적인 세계에서는 지고한 존재와 본질의 일부분인 극미한 생명체 사이에 자연적인 사랑의 교환이 있습니다. 우리는 지고한 존재의 모든 바램을 섬기고 충족시키는 것을 도우며, 애정 어린 관계에서 또한 무한한 즐거움을 느낍니다. 우리는 지고한 존재의 영적인 감각을 만족시킴으로써, 이 물질세계에서 자신의 둔한 감각을 만족시키려고 애쓰는 물질주의자들보다 수백만 배의 즐거움과 행복을 느낍니다. 직접적으로 지고한 존재를 섬기고 있거나 지고한 존재의 헌신자들을 섬기는 사람들은 그들에게 더 많은 즐거움을 주는 다른 것은 없다고 느낍니다. 그들은 자신들이 하는 일에 완전히 만족합니다. 영적인 세계에서 신은 그들의 사랑스런 보답에 항상 아주 큰 행복을 느낍니다. 이것이 영적인 세계의 본성입니다. 지고한 신의 에너지는 항상 확장되고 있고, 지고한 존재를 섬기는 것에서 오는 사람의 행복 또한 끊임없이 확장됩니다. 사실 지고한 신의 이름 중 하나인 크리슈나는 '가장 큰 즐거움'을 의미합니다. 따라서 크리슈나를 위해 일하는 것은 크리슈나의 최고의 관심과 가장 큰 즐거움을 위해 일하는 것을 의미합니다.

이런 내용으로 미루어보아, 이 세상의 물질주의자들이 그들의 노력과 사랑의 추구에서 자주 좌절하는 것은 이상할 것이 없습니다. 당연히, 본성상 영원하고, 행복하고, 지식으로 가득 차 있는 영적인 존재가 일시적이고 한정적이고 불행하고 무의식적인 물질적 요소 안으로 들어갈 때, 그들은 좌절감을 느끼고 충분히 만족하지 못하게 됩니다. 그들은 어디를 봐야 할지를 모르고 그들이 찾는 어떤 것은 오래 지속되지도 않습니다. 아주 특별해 보였던 결혼조차 그 불꽃을 잃고 이혼으로 끝납니다. 흥미로운 직장 생활도 나중에는 따분하고 지겨워집니다. 또는 행복하고 아름다운 삶은 죽음과 함께 비극으로 끝이 납니다. 누구도 이와 같기를 원하지 않습니다.

그러므로, 우리 존재의 진짜 이유, 영적인 세계와 물질적인 세계 사이의 차이점에 대해 우리가 더 많이 이해할수록, 영적인 발전을 위해 노력하게 될 것입니다. 그리고 이 물질적인 세계를 벗어나 집으로, 영적 거처로 돌아갈 수 있습니다. 우리는 이 끝을 향해 노력하고 다른 사람들이 똑같이 할 수 있도록 도와야 합니다. 이것이 인간 삶의 목표이며 우리의 모든 문제를 풀 유일한 해결책입니다. 우리가 자신의 영적 의식을 회복하고 무한하며 지고한 신에게 순수한 헌신적 봉사를 하기 시작한다면, 우리의 영적 삶과 사랑의 성향은 활짝 피어날 것입니다. 그런 상태에서, 우리는 완전히 자유롭고 만족합니다. 이것이 베다의 글과 영적으로 깨달은 사람들에 의해 제시된 결론입니다.

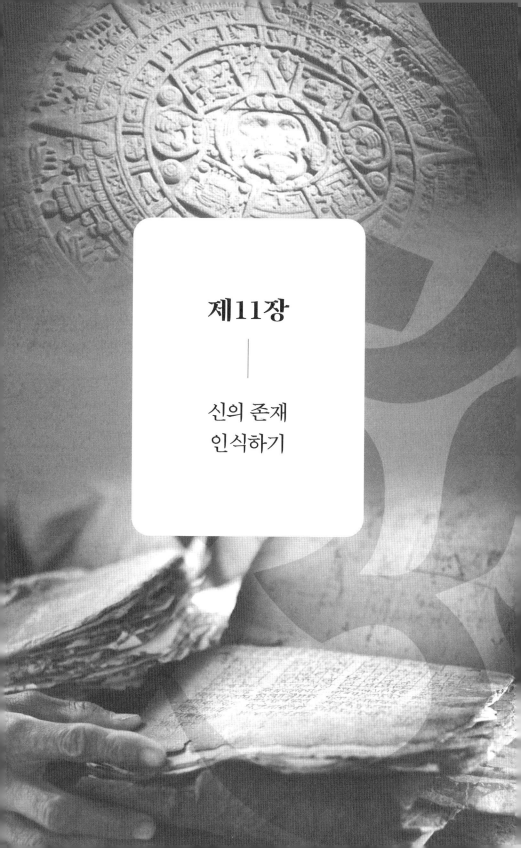

제11장

신의 존재
인식하기

신을 보거나 지각하기 위해서는 자격을 갖추어야 합니다. 태양이 그 시간이 되기 전에 떠오르기를 기대할 수 없는 것처럼, 당신은 지고한 존재에게 나타나라고 명령할 수 없습니다. 신은 자신이 선택한 때가 되면 선택한 대상에게 스스로를 드러낼 것입니다. 신은 누군가의 명령을 이행하는 자가 아닙니다. 하지만 우리는 베다로부터, 신에 대한 직접적인 인식을 얻는 단계에 이르기 위해 어떤 과정에 전념해야 하는지 알 수 있습니다. 뿐만 아니라 어떻게 신의 존재성과 모든 삶의 측면에 있는 신의 영향력을 인식할 수 있는지에 관한 정보를 얻을 수 있습니다.

우선, 우리는 신이 물질적인 존재가 아니며 물질적인 눈으로는 볼 수 없다는 것을 분명히 이해해야 합니다. 신은, 영적인 발전에 의해 열리는 영적인 눈을 통해서 볼 수 있습니다. 물질적인 것들에 대한 집착이 있는 한 영적인 눈이 닫혀 신을 볼 수 없습니다. 하지만 영적인 발전을 이루고 일시적인 물질세계에 대한 집착이 줄어들 때, 우리는 쉽게 신을 볼 수 있습니다. 그때까지는 그런 비전에 대한 자격을 가질 수 없습니다. 그러므로 신의 존재성에 대한 진실을 인식하기를 바란다면 올바른 영적인 속성을 발달시켜야 합니다. 만약 영적인 시각이 성숙했다면, 슈리마드 바가바땀 (3.9.36)에서 설명하듯이 신이 물질적인 그 어떤 것도 초월한다는 것을 이해할 것입니다.

조건화된 영혼은 비록 나를 쉽게 알 수 없다 해도, 그대는 나의 인격이 물질적인 어떤 것으로 구성되어 있지 않고 특히 다섯 가지 거칠고 세 가지 미묘한 요소들로 구성되어 있지 않다는 것을 알기 때문에 오늘 그대는 나를 알았다.

영적인 발전을 이룬 사람들은 물질적인 애착과 한계로부터 자유롭기 때문에 어디에서나 신을 볼 수 있습니다. 바가바드 기따에서는 이렇게 알려줍니다.

28. 몸과 마음을 늘 통제하여 모든 물질적 오점이 정화된 요기는 지고한 의식과의 접촉으로 오는 무한한 희열을 쉽게 경험한다.
29. 모든 곳에 있는 무한한 의식과 하나가 된 요기는 참나가 모든 존재 안에 있으며, 참나 안에 있는 모든 존재가 있음을 본다.
30. 모든 곳에서 나를 보며, 나 안에서 모든 것을 보는 사람[43]은 나와 분리되어 있다고 결코 느끼지 않으며, 나도 그와 분리되어 있다고 결코 느끼지 않는다.

---

43 모든 것을 나의 현현으로 보는.

(바가바드 기따 6.28~30)

야주르 베다 (40.5~7)에서도 비슷한 내용을 찾을 수 있습니다.

신은 비종교적이고 무지한 자들과는 거리가 멀고, 요기들과 가깝다. 그는 이 전체 우주 안에 있고 그것을 외적으로 둘러싼다. 신에게서 모든 생물과 무생물을 보고, 모든 물질적 대상에 만연해 있는 신을 보는 자는 의심의 희생물이 되지 않는다. 신에 대해 묵상하는 자는 그 안에서 모든 존재가 그 자신과 같다고 느낀다. 신을 비길 데 없는 그런 존재로 보는 요기는 망상과 비탄으로부터 자유롭게 된다.

이 설명으로부터 영적으로 참나 깨달음을 얻은 사람은 항상 어디에서나 신의 영향력을 보고 그의 모든 일에서 계속해서 신의 존재를 느낀다는 것을 이해할 수 있습니다. 이 영적인 비전으로 그는 물질 사회의 경쟁으로부터 자유롭고 목적이 없거나 삶에 대해 절대 혼란을 느끼지 않습니다. 실제로 바가바드 기따(5.29)에는 이렇게 설명되어 있습니다.

나를 숭배를 즐기는 자로, 모든 존재의 친구로, 우주의 주인으로 아는 사람은 평화를 얻는다.

이것은 진짜 평화를 얻는 공식입니다. 신이 궁극적으로 모든 활동을 누리는 자이고, 모든 세상의 소유주이며, 모든 살아있는 존재들의 최고의 친구이자 행복을 비는 존재라는 것을 이해함으로써, 우리는 대상을 있는 그대로 이해하기 때문에 평화로워집니다. 어떤 누구도 어떤 것을 궁극적으로 누리는 자 또는 영원한 소유주가 될 수 없습니다. 이런 육체 안에 있는 우리의 존재는 일시적입니다. 우리가 비록 다른 살아있는 존재들의 상태에 대해 신경 쓴다 하더라도, 그들을 돌보는 우리의 능력은 아주 제한적입니다. 그러므로, 우리는 모든 이들의 궁극적인 친구가 될 수 없습니다. 하지만 지고한 존재가 물질 에너지의 주인임을 이해하고, 이 창조를 위한 신의 계획의 틀 안에서 일하며, 다른 이들이 그와 같이 일하는 것을 도울 수 있습니다. 그럼으로써, 이 세상을 모두가 하나 되어 사는 평화로운 곳으로 만들 수 있는 것입니다. 이것이 이 세상의 다른 사람들을 위해 할 수 있는 최고의 봉사입니다.

불행하게도 신의 힘을 인정하지 않는 이들도 있습니다.

11. 어리석은 사람은 내가 인간의 몸으로 내려올 때 나를 무시한다. 그는 나의 초월적 성품과 존재하는 모든 것에 대한 나의 지고한 지배권을 알지 못한다.

12. 빛으로부터 돌아선 그는 잔인하고, 이기적이고, 탐욕스러운 성품으로 떨어진다. 그의 희망과 행위는 헛되며, 그의 지식은 그저 착각이다. (바가바드 기따 9.11~12)

분명히 신의 권위를 인정하지 않고, 어리석음 속에서 삶의 목적을 알아내려고 하거나 세상의 문제를 스스로 해결하려고 시도하는 자들은 성공할 희망이 거의 없습니다. 그런 어리석은 자들은 신과 아무런 관련성이 없다고 느낍니다. 따라서 베다에서 발견되는 신의 지시를 고려하지 않습니다. 심지어 어떤 이들은 신이 죽었다고 말합니다. 이렇게 그들은 세상은 기계적으로 돌아가며, 좋은 쪽이든 나쁜 쪽이든 일어나는 모든 일은 전적으로 사람의 결정에 달려 있다고 느낍니다. 그렇다면 왜 도덕적 규범, 범죄율, 또는 살인, 테러, 전쟁 같은 것들이 계속해서 더 심각한 문제가 되고 있을까요?

사람들은 점점 더 신을 믿지 않는 것 같습니다. 그들은 자신들이 통제하고 있는 자들이고 신은 그들과 별로 관계가 없다고 느낍니다. 그들은 삶에서 무엇을 해야 할지 거의 알지 못하고 모든 것을 해결하려고 하는 헛된 시도에서 종종 혼란과 좌절의 시간을 겪습니다. 악마적이거나 또는 무신론적인 관점에 끌리면, 그런 사람들뿐만 아니라 그 주변 사람들에게도 상황은 더 나빠질 뿐이라는 것은 의심의 여지가 없습니다. 영적으로 깨달은 누군가에 의해 안내받을 수 없다면, 그들의 운명은 알 수 없을 것입니다.

현혹된 상태에 있지 않고 지속적이며 활동적인 신의 우월성을 의식하는 자들은 실제 지고한 존재보다 더 우월한 진리는 없다는 것을 깨닫습니다.

6. 모든 존재는 이 두 겹의 에너지에 기원한다. 우주의 창조와 소멸은 나 속에서 일어난다.

7. 아르주나, 나보다 더 높은 진리는 없다. 모든 세상과 존재는 보석들이 한 실에 꿰어 있는 것처럼 나에 의해 꿰어 있다. (바가바드 기따 7.6~7)

13. 아르주나, 그러나 두려움 없이 일 점 지향으로 자신 안으로 깊이 뛰어든 위대한 영혼은 내가 무궁무진한 근원이라는 것을 안다.

14. 사랑으로 가득 찬 그는 항상 나의 영광을 노래하며, 나 앞에 머리를 숙인다.

15. 영적 지혜의 길을 따르는 사람이 있다. 그는 하나가 있는데 그 하나[44]가 나라는 것을 알며, 여럿[45]이 있는데 그 여럿이 나라는 것을 안다. 그는 모든 곳에서 나를 본다.

16. 나는 의식이요, 나는 숭배요, 나는 허브요, 나는 만뜨라요, 나는 불에 타는 버터요, 나는 그것을 태우는 불이요, 나는 그것을 받는 분이다.

17. 나는 이 우주의 아버지[46]요, 어머니요, 행위의 결과의 분배자요, 할아버지[47]다. 나는 지식의 목표이자 정화자요, '옴'음절이요, 또한 세 베다이다.

---

44   일원론.
45   이원론, 다원론, 상상으로 어떤 모습을 신으로, 수많은 신의 모습을 만들어낼 수 있다. 많은 데바들.
46   형상을 지니고 있는 브람만, 이슈바라.
47   순수한 샷찟아난다, 존재 의식 희열로 있는 절대자.

18. 나는 목표요, 유지자요, 주인이요, 목격자요, 거처요, 안식처요, 가장 사랑하는 친구이다. 나는 기원이요, 소멸이요, 모든 것의 바탕이다. 나는 보물의 집이요, 모든 창조의 영원한 씨앗이다.

19. 나는 태양으로서 열을 주며, 나는 비를 내리게도 멈추게도 한다. 나는 불멸이며 또한 죽음이다. 나는 존재[48]이면서 또한 비존재[49]다. 아르주나. (바가바드 기따 9.13~19)

24. 사실 나는 모든 숭배의 유일한 대상이며, 그것을 즐기는 자이며, 우주의 주인이다. 그러나 나의 진정한 초월의 성품을 모르는 사람은 떨어진다. (바가바드 기따 9.24)

위의 구절들처럼, 바가바드 기따의 이 설명으로부터 우리는 물질적인 에너지에 현혹되지 않는 자들의 특성을 이해할 수 있을 뿐만 아니라 우리 주변에서 어떻게 신의 능력을 인식할 수 있는지 알 수 있습니다. 신은 우주의 어머니이자 아버지, 모든 지식의 대상, 창조이며 모든 것의 기초라고 합니다. 이것을 깨닫는 자들은 삶의 모든 면에서 신의 우월함의 증거를 보기 때문에 신성한 본성의 보호 아래 있으며 헌신적 봉사에 완전히 전념합니다. 아따르바 베다는 사람은 단지 신이 창조한 모든 것을 봄으로써 신의 존재를 인식할 수 있다고 명확하

---

48 sat, 브람만.
49 asat, 자아 혹은 유한한 세상.

게 언급합니다.

> 태양이 매일 매일 떠오르듯이 근원은 그에게서 시작되므로, 신의 존재는 실제
> 로 그에 의해 창조된 우주를 보면 인식할 수 있다. (아따르바 베다 13.4~29)

우리는 또한 베다에서 발견된 설명들을 연구함으로써 어떻게 모든 것이 지고한 존재의 에너지의 확장인지를 깨닫고 볼 수 있습니다. 사실, 이러한 베다의 지식을 순순히 배운다면, 우리는 완전히 다른 시각으로 이 물질세계를 바라볼 수 있습니다. 모든 사람들은 항상 깨달음이나 짜릿한 경험을 찾고 있습니다. 우리는 늘 우리에게 엄청난 영향력을 주는 어떤 것을 기다립니다. 베다의 지식은 실제로 우리를 신의 영향력을 매우 쉽게 인식하는 수준으로 이끌 수 있습니다. 우리는 모든 것이 신의 에너지의 나타남에 불과하며, 모든 일은 궁극적으로 최고가 이끄는 방향에 의해 일어난다는 것을 알게 됩니다.

> 온갖 방향에서 부는 바람이 그것이 어디로 가든 항상 공간 안에 있듯이, 같은
> 방식으로 모든 존재는 나 안에 있음을 알라. (바가바드 기따 9.6)

> 온 우주의 질서는 나 아래에 있다. 나의 의지로 그것은 계속해서 나타나며 나
> 의 의지로 그것은 마지막에 사라진다. (바가바드 기따 9.8)

나의 주시⁵⁰ 아래에 있는 물질적인 자연은 움직이는 것과 움직이지 않는 모든 것들을 생겨나게 한다. 오, 아르주나여! 그래서 온 우주가 계속해서 만들어지고 소멸한다. (바가바드 기따 9.10)

8. 아르주나, 나는 물속의 맛이다. 나는 해와 달 속의 빛이다. 나는 모든 경전에 있는 신성한 음절 '옴'이며, 에테르 속의 소리이며, 사람 속의 능력이다.

9. 나는 흙 속의 향기이며, 불 속의 광채이다. 나는 살아 있는 모든 존재의 생명이며, 고행자에게 있는 정화하는 힘이다.

10. 아르주나, 나를 모든 존재의 영원한 씨앗으로 알라. 나는 지성이 있는 자의 지성이며, 힘 있는 자의 기량이다.

11. 나는 갈망⁵¹과 집착⁵²이 없으며 종교적 원리에 배치되지 않는 성생활이다.

12. 순수함, 에너지, 어두움⁵³ 이라는 존재의 세 상태는 나의 힘에서 나온다는 것을 알라. 그것은 나 안에 있으며, 나는 그것 안에 있지 않다. (바가바드 기따 7.8~12)

크리슈나 신은 바가바드 기따에서 그가 지적인 자들의 지성이며 힘 있는 자들의 기량이고 용감함이라고 말합니다. 종종 자신의 업적을 매우 자랑스러워하는 사람들을 볼 때 이것을 기억하는 것은 흥미롭습니

---

50 목격.
51 까마. 가지고 있지 않는 것에 대한 갈망.
52 라가. 가지고 있는 것에 대한 애착.
53 삿뜨바, 라자스와 따마스.

다. 그들이 무언가를 성취하거나 발견하기 위해 열심히 노력한 위대한 운동선수든, 예술가든, 과학자든 간에, 지적했듯이 그 안에 있는 능력은 지고한 존재가 가진 능력의 일부분이라는 것을 잊지 맙시다.

13. 각 행성으로 들어간 나는 생명을 주는 나의 에너지로 그것들을 궤도에 있게 한다. 감로로 채워진 달빛이 된 나는 식물[54]을 자라게 한다.

14. 나는 호흡하는 존재에 들어가서 생명을 주는 소화의 불이 되어 모든 음식을 소화한다. 나는 들어오고 나가는 생명의 공기이다. 그것으로 나는 네 종류의 음식물을 소화한다.

15. 모든 존재의 가슴에 있는 나는 기억과 이해의 힘을 주며 또한 그것을 가져간다. 모든 경전은 나에 이르게 한다. 정말로 나는 그것의 저자이며 또한 그것의 목표이다. (바가바드 기따 15.13~15)

온 세상을 빛나게 하는 태양의 빛, 달빛과 불빛이 있다. 이 모든 광휘가 나의 것임을 알라[55]. (바가바드 기따 15.12)

20. 아르주나, 나는 모든 존재의 가슴[56]에 있는 참나[57]다. 나는 모든 존재의 시

---

54 허브.
55 자신의 의식이 지고한 의식에 들어간 요기들은 사마디에서 브람만의 빛을 지각할 수 있음.
56 가장 안에.
57 영적 불꽃, 비이원의 태도로 명상할 수 있는 사람은 최고의 부류의 구도자들이다. 그렇게 명상할 수 없는 구도자들은 다음에서 언급하고 있는 것들에 있는 것을 명상해야 할 것임. 그들은 중간 정도의 구도자들임.

작, 중간 그리고 끝이다.

21. 열두 명의 빛의 데바 중에서는 나는 비슈누이다. 광채 중에서는 나는 빛나는 태양이다. 바람의 신 중에서는 나는 마리찌이다. 별 중에서는 나는 달이다.

22. 베다 중에서는 나는 사마 베다이다. 천상의 신 중에서는 나는 인드라이다. 여섯 감각 중에서는 나는 마음이다. 살아 있는 존재 중에서는 나는 의식이다. (바가바드 기따 10.20~22)

24. 아르주나, 사재 중에서는 나는 브리하스빠띠이며, 전쟁[58]의 신 중에서는 나는 스깐다[59]이며, 물 중에서는 나는 바다이다.

25. 위대한 현자 중에서는 나는 브리구이다. 언어 중에서는 나는 초월로 있는 '옴'이다. 숭배 중에서는 나는 만뜨라의 조용한 반복인 자빠이다. 움직이지 않는 것 중에서는 나는 히말라야이다. (바가바드 기따 10.24~25)

30. 악마 종족에서 태어난 자손 중에서는 나는 헌신적인 쁘라흘라다이다. 정복자 중에서는 나는 시간이다. 동물 중에서는 나는 사자이다. 새 중에서는 나는 비슈누의 이동수단인 가루다[60]이다.

31. 정화하는 것 중에서는 나는 바람[61]이다. 전사 중에서는 나는 라마[62]이다.

---

58 가장 큰 전쟁은 '나와 나의'의 전쟁.
59 쉬바의 아들인 까르띠께야.
60 상승하는 쁘라나, 마음이 바로 브람만을 목표로 하여 나아갈 때, 그것은 비슈누의 이동수단이 될 수 있음.
61 쁘라나야마.
62 참나. 참나는 무기들 중 최고임.

바닷물고기 중에서는 나는 상어이며, 강 중에서는 나는 강가[63]이다.

32. 모든 창조물 중에서는 나는 처음, 중간 그리고 끝이다. 모든 지식 중에서는 나는 아뜨만을 아는 지식이며, 논리 중에서는 나는 논리이다.

33. 철자 중에서는 나는 철자 아(A)이며, 모든 합성어 중에서는 나는 그리고(드 반드바)이다. 나는 끝이 없는 시간이다. 나는 모든 방향을 보는 창조자이다. 나는 모두의 유지자이다.

34. 나는 모든 것을 앗아가는 죽음이다. 그와 동시에, 나는 태어날 모든 것의 근원이다. 여성적 자질 중에서는 나는 명성, 부, 말, 기억, 총명함, 충성, 용서이다.

35. 찬가 중에서는 나는 인드라 신에게 노래하는 비리하뜨사마이다. 시 중에서는 나는 브라민이 매일 노래하는 가야뜨리이다. 매월 중에서는 나는 1월인 말갈시르샤이며, 계절 중에서는 나는 꽃이 만발하는 봄이다.

36. 교활한 것 중에서는 나는 주사위 놀이터이다. 아름다운 것 중에서는 나는 광채이다. 나는 승리이다. 나는 모험이다. 덕이 있는 자 중에서는 나는 좋음[64]이다. (바가바드 기따 10.30~36)

38. 벌하는 것 중에서는 나는 회초리(笏)이다. 승리를 구하는 것 중에서는 나는 빈틈없음이다. 비밀의 것 중에서는 나는 침묵이며, 지혜로운 자 중에서는 나는 지혜이다.

---

63 바깥으로 흐르지 않는 순수한 강.
64 삿뜨바.

39. 나는 모든 존재의 씨앗이다. 오, 아르주나! 나의 무한한 현현 중 오직 몇 가지를 말하였다.

40. 나의 무한한 현현에는 끝이 없다. 아르주나, 나의 무한한 현현 중 오직 몇 가지를 말하였다.

41. 아르주나, 그대가 아름답거나 번성하거나 강한 무엇인가를 볼 때마다 그것이 나의 광휘의 한 조각이 나타난 것임을 알라.

42. 그러나 그대가 이 모든 장황한 것을 안들 무슨 소용이 있겠는가? 아르주나! 내가 존재한다는 것을 알라. 그리고 나의 작은 한 조각으로 나는 이 온 세상에 퍼져, 그것을 지탱하고 있다. (바가바드 기따 10.38~42)

말했듯이, 절대적 존재의 무한한 현현을 이해하는 것은 불가능합니다. 이 세상 너머는 말할 것도 없고 이 우주 전체는 지고한 존재의 에너지의 가장 작은 파편들로 가득 차 있습니다. 그러므로 지고한 존재의 현현은 무한합니다.

비라뜨루빠viratrupa, 또는 신의 우주적인 형상이라고 알려진 베다 철학에는 어디에나 만연한 신의 풍부함을 이해하는 것에 대한 또 다른 측면이 있습니다.

1. 신의 우주적 형상

신의 우주적 형상에 대해, 이 모든 우주는 지고한 존재의 육체이며 이 우주 안에 있는 모든 것은 그 육체의 일부라고 표현됩니다. 신의 우주적 형상은 우주의 창조와 소멸에 따라 일시적으로 존재하는 것이지만 아직 영적으로 성장하지 않은 초심자에게는 지고한 존재의 물질적 측면에 집중하는 것이 더 쉽다고 여겨집니다. 신의 우주적 형상은 슈리마드 바가바땀, 두 번째 칸토, 1장에서 묘사되는데, 이것으로 우리는 어떻게 이 모든 우주가 신의 에너지의 확장인지를 이해할 수 있습니다.

우주적 형상의 발과 발목은 바따라, 라사따라, 마하따라 행성 같은 낮은 행성들로 이루어져 있다고 설명됩니다. 무릎은 수따라 행성계이고 허벅지는 비따라와 아따라 행성계입니다. 그의 배꼽의 오목한 곳은 외계의 지역입니다. 신의 거대한 형상의 가슴은 빛나는 행성계입니다. 그의 목은 마하르 행성이고, 그의 이마는 따빠스 행성계이며, 그의 머리는 사띠야로까입니다. 그의 팔은 반신반인이고, 열 개의 방향이 그의 귀이며, 그의 입은 타오르는 불입니다. 눈알은 보는 힘으로서의 태양입니다. 그의 눈꺼풀은 낮과 밤이며, 이가 있는 그의 턱은 죄인들을 벌주는 죽음의 신, 야마입니다.

겸손은 그의 입술의 윗부분이고, 갈망은 그의 뺨이며, 종교는 신의 가슴이고, 무종교는 그의 등입니다. 바다는 그의 허리이고, 언덕과 산은 그의 많은 뼈입니다. 강은 거대한 육체의 정맥이고, 나무는 그의 몸의 털이며, 전능한 공기는 그의 숨결입니다. 지나가는 세월은 그의 움직임이고, 그의 활동은 세 가지 자연의 힘의 반응입니다.

물을 나르는 구름은 그의 머리카락이고, 물질적 창조의 지고한 원인은 그의 지성입니다. 그의 마음은 모든 변화의 저수지인 달입니다. 다양한 새들은 그의 뛰어난 예술적 감각을 나타냅니다. 간다르바, 비디야다라, 짜라나, 그리고 천사 같은 천상의 종들은^{species} 모두 그의 음악적 운율을 나타내고, 흉포한 군사들은 그의 훌륭한 기량의 표현입니다. 그의 얼굴은 브람마나이고, 팔은 끄샤뜨리야이며, 허벅지는 바이샤이고, 수드라는 그의 발의 보호 아래에 있습니다. 해방을 바라는 자들은 신의 이 형상에 마음을 집중해야 한다고 말해지는데, 이 세상에 이보다 더한 것은 없기 때문입니다.

신의 우주적 형상에 대한 또 다른 아주 놀라운 설명은 바가바드 기따에 있는데, 거기에서 신은 자신의 이런 형상을 아르주나에게 직접 보여줍니다. 제11장에서 크리슈나의 가르침을 듣고 환영으로부터 완전한 자유를 얻은 아르주나가 어디에나 만연한 그의 형상을 보여 달라고 크리슈나 신에게 청원합니다.

3. 오, 위대한 인격이시여! 오, 지고한 형상이시여! 저는 여기 제 앞에서 당신의 두 팔을 가진 형상을 봅니다만, 아직도 당신이 어떻게 이 우주적 현현으로 들어가셨는지 보기를 원합니다. 저는 당신의 신성한 형상을 보고 싶습니다.

4. 제가 당신의 그 우주적 형상을 볼 수 있다고 생각하신다면, 오, 저의 주인이시여! 모든 신비한 힘의 주인이시여! 그러면 그 우주적 참나를 보여주십시오.

(바가바드 기따 11.3～4)

5. 나의 사랑하는 아르주나, 바다와 같이 다양한 빛깔을 띠고, 수없이 다양한 신성한 형상을 하고 있는 나의 풍요로움을 보아라.

6. 여기에서 아디띠야, 바수, 루드라, 아스빈, 무루뜨 또한 다른 현현을 보아라. 누구도 전에는 결코 보지 못했고 듣지 못했던 많은 것을 보아라.

7. 내 몸을 보아라. 그대가 지금이나 미래에 보기를 원하는 어떤 것이라도 즉시 볼 수 있으니 보아라. 모든 것이 여기에 다 있다.

8. 그러나 그대의 지금의 눈으로는 이것을 볼 수 없다. 내가 그대에게 신성한[65] 눈을 줄 것이다. 그러면 그대는 그것으로 나의 신비한 풍요로움을 볼 수 있다.

(바가바드 기따 11.5～8)

산자야

9. 오, 왕이시여! 지고의 존재, 모든 신비한 힘의 주인, 신성의 인격은 이렇게 말하면서, 그의 우주적 형상을 아르주나에게 보여주셨습니다.

---

65 초자연적.

10. 아르주나는 그 우주적 형상에서 무한의 입과 눈을 보았습니다. 그것은 너무나 경이로웠습니다. 그 형상은 신성하고 눈부신 장신구로 장식되었고 많은 옷들로 꾸며져 있었습니다.

11. 멋진 화관을 쓰셨고, 몸에는 많은 향료를 바르셨습니다. 놀랍고, 눈부시고, 끝이 없는 그리고 모든 방향을 하고 계시는 한계 없는 얼굴을 하고 계셨습니다.

12. 만약 수백, 수천 개의 태양이 한꺼번에 하늘로 솟아오른다면, 그것은 이 우주적 형상을 한 지고의 존재의 광채와 비슷할 것입니다.

13. 그때, 아르주나는 신의 우주적 형상에서, 수천 개로 나누어져 있긴 하지만 온 우주가 신의 몸 안에 하나로 있는 것을 보았습니다.

14. 그러자 아르주나는 어리둥절하고 깜짝 놀라 머리카락이 곤두서서, 지고의 신에게 경의를 표하면서 두 손을 모으고는 이렇게 기도하기 시작했습니다. (바가바드 기따 11.9~14)

아르주나

15. 오, 크리슈나시여! 저는 모든 반신과 여러 생명체가 당신의 몸에 함께 모여 있는 것을 봅니다. 저는 연꽃 위에 앉아 계시는 창조주 브람마뿐만 아니라 신 쉬바, 많은 현자, 그리고 신성한 파충류도 봅니다.

16. 오, 우주의 신이시여! 우주적 모습이시여! 저는 수많은 당신의 팔, 복부, 입, 눈이 무한히 있는 것을 봅니다. 이것에는 끝이 없습니다. 시작도 중간도 볼 수 없습니다.

17. 이제 저는 왕관을 쓰시고, 곤봉과 원반을 들고 계시는 당신을 봅니다. 그러나 당신의 형상은 태양과도 같습니다. 헤아릴 수 없이 빛나기에 저는 당신을 쳐다보기가 힘듭니다.

18. 당신은 지고한 최종의 목표이십니다. 당신은 온 우주에서 최고이십니다. 당신은 우주의 보물 창고이시며, 가장 오래된 존재이십니다. 당신은 영원한 법을 유지하는 분이시며, 당신은 변치 않는 인격이십니다.

19. 당신의 시작, 중간, 또는 끝을 저는 볼 수 없습니다. 당신은 수많은 팔을 가지고 계십니다. 태양과 달은 당신의 위대하고 무한한 눈 안에 있습니다. 당신은 자신의 빛으로 이 온 우주를 데우고 계십니다.

20. 당신은 하나이시지만, 하늘과 땅 사이의 모든 공간과 모든 곳이 당신만으로 가득 차 계십니다. 오, 위대한 분이시여! 이 무시무시한 형상을 보고서 모든 행성이 두려움으로 전율합니다. (바가바드 기따 11.15~20)

21. 모든 반신이 굴복하고 당신 안으로 들어가고 있습니다. 몇몇은 아주 두려워하며 두 손을 모으고 "잘 되기를!"이라고 말하면서 당신을 찬양합니다. 위대한 현자와 성자는 베다 찬가를 부르고 있습니다.

22. 수많은 신, 천사, 반신반인 및 악마가 놀라면서 당신을 바라보고 있습니다.

23. 오, 전능한 분이시여! 모든 행성은 당신의 수많은 얼굴, 눈, 복부, 다리, 그리고 무시무시한 치아를 보고 불안해합니다. 저도 그렇습니다. (바가바드 기따 11.21~23)

24. 오, 어디에나 스며들어 계시는 비슈누시여! 저는 당신의 눈부시게 빛나는 눈과 열린 입을 볼 수 있습니다. 당신은 수많은 색깔로 빛나시며, 당신의 몸은 하늘에 닿고 계십니다. 오, 신 중의 신이시여, 당신을 보고서 저는 아찔하며, 비틀거리며, 절망합니다.

25. 무서운 치아가 있는 당신의 얼굴을 보고, 저는 방향 감각을 잃었으며, 아무런 평화도 찾을 수 없습니다. 오, 신 중의 신이시여! 오, 우주의 거처이시여! 저에게 자비를 베풀어 주십시오. (바가바드 기따 11.21~23)

31. 그토록 무서운 모습을 하고 계신 당신이 누구이신지 말씀해 주십시오. 오, 최고의 신이시여! 부디 저에게 자비를 베풀어 주십시오. 저는 당신께서 하시는 바를 도무지 모르겠습니다. (바가바드 기따 11.31)

32. 나는 모든 것을 파괴하는 시간이다. 나는 지금 모든 것을 없애고 있다. 그대가 참여하든 하지 않든, 여기에 모인 모든 전사는 죽을 것이다.

33. 그러므로 일어나 싸울 준비를 하라. 적을 정복한 후, 그대는 번창하는 왕국을 누릴 것이다. 머뭇거리지 말라. 그대는 단지 싸움에서 나의 도구가 될 뿐이다.

34. 드로바, 비슈마, 자야드라따, 까르나와 용감한 전사는 나중에 의해 이미 죽었다. 머뭇거리지 말라. 이 전장에서 싸우면 그대는 적을 정복할 것이다. (바가바드 기따 11.32~34)

아르주나

36. 오, 크리슈나시여! 왜 우주가 당신을 찬양하면서 기뻐하는지, 겁먹은 악마가 두려워하여 여기저기로 달아나는지, 모든 현자와 성자가 당신께 머리를 숙여야 하는지를 이제 알겠습니다. 이 모든 것이 옳습니다.

37. 어떻게 당신을 숭배하지 않을 수 있겠습니까? 오, 고귀한 분이시여! 창조주 브람마조차도 당신에게서 나왔습니다. 오, 무한한 분이시여! 오, 신의 신이시여! 오, 우주의 피난처시여! 변함이 없으시는 당신께는 존재이자 비존재이시며 또 이 둘을 초월해 계십니다.

38. 당신은 태초의 신이시며, 가장 오래된 뿌루샤[66]이시며, 우주의 궁극의 안식처입니다. 당신은 아는 분[67]이시며 알려지는 모든 것이십니다. 당신은 궁극의 목표이십니다. 당신께서는 물질적 구나 너머에 계십니다. 오, 무한한 형상이시여! 이 온 우주적 현현에 당신께서 널리 퍼져 계십니다.

39. 당신께서는 공기, 죽음, 불, 물이시며, 또한 달이십니다. 당신께서는 지고의 통제자이시며 조상이십니다. 천 번, 또 천 번 그리고 또 천 번, 저는 당신께 존경스러운 경배를 거듭 표합니다.

40. 제가 향하는 곳마다, 그것은 당신이십니다. 앞에서, 뒤에서, 그리고 모든 방향에서 당신께 경배를 드립니다. 오, 당신의 힘은 측량할 수 없습니다. 당신께서는 어디에나 퍼져 계십니다. 그러하기에 모든 것이 당신이십니다. (바가바드 기따 11.36~40)

---

66 ancient Person.
67 자각, 의식 그 자체.

43. 당신께서는 움직이고 움직이지 않는 이 세상의 아버지이십니다. 당신께서는 모든 숭배의 대상이십니다. 당신과 견줄 이는 아무도 없습니다. 누가 당신의 힘을 상대할 수 있겠습니까?

44. 이렇게 저는 당신께 존경을 표하고 당신의 자비를 구하기 위해 무릎을 꿇습니다. 제가 당신께 행했을지도 모를 잘못된 행위를 부디 참아주십시오. 아버지가 자신의 자식에게 하듯이, 또는 친구가 자신의 친구에게 하듯이, 또는 연인이 자신의 사랑하는 이에게 하듯이 저를 참아주십시오.

45. 전에는 본 적이 없는 이 우주적 형상을 보고 난후, 저는 기쁘지만 동시에 저의 마음은 두려움으로 떨립니다. 그러니 부디 제가 알고 있는 신성의 인격으로서의 당신의 형상을 드러내 주십시오. 오 신 중의 신이시여! 오 우주의 거처시여!

46. 오, 우주의 신이시여! 저는 왕관을 쓰시고 또 네 개의 팔을 가지고 계시고, 손에 곤봉, 바퀴, 소라고둥, 그리고 연꽃을 들고 계시는 당신의 이전의 형상을 보고 싶습니다. 오, 무수한 팔을 가지신 무한한 형상을 하고 계시는 분이시여! (바가바드 기따 11.43~46)

크리슈나

47. 나의 사랑하는 아르주나, 나는 물질적 세상 안에 있는 이 우주적 형상을 나의 내적인 능력으로 기꺼이 보여주었다.

48. 오, 아르주나, 그대 말고는 그 누구도 이 무한하고 눈부신 형상을 본 적이 없었다. 베다의 공부에 의해서도, 희생 의식을 행하는 것에 의해서도, 또는 자

선에 의해서도, 혹독한 고행에 의해서도 이 형상을 볼 수가 없기 때문이다.

49. 그대의 마음은 나의 이 무서운 모습을 보고는 당혹하였다. 그대는 떨지 말라. 나의 헌신자여, 즐거운 마음으로 나의 이전의 형상을 보아라. (바가바드 기따 11.47~49)

산자야

신의 지고한 인격이신 크리슈나는 아르주나에게 이렇게 말하고서 네 개의 팔을 가진 형상[68]을 드러내 보여주셨고, 마침내 그는 그에게 두 개의 팔을 가진 형상을 보여주셔서 두려워하는 아르주나를 진정시켰습니다. (바가바드 기따 11.50)

아르주나

오, 크리슈나시여! 너무나도 아름다운 인간과 같은 당신의 형상을 보니, 저의 마음은 이제 평온하고 저는 원래의 상태로 다시 돌아왔습니다. (바가바드 기따 11.51)

크리슈나

52. 나의 사랑하는 아르주나, 그대가 지금 보았던 형상은 보기 아주 어려울 것이다. 천상의 신조차도 너무나 사랑스러운 이 형상을 볼 기회를 항상 바라고 있다.

---

68 연꽃, 짜끄라, 곤봉과 소라고둥을 들고 있는 비슈누 혹은 나라야나의 모습.

53. 그대가 신성한 눈으로 본 형상은 단지 베다를 공부하거나 진지한 고행을 수행하거나, 자선이나 숭배에 의해서도 볼 수 없는 것이다. 사람이 나의 지금의 형상을 볼 수 있는 것은 이런 수단에 의해서가 아니다.

54. 나의 사랑하는 아르주나, 오직 나누어지지 않는 헌신[69]에 의해서만 그대 앞에 서 있는 지금의 나를 직접 보고, 깊이 이해한다. 오직 이 방법에 의해서만 그대는 나의 신비 속으로 들어올 수 있다. (바가바드 기따 11.52~54)

위의 구절들에서, 우리는 지고한 존재를 이해하는 신비 속으로 들어가는 공식을 발견합니다. 우리는 이것으로 이 우주의 모든 것을 신의 에너지의 확장으로 인식할 수 있는 신의 우주적 측면을 이해할 수 있습니다. 이것은 위의 구절의 내용대로 나누어지지 않는 헌신(박띠 요가)의 길을 결단력 있게 따름으로써 가능해집니다. 우리의 영적인 성장의 증거는 이 세상의 모든 것이 지고한 신의 에너지의 확장이라는 것을 아는 것입니다. 그리고 이 세상의 모든 것에서 신의 우주적인 형상을 볼 수 있는 능력에 있습니다. 이것은 그 자체로 영적인 관점이자 신에 대한 지각입니다.

우리가 모든 곳에서 신의 영향력을 인식할수록, 점점 더 많이 인식하게 됩니다. 매일 이런 식으로 볼 수 있다면, 우리는 지고한 존재, 신성한 본성과 더 많이 접촉할 것입니다. 이것은 슈리 크리슈나에 의해

---

69 박띠 즉 사랑의 요가.

확인되는데, 그는 말합니다.

> 55. 나의 사랑하는 아르주나, 나를 위하여 일을 하는 사람, 나를 자신의 목표로
> 받아들이는 사람, 이기적 집착이 없는 사람, 모든 살아 있는 생명체에게 다정한
> 사람은 나에게 확실히 온다. (바가바드 기따 11.55)

이같이, 박띠 요가에 전념할 때, 우리의 영적인 관점은 성장하고 우리는 자신과 이 세상, 일들이 일어나고 있는 방식, 그리고 신의 본성을 완전히 이해합니다. 이런 영적인 자각이 더 많아질수록 우리는 혼란, 불안, 그리고 당혹함에 굴복하지 않게 됩니다. 우리가 신의 존재를 알고 인식할 수 있다면 신의 계획을 더 쉽게 알 수 있고 이 물질적인 세계에서 일어나는 일에 놀라지 않습니다. 이것은 바가바드 기따(15.11)에서 이렇게 말하고 있습니다.

> 자신을 완전하게 하기 위하여 노력하는 사람은 자신 안에 있는 그를 본다. 그러
> 나 마음과 지성을 정화하지 못한 사람은 노력하여도 그를 보지 못한다.

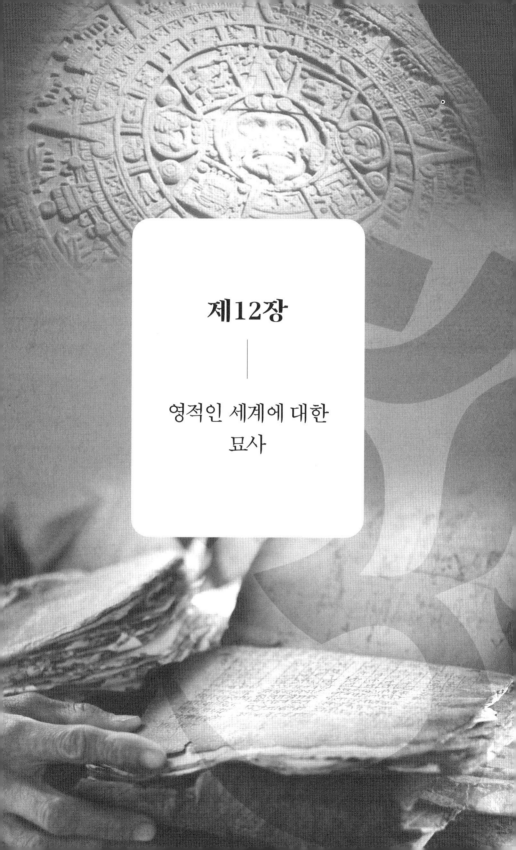

제12장

영적인 세계에 대한
묘사

모든 영적인 지식을 배우는 이유와 모든 수행의 목표는 우리의 진짜 집, 영적 세계로 돌아가는 것입니다. 그것이 궁극적인 목표입니다. 하지만 영적인 세계는 정확히 무엇이며 그것은 어디에 있는 것입니까? 그것은 실제 장소일까요, 아니면 단지 마음의 상태일까요? 이 질문들에 대한 대답은 베다가 아니라면 찾을 수 없을 것입니다. 그러나 우리는 영적인 세상이 미묘한 영역 또는 천국과 지옥 너머에 있다는 것을 기억해야 합니다. 이곳은 헌신자들이 지고한 신과 상호적이고, 사랑스럽고 초월적인 행위에 전념하기 위해 사는 다양한 영적인 계층에 대한 설명입니다.

우선 베다는 창조된 우주 전체가 단지 영적 하늘의 구석에 있는 구름에 지나지 않는다고 설명합니다. 이 구름 안에는 수많은 우주, 행성, 그리고 물질적 존재의 모든 종과 형체들을 포함한 다양한 물질 에너지가 있습니다. 빠드못따라 깐다(Padmottara khanda 225.57)에 따르면 물질 에너지를 영적인 세상과 구분하는 것은 창조된 우주를 둘러싸고 있는 비라자 강입니다. 비라자 강 너머는 브람만의 광채인 영적인 하늘이 있습니다. 그곳에는 바이꾼따 로까라고 알려진 무한한 영적인 행성들이 위치해 있습니다. 바이꾼따는 불안, 애통, 또는 두려움이 없음을 의미합니다. 각각의 바이꾼따 행성에는 지고한 신성의 인격이 확장된 존재들이 삽니다. 각각의 행성은 또한 지름이 수십억 마일이고 그 행성들의 거주자들은 힘, 지식, 아름다움, 명성, 부유함, 자제의 여섯 가지 풍요로움이 가득합니다.

영적인 하늘은 지고한 존재의 모든 에너지의 4분의 3을 가진 반면, 물질적인 창조의 세계는 나머지 4분의 1을 가지고 있다고 합니다. 이 물질세계도 우리가 완전히 이해할 수 없다는 것을 생각해 보면 영적인 세계에 대한 이해는 훨씬 더 어렵다는 것을 알 수 있습니다. 영적인 세계는 우리가 쉽게 닿을 수 있는 곳은 아니지만, 본질적으로 우리의 본성이 영적이기 때문에, 그곳이 우리의 진짜 집입니다. 우리가 물질적으로 조건화된 상태에 있는 동안에는 영적인 세계를 이해하는 것이 어렵겠지만 그것의 아름다움을 엿볼 수 있게 해 주는 묘사들이 있습니다.

슈리마드 바가바땀, 세 번째 칸토, 제15장에는 신의 왕국에 대한 다음의 묘사가 있습니다.

영적인 하늘에는 바이꾼따라고 알려진 영적인 행성들이 있다. 그것들은 지고한 신성의 인격과 그의 순수한 헌신자들이 사는 곳이며 모든 물질적 행성의 거주자들에 의해 숭배받는다. 바이꾼따 행성들에서는 모든 거주자가 지고한 신성의 인격과 모습이 비슷하다. 그들은 모두 감각 만족에 대한 욕망 없이 신에 대한 헌신적 봉사에 전념한다.

바이꾼따 행성들에는 지고한 신성의 인격이 있는데, 그는 최초의 사람이며 베다를 통해 이해될 수 있다. 그는 욕정 또는 무지에 대한 여지가 없이 오염되지 않은 선의 방식으로 가득 차 있다. 그는 헌신자의 종교적 발전에 공헌한다.

그런 바이꾼따 행성들에는 아주 상서로운 많은 숲이 있다. 그런 숲의 나무들은 욕망의 나무(모든 욕망을 이뤄주는 나무)이고, 바이꾼따 행성들에 있는 모든 것들은 영적이고 인격적이기 때문에 그것들은 사계절 모두 꽃과 과일로 가득하다.

바이꾼따 행성들에서 거주자들은 아내, 배우자들을 데리고 비행기를 타고 날아다니며, 불결스러운 자질이 전혀 없는 신의 특징과 활동에 대해 영원히 노래한다. 그들은 신의 영광을 노래하면서, 향이 있고 꿀이 가득한 꽃이 피는 마드하비 꽃의 존재조차도 조롱한다. 벌들의 왕이 신의 영광을 노래하면서 아주 높은 소리로 윙윙거릴 때, 비둘기, 뻐꾸기, 학, 짜끄라바까, 백조, 앵무새, 자고새, 그리고 공작의 시끄러운 소리가 일시 중단된다. 그런 초월적인 새들은 단지 신의 영광을 듣기 위해 자신들의 노래를 멈춘다. 만다라, 꾼다, 꾸라바까, 우뜨빠라, 짬빠까, 아르나, 뿐나가, 나가께사라, 바꾸라, 백합, 빠리자따 같이 꽃을 피우는 식물들은 초월적 향으로 가득하지만, 그것들은 여전히 뚤라시의 검소함을 의식한다. 왜냐하면 뚤라시는 그 잎으로 화환을 만들어 쓰는 신에 의해 특별한 편애를 받기 때문이다.

바이꾼따의 거주자들은 라피스 라줄리, 에메랄드, 금으로 만들어진 비행기를 타고 다닌다. 큰 엉덩이와 아름답게 미소 짓는 얼굴을 한 그들의 배우자들로 북적거리긴 해도, 그들의 웃음소리와 아름다운 매력 때문에 욕망에 매료되지는 않는다. 바이꾼따 행성의 여성들은 행운의 여신 만큼이나 아름답다. 손에는 연꽃을 가지고 놀고 있고 찰랑거리는 다리 장식을 한 초월적으로 아름다운 아가씨들은 때때로 지고한 신성의 인격의 은총을 받기 위해 황금 테두리로 된 대리석 벽을 청소하고 있는 것이 보인다.

행운의 여신들은 초월적인 저수지의 산호로 포장된 둑에서 뚤라시 잎을 바침으로써 자기 정원의 신을 숭배한다. 신에게 숭배를 바치는 동안 그들은 물에 반사된 오뚝한 콧날의 자신들의 아름다운 얼굴을 볼 수 있고, 그들은 신이 그들의 얼굴에 한 입맞춤 때문에 더 아름다워진 것처럼 보인다.

불운한 사람들이 바이꾼따 행성에 대한 묘사를 논하지 않고, 들을 가치가 없고 그의 지성을 어지럽히는 주제에 전념하는 것은 너무 유감스러운 일이다. 바이꾼따에 대한 주제를 포기하고 물질세계에 대한 이야기를 하는 자들은 가장 어두운 무지의 영역에 던져진다.

브람마 신이 말했다. 나의 사랑하는 반신반인들이여, 인간의 생명의 형체는 아주 중요해서 우리도 그런 삶을 가지기를 바란다. 인간의 형체로는 완벽한 진리와 지식에 이를 수 있기 때문이다. 만약 인간의 생명 형체를 하고 있는 사람이 지고한 존재와 그의 거처를 이해하지 못한다면, 그는 외적인 본성의 영향을 아주 많이 받는 것으로 이해된다.

신체적 특징이 신의 황홀경에 변하고 신의 영광을 듣고 숨을 크게 쉬고 땀을 흘리는 사람들은 명상과 다른 금욕에 신경쓰지 않는다 할지라도 신의 나라로 올라간다. 신의 왕국은 물질적인 우주 위에 있으며, 브람마와 다른 반신반인들도 소망하는 곳이다.

이 묘사는 영적인 세계의 본질에 대한 약간의 통찰력을 제공합니다. 우리의 물질적인 세계에 남편과 아내, 행성과 비행기가 존재하듯이, 영적인 세계에서도 존재합니다. 하지만 둘 사이에는 큰 차이가 있습니다. 우리가 여기에서 보는 어떤 아름다운 것이든 그것들은 단지 영적인 세계의 반영일 뿐입니다. 물질세계는 영적인 세계의 비정상적인 반영입니다. 영적인 세계의 모든 것은 지고한 존재를 향한 끌림에 기초하는 반면, 물질세계의 모든 것은 둔하고 물질적인 육체, 특히 성에 대한 끌림에 기초합니다. 이 물질세계의 거주자들이 즐기는 일시적인 성의 쾌락은 영적인 세계에 있는 자들이 누릴 수 있는 영원한 희열과 비교할 수 없습니다.

많은 사람이 가장 중요한 정보인 영적인 세계에 대해서 논하는 것에 관심이 없다는 것은 불행한 일입니다. 설명했듯이 반신반인들도 그들 사이에서 이 지식을 논하고 영적인 세계에 이르기를 갈망합니다. 하지만 우주의 어두운 영역으로 이어지는 퇴행의 길에 있는 자들은 그런 것들에 아무런 관심이 없습니다. 그들의 관심사는 단지 먹고, 자고, 성을 즐기고, 돈을 버는 것뿐입니다. 그런 일시적인 관심사들은 삶의 끊임없는 부침을 해결하려고 애쓰는 버둥거림을 계속하는 물질적인 본성 안에 사람을 계속 매이게 합니다. 사람이 파도에 휩쓸리면서 바다에 있을 때, 그가 할 수 있는 최선의 행위는 바다를 벗어나는 것입니다. 하지만 만약 파도의 흔들림을 해결하려는 희망을 가지고 물질적 본성의 바다에 머무르기로 결정했다면, 이것은 현명한 선택이 아닙니다. 만약 구조받기 위해 영적인 지식의 구명보트를 붙잡지 않는다면, 할 수 있는 것은 아무것도 없습니다. 그는 수백만 번의 생애 동안 탄생과 죽음의 바다에 계속해서 빠져있어야 할 것입니다.

영적인 세계의 모든 바이꾼따 행성들의 중심에는, 지고한 신의 인격인 슈리 크리슈나의 거처 끄리슈나로까 또는 고로까 브린다바나라고 알려진 행성이 있습니다. 크리슈나는 그 행성에서 여러 형상을 한 그의 초월적인 희열을 즐기고, 바이꾼따 행성의 모든 풍요로움은 그곳에서 발견됩니다. 이 행성은 연꽃처럼 생겼고, 브람마 삼히따의 2번과 4번 시에서 묘사하듯이 많은 종류의 놀이가 그 연꽃의 각 잎에서 벌어지고 있습니다.

고꾸라라고 알려진 크리슈나의 아주 탁월한 거처는 수천 개의 꽃잎과 그의 무한한 측면, 크리슈나의 실제 거처인 잎의 소용돌이의 일부에서 생겨난 연꽃과 같은 꽃부리를 가지고 있다. 그 영원한 영역의 소용돌이인 고꾸라는 크리슈나의 육각형의 거처이다. 그것의 꽃잎들은 크리슈나의 고삐(친구)들의 거처인데, 그들은 애정을 가지고 그에게 헌신하고 본질적으로 비슷하다. 꽃잎들은 많은 벽처럼 아름답게 빛난다. 그 연꽃의 확장된 잎들은 정원과 같은 담마^{dhama} 또는 크리슈나가 가장 사랑하는 슈리 라디까의 영적 거처이다.

슈리 크리슈나가 영적인 세계 안에서 하는 유일한 일은 초월적 향락입니다. 크리슈나의 영원한 하인 또는 헌신자들이 하는 유일한 일은 그에게 즐거움을 제공하는 것입니다. 헌신자들이 크리슈나에게 즐거움을 더 많이 제공할수록, 그는 더 행복해집니다. 크리슈나가 더 행복해질수록 그의 헌신자들은 더 생기를 띄게 되고, 영원하고 초월적인 황홀을 맛봅니다. 이것이 브람마 삼히따 6번 시에서 확인할 수 있듯이 영적 세계에서 하는 유일한 일입니다.

고꾸라의 신은 초월적인 지고의 신성, 영원한 황홀의 참나이다. 그는 뛰어난 모든 것들보다 뛰어나고 초월적 영역의 즐거움에 부지런히 관여하며 그의 일상적인 (물질적) 능력과 아무 연관이 없다.

베다에는 크리슈나가 그의 친구들과 친척들과의 애정 어린 활동에 어떻게 참여하는지와 어떻게 모든 사람을 흥분시키고 깜짝 놀라게 하는 굉장한 재주를 부리는지에 대한 많은 이야기가 있습니다. 영적인 세계에서 계속되는 많은 활동과 놀이에 대한 묘사들은 슈리마드 바가바땀, 짜이딴야 까리따므르따, 그리고 영적인 영역의 많은 단계와 무한한 본성을 설명해주는 사나따나 고스와미의 브리하쯔 바가바따므리땀 같은 글에서 발견됩니다. 실제 신의 육체는 영원한 희열, 진리, 지식, 가장 빛나는 광휘, 그리고 존재하는 모든 것의 근원으로 가득하다고 묘사됩니다.

영적인 놀이를 경험하거나 평범한 감각으로 지고한 존재의 형상을 보는 것은 불가능하다고 할지라도, 우리는 요가의 수행을 통해 감각을 영성화시킴으로써 모든 순간에 지고한 존재를 인식할 수는 있습니다. 만약 이런 방식으로 완전히 영성화된다면, 이 물질적인 육체를 포기할 때 영적인 세계로 돌아가게 될 것이라는 점은 의심의 여지가 없습니다. 그때까지 우리는 다음에서 묘사하는 것과 같이 영적인 세계의 아름다움과 사랑스러움에 대해 기억하고 정통할 수 있도록 계속해서 베다의 지식을 공부할 수 있습니다.

브린다바나 담마는 계속해서 즐거움이 커져가는 곳이다. 그곳에서는 모든 계절의 꽃과 과일들이 자라고, 그 초월적 땅은 달콤한 소리와 다양한 새들로 가득하다. 꿀벌들의 윙윙거리는 소리가 모든 방향에서 울리고, 그곳에는 시원한 바람과 야무나 강물이 있다. 브린다바나는 덩굴식물과 아름다운 꽃들로 휘감긴 소원을 이루어주는 나무로 장식된다. 그것의 신성한 아름다움은 붉은색, 푸른색, 흰색 연꽃의 꽃가루로 장식된다. 바닥은 그 반짝이는 영광이 한 번에 하늘에서 떠오르는 무수히 많은 태양과 맞먹는 보석들로 만들어진다. 그 바닥에는 소원 나무의 정원이 있는데, 그것은 항상 신성한 사랑을 쏟아 부어준다. 그 정원에는 꼭대기가 루비로 된 보석으로 만들어진 사원이 있다. 그것은 여러 보석으로 장식되어 일 년 사계절 내내 찬란하게 광채를 유지한다. 그 사원은 많은 보석으로 반짝거리는 밝은색의 캐노피로 치장되어 있고, 루비가 장식된 덮개, 그리고 보석이 박힌 입구와 아치형 장식이 있다. 그것의 광채는 수백만 개의 태양과 맞먹고, 그것은 물질적 고통의 여섯 가지 물결로부터 영원히 자유롭다. 그 사원에는 많은 보석으로 무늬를 새긴 금으로 된 멋진 왕좌가 있다. 이렇게 사람은 지고한 신, 슈리 브린다바나 다마의 신성한 영역에 대해 명상해야 한다. (가우따미야 딴뜨라 4)

나는 순수한 영적인 본질의 사랑의 배우자로서 락슈미들이 자신들의 유일한 사랑인 지고한 크리슈나 신에 대한 애정 어린 봉사를 하는 곳, 스베따드비빠라고 알려진 그 초월적 자리를 숭배한다. 그곳의 토양은 초월적인 효과가 있는 보석(보옥)purpose gem으로 되어있고 그곳에서는 모든 나무가 초월적인 효과가 있는 나무 purpose tree이다. 그곳의 물은 넥타, 모든 말은 노래, 모든 걸음걸이는 춤, 플루트는 총애하는 수행원, 광채는 초월적 희열로 가득 차 있고 모두 즐겁고 유쾌한 곳, 수없이 많은 젖소가 언제나 초월적 우유의 바다를 뿜어내는 곳, 항상 현재만 있고 과거나 미래가 없어서 한순간도 사라짐의 특성에 영향을 받지 않는 영원한 초월적 시간의 존재가 있는 곳. 그 영역은 이 세상에서 아주 극소수의 참나 깨달음을 얻은 영혼들에게만 고로까라고 알려져 있다. (브람마 삼히따 56)

우리는 영적인 세계의 아름다움에 대해 공부하고 들음으로써 우리가 삶에서 찾고 있는 모든 것들이 그 영원한 영역에 그 기원을 두고 있다는 것을 이해하게 될 것입니다. 그곳에서 우리는 모든 고통과 괴로움으로부터 자유를 찾을 것입니다. 그곳의 대기는 계속 확장하는 아름다움, 즐거움, 행복, 지식, 그리고 영원하고 사랑스러운 관계로 무한하게 가득 차 있습니다. 그곳은 우리 존재의 유지를 위한 투쟁 없이 즐거움만으로 가득 찬 세계입니다. 그곳에는 배고픔이 없고, 우리는 마음껏 먹을 수 있고 절대 배부르지 않습니다. 그곳에는 과거에 대한 한탄이나 미래에 대한 두려움도 없습니다. 그곳이 우리의 진짜 집입니다.

결론

　과거 백 년 동안 우리는 역사에 기록된 다른 어떤 때보다 더 많은 기술적인 진보를 이루었습니다. 그리고 흥미롭고 새로운 형태의 편리한 것들과 오락물을 발명했습니다. 하지만 우리는 이러한 수단으로도 여전히 우리의 문제에 필요한 해답을 찾지 못했습니다. 호수, 강, 땅, 공기, 숲, 그리고 우리가 살아가기 위해 의존하고 있는 다른 많은 자원을 파괴하고 있는 산업에 의해 매년 생산되는 800억 파운드의 위험한 폐기물 같은 문제들은 말할 것도 없고 여전히 정치적 격변, 국제적 음모, 전쟁, 인종 간의 긴장, 범죄, 새로운 질병, 자살, 경제적 실패의 위협 등이 존재하고 있습니다. 이것은 우리가 정말로 발전하고 있는 것인지 아니면 인류에게 천천히 죽음을 가져다주고 있는 것인지, 혹자는 의문을 가질 것입니다.

　사회에 점점 더 많은 문제점들이 나타나고 있는 만큼 이러한 문제들을 해결하고자 하는 조직, 클럽, 지원단체 등이 점점 더 많이 생겨나고 있습니다. 그러나 이들 집단의 대부분은 문제를 해결하려는 시도에서 시행착오를 겪을 수 밖에 없습니다. 이 말의 의미는 그들이 자신의 과거 경험 이외에 다른 방향을 얻을 수 있는 가이드가 없다는 것을 의미합니다. 이것은 사회 전반에 존재하는 기본적인 방식입니다. 우리의 정부, 교육 기관, 심지어 주류의 종교 같은 조직들은 계속해서 변화하는 상황이나 끊임없이 변화하는 사회의 호불호에 맞추기 위해 그들의 방식을 계속해서 수정합니다. 이것은 단지 그들이 가진 모든 것이 상대적인 진실, 또는 그 당시의 상황을 바탕으로 한 지식일 뿐이라는 것을 보여줍니다. 상황이 바뀌면 또 그들은 그들의 견해를 바꾸거나 수정해야 합니다. 다시 말해, 그들에게는 진정한 지식이 없습니다.

이런 통찰력과 지혜의 결핍은 분명 목표에 이르거나 중대한 문제를 해결하는 것을 돕지 못합니다. 단지 한쪽 어깨에서 짐을 덜어 다른 쪽 어깨에 얹는 것에서 미미한 안도감을 발견하고 시기상조의 낙관론을 보일 수도 있지만 정치 외교에서 흔히 볼 수 있는 이런 방식의 눈속임은 아무것도 해결하지 못합니다. 그들이 더 영구적인 해결책을 찾을 때까지 문제는 여전히 그렇게 남아있을 것입니다. 이것은 마치 맹인이 벽에 부딪히면서 방을 빠져나가려는 것과 같습니다. 그가 계속 그렇게 한다면, 조만간 그는 문을 찾을 것입니다. 하지만 그가 문을 찾을 때까지, 얼마나 머리를 부딪혀야 할까요? 이런 방법보다 지식을 가지고 있고 당신에게 말할 수 있는 사람으로부터 가르침을 받는 것이 훨씬 더 낫습니다. "여기, 이쪽으로 가요, 시간 낭비 그만 해요."

진정한 지식은 영적인 진리인데 그것은 변하지 않습니다. 더 높은 진리에 다가서게 되면, 다른 모든 신비와 의문들은 자동적으로 해결되고 대답되어 집니다. 상황을 완벽하게 이해하기 위해서 우리는 완벽한 지식을 사용해야 합니다. 만약 이 점을 무시한다면, 우리는 죽을 때까지 계속해서 삶과 우리의 문제들을 추측만 할 수 있을 뿐 진짜 해답을 찾지 못할 것입니다. 그것이 무슨 도움이 될 수 있겠습니까? 우리가 어디에서 길을 잃었는지 알기 위해 오랫동안 전해져 내려온 변치 않는 베다의 지혜와 보편적인 진리를 알아야 합니다.

분명 누구든지 완벽한 삶에 관해 우리에게 깨달음을 줄 수 있는 이 영적인 지식이 필요하다는 것을 인식할 수 있을 것입니다. 우리에게 필요하지 않은 것은 추측이나 맹신에 기반을 둔 종교 또는 철학입니다. 만약 추측이나 맹신에 기본을 둔 종교나 철학이 퍼지고 지배하도록 허용한다면, 일반 대중들은 진정한 영적인 이해와 점점 더 멀어질 것입니다. 의심스러운 추측 또는 맹목적 감상에 근거한 종교나 철학은 버려져야 합니다. 영적인 진리와 영적인 깨달음을 얻도록 해주는 과정은 추측과 맹목적인 감상 안에는 존재하지 않기 때문입니다. 우리는 그보다 훨씬 더 깊이 들어가야 합니다. 지식을 있는 그대로 전달하고,

진리를 직접적으로 인지하고 경험할 수 있는 과정을 제공해주는 근원을 찾아 접근해야 합니다. 만약 그 완전한 영적인 지식의 근원에 접촉하게 된다면 그것을 아주 진지하게 받아들여야 하는데, 그런 기회는 사람의 일생에서 오직 한 번만 생길 수도 있기 때문입니다. 따라서 나는 이 책의 맥락 안에 이런 종류의 지식을 집약된 형태로 제공하려고 노력했습니다. 그것의 진가를 알아보고 더 많이 배우고 싶어하는 사람들을 위해 더 많은 정보를 담은 책이 계속될 것입니다.

학자들을 위한 메모

대부분의 베다 철학을 연구하는 학자들이 알고 있듯이, 베다라고 말할 때는 원래의 네 개의 베다, 즉 리그, 야주르, 사마, 아따르바 베다를 말합니다. 네 개의 주된 베다로부터 제례와 의식에 관련되는 '브람마나Brahmana'라고 불리는 부록들이 있으며 이들로부터 '아란야까[70] Aranyaka'가 갈라져 나옵니다. '우빠니샤드Upanishad'는 아란야까의 부록입니다. 여기에서는 '베다'라는 용어를 위에서 언급한 4개의 베다들뿐만 아니라 '브람마나', '아란야까', '우빠니샤드' 또는 '슈루띠[71]'로 간주되는 모든 문서 또한 포함하여 사용하고 있습니다. '슈루띠'는 최초의 original 계시된 지식이라 여겨지며 베다 문헌에 남아있는 부분은 '마하바라따', '바가바드 기따', '라마야나', '뿌라나'로 이루어져 있습니다. 이것들은 '이띠하사' 또는 베다 문헌의 역사, 혹은 추가적인 부분들인

---

70 비밀스러운 비전의 지식.
71 신의 계시를 받아 적은 경전들.

데, 이는 그들이 '스므리띠[72Smriti]' 라 부르거나 기억되는 것입니다. 여기에서 '베다'라고 칭하는 것은 일반적으로 '슈루띠'와 '스므리띠' 둘 다를 말합니다. 그러나 어떤 학자들은 '슈루띠'가 '스므리띠'보다 더 중요하다고 생각합니다. 그래서 어떤 이들은 내가 '슈루띠'와 '스므리띠'를 모두 '베다'라는 단어로 사용하는 방식에 반대할 수도 있습니다.

내가 이렇게 하는 이유는 나는 베다 문헌의 어떤 부분에서든지 베다의 증거를 제시하고, '뿌라나'로부터의 인용을 자주 사용하기 때문입니다. 베다 문헌의 추가적인 부분을 배제하는 것은 독자들에게서 엄청나게 많은 베다 지식과 정교한 설명들을 빼앗아갈 것입니다. 뿐만 아니라 '샹까라짜리야', '라마누자짜리야', '마드바짜리야'와 다른 이들 같은 몇몇 위대한 영적 권위자들은 '스므리띠'를 영적 진리에 대한 타당한 증거라고 표현했으며 '바가바드 기따'에 해설을 적었습니다. 실제 '마드바짜리야'는 '베단따 수뜨라' (2.1.6)에 대한 해설에서 '바비쉬야 뿌라나[Bhavishya Purana]'를 인용하는데, 이렇게 적혀있습니다

리그 베다, 야주르 베다, 사마 베다, 아따르바 베다, 마하바라따, 빤짜라뜨라, 그리고 원본의 라마야나는 모두 베다로 간주 된다. 바이슈나바 보충판인 뿌라나 또한 베다이다.

---

72 기억하며 쓴다는 것을 의미하며 스승에서 제자로 전승되어 내려온 지혜를 기록한 문서.

짠도기야 우빠니샤드(7.1.4)에서도 '뿌라나'를 다섯 번째 베다라고 언급합니다. '슈리마드 바가바땀Srimad Bhagavatam'(1.4.20) 또한 이것에 분명하게 동의합니다.

지식의 원천은 원래 네 가지 구분으로 각각 만들어졌다. 그러나 뿌라나에 언급된 역사적 사실과 진짜 이야기들은 다섯 번째 베다라고 불린다.

'브리하다란야까 우빠니샤드'(4.5.11) 또한 이야기합니다.

리그, 야주르, 사마, 아따르바 베다, 이띠하사, 뿌라나, 우빠니샤드, 경구와 만뜨라, 수뜨라, 그리고 그 안에 있는 영적 지식과 설명들, 모든 것은 지고의 존재로부터 뿜어져 나온다.

'브리하다란야까 우빠니샤드'는 그것을 한 번만 말하는 것이 아니라 다시 한 번 더 말합니다.

젖은 장작으로 지펴진 불에서 연기구름이 피어나듯이, 사랑하는 이여, 이 영광스러운 위대한 신은 리그 베다, 야주르 베다, 사마 베다, 아따르바나기라사, 이띠하사, 뿌라나, 지식의 과학, 신비의 교리 혹은 우빠니샤드, 함축적인 경구, 격언, 설명과 해설을 뱉어내었다. 실로 그에게서 이 모든 것들이 뱉어져 나왔다. (브리하다란야까 우빠니샤드 2.4.10)

이같이 그것들은 모두 베다를 안내하는데 중요성을 지니고 있고, 하나의 샤스뜨라[73] 또는 한 묶음의 경전에 편향되어 다른 하나를 제외해서는 안 된다고 생각합니다.

'마하바라따'(아디 빠르바 1.267)는 '뿌라나'의 도움으로 베다 지식을 이해해야 하는 필요성을 설명합니다.

사람은 이띠하사와 뿌라나의 도움으로 베다의 의미를 확장시키고 받아들여야 한다. 베다는 이띠하사와 뿌라나에 무지한 사람에 의해 잘못 다루어지는 것을 두려워하고 있다.

이것은 '스깐다 뿌라나'의 '쁘라바사 깐다Prabhasa khanda' 부분에 언급된 것과 아주 비슷한데, 거기에는 이렇게 적혀있습니다.

나는 뿌라나가 베다와 같다고 생각한다... 베다는 주의를 기울이지 않고 듣는 것으로 인해 그것의 요지가 왜곡될 것을 두려워했지만 그것의 요지는 오래전에 이띠하사와 뿌라나에 의해 확립되었다. 베다에서 찾을 수 없는 것은 스므리띠에서 찾을 수 있다. 그리고 둘 다에 없는 것은 뿌라나에서 설명된다. 우빠니샤드는 물론 네 개의 베다를 알지만 뿌라나를 모르는 사람은 별로 학식이 없는 사람이다.

---

73 경전, 가르침, 신성한 책

나라디야 뿌라나는 심지어 이렇게 설명합니다.

나는 뿌라나의 메시지가 베다의 메시지보다 더 중요하다고 생각한다. 베다에 있는 모든 것은 의심의 여지없이 뿌라나에 있다.

이와 같이 베다 문헌의 많은 부분이 베다 지식의 깊이를 이해하기 위해 '뿌라나'와 '스므리뜨'의 다른 부분들을 사용해야 하는 필요성을 말하고 있습니다. '슈루띠'와 '스므리띠' 사이에 어떤 구분이 있어야 한다고 생각하고 이 모두를 '베다'로 부르는 방식에 반대할지도 모르는 학자들을 위해 이것을 간단히 언급하게 되었습니다.

용어사전

아짜리야 Acarya − 본보기로 스스로 적합한 규범을 세우는 영적 마스터.

아짤레쉬바라 Achaleshvara − 언덕의 신으로서의 쉬바.

아찐띠야−브헤다브헤다−땃뜨바 Acintya−bhedabheda−tattva − 동시에 하나
이면서 다른 것. 슈리 짜이딴야 신이 절대적인 존재를 인격적이면서 비
인격적인 존재라고 언급하면서 가르친 교리.

아디 께샤바 Adi Keshava − 비슈누의 이름.

아디나따 Adinatha − 24명의 자이나교 띠르딴까라들 중의 한 명.

아디 바라하 Adi Varaha − 태고의 멧돼지로서의 비슈누의 이름.

아드바이따 Advaita − 절대적인 진리는 하나이고, 물질적 존재로부터 풀려날
때 브람만이라는 지고한 존재와 하나로 합쳐지며 브람만과 개별 영혼은
같다는 비이원성을 의미함. 샹까라짜리야가 가르친 철학.

아가스띠야 무니 Agastya Muni − 베다를 아는 자였던 성인.

아그니 Agni − 불, 또는 불의 반신반인 아그니.

아그니호뜨라 Agnihotra − 기, 우유, 참깨, 곡식 등과 같이 공물이 불에 태워지
는 베다의 숭배 의식. 반신반인 아그니는 의식과 관련되는 반신반인에게
그 공물들을 전달하곤 했다.

아함까라 Ahankara − 거짓의 자아, 물질과의 동일시.

아힘사 Ahimsa − 비폭력.

아이라바떼쉬바라 **Airavateshvara** – 천상의 코끼리의 신으로서의 쉬바.

아까르마 **Akarma** – 까르마 반응을 일으키지 않는 행동들.

아까샤 **Akasha** – 에테르 또는 에테르 차원. 그 안에서 소리가 이동하는 미묘한
     물질적 요소.

암바, 암비까 **Amba, Ambika** – 어머니 두르가의 이름.

암리따 **Amrita** – 우유의 바다를 휘저은 데서 생긴 불멸의 넥타.

암리떼쉬바라 **Amriteshvara** – 암브로시아의 신으로서의 쉬바.

아난다 **Ananda** – 영적 희열.

아난따 **Ananta** – 무한.

안나뿌르나 **Annapurna** – 빠르바띠^Parvati, 음식으로 가득한 것을 뜻하는 이름.

아빠라–쁘라끄르띠 **Apara-prakrti** – 신의 물질적 에너지.

아란야까 **Aranyaka** – 우빠니샤드의 정수를 형성하는 것으로 여겨지는 신성한
     글.

아라띠 **Arati** – 향과 기 램프를 여신들에게 바치는 숭배 의식.

아르까–비그라하 **Arca-vigraha** – 돌, 나무 등으로 만들어진 숭배할 수 있는
     신의 형상.

아르다나리쉬바라 **Ardhanarishvara** – 반은 쉬바이고 반은 빠르바띠인 쉬바.

아리안 **Aryan** – 고귀한 사람, 베다의 영적 진보의 길에 있는 사람.

아사나 **Asana** – 명상 자세 또는 육체를 영적인 발전에 적합한 도구로 발전시키
     기 위한 동작의 연습.

아삿 **Asat** –일시적인 것.

아쉬라마 **Ashrama** – 브람마짜리^brahmacari(미혼의 학생), 그리하스따^grihastha(결
     혼한 가장), 바나쁘라스따^vanaprastha(물러난 단계), 산야사^sannyasa(출가)
     같은 영적 삶의 네 가지 단계 중의 하나, 또는 영적 스승이나 사두의 거
     처.

아스땅가 요가 **Astanga yoga** – 요가의 여덟 가지 길.

아수라 **Asura** – 신을 섬기지 않는 사람 또는 악마.

아뜨마 **Atma** – 참나 또는 영혼. 가끔 육체, 마음, 감각을 의미한다.

아뜨만 **Atman** – 보통 지고의 참나라고 언급된다.

아바따라 Avatara - 영적인 세계에서 내려온 신의 화신.

아비디야 Avidya - 무지 또는 무명.

옴 Aum - 옴om 또는 쁘라나바.

아요드야 Ayodhya - 동인도에 있는 신 라마의 출생지.

아유르베다 Ayurveda - 베다 문헌에 서술된 최초의 전인적인 형태의 의학.

바바지 Babaji - 떠돌아다니며 탁발하는 독실한 사람.

바드리나따 Badrinatha - 히말라야에 있는 신성한 순례 장소 중의 하나이고, 많은 현자와 은둔자들과 함께 있는 신 슈리 바드리나따의 집.

베뗄 Betel - 약간 취하게 만드는 견과.

바가반 Bhagavan - 모든 풍요로움을 소유한 사람, 신.

바기라따 Bhagiratha - 금욕을 수행하여 하늘로부터 갠지스 강을 가지고 내려온 왕.

바이라바 Bhairava - 무서운 파괴자로서의 쉬바.

바잔 Bhajan - 숭배의 노래.

바잔 꾸띠르 Bhajan kutir - 숭배와 명상을 위해 사용되는 작은 처소.

박따 Bhakta - 박띠 요가에 전념하는 신의 헌신자.

박띠 Bhakti - 신에 대한 사랑과 헌신.

박띠 요가 Bhakti yoga - 지고한 존재에게 순수한 헌신적 봉사를 바치는 길.

방 Bhang - 봉으로 발음되는 대마와 섞인 달콤한 것.

브하바 Bhava - 신의 사랑의 예비 단계.

브하바니 Bhavani - 빠르바띠의 이름.

비끄샤따나무르띠 Bhikshatanamurti - 떠돌아다니는 거지로서의 쉬바.

부, 부미데비 Bhu, Bhumidevi - 땅, 비슈누와 관련된 여신.

부따나따 Bhutanatha - 부따bhuta, 유령들의 신으로서의 쉬바.

부바네쉬바리 Bhuvaneshvari - 세상의 지배자로서의 빠르바띠.

비디 Bidi - 인도 담배.

빈다 마다바 Binda Madhava - 쉬바

보디 Bodhi - 붓다가 깨달음을 얻을 때 앉은 나무.

브람마 Brahma - 비슈누 신으로부터 태어난 창조의 반신반인, 최초로 만들어진 살아있는 존재이며 살아있는 모든 존재에 나타난 우주 창조의 두 번째 단계의 설계자.

브람마짜리 Brahmacari – 영적인 마스터로부터 훈련받는 보통 5~25세의 미혼 학생.

브람마니 Brahmani – 브람마의 배우자.

브람마즈요띠 Brahmajyoti – 신의 몸에서 발현되는 위대한 흰색 빛 또는 광채.

브람마로까 Brahmaloka – 우주에서 가장 높은 행성 또는 존재의 차원, 즉 브람마 신이 사는 행성.

브람만 Brahman – 지고의 신. 브람마를 창조한 모든 존재의 근원

브람마나 또는 브람민 Brahmana or brahmin – 사회의 네 가지 계층 중의 하나이며 베다의 지식을 훈련받아왔고 영적 마스터에게 입회 받은 지적인 사람들의 계층.

브람마나 Brahmana – 네 가지 기본 베다에 대한 추가적인 책. 그것들은 보통 베다 아그니호뜨라agnihotra, 만뜨라 챈팅, 의식의 목적 등을 수행하기 위한 설명을 포함한다. 아이따레야Aitareya와 까우쉬따끼 브람마나Kaushitaki Brahmana는 리그 베다에 속하고, 사따빠따 브람마나Satapatha Brahmana는 화이트 야주르 베다에 속하며, 따잇띠리야 브람마나 Taittiriya Brahmana는 블랙 야주르 베다에 속한다. 쁘라우다Praudha와 샤드빈사 브람마나 Shadvinsa Brahmana는 아따르바 베다에 속하는 여덟 가지 브람마나 중 두 가지이다.

브람마스뜨라 Brahmastra – 만뜨라에 의해 만들어지고 통제되는 불명확한 무기

브람메쉬바라 Brahmeshvara – 쉬바의 이름.

브람미니깔 Brahminical – 브람마나가 그러해야 하는 것처럼 외적으로 내적으로 모두 깨끗하고 정직한 것.

브리즈바시 Brijbasi – 브린다반Vrindavan, 브라자Vraja의 거주자.

붓다 Buddha – 신 붓다 또는 학식 있는 사람.

짜이딴야 까이따므르따 Caitanya Caritamrta – 짜이딴야 마하쁘라부 신의 가르침과 놀이를 설명해 주는 끄리슈나다사 까비라자가 쓴 경전.

짜이딴야 마하쁘라부 **Caitanya Mahaprabhu** — 벵갈에서 15세기에 나타난 가장 최근의 화신으로 신성한 이름을 신자들이 챈팅하는 것을 기본으로 하는 상끼르따나^sankirtana 운동을 처음에 시작했다.

짠달라 **Candala** — 가장 낮은 계층의 사람 또는 불가촉 천민.

짜라나므리따 **Caranamrita** — 신이 입욕하기 위해 사용되던 물로 사원의 방문객들에게 아주 소량이 제공된다.

원인의 대양 또는 까라나 대양 **Causal Ocean or Karana Ocean** — 마하 비슈누가 물질적 현현을 창조하기 위해 누워 있는 영적 하늘의 구석에 있다.

짜끄라 **Chakra** — 몸의 덮개 중 미묘한 육체에 있으며 척추를 따라 위치해 있는 원반 또는 정신적 에너지 중심.

짠드라 **Chandra** — 달.

짠드라셰까라 **Chandrashekara** — 달 모양 돌기가 있는 쉬바.

짠다스 **Chhandas** — 아따르바 베다의 찬가들.

짜뚜르부자 **Chaturbhuja** — 네 개의 팔을 가진 쉬바.

찌뜨라구쁘따 **Chitragupta** — 태양의 반신반인, 수리야의 이름.

찟 **Cit** — 영원한 지식.

달샨 **Darshan** — 사원에서 신이 보고 있는 경건한 행위.

다이바나야끼 **Daivanayaki** — 빠르바띠.

닥쉬나무르띠 **Dakshinamurti** — 요가와 보편적 지식의 스승으로서의 쉬바.

다사라 **Dasara** — 두르가를 숭배하고 악마 라바나를 이긴 라마의 승리를 기념하는 9월, 10월의 열흘간의 축제.

다샤바따라 **Dashavatara** — 비슈누 신의 열 명의 화신들. 맛시야^Matsya, 꾸르마^Kurma, 바라하^Varaha, 나라심하^Narasimha, 바마나^Vamana, 빠라슈라마^Parashurama, 라마^Rama, 크리슈나^Krishna, 붓다^Buddha, 깔끼^Kalki.

데이띠 **Deity** — 아르까 비그라하^arca vigraha, 또는 사원에 있는 지고한 존재를 숭배하기 위한 형상, 또는 반신반인의 형상

데바로까 **Devaloka** — 가장 위에 있는 행성 또는 데바의 존재 차원.

데바끼 **Devaki** — 크리슈나 신의 어머니 역할을 했던 헌신자.

데바 Devas – 물질적 존재보다 더 높은 수준에서 온 반신반인이나 천상의 존재, 또는 경건한 사람.

담 Dham – 신성한 장소.

다르마 Dharma – 살아있는 존재의 본질적인 특성 또는 의무.

다르마짜끄라 Dharmachakra – 불교에서 말하는 불법(수레바퀴), 붓다가 사르나뜨에서 한 첫 번째 설교.

다르마샬라 Dharmashala – 사원이나 신성한 도시에 있는 순례자들을 위한 피난처 또는 숙박시설.

디감바라 Digambara – 자이나교의 두 개의 주요 종파 중 하나, 벌거벗은.

딕샤 Diksha – 영적 입회.

디왈리 Diwali – 빛의 축제, 우기의 마지막을 기념한다.

이원성 Dualism – 고통과 즐거움, 성공과 실패와 같은 모든 만물의 영원하고 기본적인 구분.

두르가 Durga – 사자를 탈 때는 심하바히니Simhavahini, 악마 마히샤수라를 죽이는 것에 대해서는 마히샤수라마르디니Mahishasuramardini, 우주의 어머니로서의 자가다뜨리Jagaddhatri, 악마 라끄따비자Raktavija를 죽일 때는 깔리Kali, 슘바Shumba를 죽일 때는 따라Tara 등과 같이 그녀의 행위에 따라 여러 이름으로 알려진 전사의 여신이다. 쉬바의 아내 빠르바띠의 형상. 그녀는 자신의 활동에 따라 64개의 각기 다른 형상을 띠고 구현한다.

드바빠라 유가 Dvapara yuga – 864,000년 동안 지속되는 세 번째 시기.

드바라까디샤 Dvarakadisha – 드바라까의 신으로서의 크리슈나.

드와이따 Dwaita – 이원성, 절대 진리가 극미한 개별적인 영혼들과 함께 무한한 지고의 존재를 구성하는 원칙.

에까다시 Ekadasi – 달이 차고 기우는 열한 번째 날의 금식일.

가나 Gana – 쉬바의 난쟁이 수행원.

가나빠띠 Ganapati – 가나들의 신으로서의 가네쉬.

간다르바 Gandharvas – 아름다운 형상과 목소리를 가지고 있고, 춤과 음악에 능하며 안 보이게 하는 능력이 있으며 세상적인 차원의 영혼을 도울 수 있는 천상의 천사 같은 존재들.

가네쉬 **Ganesh** – 쉬바의 아들로 장애물을 파괴하고 청원하는 사람들에게 행운을 준다고 말해진다. 가네쉬가 코끼리 머리를 얻은 방법은 언젠가 빠르바띠가 그에게 그녀의 거주지를 보호해달라고 요청했던 것이라고 일반적으로 알려져있다. 쉬바가 들어가기를 원했을 때 가네쉬가 그를 막았고, 그것이 쉬바를 아주 화나게 만들었다. 쉬바는 가네쉬를 알아보지 못하고 그의 머리를 잘라내었고, 그런 다음 그것은 쉬바의 악마 동료 중 한 명에 의해 부수어졌다. 쉬바는 가네쉬의 원래 머리를 발견하지 못하고 그가 본 첫 번째 생물인 코끼리의 머리를 가져다가 가네쉬의 몸뚱이 위에 올려놓고는 그것을 다시 소생시켰다. 가네쉬의 큰 쥐 전달자는 설치류들이 거의 모든 것을 조금씩 갉아 먹을 수 있듯이 모든 장애물을 파멸시키는 그의 능력을 상징한다.

강가다라 **Gangadhara** – 땅으로 내려가는 갠지스의 무게를 떠받칠 때의 쉬바의 이름.

강가뿌자 **Gangapuja** – 갠지스를 숭배하기 위한 아라띠 의식.

갠지스 **Ganges** – 베다에 따르면 우주로 흘러가는 신성하고 영적인 강으로 그 일부는 인도에서 보인다. 그 강이 신성하다고 여겨지는 이유는, 그것이 바마나데바의 모습을 하고 있던 비슈누 신이 발가락으로 우주의 껍데기에 작은 구멍을 뚫었을 때 새어 들어온, 우주의 밖에 있는 까라나 강의 물방울이라고 말해지기 때문이다. 이런 이유로 그 물은 비슈누 신의 접촉으로 정화되었을 뿐만 아니라 영적이다.

강계슈바라 **Gangeshvara** – 강가의 신으로서의 쉬바.

강고뜨리 **Gangotri** – 히말라야에 있는 갠지스 강의 근원.

가르보다까사이 비슈누 **Garbhodakasayi Vishunu** – 각 우주 안으로 들어가는 비슈누 신의 확장.

가루다 **Garuda** – 비슈누 신의 새 전달자.

가우디야 **Gaudiya** – 한때 아리야바르따 또는 아리얀들의 땅이라고 불렸던 인도의 지역으로 히말라야의 남쪽, 빈드야 언덕의 북쪽에 위치해 있다.

가우디야 삼쁘라다야 **Gaudiya sampradaya** – 슈리 짜이딴야가 세운 비슈누교의 학파.

가우리 Gauri - 공정한 이를 뜻하는 빠르바띠의 이름.

가우리샹까라 Gaurishankara - 쉬바와 빠르바띠를 함께 부르는 이름

가야뜨리 Gayatri - 브람마나로 입회를 받고 베다 철학에 대한 영적 이해를 얻은 사람들에 의해 챈트되는 영적 진동 또는 만뜨라. 이것으로부터 베다가 나왔다.

가뜨 Ghat - 물속으로 이어지는 계단이 있고 강이나 호수를 따라 있는 입욕 장소.

고다사 Godasa - 감각을 섬기는 이.

고로까 브린다바나 Goloka Vrindavana - 크리슈나 신의 영적 행성의 이름.

곰빠 Gompa - 불교 수도원.

고뿌람 Gopuram - 남인도에서 종종 발견되는, 사원으로 가는 문을 나타내는 높고 화려하게 장식된 탑.

고스와미 Gosvami - 감각의 지배자.

고빈다 Govinda - 소와 감각에 즐거움을 주는 자라는 뜻의 크리슈나의 이름.

고빈다라자 Govindaraja - 목동의 신으로서의 크리슈나.

그리하스따 Grihastha - 영적 삶의 네 가지 아쉬라마 중의 하나. 가장의 단계

구나 Gunas - 물질적 본성의 방식으로 삿뜨바(순수), 라자스(에너지), 따마스(어두움)가 있다.

구루 Guru - 영적인 마스터.

하누만 Hanuman - 라마 신의 유명한 원숭이 수행원.

하레 Hare - 신의 유희력, 신에게 접근하기 위해 접촉하게 되는 라다라니 Radharani.

하리 Hari - 영적인 길에서 장애물을 없애주는 크리슈나의 이름.

하리볼 Haribol - 하리 신의 이름을 챈트한다는 뜻의 단어.

하리남 Harinam - 하리 신의 이름을 가리킨다.

하르 끼 빠우리 Har Ki Pauri - 하르드와르에 있는 신성한 입욕 장소로 그곳에서 갠지스는 산을 벗어나 평야로 흘러 들어간다. 12년마다 꿈바 멜라 Kumbha Mela가 열리는 장소이다.

하따 요가 Hatha yoga - 다양한 자세와 연습을 강조하는 요가 체계의 일부.

하야그리바 **Hayagriva** - 지식을 주는 자로서의 비슈누 신.

히나야나 **Hinayana** - 소승불교, 개인의 깨달음을 강조하는 불교 학파.

히란야가르바 **Hiranyagarbha** - 우주의 알 안에 있는 근원의 비슈누에서 태어
　　　난 브람마의 또 다른 이름.

히란야까쉬뿌 **Hiranyakashipu** - 나라심하의 모습을 하고 있던 비슈누 신에 의
　　　해 죽임을 당한 마왕.

흐리쉬께사 **Hrishikesa** - 감각을 지배하는 자를 의미하는 크리슈나의 이름.

화신 **Incarnation** - 신이 육체나 형체를 입는 것.

인드라 **Indra** - 어둠의 힘을 정복하는 하늘의 왕이자 비를 통제하는 자.

이스꼰 **ISKCON** - 크리슈나 의식을 위한 국제 단체.

자가담비 **Jagadambi** - 세상의 어머니로서의 빠르바띠.

자간나따 **Jagannatha** - 특히 자간나따 뿌리에서 숭배받는 우주의 신으로서의
　　　크리슈나.

자가뜨 끼쇼라 **Jagat Kishora** - 크리슈나의 이름.

자이 또는 자야 **Jai or Jaya** - 승리, 모든 영광을 뜻하는 용어.

자나르다나 **Janardhana** - 비슈누의 이름.

자빠 **Japa** - 만뜨라의 반복.

자빠 말라 **Japa mala** - 자빠를 위해 사용하는 묵주 줄.

지바 **Jiva** - 개별 영혼 또는 살아있는 존재.

지반묵따 **Jivanmukta** - 물질적인 육체를 가지고 있으면서도 해방된 영혼.

지바 샥띠 **Jiva shakti** - 생명력.

갸나 **Jnana** - 영적인 지식.

갸나 깐다 **Jnana kanda** - 진리를 이해하기 위해 경험에 의거한 사색을 강조하
　　　는 베다의 부분.

갸나 요가 **Jnana yoga** - 경험에 의거한 참나 지식과 탐구를 통해 깨달음을 얻
　　　는 과정.

갸니 **Jnani** - 갸나 요가에 전념하는 사람, 또는 절대적 존재를 이해하기 위해
　　　지식을 함양하는 과정.

즈예스따 **Jyestha** - 여신 샥띠.

즈요띠르링가 **Jyotirlinga** – 께다르나따^{Kedarnatha}, 빠딴^{Patan}, 우자인^{Ujjain}, 바라나시^{Varanasi} 같은 열두 곳에서 나타난 쉬바의 빛나는 에너지.

깔리아쉬 **Kaliash** – 산에 있는 쉬바의 집.

깔라 **Kala** – 영원한 시간, 야마.

깔리 **Kali** – 쉬바 신의 아내, 무시무시한 형상인 반신반인. 깔리라는 단어는 시간을 뜻하는 산스크리뜨 깔라에서 왔다. 모든 것을 분해하거나 파괴하는 힘.

깔리 유가 **Kali yuga** – 네 번째 유가의 시대이자 현재 시대, 다툼과 혼란의 시대로 432,000년 동안 계속되고 5,000년 전에 시작되었다.

깔끼 **Kalki** – 깔리 유가의 마지막에 나타나는 비슈누 신의 미래 화신.

깔빠 **Kalpa** – 네 가지 유가 시대의 천 번의 순환 동안 지속되는 시간. 브람마 신에게는 하루의 시간이다.

까마 **Kama** – 욕정 또는 지나친 욕망.

까마 수뜨라 **Kama sutra** – 성적 쾌락에 대한 논문.

깐야꾸마리 **Kanyakumari** – 처녀로서의 빠르바띠.

까삘라 **Kapila** – 쌍끼야 철학을 전파했던 크리슈나 신의 화신.

까라노다까사이 비슈누(마하 비슈누) **Karanodakasayi Vishnu**(Maha Vishnu) – 모든 물질적 우주를 창조한 크리슈나 신의 확장.

까르마 **Karma** – 미래의 결과를 위해서 행해지는 물질적인 행위들. 결실을 낳는 활동들로부터 겪게 되는 반작용.

까르마 깐다 **Karma kanda** – 주로 다양한 결과들을 위해 추천되는, 결실을 낳는 반응들을 다루는 베다의 부분.

까르마 요가 **Karma yoga** – 영적인 진보를 위해 자신의 활동을 이용하는 요가 체계.

까르미 **Karmi** – 결실을 낳는 일꾼, 더 많은 까르마를 쌓는 사람.

까르띠께야 **Karttikeya** – 쉬바와 빠르바띠의 아들로 스깐다^{Skanda}, 수브라만야^{Subramanya}, 꾸마라^{Kumara}, 또는 쁘레이아데스^{Pleiades}(끄리띠까^{Krittika} 별자리)의 아들로도 알려져 있다.

께샤바 **Keshava** – 긴 머리카락을 가진 크리슈나.

끼르따나 Kirtana - 신의 영광을 챈팅하거나 노래하는 것.

크리슈나 Krishna -가장 매력적이고 큰 즐거움을 의미하는 원래의 지고한 신성의 인격의 이름. 그는 비슈누, 라마, 나라심하, 나라야나, 붓다, 빠라슈라마, 바마나데바, 깔리 유가의 마지막 깔리 등 모든 화신의 근원이다.

크리슈나로까 Krishnaloka - 크리슈나 신이 거하는 영적인 행성.

끄샤뜨리야 Kshatriya - 사회 계급의 두 번째 계층 또는 전사나 군인 같이 관리하거나 보호하는 직업.

끄시로다까사이 비슈누 Ksirodakasayi Vishnu - 각각의 원자와 각 개인의 가슴속으로 들어가는 신의 초영혼의 확장.

꿈바 멜라 Kumbha Mela - 수백만 명의 순례자와 현자들이 점성술로 계산된 특별히 길한 때에 해방을 위해 신성하고 정화시키는 강에 몸을 담그기 위해 모이는 축제. 꿈바 멜라 축제는 알라하바드[Allahabad], 나시끄[Nasik], 우자인[Ujjain], 하르다와르[Hardawar] 사이에서 번갈아 가면서 3년에 한 번씩 열린다.

꾸르끄세뜨라 Kuruksetra - 뉴델리 북쪽 90마일에 위치한 빤다바족과 까우라바족 사이의 5,000년 전의 전투 장소로 크리슈나가 바가바드 기따를 말했던 곳이다.

꾸베라 Kuvera - 배가 볼록한 야끄샤들의 우두머리, 땅의 보물을 지키는 자.

꾸르마 Kurma - 거북이의 모습을 한 비슈누의 화신.

락슈미 Lakshmi - 행운의 여신이자 비슈누 신의 아내.

릴라 Lila - 놀이

릴라바따라 Lilavataras - 물질세계에서 길들여진 영혼들의 마음을 끌기 위해 다양한 영적 놀이를 보여주는 것처럼 보이는 신의 많은 화신.

링가 Linga - 쉬바 신의 남근 상징으로 종종 우주 공간을 나타낸다.

마다나 모하나 Madana mohana - 사랑으로 마음을 채우는 크리슈나의 이름.

마다바 Madhava - 크리슈나

마하바가바따 Mahabhagavata - 신의 위대한 헌신자.

마하바라따 Mahabharata - 빤다바족의 위대한 서사시로 비야사데바의 바가바드 기따를 포함하고 있다.

마하 만뜨라 **Maha mantra** − 이 시대에 참나 깨달음을 위한 최고의 만뜨라로 하레 크리슈나 만뜨라로 불린다.

마하뜨마 **Mahatma** − 위대한 영혼 또는 헌신자.

마하뜨 땃뜨바 **Mahat tattva** − 전체적인 물질 에너지.

마하비라 **Mahavira** − 마지막 위대한 자이나교 스승들 또는 띠르한까라들을 나타내는 위대한 영웅.

마하 비슈누 또는 까라노다까사이 비슈누 **Maha Vishnu or Karanodakasayi Vishnu** − 그로부터 모든 물질적 우주가 뿜어져 나오는 크리슈나 신의 확장.

마하야나 **Mahayana** − 대승불교, 모든 살아있는 존재들이 깨달음을 얻도록 돕는 것을 강조하는 불교 학파.

마히샤마르디니 **Mahishamardini** − 버팔로 악마의 살해자로서의 두르가.

만다끼니 **Mandakini** − 강가 강의 또 다른 이름.

만디르 **Mandir** − 사원.

만뜨라 **Mantra** − 영적인 깨달음을 위한 마음을 준비시키고 물질적인 성향들로부터 마음을 구원하는 소리 진동. 어떤 경우에 만뜨라는 특정한 물질적 이익을 위해 챈트된다.

마르띠야 로까 **Martya loka** − 지구 행성, 죽음의 장소.

맛시야 **Matsya** − 물고기 화신으로서의 비슈누 신.

마야 **Maya** − 환영, 또는 영원한 절대 진리와 관련이 없어 보이는 것.

마야바디 **Mayavadi** − 지고의 존재는 형체가 없다고 믿는 비인격주의자 또는 공허주의자.

미나끄쉬 **Meenakshi** − 물고기 눈을 한 빠르바띠.

미뜨라 **Mitra** − 태양을 통제하는 여신, 땅에 생명을 주는 자.

믈레짜 **Mleccha** − 불가촉 천민을 경멸하여 부르는 이름. 고기를 먹는 자.

모히니 **Mohini** − 가장 아름다운 여인으로서의 비슈누 신의 화신.

목샤 **Moksha** − 물질적 존재로부터의 해방.

묵떼스바라 **Mukteshvara** − 해방을 주는 자로서의 쉬바.

무꾼다 **Mukunda** − 영적 해방을 주는 자로서의 크리슈나.

무르띠 **Murti** – 신의 섭리 또는 반신반인의 이미지 또는 숭배받는 영적인 마스터.

무루간 **Murugan** – 쉬바와 빠르바띠의 아들 중의 한 명이며 특히 남인도에서 숭배되는 수브라마니야^{Subramaniya}의 따밀 이름, 신성한 아이를 의미한다. 그는 악마 따라까수라^{Tarakasura}를 파괴하기 위해 태어났다고 한다. 그는 화살 같은 풀이 있는 숲에서 태어나 끄리띠까^{Krittika} 별자리(쁠레이아데스^{Pleiades})의 여섯 명의 신성한 어머니들에 의해 길러졌다. 그런 이유로 그는 또한 까르띠께야^{Kartikeya}와 산마뚜라^{Sanmatura}라고도 불리고, 여섯 어머니의 젖을 빨아먹기 위해 여섯 개의 얼굴(과 열두 개의 팔)을 가졌다. 젊고 정력이 넘치기 때문에 그는 또한 꾸마라^{Kumara} 또는 사나뜨꾸마라^{Sanatkumara}라고 불린다. 또한 전쟁에서 아주 강력하기에 스깐다^{Skanda}라고도 불린다. 그의 두 명의 배우자는 농경민족의 소박한 찌에쁘딴^{Chieftan}의 딸 벨리^{Velli}와 반신반인 인드라의 딸 데바세나^{Devasena}이다.

난다 **Nanda** – 크리슈나의 양부.

난디 **Nandi** – 쉬바의 황소 전달자.

나라심하 **Narasimha** – 악마 히란야까쉬뿌^{Hiranyakashipu}를 죽인 반은 사람이고 반은 사자인, 비슈누 신의 화신.

나라야나 **Narayana** – 네 개의 손을 가진 형상의 지고의 신.

나따라자 **Nataraja** – 춤의 왕, 보통 쉬바를 가리키지만 크리슈나이기도 하다.

니라깐따 **Nilakantha** – 우유의 바다가 악마와 반신반인들에 의해 휘저어졌을 때 처음 생겼던 독을 삼킨 후에 푸른 목이 된 쉬바.

니르구나 **Nirguna** – 물질적 특성이 없음.

니르바나 **Nirvana** – 물질적 고통이 없는 상태.

옴 또는 옴까라 **Om or Omkara** – 쁘라나바, 일반적으로 절대적 존재의 속성이 없거나 비인격적 측면을 나타내는 초월적인 옴 만뜨라.

빠드마나바 **Padmanabha** – 비슈누.

빤 **Pan** – 약한 흥분제 또는 중독제로 작용하는 빈랑과 향신료의 혼합물. 아주 대중적이고 종종 치아를 붉게 착색시킨다.

빤달 **Pandal** – 종교적 모임이 열리는 큰 텐트.

빠빠나사나 Papanasana – 죄악의 파괴자로서의 쉬바.

빠라마함사 Paramahamsa – 참나 깨달음을 얻은, 신의 헌신자들의 가장 높은
  단계.

빠람아뜨마 Paramatma – 초영혼, 또는 국부적인 신의 확장.

빠람빠라 Parampara – 그것을 통해 초월적 지식이 내려오는 교리 계승 체계.

빠라슈라마 Parashurama – 일탈적인 끄샤뜨리야 전사들의 세계를 씻어준 도
  끼를 가진 비슈누의 화신.

빠르스바나따 Parsvanatha – 유명한 자이나교 띠르딴까라들 중의 하나.

빠르따사라띠 Parthasarathi – 아르주나의 전차를 모는 자로서의 크리슈나.

빠르바띠 Parvati – 쉬바 신의 배우자, 빠르바따의 딸. 빠르바따는 히말라야의
  의인화이다. 그녀는 또한 금빛 안색의 가우리^{Gauri}, 깐디^{Candi}, (바이라바,
  쉬바의 아내로서) 바이라비^{Bhairavi}, 두르가^{Durga}, 암비까^{Ambika}, 샥띠^{Shakti}
  라고도 불린다.

빠슈빠띠 Pashupati – 동물들의 왕으로서의 쉬바.

빠딴잘리 Patanjali – 아스땅가 요가 체계에서의 권위자.

쁘라다나 Pradhana – 현현 상태에 있는 전체적인 물질적 에너지.

쁘라자빠띠 Prajapati – 출산을 관장하는 신.

쁘라끄리띠 Prakriti – 태고의 상태에 있는 물질, 물질적 본성.

쁘라나 Prana – 생명의 공기 또는 우주적 에너지.

쁘라나야마 Pranayama – 아스땅가 또는 라자요가에 있는 호흡 과정의 통제.

쁘라나바 Pranava – 옴까라와 같음.

쁘라사다 Prasada – 사원에서 신에게 바쳐진 후에 신의 축복 또는 자비로서 사
  람들에게 분배되었던 음식 또는 다른 것들.

쁘레마 Prema – 크리슈나에 대한 성숙한 사랑.

뿌자 Puja – 신에게 바쳐지는 숭배.

뿌자리 Pujari – 신을 숭배하는, 뿌자를 행하는 사제.

뿌루샤 또는 뿌루샴 Purusha or Purusham – 지고한 존재.

라다 Radha – 크리슈나가 가장 사랑하는 헌신자이자 그의 지복 능력을 의인화
  하여 부르는 말.

라후 **Rahu** – 태양의 일식이 일어나게 하는 행성 접점의 신.

라자 요가 **Raja yoga** – 여덟 가지 요가 체계.

라조 구나 **Rajo guna** – 욕정의 물질적 방식.

라마짠드라 **Ramachandra** – 최고의 왕으로 나타났던 크리슈나의 화신.

라마누자 **Ramanuja** – 위빠사나 철학자.

라마야나 **Ramayana** – 라마짠드라 신의 화신에 관한 위대한 서사시.

라사 **Rasa** – 즐거운 맛 또는 느낌, 신과의 관계.

라바나 **Ravana** – 라마야나의 마왕.

리쉬 **Rishi** – 베다 지식을 아는 성스러운 사람.

사띠 **Sati** – 불의 제물이 되어 스스로 죽은 쉬바의 아내.

샵다 브람마 **Shabda brahma** – 베다를 이루는 원래의 영적 진동 또는 에너지.

사끄 찌드 아난다 비그라하 **Sac cid ananda vigraha** – 영원하고 지식과 희열으로 가득 찬 신 또는 살아있는 존재의 초월적 형상.

사다나 **Sadhana** – 깨달음을 얻기 위한 특별한 실천 또는 규율.

사두 **Sadhu** – 인도의 성자 또는 헌신자.

사구나 브람만 **Saguna Brahman** – 형체와 특성이 있는 절대적 존재의 측면.

사마디 **Samadhi** – 절대적 존재 안에 완벽히 흡수되는 것.

삼사라 **Samsara** – 삶의 순환, 탄생과 죽음의 순환, 환생.

사나따나 다르마 **Sanatana dharma** – 살아있는 존재의 영원한 본성, 지고의 사랑스러운 존재, 신을 사랑하고 봉사하는 것.

상감 **Sangam** – 두 개 이상의 강이 합류하는 지점

샹끼야 **Sankhya** – 물질적 본성, 육체, 그리고 영혼에 대한 철학적인 이해.

샹끼르따나 야즈나 **Sankirtana yajna** – 이 시대의 규정된 희생 의식, 신의 신성한 이름에 대한 집회의 챈팅.

산야사 **Sannyasa** – 금욕을 하는 삶의 단계, 영적 길의 네 가지 단계 중에서 가장 높은 것.

사라스바띠 **Sarasvati** – 지식과 지성의 여신.

삿뜨바 구나 **Sattva guna** – 자연의 세 힘 중 순수의 힘

사띠야 유가 **Satya yuga** – 1,728,000년 동안 지속되는, 네 개의 유가 시대 중 첫

번째 시대.

쉬바교도 **Shaivites** - 쉬바 신의 숭배자들.

샥띠 **Shakti** - 에너지, 능력 또는 힘, 창조에서의 적극적 원칙. 또한 쉬바, 샥띠
와 같은 신의 아내의 적극적 힘.

샤스뜨라 **Shastra** - 계시된 원본의 경전.

쉬바 **Shiva** - 자애로운 이, 무지의 물질적 방식과 우주의 파괴를 담당하는 반신
반인. 계속해서 우주를 창조하고, 유지하고, 파괴하는 브람마, 비슈누,
쉬바는 삼위일체이다. 파괴적인 측면을 드러낼 때 그는 루드라로 알려져
있다.

시까 **Sikha** - 그가 바이스나바임을 나타내주는 머리 뒤에 있는 머리카락 다발

스깐다 **Skanda** - 쉬바와 빠르바띠의 아들, 신의 군대의 지도자, 또한 까르띠께
야^Kartikeya 수브라마니야^Subramanya 또는 무루간^Murugan 으로도 알려져 있
다.

스마라남 **Smaranam** - 신을 기억하는 것.

스므리띠 **Smriti** - 리쉬들이 직접적으로 듣거나 그들에게 밝혀진 것으로부터
'기억되는' 전통적인 베다의 지식.

스라바남 **Sravanam** - 신에 대해 듣는 것.

슈리, 슈리데비 **Sri, Sridevi** - 미와 번영을 상징하는 여신 락슈미. 비슈누 신의
아내.

슈리다라 **Sridhara** - 비슈누 신.

슈리마드 바가바땀 **Srimad Bhagavatam** - 비야사데바가 엮은 베다 지식의 나
무에서 가장 잘 익은 과일.

슈루띠 **Sruti** - 신에게 직접 계시를 받아 작성된 경전. 전통적으로 그것이 네
개의 주요 베다로 여겨진다.

스베땀바라 **Svetambara** - 자이나교의 두 개의 주요 종파 중 하나, 흰옷을 입
은.

수드라 **Sudra** - 노동자 계층, 바르나 중의 네 번째.

수리야 **Surya** - 태양 또는 태양 신.

스와미 Svami – 자신의 마음과 감각을 통제할 수 있는 이.

따모 구나 Tamo guna – 무지의 물질적 방식.

따빠시야 Tapasya – 영적 진보를 위한 자발적 금욕.

딴까 Thanka – 보통 불교 철학에 기반을 둔 티베뜨 옷감 페인팅.

띠로끄 Tilok – 사람의 육체를 사원으로 나타내는 점토 표시, 그리고 사람의 생
　　　각에 관한 종파 또는 학파.

띠르따 Tirtha – 신성한 순례 장소.

띠르딴까라 Tirthankara – 자이나교에서 말하는 영적인 안내자 또는 스승.

뜨레따 유가 Treta yuga – 1,296,000년 동안 지속되는 네 개의 유가 시대 중 두
　　　번째 시대.

뜨리로짜나 Trilochana – 세 개의 눈을 가진 쉬바.

뜨리로까나따 Trilokanatha – 세 개의 세상의 신으로서의 쉬바.

뜨리무르띠 Trimurti – 비슈누, 브람마, 쉬바의 삼위일체.

뜨리비끄라마 Trivikrama – 세 걸음으로 온 우주를 이동하는 브람마나 난쟁이,
　　　바라데바로서의 비슈누 신.

뚤라시 Tulasi – 크리슈나에 대한 숭배가 발견되는 곳에서 자라는 작은 나무.
　　　그것은 헌신의 전형, 브린다 데비의 화신이라 불린다.

우마 Uma – 쁘라바띠.

우빠니샤드 Upaishads – 주로 철학적으로 절대적인 진리를 설명하는 베다의
　　　부분. 그것은 사람을 세상으로부터 자유롭게 하고 자격이 있는 스승으로
　　　부터 배우게 되면 참나 깨달음을 얻게 해 주는 지식이다. 수끄라(화이트)
　　　야주르 베다의 40번째 장 바자사네이 삼히따인 이샤 우빠니샤드를 제외
　　　하고, 우빠니샤드는 일반적으로 브람마나에서 발견되는 네 개의 주요 베
　　　다와 연결된다.

바이꾼따 Vaikunthas – 영적인 하늘에 위치한 행성들.

바이쉬나바 Vaishnava – 지고의 비슈누 신 또는 크리슈나와 그의 확장. 또는 화
　　　신의 숭배자

바이쉬나바 아빠라다 Vaishnava aparadha – 사람의 모든 영적인 발전을 무효
　　　화시키는 바이스나바 또는 헌신자에 대한 공격.

바이시야 Vaisya – 사업 또는 농업에 전념하는 세 번째 계층.

바즈라 Vajra – 번개.

바마나 Vamana – 세 걸음으로 우주를 이동하는 비슈누의 난쟁이 화신.

바나쁘라스따 Vanaprastha – 사람이 금욕의 단계를 준비하기 위해 가정생활에서 물러난, 영적인 삶의 네 개의 단계 중 세 번째 단계.

바라하 Varaha – 비슈누 신의 멧돼지 화신.

바르나 Varna – 때로 브람마나(사제와 같은 지성인), 끄샤뜨리야(지배자 또는 관리자), 바이샤 (상인, 은행원, 또는 농민), 그리고 수드라(일반 노동자)와 같은 계층의 구분인 카스트를 나타낸다.

바르나스라마 Varnashrama – 네 개의 계층 구분 체계 또는 영적 삶의 네 단계.

바루나 Varuna – 바다의 반신반인, 서쪽의 수호신.

바수데바 Vasudeva – 크리슈나.

바유 Vayu – 공기의 반신반인.

베단따 수뜨라 Vedanta-sutras – 네 개의 주요 베다 철학의 결론 혹은 베다의 끝.

베다 Vedas – 일반적으로 네 개의 베다인 리그, 야주르, 사마, 아따르바 베다를 의미한다.

벤끄따떼쉬바라 Venktateshvara – 띠루말라에서 숭배되는 벤까따 언덕의 신으로서의 비슈누.

비디야 Vidya – 지식.

비까르마 Vikarma – 경전의 인가 없이 행해지고 나쁜 반응을 만들어내는 죄악이 되는 활동.

비라바드라 Virabhadra – 복수심에 불타는 쉬바의 형상.

비라자나디 또는 비라자 강 Virajanadi or Viraja River – 물질적인 창조의 세계와 영적인 하늘을 분리시키는 공간.

비샤라끄쉬 Vishalakshi – 빠르바띠, 비쉬바나따 또는 비샤라끄샤, 쉬바의 배우자.

비슈누 Vishnu – 우주적 세계를 만들고 유지하기 위해 물질적 에너지 안으로 들어가는 비슈누 신의 확장.

비스바까르마 **Vishvakarma** – 하늘의 반신반인 설계자.

비스바나따 **Vishvanatha** – 바라나시에서 링가로서 숭배받는, 우주의 신으로서의 쉬바.

비스바루빠 **Vishvarupa** – 비슈누 신의 우주적 형상.

브린다바나 **Vrindavana** – 크리슈나 신이 5,000년 전에 그의 마을의 유희를 드러냈던 장소이며 영적 거처의 일부로 여겨진다.

비야사데바 **Vyasadeva** – 베다 문학의 주요 부분들을 글로 쓴 형태로 엮었던 위대한 철학자로 나타났던 신의 화신.

야즈나 **Yajna** – 영적인 이득을 위해 희생 의식으로서 행해지는 의식 또는 금욕, 좋은 까르마 반응을 위한 반신반인에 대한 영적인 숭배.

야마라자 **Yamaraja** – 살아있는 존재들을 그들의 활동에 따라 다양한 형벌로 보내는 반신반인과 죽음의 신.

야무나 **Yamuna** – 야무나 강의 여신을 의인화한 것.

얀뜨라 **Yantra** – 의식적인 숭배에서 사용되는 기계, 도구, 또는 신비주의적 기호.

야쇼다 **Yashoda** – 크리슈나의 양모.

요가 **Yoga** – 절대적 존재와의 합일.

요가 싯디 **Yoga siddhi** – 신비주의적 완벽.

요니 **Yoni** – 데비 또는 두르가 또는 샥띠의 성적 상징, 종종 링가를 위한 받침대로 형상화되는 우주적 여성 에너지.

유가 아바따라 **Yuga avataras** – 그 시대에서 공인된 참나 깨달음의 체계를 설명하기 위해서 네 개의 유가 시대마다 나타나는 신의 화신.

베다의 지혜

초판 발행   2022년 4월 29일

저　　자　스티븐 냅
역　　자　김미정

펴 낸 이　황정선
출판등록　2003년 7월 7일 제62호
펴 낸 곳　슈리 크리슈나다스 아쉬람
주　　소　경상남도 창원시 의창구 북면 신리길 35번길 12-9
대표전화　(055) 299-1399
팩시밀리　(055) 299-1373

전자우편　krishnadass@hanmail.net
카　　페　cafe.daum.net/Krishnadas

ISBN 978-89-91596-74-0   03270